リーディングス 比較教育学

地域研究

多様性の教育学へ

近藤孝弘
中矢礼美 ［編著］
西野節男

東信堂

はじめに

　本書は、2014年に当時の杉本均会長（京都大学教授）が提案して開始された日本比較教育学会設立50周年記念事業の一部として作成された。

　主として比較教育学をいま学んでいる学生ならびにこれから学ぼうとする読者を想定して編集されてはいるが、もちろん教育学以外で地域研究に取り組んでいる方や、比較教育学以外の教育学の諸領域を学んでいる方にも参考になる点はあるのではないかと、編集者は密かに自負している。

　掲載する論文を決定するに際しては、研究としての水準はもちろんだが、それに加えて地域研究としての性格を強く持っていることを重視した。具体的には、学校制度や教育内容・方法、教員養成などの教育学上の観点から、その一例として特定の地域に注目する論考よりも、歴史的に構成されたそれぞれの地域の社会的・文化的特徴に迫ろうとする姿勢が滲み出ているものを取り上げるよう努めた。こうした基準により、地域研究としての性格を併せ持つ優れた論文であっても、他の基準からその重要性がより良く評価されるものについては、敢えて採録が見合わされた場合もある。これは本書にとって残念なことだが、それらは本記念事業における別の機会に必ずや取り上げられるものと信じている。

　比較教育学研究における地域研究をどのように考えるべきかについては、それぞれの研究者によってその定義も課題意識も異なるため、第一部では3人の編者がそれぞれに見解を述べることとした。第二部では、本書で取り上げる16本の論文を、貧困・格差、国家・国民・市民、宗教、伝統・地域、研究方法に分類して配列している。副題として「多様性の教育学へ」を掲げる所以は、掲載論文のテーマおよびその志向するところを見ていただければお分かりいただけるだろう。

　リーディングスとしての本書の特徴は、個々の論文の解題を編集者ではなく、論文執筆者自らが、いまの時点から論文執筆時を振り返って記しているところにある。これは必ずしも編集者の力不足の表れであるだけでなく、地域研究に対する理解とも関わっている。すなわち、いずれの論文も学会等でそれぞれの研究対象地域の専門家による高い評価をすでに得ている一方で、そうした専門的な知識を持たない編集者は、それらが持つ価値を論評できる立場にはないということである。もちろん別の地域の研究者としての意見を持たないわけではないが、その表明はより応答性の高い空間でなされるべきであり、権威を前提としがちな解題

は、それに相応しい場ではない。むしろ個々の論文とその背後にある研究について最もよく知る著者本人に、過去の自分を対象化してその意義と問題点を述べてもらうことが、正に解題として読者の役に立つだけでなく、一人の研究者のなかで研究が成長していく過程を身をもって示していただくことになると考えた。

　もちろん、こうした編集者の意図がどれだけ成功しているのかについては一人ひとりの読者に判断していただくしかない。とはいえ、こうした実験的な試みが普通に許されるところに、比較教育学のなかでも地域研究が持つおおらかなカルチャーを感じ取っていただければ、編集者としては十分に満足である。

2018 年 1 月 10 日

近藤孝弘　中矢礼美　西野節男

目　次

はじめに……………………………………… 近藤孝弘・中矢礼美・西野節男　i

　　凡　例　viii

第1部　比較教育学研究と地域研究

1. 比較教育学研究における地域研究………………………… 中矢礼美　5
　　1. 地域研究的な比較教育学　5
　　2. 地域研究　6
　　3. 地域研究と比較教育学　6
　　4. おわりに　10

2. 地域研究は多様性の擁護者となれるか……………… 近藤孝弘　12
　　1. 多様性をめぐる混乱　12
　　2. 贅沢品化する地域研究　13
　　3. 研究の軽量化　14
　　4. 守るべきものと諦めるもの　15

3.「地域研究」雑感―比較教育学の方法と可能性― …………… 西野節男　17
　　1.「わたしたちの言葉と彼らの言葉」(ギンズブルグ)　17
　　2. イーミックな答え？　19
　　3. 地域とテーマの着眼　20
　　4.「古遺物研究家」の眼差し　21
　　5.「彼らの言葉」と「彼らの地域」　21
　　6. 巡礼の旅とナショナリズム、同胞意識　22
　　7. ヒトの移動(旅、転地)と地域・領土　23

第2部

貧困・格差

1. 教室で生み出される民族間の教育格差………………… 乾　美紀　27
　　―ラオスの小学校におけるフィールド調査を通して―
　　1. はじめに　29
　　2. 教室に見る教育格差の現実　32
　　3. 質問紙調査の結果に見る教育格差の現状　37

4. おわりに―教育格差を解消するために― 43

2. インドにおける貧困層対象の私立学校の台頭とその存続
メカニズムに関する研究………………………………… 小原優貴 47
　　―デリー・シャードラ地区の無認可学校を事例として―

はじめに 49
1. インド・デリーにおける教育制度と無認可学校台頭の背景 50
2. デリー・シャードラ地区の無認可学校に関する実態調査 54
3. 無認可学校から認可学校への編入学制度 59
おわりに 61

3. スウェーデンにおける外国人児童生徒の教育課題……… 林　寛平 66
1. 寛容な移民政策 68
2. 外国人児童生徒の教育課題 72
おわりに 75

国家・国民・市民

4. イングランドの市民性教育の実践とその課題………… 北山夕華 78
　　―低階層地域の学校の事例が示唆するもの―

1. 問題の所在 80
2. イングランドの市民性教育 81
3. イングランドの市民性教育の現状についてのケーススタディ―三つの小学
　校の事例から― 83
4. まとめと考察 89

5. 転換期の歴史教育と「よりよい社会」の希求…………… 木下江美 93
　　―旧東独教育学者のライフヒストリーから―

課題設定 95
1. 「ドレスデン草案」 97
2. サライ氏のライフヒストリー 98
3. 80年代のサライ氏の研究 101
4. 「若い歴史家」シンポジウムと「語りの会」 102
5. サライ氏とDDR教育学 104
結　論 106

6. 多文化主義国家カナダのマイノリティ言語教育の様相 … 児玉奈々 111
　　―連邦政府移民政策との関連に焦点を当てて―

はじめに 113

1. カナダにおけるマイノリティ言語教育への関心の萌芽と展開　114
2. 連邦移民政策の方針転換によるマイノリティに関わる教育優先課題の変化　118
3. マイノリティ言語教育に対するマイノリティ住民の意識と要望　119
4. 多文化主義イデオロギーのリベラリズム化とマイノリティ言語教育　121
おわりに　122

7. ヨーロッパ教育における地域統合とネイション………… 近藤孝弘　126
1. はじめに：危機のなかの教育投資　128
2. 経済・社会政策としての教育統合　129
3. ヨーロッパ市民育成の試み　132
4. ヨーロッパ市民と各国市民の関係　134
5. 共通のヨーロッパ像　136
6 おわりに：ネイションのヨーロッパ的展開　137

8. 言語の国民化……………………………………… 野津隆志　141
はじめに　143
1. 中央タイ語の地方への普及（略）　144
2. 調査地における言語の歴史　144
3. 現在の子どもの言語生活　147
4. 村落内での子どもの国語習得メカニズム　151
5. 学校における中央タイ語の習得過程と言語意識　153
6. 言語の国民化メカニズム　160

宗　教

9. カトリック系国際 NGO フェ・イ・アレグリアのペルーにおける
展開と民衆教育の論理………………………………… 工藤　瞳　165
はじめに　167
1. フェ・イ・アレグリアの展開の社会的背景　169
2. フェ・イ・アレグリアの学校の制度的位置づけ　170
3. フェ・イ・アレグリアのネットワーク　171
4. フェ・イ・アレグリアと民衆教育　173
5. フェ・イ・アレグリアを取り巻く環境の変化と新たな課題　176
おわりに　178

10. マレーシア（クランタン州）におけるイスラーム教育の
発展に関する一考察……………… 服部美奈・西野節男・小林忠資　184

はじめに　186

1. ボンドックからマドラサへ　188

2. MAIK 設立 (1915) から PAS の政権復帰 (1990) まで　194

3. 1990 年以降のイスラーム教育の展開　210

おわりに　220

11. イスラーム的な人間形成―その包括性― ………………… 服部美奈　224

1. イスラームの人間形成―よきムスリムになるための基本学習―　226

2. 産育儀礼のなかの子ども―誕生からクルアーン修了式まで―　228

3. 産育儀礼のなかの発達観と性差　233

4. 人間としての平等と性役割の概念―コドラットの意味―　234

5. 学校のなかのイスラーム教育　235

12. マレーシアにおける伝統的イスラーム学習の変容 … 久志本裕子　239

はじめに　241

1. 伝統的ポンドックの姿　242

2. ポンドックの歴史的展開　246

3. 事例：ポンドック・パッ・マンの近代化　250

まとめ　255

伝統・地域

13. グアテマラにおけるコミュニティ運営学校の展開と終焉の

制度的要因………………………………………………… 田村徳子　259

はじめに　261

1. PRONADE の導入背景　263

2. PRONADE における教師の制度的位置づけ　265

3. コミュニティとの関係における教師の実態的位置づけ　267

4. 考　察　272

おわりに　274

14. インドネシアにおける地域科カリキュラムの機能に関する

批判的研究………………………………………………… 中矢礼美　278

研究の目的　280

1. 他民族文化差別機能　282

2. 他民族文化否定機能　288

結　論　293

目 次 vii

15.「伝統」と文化創造 ……………………………………… 山田肖子 295
　―植民地ガーナのアチモタ学校における人格教育―

　はじめに　297
　1. ゴールドコーストにおける多様な教育観　299
　2.「伝統の」定義　300
　3. 20世紀初頭の教育思想　304
　4. 実験としてのアチモタ学校　309
　5. アチモタ教育を経験して　317
　6. むすび　322

研究方法

16. 国際教育開発と比較教育学研究の可能性 …………… 西野節男 333
　―映画「ラスカル・プランギ」によせて―

　はじめに　335
　1. 途上国（非先進国）の教育情報　336
　2. 映画「ラスカル・プランギ」　336
　3. テクストとしての「ラスカル・プランギ」　339
　4. テクスト制作と読まれ方―「過去のイメージ」とコンテクスト―　342
　5. 国際教育開発と「歴史」の視座―植民地支配・開発とは……―　344
　6. 差異へのこだわり―文化の翻訳と歴史的な固着性、そして「相互参照性」
　　（ギアーツ）―　345
　7. 比較教育学における地域研究―時間と空間の「旅」―　346
　おわりに　347

おわりに………………………………………………………… 杉本均 351
　執筆者一覧　353

凡　例

1．本書は、リーディングス形式による「リーディングス比較教育学」の1冊とする企画のもと、日本比較教育学会会員による発表論文・著作から編集したものである。

　　収録するにあたっては、各タイトル（原論文・著作名）の下に、書名または雑誌名、発行所名、発行年などの出所を示した。

2．原論文に変更を加えたのは次のような諸点である。

　①原論文が縦組みの場合は、横組みに変更し、同時に漢数字をアラビア数字に改めるなど、横組みの体裁に整えた。

　②原論文のうちの一部省略については、「（前略）」「（中略）」「（後略）」などとして示した。

　③原論文の節番号・項番号などを、論文ごとに1から通し番号に変更した。

　④原論文の図表の番号は、論文ごとに1からの通し番号に変更した。

　⑤原論文の写真は一部割愛した。

　⑥原論文の日本語および英文要旨、キーワードは割愛した。

　⑦収録論文の注番号は、統一をはかるため論文ごとに1からの通し番号とし、中略などにより注の番号が飛ぶ場合も通し番号に変更した。

　⑧原論文の明らかな誤植は訂正した。

　⑨原論文によって研究協力者に不利益が及びかねない記述についてのみ最低限の修正を施した。

3．第1部については、編者らが新たに執筆した。

リーディングス　比較教育学

地域研究

――多様性の教育学へ――

第1部　比較教育学研究と地域研究

1．比較教育学研究における地域研究　　　　　　　　中矢礼美
2．地域研究は多様性の擁護者となれるか　　　　　　近藤孝弘
3．「地域研究」雑感　　　　　　　　　　　　　　　西野節男

1．比較教育学研究における地域研究

中矢礼美

　第1部は、3人の編集者がそれぞれの「比較教育研究における地域研究」についての考えを書いている。本節では、これまで多くの先達によってなされてきた比較教育学研究と地域研究についての定義や議論を踏まえ、本書に掲載されている論文に触れながら比較教育学研究における地域研究の特徴を整理したい。比較教育学研究に興味を持ち始めた方々と共に、一歩前進できるような内容としたい。

1．地域研究的な比較教育学

　『比較教育学事典』の「地域研究」の項において、服部は日本の比較教育学研究では「各国や各地域の教育そのものに焦点をあてた、いわば地域研究的な比較教育学研究」が進められ、それは「比較教育学研究の基礎部分であり、その中核を形成するもの」と述べている（服部 2012）。なぜなら、「ある地域の教育的特質の解明なくして、良質の地域間教育比較は困難」であり、「比較教育学研究には、その地域で営まれる広い意味での教育文化、言い換えれば、ある特定の文化的・社会的文脈の中で営まれる学校教育と学校教育以外の多様な教育事象を重層的に捉える視点が必要」だからである。特定地域の文脈を踏まえて、そこでの教育事象を捉えることが重要で、そのような研究が地域間の教育比較を行う基礎を作るということである。

　「○○国における△△に関する研究」は、比較研究にならないと批判されるが、地域研究的な比較教育学研究として、タイトルから抜かせぬ最低限必要な国（地域）名とテーマを入れた結果、こういうタイトルとなりがちである。

2. 地域研究

では、地域研究とはそもそもどのような研究なのか。

地域研究方法論研究会によると、1)「現実世界が抱える諸課題に対する学術研究を通じたアプローチ」、2)「既存の学問的ディシプリンを内から改良・改造しようとする試み」、3)「総合的な研究を通じその地域の固有性を理解した上で、それをその地域の特殊性として語るのではなく、他地域との相関性において理解できるような語り方をする試み」であるとされている。

その補足説明には勇気付けられる。地域研究は「特定地域のあらゆることを総合的に把握すること」ではなく、「限られた情報をもとに特定地域の全体像を探り当てること」というものである。地域研究では不完全なデータしか得られないが、その制約を十分に自覚した上で、そこから言えることについて研究者は議論し、「結論を自らの価値観に基づいて方向付けるところが既存の学問分野と異なる可能性がある」としている。そして、その態度は「現実世界が抱える諸課題へ取り組む」という学問的誠実さから導かれるものであるとしている。これは、本書に掲載されている諸論文に共通してみられる姿勢である。

以下では、この地域研究の三つの特徴について比較教育学との関係を考える。

3. 地域研究と比較教育学

(1) 現実世界が抱える諸課題に対する比較教育学研究を通したアプローチ

比較教育学研究がアプローチする「現実世界が抱える諸課題」としては、「教育課題そのもの」と「社会の課題を解決するための教育」が設定され得る。前者の例としては、低い就学率、ドロップアウト、教育格差、教育理念・政策・制度問題、教授学習過程における諸問題などがあげられる。後者の例としては、貧困、暴力、経済開発、社会システムの未発達、国民国家形成、グローバル化対応のための教育などがあげられる。

研究を始める際に、研究者は自身の価値観に基づいて対象地域における上述したような「課題」を設定する。しかし、その地域には、多様な立場から認識されるそれぞれにとっての課題が存在する。西野（本書第2部16）は研究の位置取りと

して、「周縁では、中心からの主流の圧力が及びつつも、歴史的・文化的・政治的な独自性と隔たりを感じることができる。我々は時間と空間の旅の途上、時に周縁に定位することによって、主流を相対化し、相互参照の可能性に道を開くことができる」とする。これは、誰にとっての課題にアプローチするのかという視点でもあり、教育現象を重層的に見ることでより現実に迫ることができることを示唆する。これまで筆者は、批判的教育学に依拠しながら議論をすることが多かったが、現社会において社会的・文化的に抑圧されている人々だけでなく、歴史の中で周縁に置かれてきた人々、空間的に周縁に位置する人々から国家政策・制度を批判的に分析することが重要であるということに大きな刺激を受けた。

　中心と周縁という見方以外にも、国家(政党、複数の意思決定者)、民族(経済的・政治的・社会的多数派・少数派)、宗教(国教、多数派、少数派)、地域(中心、多様な意味やレベルでの周辺)、学校(公立、私立)、個人(性別、年齢、学力、家庭環境、国民、国内移住者、移民)などの立場によって、課題認識は異なってくる。そのため研究者は、予めその多様な立場のうち重要だと思うものに焦点を当てて調査を行う場合もあるし、調査の過程において異なる課題認識に気づく場合もある。そうして、一つのテーマ(課題)について重層的に描き、議論を豊かにしていくことになる。

　例えば、野津の論文(本書第2部8)では、国民形成のための国語の普及の状況を描いている。それは国家と学校にとっては国民形成に向けた課題(達成すべき目標)であるが、少数民族にとっては自民族言語の非正統化としての課題(問題)として描かれる。乾の論文(本書第2部1)では、民族間の教育格差を課題としているが、児童による課題認識は国語の習得よりも経済効果の高い英語能力の獲得に意識が向いており、その課題認識のずれを生じさせた歴史的社会的背景も含めて明らかにしている点が面白い。

　一方で、地域の課題を直接扱わない論文もある。それらについては、次項において言及する。

(2) 既存のディシプリンの改造・改良

　地域研究を行う際に、比較教育学研究者は、複数のディシプリンとして歴史学、政治学、宗教学、社会学、文化人類学、経済学などを用いている。そのため、教育事象の研究を通してそれらのディシプリンの改造・改良を試みることも可能である。だがやはり、比較教育学研究として主眼とするディシプリンは教育学である。

8　第1部　比較教育学研究と地域研究

　比較教育学は、ある国・地域・学校という単位の地域の教育事象の多様性を研究することで、教育学を豊かにする（改良・改造する）ことが期待される。しかし、比較教育学研究では理論の生成は積極的に取り組まれているようには見えないという指摘がある（近田 2011）。一方で、「理論とは複雑な現象に対する統一的な説明」であり、「仮説生成型研究の場合、その地域の構造を抽出したりして現実を説明できていれば十分理論的である」（小川 2015）とする意見もある。つまり、比較教育学研究において行われているミクロ・マクロな教育事象の記述と分析が、抽象度の高い言語（他の地域やケースでも援用可能な言語）での要因分析として解説されている場合は、仮説的に理論生成へ取り組んでいると見なせるのではないか。

　たとえば、北山論文（本書第2部4）では低階層地域の学校における市民性教育の特徴は、「政治リテラシー」よりも「道徳的・社会的責任」の要素に大きく偏ること、そしてその理由を述べている。これは単なる事例紹介ではなく、格差社会の中での市民性教育の理論を展開するものである。山田（本書第2部15）は歴史的にガーナの学校の文化創造の役割を明らかにしており、小林ら（本書第2部10）や久志本の論文（本書第2部12）は、マレーシアでのイスラーム教育の歴史的発展、現状および特質を示している。服部（本書第2部11）は、文化人類学的に「イスラーム的な人間形成のあり方」を提示している。つまり、これらの論文は当該地域での課題（教育課題や教育を通した社会の課題）を直接扱うのではなく、社会・国家・世界に存在する植民地国での教育やイスラーム教育に対する誤った認識や偏見を課題意識として持ちつつ、教育の意味や機能を捉え直している。学校という場や機能が作り出す文化や学校教育以外において行われる人間形成という教育の本質を描き、教育学そのものの理解を豊かにするという意味で、ディシプリンの改造・改良に大きく貢献している。

（3）比較による固有性の提示

　地域の文脈における教育の固有性をいかに語るかは重要であるが、その前に「固有性」を見出す力が必要である。

　西野（本書第2部16）は「差異に敏感に自らの研究を定位するには、まず時間軸・空間軸を移動することを通して差異に目を開く必要がある」という。そしてそれは「実際に動くことに限定されず、文献と対話し、あるいは映像を見つめることを通しても可能である」という。筆者には、時間軸の意味を捉えることが難しかった。空間については、いくつかの地域を行き来することで可能となるが、時間に

ついてはそれらの地域の「誰」「何」の時間をどう動けばよいのかは分からなかった。

　インドネシアの周縁（しかし東部の中心）であるアンボンという島で教育の歴史を研究していた時のことである。80歳を超える歴史家に、彼の歴史書の中でどうしても掴めない情報を聞きに行くと、「歴史を知りたかったら、現場に降りなさい」と言われたことがあった。「現場に降りる」とは何を示すのか――。しばらく考えて、それはその地域の人々の「今」と「未来」を作るために、その地域の人はどのように歴史を再構成しようとしているのかを知りなさいという意味ではないかと解釈した。その当時、宗教抗争後であったアンボンにおいて、人々は地域の「共生の未来」を作るために「共生の過去」を掘り起こそうとしていた。こうして、筆者は研究アプローチの時間の軸として「共生」の歴史（つまり社会的アイデンティティの覚醒とその集団間の相克のプロセスとアクターの生き様の歴史）を選び、それに影響され、同時に影響を与えるものとしての教育（学校・教師）の変遷を研究対象として選んだ。方法は主に面接調査と文献調査である。オランダ語で書かれたアンボンの歴史書を元にアンボン人が書いた歴史書や近年の学校活動計画書などを読んで分析を行った。面接調査では、アンボンで初めてのイスラム教徒の女性で教師となった人、アンボン島の母島といわれるセラム島で伝統的な「学校」の最後の卒業生を父に持つ人から、約90年間の地域と教育と自分の人生を語ってもらえた。その際、筆者だけでなくアンボンの教員や指導主事という役割を持っている友人らや家族も一緒に自分たちの疑問や考えを混じえながら話し合うという形態となった。それぞれ、今の地域や学校の教育の役割や果たしている意味を振り返り、地域が形成される中での土着文化・植民地支配・独立・宗教と教育の関係の歴史、そして現在と未来へのつながりや必要とされる教育などをとりとめもなく話した。そのような話を聞くことで、筆者には次第にその地域の教育の固有性がおぼろげながらに見えてきた。

　このようにして見出した固有性ではあるが、他の地域と教育との比較をしなければ、何がどのような意味で特徴的な性質を持っているのかどうかを見出したことにはならないと言われる。教育学研究は比較の視点をもって地域の固有性を見出しているが、何と比較しているのか、その比較のプロセスは必ずしも明確に書かれていないことが多い。ただし、多くの論文の最初に、なぜこの国・地域を研究対象地域として選んだのかは書かれており、それは他国・他地域との比較を通して固有性を確認していることを意味している。

　また、西野（本書第2部16）が「地域研究において求められるのは、対象地域とテー

マ設定の妙なのではないか」と述べるように、ある地域でこそ研究することに意義のあるテーマがある。その一方で、小原論文（本書第 2 部 2）が述べているように、同じ現象が他国でも確認されている場合には、単なる地域の理解の研究にとどまらず、国家間あるいは地域間比較の研究に発展させていくことが可能である。また、村田（2015）は、「地域研究は重要ですが、あまり一地域に集中して研究が一人よがりになるのも問題です。そうした傾向を回避し地域を相対化して研究するためにも比較研究、国際的共同研究は重要」と述べている。国際的共同研究が今後さらに期待されるテーマとしては、本書の近藤論文（第 2 部 7）のネイションや北山論文（第 2 部 4）の市民性教育があげられよう。筆者は所属大学院でグローバルシティズンシップ教育の講義をしているが、アジア、アフリカの学生が大半を占める教室では、その国・地域の歴史・政治体制によってシティズンシップに対する認識が大きく異なることが分かる。教室での議論は毎回互いの違いに驚き、しばらくはストレスフルなものとなるが、次第に楽しく未来への抱負を語るようになる。グローバル化への対応と持続可能な開発のために、比較教育学研究が大いに貢献できるテーマであろう。

4. おわりに

本書に掲載されている論文はどれも面白く、示唆に富むものばかりである。地域とテーマの設定、研究手法、議論の展開、結論の導き方、すべてから書き手の人となりがにじみ出ている。謙虚に真摯にその地域の理解に取り組みながらも、大きな志をもってその地域、テーマに挑戦する意気込みが書かれており、勇気が湧いてくる。自分では到底たどり着けない場所、人々、時代、人間観、世界観を勉強させてもらうことができて、わくわくする。またそれらはその地域での現象や論理でありながらも、自分のフィールドやわが国の教育問題や教育文化に引き付けて考えさせられるものである。是非、素晴らしいところは見習い、解題文で書かれている反省点については一緒に克服できるように考えながら読んでいただきたい。

参考文献・資料

小川佳万(2015)「日本の比較教育学の特徴—教育学との関連から—」『比較教育学研究』第 50 号、2015 年、158-167 頁。

地域研究方法論研究会〈http://www.jcas.jp/about/areastudies.html、2018 年 1 月 10 日最終アクセス〉

近田政博「比較教育学研究のジレンマと可能性—地域研究再考—」『比較教育学研究』第 42 号、2011 年、111-123 頁。

服部美奈「地域研究」『比較教育学事典』東信堂、2012 年、265-267 頁。

村田翼夫「比較国際教育研究の課題—東南アジア教育研究を中心として—」『比較教育学研究』第 50 号、2015 年、152 頁。

2. 地域研究は多様性の擁護者となれるか

近藤孝弘

1. 多様性をめぐる混乱

　21世紀に入って20年近くが経過したいま、多様性という言葉が再び注目を集めている。背景にはいわゆるナショナル・ポピュリズムの拡大があり、多様性に価値を置く姿勢を拒絶する声が音量を増す状況がある。そうした動きはいわゆる既得権批判やエリート批判と結びついており、そのことは逆に多様性の価値が少なくとも公的には一定程度に承認されていることを意味するが、虐げられた多数派を自認する人々の不満がおさまる気配はない。もし彼らが政治的なエネルギーの源泉としている分断され緊張に満ちた社会——すなわち常に自分が新たに排除の対象とされるのではないかと心配しなければならない社会——が広がるのを押しとどめようとするのであれば、まずは本当のマイノリティの人権を守り、多様性を肯定的に評価することが必要であろう。

　しかし、以上は国内に視野を限定した話であり、世界規模で考えるとき、多様性への立場は入れ替わる。いわゆるグローバリゼーションの急速な進展により世界規模で文化的均一化が進み、各地で長い年月をかけて発展してきた文化が消滅しつつあるという危惧は、各国のナショナル・ポピュリストによっても共有可能である。国内における本当のマイノリティを排除し、その権利の擁護者を裏切り者扱いする人々は、同時に、国境の外からの影響に対しては自分たちの文化・社会を守ろうとする。この矛盾に無感覚でいられるのは、そのような人々の個性や彼らが置かれた社会経済状況によるだけでなく、そもそも既存のネイションや国家は一時的あるいは過渡的なものであるにもかかわらず、そのことが理解できていないところが大きいだろう。地域はいつ国家になるかもしれないし、国家はいつ地域となるかもしれない。このように歴史の中で形成されてきた自明ではない

ものをあたかも自明であるかのように感じる習慣、そしてその習慣を形成・維持させる仕組み——そこでは教育が大きな役割を果たしている——が、不合理な利己主義を生む要因の一つであるのは間違いない。

地域への注目は、この歴史の陥穽から抜け出すための一つの戦略である。それは地域に実在する多様性を正しく認識することに意義があるだけではない。地域という融通無碍な概念に対する感受性の精度を高めることが、本来相対的な性格を持つマイノリティやマジョリティ、そしてネイションや国家といった存在をまさしく相対的かつ適切に理解することを可能にすると考えられる。

その意味で、教育学のなかでも世界の諸地域の教育・文化の観察を一つのジャンルとしてきた比較教育学の責任は大きい。それは、文明が野蛮に転化する近代に持っていた意味とは別に、文明から野蛮に向かうかのような今日のポスト近代状況において、地域という視点を一つの物差しとして活用する必要がある。それを国家の対立物としてではなく、国家も一種の地域と理解するような透明な枠組みが求められていると言えよう。

2. 贅沢品化する地域研究

比較教育学が、この責任を果たすためには、とりわけ地域研究がまさに多様な対象に積極的にアプローチしていくことが必要だが、残念ながら研究を取り巻く環境は着実に厳しくなっている。少なくとも日本ではそうである。

もちろん視野を半世紀以上取れば、すなわち外国への渡航そのものが難しかったときのことを考えれば、むしろこの間、地域研究は質的にも量的にも発展を遂げたと言えるだろう。しかし、まさに時間とともにそのような過去の総括が難しくなりつつあることは否定できない。

要因は複数考えられる。たとえば国力の衰退とともに研究費は減少する一方であるのに対し、多くの場合、研究対象地域での滞在コストは上昇している。それに加えて人員削減などにより大学をはじめとする研究機関が多忙化し、外国での調査時間の確保はますます難しくなってきてもいる。こうした研究環境の悪化は他の学問分野にもあてはまるが、教育学のなかでは比較教育学とりわけ地域研究に大きな困難をもたらしていると言えよう。

さらに日本の比較教育学は、この 30 年あまりのあいだ、先進国の教育に注目

するキャッチアップ型から開発援助型へと研究ジャンル上のウェイトを移すことで、国際社会における日本の位置の変化に対応して自らの意義を説明し、研究費を確保することに成功してきたが、その開発援助が、日本の経済的地位の低下（ならびに他のより有力な援助供与国の出現）により外交上の重要性を低下させている。西側先進国の教育・文化に対する研究が消滅したのではないように、途上国研究が失われることはないにしても、規模の縮小を余儀なくされるのは避けられないところだろう。

なお近年の情報技術の発達は確かに外国の情報へのアクセスを容易にし、予算と時間の不足を補う面がある。しかし、それがもたらす研究遂行上のメリットは限られている。データベースから得られる情報は、研究対象社会との長期にわたる密度の濃い接触の経験と結びつけられて初めて適切に解釈され得る。ところが、特定の地域に集中的に取り組んできた研究者でなくても一定量の情報を国内で容易に入手できるようになった結果、むしろ専門的な知識そのものの価値が評価されにくくなり、こうした傾向が続けば、重要なデータも表面的に分析されて忘れられていくということになりかねない。

今日、本当の意味での地域研究は一種の贅沢品になりつつあると言って良いだろう。それは研究費が潤沢で、職場を比較的自由に離れることができ、研究成果の数を求められず、さらにその成果は一定の権威を持つものとして認められるという、そうした恵まれた立場にある者だけが言わば特権的に取り組むことができるジャンルになろうとしている。

3. 研究の軽量化

もっとも本当に問題なのは、こうした目に見えるところよりも、そのような現実と結びついて形成される研究者の意識の方にあろう。すなわち困難な状況にあっても、一定数の若手の優れた研究者は出現し、さらに新たな学問的需要を開拓する余地は常にある。しかし、ここから問題が生じる。若手がハングリーなのはむしろ好ましいことと言えるかもしれないが、新たな需要を積極的に作り出そうと試みるとき、私たちは果たしてどこまで対象に対して誠実でいることができるだろうか。

研究をまとめるには、一般にフレームワークとなる先行研究への理解、新たに

得られたデータ、そして対象に関する社会的・歴史的知識等の３つが最低限必要だが、経験から得られる部分も含む最後の知識が不足したまま研究を進めるとき、需要への過剰な意識は特にデータの分析においてその意味をとり損ねる結果を導きがちではないだろうか。

さらに、研究のフレームワークの一部としての研究方法論への意識の高まりも、必ずしも良いこととばかりは言えない。

もちろん近代的な学問にとって研究方法面での整備を進めることは、まさに学問として認知されるための戦略として重要である。あらゆる研究にとって手続きの妥当性が説得力の源泉なのであり、方法論の軽視は作業効率を下げるだけでなく非学問的な権威主義に陥る危険を高くする。そもそも比較教育学が複数の対象を比較しようとするとき、何らかの共通の観点と分析方法を設定せずにいることは困難と言わなければならない。

とはいえ、この比較するという行為は、言わば対象間の特定の差異を明らかにする一方で、それぞれの多様性を捨象するものでもある。認識は、認識される部分だけでなく認識されない部分をも歪める。だからこそ比較教育学においては比較をすることと同時に比較をしないこと、すなわち特定の地域等に深く入り込み留まることが重要とされてきたのだが、個人としてあるいは学問領域としての承認欲求は、そうした慎重さを失わせがちではないだろうか。

自然科学分野においては、研究環境の劣化が研究論文数を減らしていると論じられるが、比較教育学においては、それが総生産量に与える影響よりも、軽量級の研究を促す可能性の方を心配する必要があろう。

4. 守るべきものと諦めるもの

比較教育学だけではないが、近年、具体的な教育・社会問題を考える上で参考になりそうな国内外の事例を手際よくリアルタイムに伝えることに価値を見出す論考が増えてきたと言われることが多い。耳の痛い批判であり、根拠のない話と一蹴することは筆者にはできない。実際に、そうした作業は私たちが研究を続けていくために必要であり、場合によっては社会貢献としての意味も認められる。しかし、やはり多くの研究者がそうした作業に忙殺されていて良いとは思われない。

16　第1部　比較教育学研究と地域研究

　無駄も含めて大量の時間と労力を注いで書かれる厚みのある研究、とりわけ地域研究が出て来づらい状況は、個々の地域に対する関心の希薄化だけでなく、地域という視点そのものへの反省的な意識の低下を招きかねず、そのこと自体が多様性を積極的に評価する姿勢の衰退を示唆する。これでは比較教育学が人類に対して持つ責任を果たすことは難しい。言わば、今日を生き延びるために、学問の未来を食べてしまっているようなものである。

　こうした状況下で私たちに期待されるのは、やはり意識を変えることに尽きるであろう。地域研究のように、研究を進めるほど世俗的な観点からは需要が少なくなり、研究そのものに価値を見出すしかなくなる領域においては、世間的な幸福を諦めることも必要である。これは無責任に響くかもしれないが、厳しい現実のもとで素直に考えれば、そう結論せざるを得ない。

　しかし、他の学問分野にすこし思いをめぐらせばわかるように、いわゆる人文学は分野により程度の差こそあれ、多くは以前から基本的に同じような状況にある。この認識は特に希望を与えてくれるものではないが、若干の慰めをそこに見いだすことができるだろう。

　社会からの期待の不在は、学問的にはもちろん社会的な意義の不足をも意味しない。意義あるものが求められていないというだけのことである。したがって私たちにとって大切なのはただ一つ、自分のなかにある研究対象への愛着に素直になることであろう。困難な状況にあるとはいえ、比較教育学にはまだ学問的にも社会的にも価値のある仕事ができる可能性が残されている。そのことを、本書に収録された多くの論文は、ある程度証明しているのである。

3.「地域研究」雑感
──比較教育学の方法と可能性──

西野節男

1.「わたしたちの言葉と彼らの言葉」(ギンズブルグ)[1]

イタリアの歴史家カルロ・ギンズブルグは，論考「わたしたちの言葉と彼らの言葉」のなかで「エティック(etic)」と「イーミック(emic)」という用語を歴史学の研究に援用して論じている。その用語はもともとはアメリカの言語学者ケネス・L・パイクによるものであり、「エティック」は「フォネティック phonetic [音声の]」から採り、「イーミック」は「フォニーミック phonemic [音素の]」から採った。パイクの著作では、観察者による分析と当事者による分析の二つのレヴェルの間に対立が存在することが強調され、それぞれエティックとイーミックと名付けた。そして、パイクは「エティックな観点はもろもろの言語や文化を比較のもとで検証し、イーミックな観点は『文化的に特殊的であって、あるひとつの言語か文化に一回だけ適用される』」とする。わかりづらいのはイーミックな観点だが、文化人類学ではイーミックな観点は、パイクが着目する音素のように、当該文化において意味のある概念・用語を内側から見出し、それを用いて文化の全体系を発見する方向性を指す。したがって、それは部分的に研究するわけはいかず、その結果は最終的で完成されたものにならざるをえない。このことを「一回だけ適用される」とパイクは言うのだが、ギンズブルグは、こうした静態的で、いささか人を戸惑わせがちな対置を、パイクがより実効性があり動態的な展望へと転換する部分に目を向け、次のようにやや長い引用を行っている。

「準備的な提示と最終的な提示。エティックなデータはシステムへのアクセスを提供する。そしてこれが分析の出発点をなす。それらのデータが与えるのは、あくまでも試験的な結果であり、試験的なユニットである。しかしながら、最終的な分析ないし提示がなされるのは、イーミックなユニットにおいてであろう。

18　第1部　比較教育学研究と地域研究

全体的な分析のなかでは、当初のエティックな記述は漸次洗練されていく。そして、最終的に、──原理上は、しかし実際上はたぶんけっしてそうはならないだろうが──全面的にイーミックなものである分析によって書き換えられる。」

　比較教育学において、エティックな研究とイーミックな研究が相補的なものであることは言うまでもないが、パイクのこの言明も、イーミックな方向について、比較教育学研究における「地域研究」また「事例研究」に置き換えて考えてみることができる。すなわち、教育について特定の地域または事例への着目は、エティックなデータによるものであり、そこを出発点としつつ、当初のエティックな記述を洗練し、最終的にはその地域または事例のイーミックな分析と記述が目指されると……。

　世の学問的風潮として、個別性にこだわる事例研究よりも理論研究による一般化が好まれ、もてはやされがちである。確かに、個別の特殊事例は「それでどうなるの？」といった受け取り方がなされるのに対して、多くの事例をもとに一般化を志向する総合的研究、あるいは理論研究は、一時的にでも我々に「わかった」感をもたらし、納得と安心を与えてくれ、より有意義に感じさせられる。「個別」は「一般」と「理論」に従属し下位に位置づけられがちであるが、果たして常にそうなのだろうか。個別にこだわった事例研究も、必ずしもイーミックな方向を目指すものとは限らないが、それがイーミックな分析と記述を目指し、エティックな捉え方を修正し、面白い全体系を提示できるなら、その従属と下位の認識を逆転させる可能性をもつ。

　ギンズブルグは、マルク・ブロックの言葉に言及し「綜合の一日のためには分析の数十年が必要とされる」点にふれる[2]。世界システム論で知られるウォーラーステインを引き合いに出し、「分析の数十年、すなわち他の人々が長い年月をかけて行ってきた分析を、ウォーラーステインの本は一つのシステムへと綜合してみせているのだ」と。

　確かに比較教育学の研究についても、多くの事例とその分析を基礎に綜合、すなわち一般化・理論化がはかられると思われている。しかし、それは本当なのだろうか？　日本の比較教育学研究において、外国研究、地域研究、事例研究などモノグラフ的、記述的研究が比較的多く蓄積されてきている一方で、アングロ・サクソン系の比較教育学研究と異なり、理論的な志向性が弱く、比較を行っていないのではないかとの誹りもあったかに思う。ギンズブルグは続けて「しかし分

析 を綜合のために用いることができるのは、分析がはじめから綜合を視野に入れ、かつ綜合に役立つものになろうと努めている場合でしかない」とのブロックのコメントを重要視する。「個別」や「事例」を「一般化」や「理論」に従属させるというのは、このことと同じなのではないのか。アプリオリに綜合を想定し、それに見合った「役立つ」事例にだけ焦点を当て、役立つ部分以外を都合よく捨象することになりはしないだろうか。

2. イーミックな答え？

　綜合や理論化、一般化を目的として、その目的に仕えるために私たちは（地域研究の）「個別」や「事例」を探求しているのだろうか。私はそうは考えたくはない。「個別」や「事例」のイーミックな把握・解釈こそが目指されるべきである。その試みを通してエティックな分析に内包される誤解や乱暴さに気づき、それを改めていく契機としうるし、さらにこれまで認識されなかったイーミック全体系が提示されることにこそ、個別や事例にこだわる意味がある。地域研究においても、その「文化的に特殊的な」見え方についての豊かで精妙な記述が、時として眼前の視界の靄、霞、闇、幻影を取り払い、異なる前途の明瞭・明晰な展望をもたらすことがありうる。ギンズブルグは「エティック」と「イーミック」の観点を歴史家の仕事に翻訳してみせ、「歴史家たちはどうしてもアナクロニスティックなものにならざるをえない言葉を使った問いから出発する。そして調査の過程で、新たに発見された証拠にもとづいて、行為当事者たちの言語のなかで発せられている答えをよみがえらせ、このことによって当初の問いは修正される。行為当事者たちの言語は彼らの社会に特有のカテゴリーと関連したものであって、わたしたちの言語とはまったく相違しているのである」とする。「人はエティックな問いから出発して、イーミックな答えをめざすのである」との、ギンズブルグの言明は、比較教育学研究においても我々は心に留めておいて良いのではないか。比較教育学における地域研究でも、イーミックな答えを目指して研究の深みにはまりこんでいきたい。

3. 地域とテーマの着眼

　そうはいっても、地域研究でイーミックな答えをめざすことは、簡単なことではない。テーマ設定の仕方次第では、当初の出発点にあるエティックな問い（見方）を強化するだけに終わることもありうる。イーミックな答えを目指すために、望ましい地域とテーマをいかに見出せばよいのか。大分以前になるが、私は本書にも所収される拙論「国際教育開発と比較教育学の可能性」の中で、クリフォード・ギアツの『ローカル・ノレッジ』に示された比較に関する三つの留意点を引いて、「差異へのこだわり」について書いたことがある。差異はエティックな観点から明らかになるものであるが、差異に目を瞑らず差異を認識し、外面的な差異の内側に真摯に向き合うことが、本質的な理解にちかづく一歩である。そこにイーミックな答えがみえてくるように思う。

　ギアツの呪文のような留意点は、具体的な差異を抽象的な相同性に還元しない、異なった名前の似通った現象を捜さない、差異は覆い隠さずに対処すべきだという三点である。しかし、その方向へと進むには、ギアツが言うように、ローカル・ノレッジ（地方固有の知識）以上のものを必要とし、ローカル・ノレッジの多様性を相互参照性に変える方法、すなわち「一方が暗くするのを他方が照らす方法」が必要である。「このための出来合いの方法はない」と明言したあと、彼は「どのような核心に到るにせよ、そこへ到ることができるのは比較によるのであり、それも比較できそうもないものを比較することによってである」とする[4]。比較できそうもないものを比較する？ギアツも認めるように、確かに禅の考案風の表現ではある。しかし、この言明は、東南アジア地域研究者で『想像の共同体』の著者としても知られるベネディクト・アンダーソンが、自身の比較の視点について、ネガティブ・コンパリスン（負の比較）としていることにも通じる面がある[5]。「負の比較」とは相違点に着目した比較研究のことを意味し、計量化が可能な正の比較とは根本的に性質をことにする。地域研究には、着眼・着想次第で、ギアツの「比較できそうもないものを比較」しうる可能性、またアンダーソンの「相違点に着目した比較研究」の可能性が遍在する。

4. 「古遺物研究家」の眼差し

　カルロ・ギンズブルグ『ミクロストリアと世界史』は、上村忠男の編訳で2016年9月に出版された。歴史家の仕事にまつわるギンズブルグの思索・洞察には惹きつけられるところが多く、大学院のゼミでも取り上げたことがある。ギンズブルグは「メタヒストリー」で知られるヘイドン・ホワイトに対する批判の急先鋒でもあるが、上記の著書はタイトルからも伺えるように、分野は違えども比較教育学の地域研究にとっても示唆に富むものである。また、先の論考「わたしたちの言葉と彼らの言葉」のなかでも、地域研究におけるテーマ設定に関係する言明を見出すことができる。

　それは「取っかかり点（Ansatzpunkt）」であり、「一般化可能なポテンシャルを具えた細部に及ぶ調査計画のための種子を提供してくれる点、ひとことで言うならケース（事例）に立ち戻ることである[6]。なかでも異例のケースから期待しうるところが多く、「例外的なもの」「変則的なもの」に焦点をあわせた事例研究が最善の戦略になるという。異例のケース、例外的なもの、変則的なものを我々はいかに見出しうるのか。ギンズブルグの著書に繰り返し表れる「古遺物研究家 an Antiquary」[7]という用語が気に入っている。歴史研究において、変則的なもの・例外的なものに着目しうるのは、確かに「古遺物研究家」のなせる技である。比較教育学に関しても、通念や常識的な捉え方を超越して、研究対象に対する高度な専門性を身につけた研究者——「古遺物研究家」に通ずる好事家的研究者——は、地域研究において主導的な役割を果たしうるのではないか。

5. 「彼らの言葉」と「彼らの地域」

　地域研究は、近年「フィールド・スタディ（臨地研究）」と混同される向きもある。しかし、臨地研究と地域研究は別物であることは言うまでもない。臨地研究は地に臨むこと、現地に在ることが前提だが、地域研究は当該地域を離れて文献を通して深めることが可能である。地域研究においてイーミックな答えを目指そうとすると「彼らの言葉」（＝現地語）を習得する必要をより感じる。また、「彼らの言葉」によらない資料を（ギンズブルグの言葉を借りて）「逆なでに読む」[8]技量も求められ

る。地域性は、地図に示される鳥瞰的なイメージとともに、地域の人々が想起する「記憶」のイメージとも不可分である。ヘイドン・ホワイトはオークショットの「歴史的な過去」と「実用的な過去」に言及し、歴史叙述の物語性について論じている[9]。「地域」も同じように実用的な過去の観点から、自らの体験と関心にかかわって想起される。「地域」は歴史的に形作られ認識され、それは地域に暮らす（地域を旅する、転地する）ヒト達の「実用的な過去」とかかわったイメージ抜きに語れない。認識される「私たちの地域」と「彼らの地域」は、言葉が異なるのと同様に異なって現れて然るべきである。

　私自身の主たる関心地域はマレーシアとインドネシアであるが、この両国は1824年の英蘭条約によって、マラッカ海峡を境にイギリスとオランダの支配区域とされ、第二次大戦後、それぞれ宗主国から独立を達成して形成された国家である。植民地支配の拡大・強化を通して、そのマラッカ海峡という境界が次第に明確にされてくるが、人々はそれとは関係なく地域を移動してきた。マレーシアは華人とタミール人の移民だけでなく、ヌグリ・スンビラン州はスマトラのミナウカバウから、セランゴール州はスラウェシからのブギスのマレー系移民の地でもある。ナショナリズムが勃興するとき、植民地支配の境界をこえた地域連帯が想像され、彼らは自分たちが想起する地域を、彼らの言葉で「タナー・アイル」や「ヌサンタラ」（いずれも今日のマレー世界を意味する）と呼んだ。それは国家、すなわちマレーシア連邦（英領馬来）とインドネシア共和国（蘭領東印度）という領域とは異なる空間の区切り方・捉え方である。

6. 巡礼の旅とナショナリズム、同胞意識

　ベネディクト・アンダーソンは、インドネシアにおけるナショナリズムの誕生を植民地教育制度の性格と関連づけて鮮やかに描いている[10]。植民地支配によって中央集権的で階層構造を持つ近代的な学校制度が形成され、教育の階梯を登って植民地の中心に向かう旅——「教育の巡礼」——を続ける仲間が同じ学校経験を共有する。この経験の共有によってもたらされる同胞意識がナショナリズムに繋がったのだと……。アンダーソンは、それに対して伝統的な教育はローカルで個人的な営みであり、師を求めての水平的な移動はあったにせよ、版図全域での同胞意識には繋がらなかったとしている。そのように考えてしまって良いのだろ

うか。ポンドックやプサントレンと呼ばれる伝統的なイスラーム教育組織は確かに中心性も階層構造も明確ではなく、教育内容や資格なども統一されてはいなかった。しかし、イスラームの学徒は師を求めて遍歴の旅を続け、世評による複数の中心で学び、最終的にはメッカに巡礼し、より高度な学問を修めた。フルフローニエの古典的な研究[11]によると、東南アジアのマレー・イスラーム世界からの巡礼者たちはメッカのある地域に集住し、その地域は「ジャワコロニー」と呼ばれ、イスラーム学習の言語（アラビア文字表記のマレー語）は「ジャウィ」と呼ばれた。いずれもジャワに由来する用語だが、メッカで学習を共にした仲間がその後、故郷にもどり、イスラーム改革思想を地域に伝え、同胞の共同体（ウンマ）意識は反植民地運動にも繋がった。これは植民地支配の版図をこえた同胞意識・地域意識によるものと言って良い。

7. ヒトの移動（旅、転地）と地域・領土

ジェームズ・クリフォードは著書『ルーツ』の冒頭で、アミタヴ・ゴーシュの自伝的物語を取り上げ、「フィールドワークは、ローカル化された居住よりも、一連の旅による遭遇にかかわるものだ」との言に注目する。「人間の場所が静止と同じくらい転地（ディスプレイスメント）によって構築される」との見方である[12]。居住が集団生活のローカルな土台で、旅をその補足と考える枠組みから「旅」を解放する企てをクリフォードは問いかける。「旅」、転地という実践は、「たんなる場所の移動や拡張ではなく、多様な文化的な意味を構成するもの」と考えられはしないかと……。そして、クリフォードは「文化の中心や明確に規定される地域・領土は、接触（コンタクト）に先行して存在するのではない。むしろそれらは、様々の接触を通じて維持され、人々と事物のたえまない移動を流用し、規律化するのである」[13]と述べる。地域・領土は人々の転地と接触を通して、それぞれに現前する。

比較教育学における「地域研究」を巡る私の雑感は、ここまでぐずぐずと書いている間に、どうやら紙幅が尽き、時間切れになってしまった。まだ書きたいことを書きつくせてはいないが致し方ない。今日、ウェブ情報が氾濫し、ツイッターで無思慮な発言がまき散らされるなか、痛みと苦さを伴う転地と接触なしに、地域や領土のイメージが構築される。私たちの「地域研究」の意味はどこにあり、

24 第1部 比較教育学研究と地域研究

どの方向を目指していけば良いのか。本リーディングスに所収される各論考にその萌芽が見出されることを願う。

注

1 カルロ・ギンズブルグ（上村忠男訳）「わたしたちの言葉と彼らの言葉―歴史家の仕事の現在に関する省察」『思想』1059号（2012年第7号）、33-60頁。論考「わたしたちの言葉と彼らの言葉」は、カルロ・ギンズブルク（上村忠男編訳）『ミクロストリアと世界史　歴史家の仕事について』みすず書房、2016年、56-88頁に再録されている。

2 カルロ・ギンズブルグ（上村忠男編訳）『ミクロストリアと世界史―歴史家の仕事について』みすず書房、2016年、82-83頁。

3 同上書、75頁。

4 クリフォード・ギアツ（梶原景昭他訳）『ローカル・ノレッジ　解釈人類学論集』岩波書店、1999年、388頁。

5 山本信人「柔軟な比較の思考と自由な表現―アンダーソンの東南アジア地域研究」『思想』1108号（2016年第8号）、13頁。

6 カルロ・ギンズブルグ、前掲書、85頁。

7 同上、45頁。

8 カルロ・ギンズブルグ（上村忠男訳）『歴史を逆なでに読む』みすず書房、2003年。

9 ヘイドン・ホワイトについては、『思想』第1036号（2010年第8号）に特集「ヘイドン・ホワイト的問題と歴史学」が組まれている。

10 ベネディクト・アンダーソン（白石隆・白石さや訳）『想像の共同体　ナショナリズムの起源と流行』リブロポート、1987年、203-207頁。

11 Snouck Hurgronje, *Mekka in the Latter Part of the 19th Century* (Engl. translation by J.H. Monahan), Brill: Leiden. 2006 (Reprint).

12 ジェイムズ・クリフォード（毛利嘉孝他訳）『ルーツ　20世紀後期の旅と翻訳』月曜社、2002年、11頁。

13 同上書、13頁。

第2部

貧困・格差

1. 教室で生み出される民族間の教育格差　　　　　　　　　　乾　美紀

2. インドにおける貧困層対象の私立学校の台頭とその存続
   メカニズムに関する研究　　　　　　　　　　　　　　　　小原優貴

3. スウェーデンにおける外国人児童生徒の教育課題　　　　　林　寛平

国家・国民・市民

4. イングランドの市民性教育の実践とその課題　　　　　　　北山夕華

5. 転換期の歴史教育と「よりよい社会」の希求　　　　　　　木下江美

6. 多文化主義国家カナダのマイノリティ言語教育の様相　　　児玉奈々

7. ヨーロッパ教育における地域統合とネイション　　　　　　近藤孝弘

8. 言語の国民化　　　　　　　　　　　　　　　　　　　　　野津隆志

宗　教

9. カトリック系国際 NGO フェ・イ・アレグリアのペルーにおける
   展開と民衆教育の論理　　　　　　　　　　　　　　　　　工藤　瞳

10. マレーシア（クランタン州）におけるイスラーム教育の発展に
    関する一考察　　　　　　　　　　服部美奈・西野節男・小林忠資

11. イスラーム的な人間形成　　　　　　　　　　　　　　　　服部美奈

12. マレーシアにおける伝統的イスラーム学習の変容　　　　久志本裕子

伝統・地域

13. グアテマラにおけるコミュニティ運営学校の展開と終焉の
    制度的要因　　　　　　　　　　　　　　　　　　　　　　田村徳子

14. インドネシアにおける地域科カリキュラムの機能に関する
    批判的研究　　　　　　　　　　　　　　　　　　　　　　中矢礼美

15. 「伝統」と文化創造　　　　　　　　　　　　　　　　　　山田肖子

研究方法

16. 国際教育開発と比較教育学研究の可能性　　　　　　　　　西野節男

貧困・格差

解題：教室で生み出される民族間の教育格差──ラオスの小学校におけるフィールド調査を通して──

乾　美紀

　ラオスで調査を始めて今年で20年になる。調査を始めた1998年、ラオスの教育に関する研究はほとんどなく、限られた研究に頼っていた。机上の空論でよいのかと考えあぐねていたところ、インタビュー先の小学校の校長に、英語の先生として無償で働いてくれないかと頼まれ、二つ返事で引き受けた。民族間の教育格差はどのように生じているのか、先行研究で指摘されていることは現実にどのように起こっているか、自分の目で見ることにより新たな発見があるのではと考え、思い切って山岳地帯にある町に住み込むことにした。

　振り返って本稿を読むと、調査の展開に無理がある部分も見受け、恥ずかしく思う部分が少なくない。そもそも人類学の大家であるJ. Ogbu や R. Rist が何年もかけて追究した理論を、未熟な院生が追うことは不可能に近かったかもしれない。それでも、拙いラオス語を駆使し、英語が少し話せる先生の力を借りながらも、実際に教室で起こっている現実をできるだけ克明に記録していったことを記憶している。本稿を読んで頂けるなら、授業場面での筆者と児童の実際の会話、教師へのインタビュー場面を、実際の現場を想像しながら読み進めてほしい。授業の中でごく自然に見られる少数民族の子どもたち同士のやり取りから、ラオス語を習得することの難しさや、最終学年の5年生になっても母語で助け合わないと授業が理解できないという現実を伝えることに努めた。実際に学校現場に毎日滞在していると、Ogbu や Rist が指摘した通り、教師が持つ偏見が子どもたちの学業達成にも影響していることも分かり、国やエスニシティを問わず教師の役割の重要性を明らかにできたことは新たな発見だと思う。教育に関わる現地の当事者とともに教育ニーズを考えることこそ、地域研究の醍醐味だと強く感じていた。

　しかしながら参与観察やインタビュー後に実施した質問紙調査には悔いが残る。当時、質問紙調査は補完的に行うものとして計画したため、単純集計にとどまったが、児童の成績や出席状況などのデータが入手できていれば、子どもの成績や出席状況とラオス語能力との相関関係などの分析ができただ

ろう。当時、ないものはないと諦めることが多かったり、なるべく自然な状況から研究課題を追究していくことにこだわっていたが、今、同じ調査をするとすれば、利用可能なデータから定量的な分析を加えておきたいと思う。

　ところで、このフィールド調査で最も気に留めていたのは、現場を乱さないことであった。当時、町に電気が通るのは夜6〜11時までという厳しい状況であり、学校には水道も電気もトイレもなかった。英語を教えるにしても教科書も教材はもちろんのこと、印刷する紙さえなく、古く傷んだ黒板だけが頼りだった。お金を払えば町の商店で紙を買い、自家発電を起こしてもらって印刷はできたが、同僚の先生ができないことは我慢した。私の経験など拙いが、これから地域研究をしてみようと思う人は、なるべくフィールドにはそのままの状態で入り、最後は現場を乱さないように帰っていくことを忘れないでほしい。

　20年経った今、ラオスでは海外支援を受けてインフラ整備が進んだ。交通網も物流も発展して民族の交流や融和が進んできたことから民族の共存に抵抗がなくなっているように感じる。また、就学前教育の発展や教員の質の改善により少数民族の子どもたちのラオス語能力が高まり、民族間の教育格差も徐々に解消されつつある。

　状況は改善されているものの山岳地帯の学校を訪れて課題が山積しているのを見ると、研究者としてじっとしていられず、学生団体の顧問として学校建設支援を始めた。少数民族の村に学校が建つことで、目には見えない格差が徐々に縮まってきていることを感じている。まさか苦労を重ねたラオスにこのような愛着を抱くとは想像もしていなかった。地域研究者としてフィールドへのお返しは生涯続くと思う。

　　　　　　　　　貧困・格差

1. 教室で生み出される民族間の教育格差
── ラオスの小学校におけるフィールド調査を通して ──

乾　美紀

1. はじめに

(1) 問題の所在

　ラオスは 47 の民族から成る多民族国家であるが、これまで主に多数派民族が開発の中心となった社会が形成されてきた。1975 年の社会主義政権成立以来、政府は少数民族出身者を積極的に政界に登用するなど、少数民族を優遇する政策を進めてきたが、いまだ少数民族の政治、経済活動への参加は多数派民族ほど進んでいない。この状況は教育現場にも同様に現れ、少数民族の教育へのアクセスは困難な状況にある。

　確かに 1987 年に市場経済が導入されてから、教育予算が年々増加し、教育改革が進められた結果、国全体の教育データは改善された。例えば 1975 年から1995 年にかけて、全教育レベルにおける就学者数は約 7.5 倍に増え、教員数も17,000 人増加した。特に 1990 年の「万人のための教育会議」に参加し、初等教育の重要性を認識してからはその改善に努め、後 5 年の間に初等教育 (1 − 5 年生まで) の純就学率は、63.0% から 76.2% ま で 上 昇 し た (Sunsatiti Hensado: National Statistical Center 1995, p.151)。

　しかしながら、ラオスの教育セクターの発展を検討する上で考慮しなければならないことは、これまで多数派民族が主に教育機会拡大の恩恵を受けていたことである。例えば現在でも、教育予算や助成金が少数民族に行きわたりにくいことが問題として挙げられる[1]。また、図1 に示すように、多数派民族系統タイ・カダイ系に属する民族集団ラオと、少数民族集団 (カムー：オーストロ・アジア系、モン：モン・ヤオ系、コー：シナ・チベット系) の就学形態には大きな格差が生じている[2]。

出典：「教室で生み出される民族間の教育格差──ラオスの小学校におけるフィールド調査を通して」広
　　　島大学教育開発国際協力研究センター『国際教育協力論集』第 4 号 (2)、2001 年、25-37 頁。

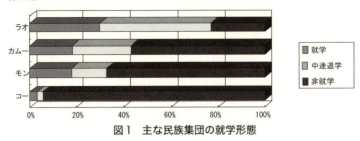

図1　主な民族集団の就学形態

出典：State Planning Comittee Nationak Statistics Center 1997, p.34 をもとに筆者作成

(2) 本研究の目的

　本研究の目的は、民族間に生じている教育格差がいかなるプロセスを経て生み出されているかについて明らかにすることである。これまでラオスの民族間に教育格差[3]が広がっている理由として提起されてきた諸説や先行研究を整理すると、大まかに次の4つに集約できる。

　第一に「教育資源投入の不均等」である。ユニセフ (1992, p.87) やアジア開発銀行 (1999, p.37) が指摘するように、民族間に教育格差が生じていることには、少数民族が居住する山岳地帯で教育予算が不足しており、学校の建設が制限されていることに原因がある。また前述したように、教育予算や助成金の不平等な分配が影響していると考えられる。

　第二に挙げられるのが「教員の質の悪さ」である。ユニセフが問題視するように、少数民族の村には無資格教員が多く、彼らの大半が中途退学の多い小学校低学年を担当していることが、教育の質の悪化を招いている (UNICEF 1998, p.150)。チャグノンらは、教員が少数民族の相違性や類似性に関して無知なことを批判し、多数派民族の価値に基づいた授業を行っていることが教育格差を広げていると指摘している (Chagnon & Rumpf 1982, p.49)。

　第三に「社会・文化的な問題」が民族間の教育格差を広げているという指摘がある。リー (1998) は、特に少数民族の女子の就学率が低いことには、彼らの教育に対する関心が低く、学校を辞めて早期に結婚する習慣が影響していると述べている。少数民族の家庭では子どもの労働力に依存する傾向も見られる。アジア開発銀行 (1999, p.37) も主張しているように、男子が教育を優先されるという考えや女子が教育を受けることに反対する伝統的な見解に問題を見いだすことができる。

次に第四の説である「カリキュラム編成上の問題」は、近年多数の研究者が指摘している。スダプラサーとカンペ (1991, p.45) 及びチェンバレン (1995, p.75) は、ラオスではカリキュラム編成が原因で民族間に教育格差が生じていると述べている。ラオス政府は、1975 年に社会主義政権を成立して以来、少数民族に対してもラオ語による学習カリキュラムを通した同化的な教育政策を継続しているためである。スダプラサーとカンペらは、政府制定のカリキュラムが、算数能力や識字(ラオ語)等に焦点を置いており、少数民族のニーズに関する配慮を欠いていることを批判している。またラオ語のみが教授言語と定められていることは、少数民族の生徒が進級試験に不合格となるケースを生み出していると指摘している。つまり、政府が提供する教育カリキュラムが少数民族の生徒に困難な学習環境を与え、留年や中途退学に影響を与えているのである[4]。

以上、ラオスにおける民族間の教育格差に関する先行研究を総括すると上記のように表すことができたが、この中でどの要因が最も大きな影響力を持っているだろうか[5]。

(3) 本研究の視点と方法

この問題に関して本研究では、「カリキュラム編成上の問題」が最も重要な位置を占めるという仮説を立てる。つまり、教師が多数派民族を中心としたカリキュラム編成に基づいた授業を行うという不平等なプロセスが教育格差を生み出しているということである。

仮説を検証するため、本研究ではラオスの小学校においてフィールド調査を行う。フィールド調査の手法として、初めに、実際に授業がどのようなプロセスで行われているかを参与観察によって明らかにする。さらに参与観察に加えて、現行のカリキュラム編成が生徒の教育格差や相互認識にどのような影響を与えているか明らかにするために、インタビューや質問紙調査を行った。

尚、フィールド調査の場所は、ラオス北部シェンクワン県ペック郡プンガム村のプンガム小学校であった[6]。参与観察の手段としては、1999 年 3 月から 5 月までの約 3 ヶ月間、臨時英語教師という立場で教壇に立つ方法をとった。参与観察とは、「状況に参加しつつ、そこで生じる出来事を観察し、記録する」という調査者の基本的なスタンスに言及するものである (志水 1998, p.8)。そこで、筆者は毎日 3 時間 5 年生の英語の授業を行うことに加えて、休み時間、中休みの体操、朝礼 (国旗掲揚)、帰宅時に生徒と共に行動したり、空き時間に他学年の授業を観

32　第 2 部

察し、必要に応じて彼らの言動を記録した。

　現在まで、少数民族の教育問題を学校における参与観察（スクールエスノグラフィー）により明らかにしていく方法は、特にアメリカにおいて 1960 年代よりなされてきた。例えばオグブは、少数民族の生徒に学業不振が続く原因を探るために、サンフランシスコ黒人地区の学校にバイリンガル教員として赴任し、参与観察を行った。当時、学業不振の要因のひとつとしてジェンセンらが遺伝説を唱えていたが、オグブは 2 年間にわたる参与観察の結果、黒人であるという理由で、生徒の学校における成功がその後の社会での成功に結びつかないという「社会構造」に問題があると指摘した (Ogbu 1974)[7]。

　他に、学校において参与観察を行った研究者としてリストが挙げられる。リストは、教室内における教育効果を規定する要因を探るために、黒人地区の学校で参与観察を行った。彼はこれまでの教育効果が、遺伝や文化的な要因という学校外の要素により決定されているとみなされてきたことに対し、実際に学校の中で起こっているプロセスから分析する方法やレイベリング理論に注目した[8]。その結果、教師が生徒に対してあらかじめ抱く評価及び期待や、教師が生徒と教室で一緒に時を過ごす時に得られる情報が、生徒の学習達成に影響を与えていること、例えば教師が黒人生徒に対して抱く低い期待が、彼らの成績不振を招いていることを報告した (リスト 1980, p.212)。

　従って、本研究でも実際に教育格差が生じる詳細なプロセスを見極めることに注目した。ラオスにおける教育格差の原因を解明するために、プロセスに注目する理由は、前述した先行研究が「教育の供給側」の視点に立ったものに偏っていることを問題視するからである。本来、カリキュラム編成は教育の需要者のニーズに適合していることが必要である。そのため、現地で参与観察やインタビューを含むフィールド調査を行うことにより、教育の需要側の状況や見解に基づいた学習の現状を把握することは重要である。また、生徒に質問紙調査を行うことで、彼らのニーズや問題意識を聞き出すことも可能である。

2. 教室に見る教育格差の現実

(1) 5 年生にいまだ残るハンディキャップ

　初めに、筆者が担当した 5 年生の教室を観察した結果を報告する。

筆者が担当した5年生は計121人で、3組に分けられていた。民族構成は62%（75人）がラオ、38%（46人）がモンであるが、クラス編成に民族背景は考慮されないことになっているため、クラスによって民族構成は異なり、それが教室内の学習環境に影響していた。

　例えばモンの生徒がクラスの20%（40人中8人）しかいない2組では、モン生徒の存在が希薄である。担任は民族背景を考慮せずに座席を決めており、8人の席は離れている。そのため教室でモン語を聞くことはほとんどなかったが、教室の後方で前後に座るモンの女生徒二人は、授業で分からないことがあれば小声でモン語を話し助け合っている。それを担任は歓迎するのでもなく制止するのでもなく、淡々と授業を進めている。ラオの生徒はモン語で話す二人の女生徒を気にすることもない様子であった。筆者の授業中も、モンの生徒はラオの生徒の中に完全に埋もれている様子で、名前を確認したり顔を凝視しない限り、その存在を見つけられないほどであった。

　次にモンの生徒が38%（42人中16人）を占める1組では、担任がモンの生徒を固めて席順を決定していた。教室には黒板から向って右、左、中央に長机が横3列、縦5列に並べられているが、教室の右側にはモンの男子生徒が固まって座り、中央最前列にはモンの女子生徒が4人並んで座っている。彼らは私語になると、モン語で話していた。左側の長机はほとんどがラオの女子で占められている。2組と異なるのは、モンの男子生徒から常にモン語が飛び交い、友達が授業中回答に困った時は、モン語で答えを伝えていることである。その時特に担任は注意をしない。ラオの生徒は、その様子を気に留めていないが、声が余りに大きい時は、迷惑そうな表情で首を傾げていることがある。2組と比較するとモンの生徒の存在感が大きく、ラオの生徒の中に埋もれてしまっているという印象はなかった。

　最後にモンの生徒が半数以上（56%、39人中22人）を占める3組では、本来の学校の民族比と逆転しているためか、モンの生徒が教室の主導権を握っていた。担任は身長を考慮して席順を決めていると答えたが、長机や長椅子が不足しているため、気の合う者同士が移動して席を並べており、背の高いモンの男子生徒が後ろに固まって座っていた。

　原則として学校ではラオ語で話すことになっているが、3組ではモン語が飛び交っていた。特に、筆者のラオ語が不鮮明だったりモンの生徒が質問に答えられなかった時は、男子生徒から大きな声のモン語で助けが来る。その時ラオの生徒たちは、一瞬声の大きさに困惑していたが、日常の出来事と見えあまり気にする

ともなく授業にとりかかる。担任はモン語を理解していないことに加えて、理
解しようとする姿勢も見られなかった。

　3組はモンの生徒が生き生きとしており、筆者の授業中はアルファベット表記
を用いるモン語に精通したモンの生徒の挙手が目立った[9]。筆者は「私の家族」と
題した授業中に、自分の家族の絵を描かせ、それぞれ英語で簡潔に説明する授業
を行ったが、絵には英語と共にモン語が書かれているのがこのクラスの特徴で
あった。

　以上のように、民族構成の異なる3クラスを観察した結果、ひとつの傾向が明
らかになった。それは、母語に対する制限がなくなるほど、モンの生徒たちが明
るい表情で学習していたことである。特に教室において母語でコミュニケーショ
ンをとっていた3組のモンの生徒と、それを控えた1組の生徒とを比較すると明
らかであった。筆者の英語の授業中もよくモン語を耳にしたため、ある時、生徒
にモン語での会話の内容をラオ語交じりで尋ねた次に示す〔授業場面1〕は、筆者
とあるモンの生徒との会話場面である。

　筆者："What time did you get up this morning? "
　生徒A：…（無言）
　筆者："Do you know what I mean ?　kauchay bo. "（分かりましたか？）
　生徒A：" Bo kauchay."（分かりません）
　生徒B："XXXXX…"（モン語で後ろから囁く、筆者は聞き取り不能）
　生徒A："U…! Seven o'clock".
　筆者：（Bに対して）" Pennyan jao wao pasa Hmong? Pasa Lao
　　　　　　wao neodai? "（なぜ、今モン語を話したの？何て言ったか教えて。）
　生徒B：" Boku lao su-su. Pasa Hmong gai samurap Hmong."
　（ちょっと教えただけ、助け合っているだけなの。モン語で言ってあげると簡単だから。）

　〔授業場面1〕に表れたように、モンの生徒がモン語で話す理由の一つは、母
語であるモン語で勉強した方が効率よく理解が進むからである。モンの生徒たち
は既に最高学年の5年生であるが、担任は、彼らの大半が完璧にラオ語を習得し
ておらず、ラオの生徒と比較すると成績に格差が見られると話した。仮に少数民
族出身の教師がいれば理解促進の役目を果たすことが可能であるが、モン語を話
す1年生の担任が他の学年を助けることは原則的にはない。従って教室内で友人

と自由にモン語で話し、助け合い、理解を深めていくことが彼らにとって重要であり、担任も寛容にならざるを得ないのである。また、モンの生徒にとって、モン語を話すことが学習に快適な環境であることから、クラス編成を考慮することにより、状況が改善されると考えられる。

　参与観察を行った結果、教授言語が単一化されているがゆえに生じる問題は、5年生になっても継続していることを明確に観察することができた。それではなぜ、いまだ言語のハンディキャップが残っているのだろうか。入学間もない1年生の教室の様子や教師の対応を観察することで理由を探りたいと思う。

(2) 入学時に始まる教育格差

　プンガム小学校の1年生は、モン語を話せるラオの女性教師が担当している。プンガム村は市場に近いため、多くのモンの生徒たちは就学前にラオ語を聞いたことはある。しかし女性教師は、モンの生徒のうち約4割がラオ語を話せないまま入学するので、授業の進行が困難であると不平を述べた。彼女はモンの生徒が母語を学習する時間もラオ語に切り替える猶予期間も与えられていないことが原因で、不安気な表情を見せると話した。

　1年生の教室の後方に座り授業を観察すると、モンの生徒が前列を占領しており、なるべく担任の言葉を聞き逃さないように努力している姿をうかがうことができた。特にラオ語の時間は、モンの生徒とラオの生徒に大きな差異が見られる。ラオ語を母語とするラオの生徒はさっさと担任の板書を自分のノートに書き写し声を上げて文章を読むが、ほとんどのモンの生徒は書き写しに精一杯の様子である。見かねた担任は時々、モン語で説明し、ある程度生徒の理解を確かめた上で次に進むといった状態が続く。また、単語を説明する時には補助教材としてカレンダーを切り取った絵を見せたり黒板に絵を描いたりして、モンの生徒の理解を促進していたこともあった。その間ラオの子どもたちは「分かって当然」といった表情を見せ、退屈しながらも担任とモンの生徒たちを見つめていた。

　担任は筆者のインタビューに対して次のように答えた。

〔インタビュー〕1年1組　ラオ語の授業後

筆者：「モンの子どもたちは授業が分からないようですが。二つの民族には差がありますね。」

担任：「そうですね、モンの生徒は授業についていけないんです。成績の上位は全てラオの生徒たちです。学年末の進級試験では、モンの大半が不合格となって留年するのです。昨年度は1年生の40％が進学できなかったのですが、そのほとんどがモンの生徒です。」

筆者：「その差はどうして起こるのですか。」

担任：「もちろん、モンの生徒はラオ語を一から勉強しますから。ラオ語とモン語は全然違いますから、ラオ語のアルファベットを初めから覚えるには、時間がかかります。私は時々モン語で説明しますが、ラオの生徒に教えるのと比較するとこっちも大変です。」

このように、1年生の担任は、モンの生徒をサポートしながらも、モンの生徒の成績がよくないことを当然として受け止めている。特に、ここでの「モンの生徒は授業についていけないんです。」という表現には、教師があらかじめモンの生徒に高い期待を持っていないことが伺える。

ラオスでは、自動進級制をとっておらず、学年末の6月に進級試験が行われる。その結果、留年か進学かが決定されるのであるが、ラオス全体において共通しているように、プンガム小学校でも1年生の留年率は高く、学校所持のデータによると、1998年度の2年生への進級率は、60％であった[10]。校長にその理由について尋ねたところ、進級試験に合格しなかったため留年する生徒と、勉強が分からないためやる気をなくして中途退学する生徒が合計で40％を占めると答えた。また担任のインタビューに表れたとおり、進級できなかった40％のうちほとんどがモンの生徒である。つまりプンガム小学校においても、民族間に教育格差が生じており、モンの生徒は不利な学習環境にあるのである。

このようにプンガム小学校においても実施されている同化的なカリキュラム、特に教授言語が単一化が、少数民族の子どもたちの成績や進級率に影響を及ぼしたり留年や中途退学を引き起こす原因となっていることが参与観察やインタビューにより明らかになった。

3. 質問紙調査の結果に見る教育格差の現状

(1) ラオ語への転換の困難さ

　次に、教育格差が生まれるプロセスや現在のカリキュラム編成が生徒に与える影響について客観的な見解を得るために、フィールド調査の一部として5年生を対象に質問紙調査(無記名)を行った結果を報告する。このことは、参与観察において生まれがちな主観性を、調査対象自身の見解を分析することにより補完するという役目を果たすことになる。

　尚、調査日時は1999年4月30日(1組及び2組)及び5月1日(3組)である。調査対象は当日登校した114人(ラオ69名、モン45名)で、質問は全てラオ語で行った。

　最初に言語の問題に関する質問を行ったが、第一にモンの生徒に対して、「家庭内で何語を話しているか」について尋ねた結果を示す。

　図2から明らかなように、ほとんどの生徒が家庭ではモン語を話している。グラフ化は省略するが、調査の結果、モンの生徒のうち37人(82%)の親がラオ語を流暢に話せずモン同士ではモン語だけを話すと答えていた[11]。また学校でモン語を習うことができないために、39人(86%)の生徒が学校以外でモン語の読み書きを習っていると答えた。

　第二に、「学校外で誰にモン語を教わっているか」に関しては、60%の生徒が、両親や兄、姉に教わっていると答えた。また33%の生徒は私塾の先生から、7%の生徒は独学で習得していると答えたが、私塾の先生とは英語教師を指すことが

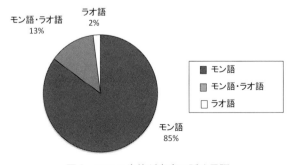

図2　モンの生徒が家庭で話す言語

分かった。村ではモンによる英語塾が流行しており、そこでモン語も併用して教えているということである。

第三に、「ラオ語に初めて触れたときの感想」を尋ねた質問では、95％の生徒が1年生の時にラオ語の学習が困難で、ほとんど授業についていけなかったと答えた。つまり、ほとんどのモンの生徒が入学時すでに言語的な問題に直面していたのである。

以上の結果から、家庭生活と学校生活における言語使用の不一致が、モンの生徒に困難な学習条件を与えていることや、学校で母語を学習することができないため、家庭や塾において母語の読み書きを学習する時間を割いていることが明確になった。

(2) ラオ生徒の誤解とエスノセントリズム

次に同化的な学習カリキュラムが生徒の認識に及ぼす影響を調べるために、生徒がお互いの言語や文化についてどのように認識しているかについて質問した結果を報告する。第一に、「ラオスにいる限りラオ語を話すべきだと思うか」を「はい・いいえ (Yes, No)」形式で尋ねたところ、大半 (83％) のラオの生徒が「はい」と答え、ラオスに住む人が、ラオ語を話すことを当然だと思っていると察することができる。

次に「ラオ語は将来役に立つと思うか」という質問を「はい・いいえ (Yes, No)」形式でラオとモンの両生徒に質問し、その回答を比較する方法をとった。その結果、図3に示すように、大半 (69人中60人) のラオ生徒はラオ語を将来役に立つ言語だと捉えていた。つまり上記の答えと併合すると「ラオ語を話すことは義務であると同時に、ラオ語は将来役に立つ言語である」という認識を持っているの

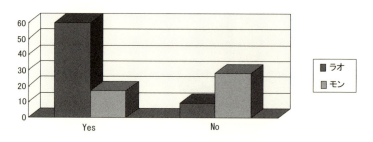

図3　ラオ語の将来性（数値は回答人数）

である。しかし、この回答をモンの生徒のそれと比較すると大きな差異が存在する。

　図3に明確に表われたとおり、モンの生徒は、ラオ語をさほど重要な言語とは感じていないと見え、45人中17人のみがラオ語の将来性を肯定した。むしろ、ラオ語を将来役に立たない言語であると捉えている生徒が、将来役に立つと捉えている生徒よりも多いことを読みとることができる。従って、モン、ラオの両民族の生徒のラオ語に対する見解にはギャップがあることが分かる。

　次に、なぜモンの生徒はラオ語を将来役に立つ言語だとは思っていないのか、また国語であり教授言語でもあるラオ語にこだわらない理由とは何であろうか。授業後インフォーマルな場面設定で生徒に尋ねた。

［インタビュー場面2］5年2組 調査を終えたすぐの休み時間

筆者：「ラオ語は大切だと思わないの？」
生徒：「学校では大切だと思うよ。だってラオ語で勉強しているし。」
筆者：「じゃあ、どうして将来役に立たないと思うの？」
生徒：「お父さんとかおじさんがいつもラオ語よりも英語を勉強しなさいって言っている。その方が僕のためにも家のためにもなるって。」
筆者：「どうしてラオ語よりも英語なんだろうね。」
生徒：「だってお金がたくさん稼げるから。アメリカ人やイギリス人と働いている人はたくさんお金もらっているんだって。タイ語でもいいよ、バンコクで働ける。僕は家にテレビがあるからタイ語を覚えちゃったんだ。」
筆者：「じゃあラオ語はどうなるの？」
生徒：「僕にとっては知っていて当たり前。それよりモン語をやりたいし、将来のことを考えるとやっぱり英語だよ。」

　以上のインタビューに表われたように、モンの子どもたちは経済的な意味でラオ語を重視していないことが分かった。現実のところ、ラオスでは公務員になるために縁故が必要なことに加えて、いまだ少数民族が公務員になりにくい風潮が残っているため、少数民族の子どもたちには英語を学習して少しでも収入の高い

職に就こうとする傾向が見られる。特にモンは過去に政府に反発し、その多くが難民として海外に移住した歴史を持つため、現在でも政府の官職や公務員となる者は少ない。このような歴史的な葛藤が今も国内に根強く残っていることが、次の質問の回答からも推定できる[12]。

　次に、ラオの生徒に対して行った「ラオはモンよりも良い立場にあると思うか」という質問に対しては、75％のラオの生徒が、「自分たちの方が良い立場にある」という優越感を持っていることが明らかになった。つまりモンの生徒よりも優遇されていると感じているのであるが、これはエスノセントリズム（自民族中心主義）[13]の表れではないだろうか。大半の生徒が自民族中心的な発想を持っていることに疑問を抱いたため、「ラオはモンよりもよい立場にある」と答えた生徒に理由を尋ねてみたが、「ただそう思う」と恥じらいがちに答える他には、「（ラオ）はお金を持っている」という経済的な側面での発想を聞くことができた。

　また前述しているように、多数のラオの生徒が「ラオ語を話すことは義務である」と感じていることも言語に対する自民族中心的考え、つまりエスノセントリズムのひとつだと思われる。参与観察時にはラオ生徒が持つエスノセントリズムを感じとることができなかったが、無記名の質問紙調査を行うことにより、ラオ生徒の民族意識を少しではあるが理解することができた。それでは一体何が原因となって生徒の民族意識が形成されているのだろうか。

　参与観察や質問紙調査を通して考察すると、ラオ生徒が持つエスノセントリズムは、少数民族の背景に配慮が行き届いていない同化的な学習カリキュラムに原因があるのではないかと考えられる。同化的なカリキュラムは、民族間に教育格差を生み出すことに影響しているばかりか、多数派民族の子どもたちに大きな誤解を与えているのではないだろうか。

(3) 文化差異に対する誤解（近くて遠い隣人）

　次に、教育における同化政策は生徒たちに地域社会の多様性について理解させることができているのだろうか。またラオの生徒はモンの生徒をどのように認識しているのだろうか。

　「モンとラオの文化の差はどう異なるか」と質問したところ、二つの民族の回答に大きな差異が見られた。例えばモンの生徒は文化の差異について具体例を挙げることが多く、家の造り（ラオは高床式の家に住み、モンは地に直接家を建てる）、民族衣装、食事（ラオは陸稲、モンはもち米を食べる）、言語（モン語とラオ語）が異な

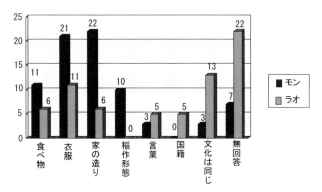

図4 ラオとモンの文化の相違（複数回答）

ることを示した。またモンの生徒の多くが稲作の方法（モンは陸稲、ラオは水稲）まで詳細に違いを指摘していた。これらモンの生徒の回答は全て正しい見解である。

しかし図4に示したように、ラオの生徒はモンとの文化的差異に関して回答しなかったり、多数の生徒がモンもラオも文化が同じであると誤解をしたりする回答が多く見られた。

図4から分かることは、ラオの生徒はモンの生徒ほど文化的差異に敏感ではなく、モンの文化に対してラオと同じだと捉えたり無関心であることである。またラオの生徒のなかで、モンとラオは国籍が違うと答えた5人には、モンの存在に対する認識が極めて低いと思われる。このようにラオ生徒の誤解や他文化への無関心は、他民族の生活や習慣などの文化的多様性や地域社会の多様性を学校カリキュラムに取りいれてないことに問題があると考えられる。

(4) 継承されるエスノセントリズム

次に教師たちは、民族背景が異なる生徒に対していかなる見解を抱いているだろうか。常勤教師9名に質問紙調査（ラオ語による質問、担当学年を記入した匿名方式）を行った結果を報告する。

第一に、ラオとモンの生徒の成績格差について尋ねた質問では、回答者全員が「ラオの生徒の成績がいい」と答えた。その理由について、「モンはラオ語を苦手としているため」と指摘した。モンの生徒がどれほどラオ語を理解しているかについての答えを学年ごとに整理してみると、高学年になるごとに評価のよい見解がみられた。しかし5年生の担任は、「まだモンの生徒は時々ラオ語を理解して

42　第2部

いない」と述べ、最高学年になっても言葉の壁が残っていることを教師が確認していることが明らかになった。

　第二に、「モンの生徒がラオ語を理解しなかったときにどうするか」という質問に対する回答は、以下のようにモンに対して寛容な意見と非寛容な意見の両極に分かれた。

　　非寛容

　　　　　ラオ語は私たちの言葉であるからラオ語で話し続ける (4)

　　　　　特に何もしない (1)

　　　　　分かりやすいようにゆっくり話す (1)

　　　　　教材や絵を用いて助ける (2)

　　　　　モン語で説明する (1)

　　寛容

　上掲したように、モンの生徒のハンディキャップに寛容で、彼らのために様々な工夫を施している教師がいる反面、モンの生徒に非寛容な態度を示す見解が多く上掲したように、モンの生徒のハンディキャップに寛容で、彼らのために様々な工夫を施している教師がいる反面、モンの生徒に非寛容な態度を示す見解が多く見られた。

　モンの生徒に非寛容な意見の中には、ラオ語を中心として意識している答えが際立っていた。特に「ラオ語は私たちの言葉であるからラオ語で話しつづける」という表現には、教師のモンの生徒に対する不平等な扱いが伺えると同時に、ラオの生徒が持っていたエスノセントリズム的なニュアンスを感じ取ることができる。つまりラオの成人も子どもも同じようなエスノセントリズムを持っていると推定できる。また、モンの生徒に対して「特に何もしない」という表現には、モンの言語を理解しないが、理解を促進するために何らかの手段をとる態度も見られず、ただラオ語を話し続けるという非寛容な態度がみられる。このような教師が持つエスノセントリズムが、教室内においても意識されることなく生徒たちに継承されているのではないだろうか。そして、このような教室内における教師の態度が、少数民族の子どもたちの学習過程にも影響し、留年や中途退学の原因に影響しているのではないだろうか。

4. おわりに――教育格差を解消するために――

　プンガム小学校をフィールドとした参与観察や質問紙調査の結果を併合して考察すると、民族間に生じている教育格差は、本研究の初めに提示した仮説どおり、カリキュラム編成や教育内容といった内的な条件、言わばソフト面の未整備が大きな原因となっていると考えられる。また、教師が少数民族生徒の背景を理解していなかったり授業中に不平等な扱いを行っていることから、先行研究が指摘した「教員の質の悪さ」も大きく関係しており、ここでもソフト面の未整備を指摘できるだろう。このような要因を考慮に入れると、民族間の教育格差は、教室内の学習プロセスの中で生まれていると結論づけることができる。

　また本研究では、実際に学校の中で起こっていることから分析するというリストの見解やレイベリング理論に注目したことにより様々な見解を得ることができた。特に教師が少数民族の生徒に対してあらかじめ高い期待を持っていないことが、民族間の教育格差に影響していると考えられたが、そこにはリストの調査結果と共通する点を見いだすことができると言えよう。例えば、政府の同化的な教育政策のもと、教授言語がラオ語に単一化されており、教室で多数派民族中心の文化や慣習が教えられていることがその一例である。また、インタビュー場面1に表われたように、教師が「モンの生徒は授業についていけない。」、「成績の上位は全てラオの生徒たちである。」と言い切ることに加えて、授業の過程で教師が、ラオ語を理解できないハンディキャップを持つモンの子どもたちを補助しないという不平等なプロセスが、モンの子どもたちの留年や中途退学を削減できない原因であるとも言える。

　民族間の教育格差を少しでも解消していくためには、教室内に少数民族の生徒の母語を理解してくれる教師が存在したり、教師が生徒の多様な背景を考慮に入れながら授業を行うプロセスが必要であろう。ベイコントは、少数民族の生徒に対する最良の教育方針は、教師が彼らに配慮を示すことであると述べているが(1997, p.110)、プンガム小学校においてもモン語を話す教師を増員するなど配慮が重要だと指摘できる。また、母語学習など少数民族のニーズが考慮に入れられた学習カリキュラムが編成されれば、少数民族の子どもたちも学習の意欲を掻きたてられると考えられる。

　本論文の結論として、生徒たちの多様な背景に対する理解を教室内の方針に取

44　第2部

り入れたり、教師の数や質を改善するなどのソフト面の整備を充実することがで
きれば、少数民族の子どもたちの留年率や中途退学率は減少し、民族間の教育格
差を埋めることに助力するのではないかと考えられる。

注

1　アジア開発銀行のデータによると、都市部の生徒一人当たりの助成金の平均は男子
3,348 キープ、女子 2,355 キープであるのに対して、農村地帯の少数民族の生徒には男
子 2,602 キープ、女子には 1,205 キープ（1 ドル＝約 7,000 キープ）しか配当されてい
ない (Asian Development Bank 1996, p.22)。

2　政府は 1995 年の国勢調査の結果に基づき、47 の民族を言語系統別にタイ・カダイ系、
オーストロ・アジア系、モン・ヤオ系、シナ・チベット系の 4 グループに分類した。尚、
本研究では、多数派民族系統のタイ・カダイ系に対して文献から引用する場合を除き、
国内での一般的な呼称であるラオを用いる。

3　本研究で指す教育格差とは、少数民族の子どもたちの就学率、留年率、中途退学率
が多数派民族のタイ・カダイ系の子どもたちと比較すると不利な状況にあることを指
す。

4　例えば、初等教育の中途退学率 (1998 年) は国内平均で 9.3％ であるが、少数民族が
多くを占めるポンサリー県の中途退学率は 27.3％ に上っている。また、国内平均の留
年率は 16.1％ であるが、少数民族が多いウドムサイ県では 24％、ポンサリー県では
39.6％ にも上っている (Ministry of Education, 1999)。

5　ラオスの民族間に教育格差が広がる理由として提起されてきた議論についてのさら
なる詳細は拙稿 (2000)「ラオスにおける少数民族の教育問題―教育格差をもたらす要
因とは―」『アジア教育研究報告』第 2 号、pp.5-31、京都大学大学院教育学研究科発行
を参照。

6　プンガム村は、シエンクワン県の県庁所在地であるポンサワン村 (人口 7,635 人) か
ら約 2 km から 4 km に渡る場所に位置し、約 180 世帯 (2,486 人) が居住している。尚、
村の民族構成は、約 60％ が多数派民族集団のラオ、約 40％ が少数民族モンである。

7　オグブは、黒人生徒が白人生徒以上によい成績を修めても、社会で就業機会に恵ま
れず、よい報酬も得られないという状況を問題視し、そのような社会構造が黒人生徒
の学業への関心を奪っていると指摘した。

8　レイベリング理論とは、逸脱者側に逸脱の原因があると考えるのではなく、統制者
により、逸脱のレッテルを貼られる過程に主要な関心を向けるべきであると主張する
考えである。すなわち、教師により生徒が一定の評価を表すレッテルを貼られること
によって、その生徒が選ぶ進路がどのように変わるかなどの側面に注目することであ
る (リスト 1980, p. 206)。

9　モン語には元来書き言葉がなかったが，1950 年代に導入されたアルファベット表記
が現在でも浸透している。尚、モンは元来中国から移住してきた民族であり、モン語
は中国語を原点とするが、ラオ語はタイ語とともに南西タイ群群に属する (上田 1996,
pp. 93-94) ため、二つの言語には言語表記から発音に至るまで大きな相違性が見られ
る。例えば、ラオ語は本来アルファベット表記をしないが、「私はラオ語を話せませ

ん」という文を、発音を知るためにアルファベット表記によりあえてラオ語で表すと、
"Koy bo kauchay pasa Lao"(コイ ボー カウチャイ パサ ラオ)、モン語表記で表すと、
"Kuv tis pao hairu Lao"(クー チーパオ ハイルー ラオ)となり、全く異なる言語に聞こ
える。

10 全国平均の1年生の留年率(1998年度)は、35.5%である(Ministry of Education,
1999)。

11 ペック郡の成人のうち、教育を受けたことがない比率は33.16%である(Honkan
Sukusa: Department of Education, 1999)。

12 モンはラオス内戦時に政府側と非政府側に分かれて戦った歴史を持つが、ベトナム
戦争時には米軍の傭兵となって反共活動を行った結果、社会主義政 権成立後、新政
権に非難され、約20万人が難民として海外に逃れている。そのため、現在でも社会
的に不利な状況にある(詳細は拙稿 'Assimilation and Repatriation Conflicts of the Hmong
Refugees in a Wisconsin Community-A Qualitative Research of Five Local Groups-' Migration
World, vol .26, No.4, pp.26-29,1998 Center for Migration Studies. あるいは「故郷をうしなっ
たモン族」『季刊民族学』84号 pp. 104-109, 1998 国立民族学博物館監修を参照)。

13 エスノセントリズムは自民族中心主義もしくは自民族文化中心主義と訳され、自分
の属する民族文化の考え方、規範、価値判断などを基準に他民族の文化を判断、評価し、
しばしば後者を間違ったもの、劣ったもの、不合理なものなどと一方的かつ否定的に
裁断し、異民族に対する蔑視、差別、偏見を助長する姿勢を示す(松原他 1995, p.219)。

引用文献

上田玲子 1996,「民族と言語」綾部恒雄編『もっと知りたいラオス』弘文堂

志水宏吉「教育研究におけるエスノグラフィーの可能性」志水宏吉編著『教育のエスノグ
ラフィー―学校現場のいま』嵯峨野書院

松原正毅・NIRA(総合研究開発機構)編集 1995,『世界民族問題事典』平凡社

リスト・レイ 1980,「学校教育におけるレイベリング理論」カラベル・J／ハルゼー・A編
潮木守一・天野郁夫・藤田英典編訳『教育と社会変動 上―教育社会学のパラダイム展
開』東京大学出版会

Asian Development Bank 1996, *Lao PDR Human Development: Future Strategic Directions.*

—— 1999, *Education Sector Development Plan : TA No.3014-LAO .*

Beykont, Z. 1997, "School-Language Policy Decisions for Nondominant Language Groups "in
Quality Education for All: Community-oriented Approaches, eds. by Nielsen, H. D. & Cummings, W. K.,
Library of Congress Cataloging-in-Publication Data.

Chagnon, J. & Rumpf, R. 1982, "Education: The Prerequisite to Change in Laos" in *Contemporary
Laos*, ed. by Stuart-Fox, M., St. Martin's Press.

Chamberlain, J. 1995, "Indigenous People and Education" in *Indigenous People Profile: Lao PDR*, ed. by
Chamberlain, J., Alton, C. & Crisfield, A., Care International: Vientiane.

Honkan Sukusa (Department of Education), Xieng Khouang 1999, *Bosalup Kampatibat Penkang
Pachanpi 1997-1998 re Penkang Pachanpi 1998-1999 (Educational Assessment in 1997-1998 and
Educational Planning in 1998-1999)*, Unpublished Statistics Report.

46 第2部

Lee, Y. 1998, *Girl's Education Development in Lao PDR.* Unpublished Research Report in Ministry of Education, Lao PDR.

Ministry of Education 1999, *Unpublished Official Report: Indicator 12- Repetition Rate in Primary Education by Grade, Indicator 20-Dropout Rate in Primary Education by Grade.*

Ogbu, J. 1974, *The Next Generation: An Ethnography of Education in an Urban Neighborhood.* Academic Press.

Sudaprasert, K. & Kampe. K. 1991, *Educationally Disadvantaged in Laos.* An Assessment and Program proposal submitted to UNDP Laos.

State Planning Committee National Statistics Center 1997, *Result from the Population Census 1995.*

Sunsatiti Hensado (National Statistical Center) 1995, *Khomun Satiti Tonto-dankan Patana Setakit le Sankkom heng Sopopolo Lao Nailanya 1975-1995 (Basic Statistics About the Soci-Economic Development during 1975-1995),* The National Statistics Center.

UNDP 1998, *Socio-economic Profile of Xieng Khouang Province: Rural Development Program Formulation,* UNDP.

UNICEF 1992, *Children and Woman in the Lao PDR.: The Country and its People,* UNICEF: Vientiane.

UNICEF 1996, *A Situation Analysis: Children and their Families in the Lao People's Democratic Republic,* UNICEF.

貧困・格差

解題：インドにおける貧困層対象の私立学校の台頭と
その存続メカニズムに関する研究
——デリー・シャードラ地区の無認可学校を事例として——　　小原優貴

　インドではエリートやミドル・クラスのみならず、貧困層の間でも私立学校が普及している。これらの学校の多くは貧困層から得る低額の授業料収入をおもな財源としており資金が乏しい。そのため、政府の定める学校認可条件（土地の敷地面積、教員給与、教員資格など）を満たすことができずに公教育制度の枠外で無認可学校として存続してきた。教育の普遍化を進めるインドでは、政府によって公立学校の増設、設備の充実化、教育の無償化が進められてきた。それにもかかわらず、なぜ政府からの認可や補助金を受けずに有償で教育を提供する無認可学校が貧困層の間で拡大しているのか。本論文はこうした問いを出発点として、無認可学校の台頭の背景とその存続メカニズムを解明することを目的としている。

　無認可学校に関する研究の難しさと面白さは、それが公教育制度の枠外で発展してきた点にある。インドではこれらの学校は政府の統制の対象外とみなされ、公式の教育調査の対象とされてこなかった。しかし、筆者が調査地としたデリー州では、2006年に高等裁判所で無認可学校の法的正当性を審理する裁判がなされ、これを受けてデリー州教育局が無認可学校の現状把握を目的とした調査を実施していた。筆者はこの調査をもとに作成されたデリーの無認可学校リスト（無認可学校の名称と住所、教育段階ごとの在籍生徒数を一覧化したもの）を入手したが、リストの情報は無認可学校の台頭の背景や存続メカニズムを解明するのには不十分なものであった。そこでリストに掲載された無認可学校1,593校の約2割に相当する320校に質問紙を送付したが、回収率はきわめて低かった（回収数2校）。これには調査の実施時期が、デリー高等裁判所が認可条件を満たさない学校の閉鎖を命じた直後であったこと、また面識のない外国人研究者である筆者への警戒心があったことが影響していると考えられる。これらの点をふまえて、まずは経営者との信頼関係を構築するべく、筆者は無認可学校を個別に訪問して調査目的や収集データの使用用途を説明した。そしてその上で調査協力を依頼することによって、本論文に示す調査データを得ることができた（調査対象校の訪問は複数回に及んだ）。

本論文の意義は、こうした現地でのフィールドワークを通じて、公式の政策文書や教育統計では明らかにされない非公式の制度（無認可学校とその存続を可能にする二重登録などの非公式の手続き）の実態を明らかにした点、そしてその発展の背景として、政府主導の教育の普遍化が大衆の教育期待に応えることに失敗してきたことを明示した点にある。無認可学校は、エリート主義的な認可制度によって私立学校が厳しく統制される一方、政府の脆弱な統制によって公立学校が機能不全状態にあるという公教育制度内の矛盾によって生じたものであり、またそれを補うものである。地域社会の支持を得て発展する無認可学校という「影の制度」の実態把握は、適切に機能する政策や制度を構築する上で不可欠である。

筆者が調査を開始した 2008 年から 2018 年現在に至るまで、無認可学校をめぐる状況は大きく変化した。インドでは 2010 年に認可条件を満たさない学校の閉鎖を命じる「無償義務教育に関する子どもの権利法 (2009)」が施行され、無認可学校は全国レベルで違法となった。一方、教育の質や成果を重視する国内外の企業、NGO、研究者などのアクターが、公立学校に対する質的優位性からこれらの学校を積極的に支援する動きも活発化しており、インドの無認可学校は法施行後もなお存続している。ただし、機能不全状態にある公立学校に対する相対的優位性は、絶対的な質の高さを保証するわけではない。貧困層を対象とする私立学校は、パキスタン、ケニア、ナイジェリア、ウガンダ、リベリアなどの南アジアやアフリカ諸国でも確認されており、当該分野の研究は飛躍的に増加したが、本論文も含めて既存研究ではこれらの学校の教育の質が十分に検証されていない。また有償の私立学校は、支払い能力のない貧困層の教育機会を保障するものではなく、公平性の面で課題がある。途上国における貧困層を対象とする私立学校の研究は、これらの学校の意義と課題を教育の質と公平性の観点からより丁寧に検証していくことで、地域社会の期待に応える政策・制度構築の方途を示唆するものとなろう。

貧困・格差

2. インドにおける貧困層対象の私立学校の 台頭とその存続メカニズムに関する研究

──デリー・シャードラ地区の無認可学校を事例として──

小原優貴

はじめに

インドでは、グローバル化や急速な都市化が進む中、イングリッシュ・ミディアム（英語が教授言語）のパブリック・スクール[1]が増加しつつある。留意すべきは、こうした学校がエリートやミドル・クラスのみならず、貧困層の子どもの間でも浸透しつつあることである。このような貧困層を対象としたイングリッシュ・ミディアムのパブリック・スクールは、主に政府から認可されていない無認可学校（unrecognized school）であり、とくに1990年代以降、インド各地で確認されるようになった。Aggarwalによると、無認可学校の多くは、就学前教育および初等教育を提供しており、これらの学校の在籍者数がインドの全就学者数に占める比率は、前期初等教育段階では約4.8%、後期初等教育段階では約2.6%とされている。そして、その数は5年ごとに倍増しているという[2]。

インドにおいてこれらの無認可学校は、独立以来、国家的重要課題とされてきた初等教育の普及を実現するためにも、看過してはならない存在であるといえる。しかしながら、インド連邦政府は、無認可学校が政府の認可を受けた学校ではないことを理由に、無認可学校の実態を認識しつつも、公的にはその存在を認めてこなかった。そのため、連邦政府による教育報告書の多くは、無認可学校を除く認可学校（recognized school）に関するデータをもとに作成され、初等教育の普及を進める上で不可欠な就学状況に関する正しい現状理解がなされてこなかった[3]。

インドの無認可学校についてはMetha[4]やSrivastava[5]などによる先行研究があるが、中でも、Tooleyらは、連邦直轄地[6]デリーを含むインド国内の複数の地域の

──────────

出典：「インドにおける貧困層対象の私立学校の台頭とその存続メカニズムに関する研究―デリー・シャードラ地区の無認可学校を事例として―」日本比較教育学会編『比較教育学研究』第39号、2009年、131-147頁。

無認可学校を対象に調査を行っている[7]。Tooley らの先行研究は、これまで未着手の領域とされてきた無認可学校の実態を、大規模な質問紙調査によって明らかにした点で評価される。しかし、そこには、そもそもなぜ無認可学校が台頭したのかについては説明がされておらず、全体を通じて無認可学校を賞賛する立場から分析を行っているため、無認可学校において課題になると考えられる生徒の卒業後の進路に関する考察がない。そこで、本稿では、2008 年 9 月から 12 月にかけて行ったデリーにおける現地調査の結果をもとに、初等教育段階を中心とする無認可学校台頭の背景を明らかにするとともに、その存続メカニズムを、無認可学校卒業生の進路にも触れて検討する[8]。

　本稿では、まず第 1 節で、インド・デリーの教育制度を概観し、そこでの無認可学校の位置づけについて検討するとともに、デリーにおける無認可学校台頭の背景について考察する。第 2 節では、デリー北東部に位置するシャードラ(Shahdara)地区における現地調査の結果をもとに、無認可学校の設置年、展開地区、認可申請状況、経営者のバックグラウンド、教育段階を明らかにし、その経営状況について概観する。また、無認可学校が有償であるにもかかわらず、貧困層の親や子どもを惹きつけている理由を明らかにするため、無認可学校における親の収入、教育費、教育内容、生徒の卒業後の進路について考察する。最後に、第 3 節では、無認可学校の生徒の進路に関する考察をふまえ、無認可学校から認可学校への編入学制度の実態を明らかにする。

1. インド・デリーにおける教育制度と無認可学校台頭の背景

(1) デリーの教育制度と無認可学校の位置づけ

　インドの教育は、就学前教育、初等教育(第 1 学年〜第 7 あるいは第 8 学年)、中等教育(第 8 あるいは第 9 学年〜第 12 学年)、高等教育によって構成されている。無認可学校の多くは、就学前教育および初等教育を行っている。インドの学校種別は多様であり、公立学校だけでも、州政府や地方自治体のほか、民族社会福祉省(Tribal / Social Welfare Department)、その他関係省などから補助金を得て運営される学校などがある。このうち、州政府および地方自治体が運営する学校が全学校の 9 割以上を占める。デリーでは、前期初等教育段階(第 1 学年〜第 5 学年)の学校をデリー地方自治体(Municipal Corporation of Delhi, MCD)が運営し、後期初等教育段階

（第 6 学年～第 8 学年）以上の学校を、デリー首都圏教育省（National Capital of Territory, Delhi, NCTD, Directorate of Education, DoE）が運営している。

　私立学校としては、財源の 95％近くが州政府から調達される被補助私立学校（aided-private school）と、政府の支援を受けない無補助私立学校（unaided-private school）とがある。被補助私立学校は、政府による学校開設が間に合わない地域において、教育機会を保障することを目的として設置された学校であり、政府が私立学校を資金的に支援することで無償教育を実現している。そのため、被補助私立学校は、私立学校でありながら限りなく公立学校に近い学校として認識されている。これに対し、無補助私立学校は、主に生徒からの授業料を財源としている。無補助私立学校の中には政府から認可を受けた認可学校とそうでない無認可学校とがあり、前者は経済的に豊かなエリートやミドル・クラスを対象とした学校であるのに対し、後者は貧困層を主たる対象としている[9]。以上の学校のうち、公立学校、被補助私立学校、無補助私立学校の中の認可学校が、一般に「認可学校」と称されている。

　2008 年現在のデリーにおける初等教育段階の認可学校数は 4,742 校となっている[10]。そのうち公立学校が全体の 2,985 校[11]（62.9％）と大半を占めており、被補助私立学校については、わずか 312 校（6.6％）を占めるにすぎない。これに対し、経済的に豊かなエリートやミドル・クラスを対象とした無補助私立学校はデリーの全学校数の 1445 校（30.5％）を占める[12]。留意すべきは、この数値が認可学校を対象に行った調査にもとづくものであり、ここには無認可学校の実態が反映されていない点である。デリーの無認可学校の規模についてはさまざまな見解があるが、2008 年のデリー政府による調査結果を参考にすると、初等教育段階では約 1,200 校の無認可学校が存在している[13]。この数を先のデリーの認可学校数に加え計算すると、無認可学校が全学校数に占める比率は実に 20％にも及ぶ。そしてそこには約 11 万人の生徒が在籍していると考えられる[14]。無認可学校は、インドの公式の教育報告書にあらわれないものとしては、きわめて規模が大きいといえる。

(2) デリーの学校認可制度と無認可学校

　デリーでは、無認可学校が「認可学校」として認定されるためには、まずは、登録団体法（The Societies Registration Act, 1860）にもとづき政府登録団体として認定される必要がある。その上で、デリー学校教育法（1973）にもとづき、適切な土地、

52　第2部

教員給与、教員資格、クラスサイズ、学校設備などの条件をクリアする必要がある[15]。無認可学校が、「無認可」の学校である理由は、これらの認可学校の条件を無認可学校が満たしていないか、あるいは無認可学校が認可学校として昇格することを希望しないかのいずれかである。これらの諸条件のうち、とくに満たすのが困難とされているのが、適切な土地の確保という条件である。デリーでは、学校が認可されるためには、原則、政府に認可された認可地区 (approved area あるいは regularized area) にて、政府が教育段階ごとに設定した一定面積の土地を確保する必要がある。しかし、今日デリーの認可地区には、政府が個人や民間団体に対して、学校建設地として提供できる土地がほとんど残されていない。それゆえ、デリーで新たな学校の設置を試みる経営者は、認可地区における適切な土地を政府から既に入手していない限り、政府による開発が未着手の無認可地区 (unauthorized area) に学校を開設するか、政府が認可学校への昇格条件として要求する一定面積の土地を確保できぬまま認可地区に学校を開設するかのいずれかを選択するしかないのが現状である。このほか、多くの無認可学校にとって満たすことが困難とされているのが、教員給与に関する条件である。認可学校に昇格すると、無認可学校の経営者は、現在の無認可学校における平均教員給与の約10倍の給与を教員に支払う必要が発生する[16]。この条件を満たすためには、無認可学校の唯一の収入源である授業料を上げるか、ほかの何らかの方法で資金を工面する必要が生じる。しかし、無認可学校の生徒の大半は貧困層であるため、授業料の値上げは、生徒離れを確実に引き起こすことになる。こうしたジレンマの中、無認可学校は認可申請をするかどうかの判断を迫られ、条件をクリアする学校は認可学校に昇格し、条件をクリアできないあるいはクリアすることを希望しない学校は無認可学校として存続することとなる。

(3) デリーにおける無認可学校台頭の背景

　1980年代の経済の自由化以降、グローバル化、産業化、都市化により、デリーには雇用機会を求め、隣接する州から多くの人びとが移住してきた。今日、その規模は年間約5万人にものぼるという。しかし、こうした人口を収容できるだけの土地を政府は用意できず、少なからぬ人びとが、政府による開発が未着手の無認可地区に移り住み住居を構えてきた。無認可地区では、教育サービスをはじめ、道路や上下水道整備などの公共サービスが提供されていない。デリー政府は、無認可地区を徐々に認可地区として認定していく計画をたてているが、その時々の

政治状況によって認可時期が左右されるため、無認可地区では、教育ニーズを察知した個人や地域住民の手によって学校が設置されてきた。これらの学校は、政府の認可を得ない無認可学校として、とくに1990年代以降、移民の流入とともに増加してきた。このように、無認可学校が台頭した要因のひとつに、政府による量的供給が人々の需要に追いつかなかったことがあげられる。

　一方、政府は質的側面においても、地域住民の教育に対する需要を満たしてこなかった。インドでは、1990年代、国際機関、インド政府、NGOなどによって、初等教育の普及と非識字者の撲滅に向けた運動が盛んに行われてきた。その最も大きな成果として、貧困層の教育の質に対する意識が高まったことが指摘されている[17]。しかしながら、貧困層がアクセス可能な公立学校では、教員が教室にあらわれない、教員が生徒に暴力をふるう、生徒同士が喧嘩をしているといった実態が確認されており、学力面・生活面において学校の質が問題とされている[18]。こうして、貧困層の間でも、エリートやミドル・クラスが通うイングリッシュ・ミディアムのパブリック・スクールの存在が意識されるようになった。こうした貧困層の教育の質に対する意識の変化を察知した個人や民間団体は、公立学校の質が低い低所得者層が住む地域や無認可地区において、「イングリッシュ・ミディアム」の無認可「パブリック・スクール」を設置するようになった。ある無認可学校経営者が、「公立学校が正常に機能していれば、無認可学校がうまれることはなかった」[19]と述べるように、無認可学校の発展は、公立学校が量と質の両面において地域住民の期待に応えてこなかったことを背景に台頭してきたのである。

　以上みてきたような、公立学校の機能不全という理由のほかに、学校教育法に記された文言の曖昧さが、デリーの無認可学校の発展を支えてきた側面がある。デリー学校教育法には、「中等教育（第9学年）進学希望者は、過去にインフォーマル教育を受けている者も含め、第8学年の段階には認可学校に在籍し、認可学校が発行する修了証明書（Transfer Certificate, TC）を受領する必要がある」ことが記されている[20]。この「インフォーマル教育」には、ホームスクーリングなどの政府による統制を受けない教育形態が含まれるため、この文言自体が、第7学年まではどのような学校に在籍していてもよいという解釈の余地を残し、第7学年までの無認可学校の運営を可能にしてきた。無認可学校の多くが初等教育段階までなのはこのためである。

　このように、デリーの無認可学校は、都市化を背景とする無認可地区への人口流入といった教育システム外の要因のほか、公立学校が量と質の両面において地

54　第2部

域住民の期待に応えてこなかったこと、1990年代以降の教育運動の成果として
貧困層の教育の質に対する意識が変化したこと、学校教育法が曖昧であることな
ど、教育システム内の要因を含む諸条件があいまって発展してきた。

2. デリー・シャードラ地区の無認可学校に関する実態調査

　デリーの中で無認可学校が多い地域は、デリーの後進地域 (backward area) とされ
る北東部である。デリー政府の調査によると、デリーの無認可学校の約2割がこ
の地域にあるシャードラ地区に存在している[21]。シャードラ地区は、デリー政府
による都市計画が構想される以前から人々が住居を構えてきた地域であり、無認
可地区が多く存在している。デリー中心部に位置するオールド・デリーなどの市
場に近いという地理的特徴に加え、デリーの中でも土地が安価であるため、日雇
い労働者をはじめとする低所得者層が多く住んでいる。また、北インド最大の後
進州 (backward state) とされるウッタル・プラデーシュ州に隣接しており、これら
の州からの出稼ぎ労働者の流入が進んでいる。

　本節では、2008年9月から12月にかけてシャードラ地区の9校の無認可学校
を対象に行った調査結果をもとに、まずは、無認可学校の経営状況について概観
する[22]。続いて、無認可学校が有償であるにもかかわらず貧困層の親や子どもを
惹きつけている理由を明らかにするため、無認可学校における親の収入、教育費、
授業料免除制度、教育内容、生徒の卒業後の進路について明らかにし、無認可学
校の存続メカニズムについて考察する。調査対象校のうち6校については、デ
リー政府が作成した無認可学校リスト[23]からランダムに抽出し、個別に調査協
力を依頼して情報収集を行った。また、デリーにはこれらのリストに含まれない
無認可学校も少なからず存在していることから、調査対象校のうち3校について
は、筆者がこれまでのインドにおける教育調査を通じて関係を築いてきたネット
ワークを頼りに調査協力を依頼し、情報収集を行った。なお、デリーでは、2008
年2月に無認可学校を認可学校に昇格するか閉鎖すべきという判決が高等裁判所
によって下されたこともあり、判決に従わず認可申請手続きを行っていない調査
対象校の中には情報提供を拒むものもあった[24]。こうした学校についてはその旨
記載している。

(1) 無認可学校の運営状況

　本項では、調査対象校とした無認可学校9校について、設置年、展開地区、認可申請状況、経営者のバックグラウンド、教育段階を明らかにし、無認可学校の経営状況について概観する。無認可学校の名称は、無認可学校が現在置かれている状況を考慮し匿名とするが、学校名には、貧困層を惹きつける無認可学校らしい工夫がされている。たとえば、インドにおいて優れた学校運営の業績があるミッショナリーの学校名にちなんでコンベント・スクール（Convent School）と称する学校もあれば、デリー・パブリック・スクールなどの有名私立学校やエリート公立学校の名前をそのまま採用している学校もある。

　調査対象校の多くは2000年代に設置されており、無認可学校がここ数年でも増加しつつあることが分かる。これらの学校は、他の無認可学校同様、無認可地区や低所得者層が住む住宅地のいずれかに展開されている。認可地区にある住宅地では、家を学校にしたハウス・ターンド・スクール（house-turned-school）と称される無認可学校が展開されている。これらの学校には、学校であることを示す看板もなく、外からみる限りではごく普通の家にみえる。しかし、一歩中に足を踏み入れると、そこには机と椅子がぎっしり並び、制服を着た子どもたちが教員の言葉に耳を傾け、ノートに書き写したりしている[25]。こうした学校は、認可学校の昇格条件である適切な広さの土地を持たないため、認可申請を行っていない。これに対し、無認可地区に設置された学校については、土地の広さの問題はなく、土地が認可地区として正式に認定さえされれば、いずれは認可されるはずという

表1　シャードラ地区・無認可学校の運営状況

	設置年	展開地区	認可申請	経営者（性別）	教育段階
A	2007	無認可地区	2007	元DoE行政官（男）	就学前〜第8学年
B	2002	無認可地区	2008	起業家（男）	就学前〜第8学年
C	2006	無認可地区	2006	起業家（男）	第1〜第8学年
D	2000	無認可地区	2003	元MCD学校校長（男）	第6〜第8学年
E	2006	無認可地区	2008	元仕立屋（男）	就学前〜第5学年
F	2000	無認可地区	2006	主婦（女）	就学前〜第5学年
G	1960	住宅地	申請せず	認可学校校長（女）	就学前〜第5学年
H	1993	住宅地	申請せず	主婦（女）	就学前〜第5学年
I	2000	住宅地	申請せず	主婦（女）	就学前〜第5学年

出典：無認可学校経営者に対するインタビュー結果をもとに筆者作成。

56　第2部

認識が経営者側にあり、すべての学校が認可申請の手続きを行っている。

　それぞれの経営者のバックグラウンドをみると、無認可学校の経営を本業にする目的で起業した者は少数派であり、退職後の職業として、あるいは主婦業と両立できる職業として学校経営している者が少なくないことが分かる。興味深い点は、元 DoE 行政官や元 MCD 学校校長、認可学校校長などの教育行政関係者が学校運営を担っている点である。無認可学校という制度上不安定な状況にある学校をうまく機能させるためにも、現場経験にもとづく学校運営のノウハウは、彼らにとって大きな強みになっていると考えられる。

　調査対象校の多くは、就学前教育の段階から教育活動を展開しており、前期初等教育段階の最終学年である第5学年まで運営している学校と、後期初等教育段階の最終学年である第8学年まで運営しているものとがある。MCD 学校は前期初等教育段階（第5学年）で修了するため、調査対象校の多くは、生徒を MCD 学校卒業生と同じタイミングで DoE 学校などの認可学校に進学させようと、第5学年までの教育を行っている。一方、4校では、第8学年まで学校を運営している。「中等教育（第9学年）進学希望者は、過去にインフォーマル教育を受けている者も含め、第8学年の段階には認可学校に在籍し、認可学校が発行する TC を受領する必要がある」とするデリー学校教育法にしたがうと、中等教育進学に必要とされる TC の発行権限を持たない無認可学校が第8学年を対象に教育を行うことは、生徒の中等教育進学の道を閉ざす危険性を持つ。無認可学校がこの点について いかに対応しているのかは、第3節にて詳述することとする。

(2) 無認可学校における親の収入・教育費・授業料免除制度

　無認可学校の生徒の父親は、市場の商人や、小売業の店員、雇われ運搬人、工場労働者、リキシャ運転手などとして働いており、母親は専業主婦として家庭を支えているケースが多い。調査対象校における親の平均収入は学校によって差があるが、毎月約 Rs.3,000-5,000（日本円にして約 6,000-10,000 円。2008 年 12 月現在 Rs.1=2 円）が一般的である。この金額は、国税庁が、インドの経済的社会的弱者（Economically Weaker Section of the Society, EWS）として認定する者の収入（2008 年現在月間 Rs.8,333）を大きく下回る[26]。

　調査対象校とした無認可学校のほとんどでは、授業料のほか、教科書代と制服代が最低限必要であり、入学費と雑費については、徴収する学校とそうでない学校とがある[27]。**表2** からは、無認可学校が、生徒を確保するため、貧困層の収入

に見合った授業料を設定していることが分かる。中には、F校のように、教科書を一部無償支給したり、A校のように制服を無償支給することで、貧困層の家計の負担軽減に貢献しようとする学校もある。しかし、親たちの中には期日までに学費を納められず滞納する者もおり、そうした親たちは、納期の延長や授業料の免除について、経営者や校長に交渉に来るという。実際、筆者が無認可学校の経営者に対して行ったインタビューでは、経済的理由によって無認可学校をドロップアウトせざるを得ない者がいることが確認された[28]。こうしたこともあり、調査対象校としたすべての無認可学校では、授業料免除制度が設けられている。免除の対象と方法は学校によってさまざまで、兄弟姉妹を3人以上在籍させている家庭、毎月の収入が貧困ライン（Rs.455）[29]以下の家庭、かつてイギリスからの独立のために政治的活動を行ったフリーダム・ファイターズ（freedom fighters）の家庭などを対象に、授業料の全額免除や一部免除が行われている。以上みてきたような貧困層の経済的状況に配慮した制度は、貧困層が無認可学校に子どもを送るインセンティブとなっている[30]。

(3) 無認可学校における教育内容と生徒の卒業後の進路

前述のとおり、1990年代の教育運動は、貧困層の教育の質に対する意識に変化をもたらした。今日、貧困層にとって、子どもの学校が「イングリッシュ・ミディ

表2　シャードラ地区・無認可学校の親の収入・教育費・授業料免除制度（単位 :Rs）

| | 親の平均月収 | 教育費 | | | | 免除制度 |
		授業料／月	教科書	制服	入学費	
A	3,000	200	400	無償	なし	有
B	3,500–4,000	50–100	市場価格[31]	150	なし	有
C	5,000	500	250	250–350	なし	有
D	3,000–5,000	300	800	350	250	有
E	5,000	120–240	市場価格	130	なし	有
F	5,000–10,000	100–200	市場価格（一部無償）	150–200	なし	有
G	10,000	300	700–1000	500	200	有
H	情報提供拒否	225–400	300	市場価格	300	有
I	4,000	経営者が情報提供を拒否				有

出典：無認可学校経営者に対するインタビュー結果をもとに筆者作成。

アム」であるかどうかは、重要な関心ごととなっている。しかし、貧困層がアクセス可能な MCD 学校では、英語は教科として教えられており、教授言語としては用いられていない。そのため、英語を教授言語とする無認可学校は、貧困層にとってきわめて魅力的なものと映っている[32]。ただし、**表3**のとおり、筆者が訪問した多くの学校では、英語に加えてヒンディー語が教授言語として用いられており、校舎にも「イングリッシュ・ミディアム」、「ヒンディー・ミディアム」という文字が並ぶなど、両言語を教授言語とする学校であることがアピールされていた。また、これらの無認可学校の中には、英語を教授言語とするクラスとヒンディー語を教授言語とするクラスを明確に分ける学校と、1クラスの中で両言語を混合して用いる学校とがある。しかし、筆者が英語を教授言語とするクラスを観察したところ、教員が教科書を離れて生徒に指導するときには、ヒンディー語が主な教授言語として用いられていた[33]。この理由として、教員の英語力が、授業を完全に英語で教えられるほど高くないこと[34]、加えて、生徒が学校以外の場で英語を習得する機会がほとんどないことが考えられる。仮に教員の英語力が十分なレベルであったとしても、E校の経営者が、「もし、われわれが英語のみで授業を行えば、生徒は学校に来なくなるだろう」[35]と述べるように、英語での指導の徹底は、生徒の学校離れを引き起こしてしまう危険性を伴う。エリートやミ

表3　シャードラ地区・無認可学校の教育内容と生徒の卒業後の進路[36]

	教授言語	教授言語別クラス分け	教科書	最終学年修了者の進学先（％）			
				公立	被補	無補	無認
A	ヒ・英	ヒ・英別	NCERT と民間	60	0	40	0
B	ヒ・英	混合	第1〜5学年：民間 第6〜8学年：NCERT	80	0	20	0
C	ヒ・英	ヒ・英別	NCERT	80	0	20	0
D	ヒ・英	ヒ・英別	民間	100	0	0	0
E	ヒ・英	混合	民間	親による			
F	ヒ・英	混合	NCERT と民間	90	0	10	0
G	英	英語のみ	民間	2	83	15	0
H	ヒ・英	混合	民間	情報提供拒否			
I	ヒ・英	経営者が情報提供を拒否					

出典：無認可学校経営者に対するインタビュー結果をもとに筆者作成。

2. インドにおける貧困層対象の私立学校の台頭とその存続メカニズムに関する研究 59

ドル・クラス対象のイングリッシュ・ミディアムのパブリック・スクールの中には、英語以外の言語を話した生徒には、その単語数に応じて罰金を課すという学校もある。しかし、貧困層を対象とする無認可学校では、このような英語による教育の徹底は困難であり、教員の英語力や生徒のバックグラウンドに応じて、英語とヒンディー語を使い分けて用いるという方策はきわめて妥当であるといえる。

　調査対象校の中には、公立学校で使用される国立教育研究・研修所（National Council of Educational Research and Training, NCERT）の教科書を用いる学校もあるが、多くは、民間の教科書を用いている。民間の教科書は、原則、NCERT のシラバスに添って作成されているため、学習すべき項目に関しては NCERT の教科書と大きな差はない。ただし、民間の教科書には、全般にわたってカラーの挿絵が取り入れられるなど、子どもの学習内容に対する理解を促進し、関心を高めるための工夫が施されているほか、良質の紙が使用されているため、その分 NCERT の教科書より割高となっている[37]。また、MCD 学校では NCERT の教科書以外の教材が用いられることは皆無であるが、調査対象校においては、教科書以外にワークブックや教員が作成したオリジナルの資料などが用いられていた[38]。

　このような教育を受け、無認可学校を卒業した生徒は、どのような学校に進学しているのであろうか。表3に示すように、無認可学校の生徒は最終学年修了後は認可学校に進学しており、その多くは教育費が少ない公立学校あるいは被補助私立学校に進学している。これは、「貧困層は、いったん無認可学校で私立学校の文化を経験すると、その後は、公立学校に進学したいとは考えなくなる」[39] と述べるデリーの私立学校経営者協会会長の発言とは異なる結果となっている。貧困層にとって、授業料が高い無補助私立学校への進学は、経済的制約により困難なことが多い。そのため、本調査の結果が示すように、ほかの無認可学校においても、生徒の多くは公立学校に進学していると考えられる。

3. 無認可学校から認可学校への編入学制度

　前節では、調査対象校の生徒は、無認可学校の最終学年修了後、認可学校に進学していることを述べた。無認可学校がデリー政府から認可されておらず、それゆえ無認可学校の教育の質がデリー政府の統制下にないことを鑑みると、無認可学校卒業生が認可学校へ編入学する際には、無認可学校卒業生の質をチェック

60　第2部

する仕組みが必要になると考えられる。実際、無認可学校において教育を受けて
きた生徒が、認可学校に編入学するためには、認可学校が実施する試験を受験
し合格する必要がある[40]。こうした試験は、認可学校卒業生には実施されないた
め、無認可学校の生徒は認可学校の生徒と異なり、編入学を拒否されるリスクを
背負っている。一方で、こうしたリスクのない無認可学校の例もある。調査校の
ひとつであるG校では、ほぼ無試験で認可学校への進学が実現している。その最
大の理由は、認可学校と無認可学校の両方を経営者が同時経営している点にある。
G校の経営者は、無認可学校であるG校以外に、認可学校である被補助私立学校
X校と無補助私立学校Y校を経営している。表3にてG校生徒の進学先として示
した被補助私立学校はX校であり、無補助私立学校には、Y校ほかそのほかの無
補助私立学校が含まれている。G校の経営者は、「ほかの認可学校では、G校の
卒業生は進学を拒否されるリスクがあるが、彼らの進学先を確実に確保するため
にも、生徒が希望すれば、われわれの運営するX校およびY校にほぼ無試験で受
け入れるようにしている」という[41]。

　無認可学校から認可学校への編入学制度をより理解するためにも、中等教育
への進学時に必要とされるTCの問題についても触れておきたい。前述のとおり、
無認可学校にはこのTCを発行する権限がないため、無認可学校の生徒が、中等
教育への進学を希望する場合、生徒は、第8学年の段階には認可学校に在籍し、
認可学校が発行するTCを受領する必要がある。しかしながら、調査対象校A校、
B校、C校、D校の4校においては、第8学年まで学校運営を行っている。この
点について、4校の経営者にインタビューを行ったところ、無認可学校の生徒は、
第7学年か第8学年の段階で認可学校への編入試験を受け、認可学校生徒として
登録を行うものの、実際には無認可学校での学習を継続し、第8学年修了時に認
可学校生徒として受験することで、認可学校が発行するTCの獲得を実現してい
るという回答が返ってきた[42]。こうして、無認可学校の生徒は、認可学校の協力
のもと、認可学校と無認可学校の生徒として二重登録を行い、認可学校への進学
を遂げているのである。以上でみてきたように、無認可学校の生徒は、インフォー
マルな仕組みを通じて、認可学校への進学を果たし、就学者として統計上カウン
トされ、教育報告書に登場するようになるのである。

おわりに

　本稿では、インドにおける無認可学校の台頭の背景とその存続メカニズムを明らかにすることを目的として、デリーのシャードラ地区を事例に無認可学校の分析を行ってきた。本稿では、まず第1節にて、インド・デリーの教育制度を概観し、そこでの無認可学校の位置づけについて検討した。ここでは、デリーの初等教育段階における無認可学校の全学校数に占める比率が約20％にのぼることを指摘し、無認可学校は、インドの公式の教育報告書にあらわれない学校としては、きわめて規模が大きい学校であることを述べた。また、デリーの無認可学校は、都市化を背景とする無認可地区への人口流入といった教育システム外の要因のほか、公立学校が量と質の両面において地域住民の期待に応えてこなかったこと、1990年代以降の教育運動の成果として貧困層の教育の質に対する意識が変化したこと、学校教育法が曖昧であることなど、教育システム内の要因を含む諸条件があいまって発展してきたことを述べた。

　続いて第2節では、デリー・シャードラ地区における現地調査の結果をもとに、無認可学校の経営状態について概観するとともに、無認可学校が有償であるにもかかわらず、貧困層の親や子どもを惹きつけている理由を明らかにするため、無認可学校における親の収入、教育費、教育内容、生徒の卒業後の進路について考察した。ここでは、低い授業料や授業料免除制度、英語とヒンディー語の両言語を教授言語としている点、割高ではあるが内容が分かりやすい教科書を用いたりしている点が、無認可学校が貧困層に支持される要因になっていることを述べた。また、無認可学校の課題として、生徒の中には授業料を支払えずドロップアウトせざるを得ない者がいることを指摘した。最後に、第3節では、無認可学校から認可学校への編入学制度を考察し、無認可学校の生徒が認可学校に進学する際には、原則、試験が実施されるが、経営者が認可学校と無認可学校の両方を経営する場合には、無試験での進学が可能なケースがあることを確認した。また、無認可学校の生徒は、認可学校の協力のもと、認可学校と無認可学校に二重登録することで、無認可学校では発行されないTCを獲得し、中等教育段階から認可学校への進学を実現していることが認められた。以上でみてきたように、無認可学校にはいくつかの課題はあるものの、そこには、貧困層を惹きつけるさまざまな工夫がなされており、貧困層を対象とするイングリッシュ・ミディアムのパブリック・スクールとして、既存の学校にはみられない教育を展開している。

62　第2部

　本稿では、無認可学校の台頭の背景と存続メカニズムについて考察してきた
が、無認可学校における教育の質がいかに確保されているのかについては、十分
な説明ができていない。この点については、教員の取得資格の種類や、教員のコ
ミットメントの程度、無認可学校卒業生の認可学校進学後の適応状況などを明ら
かにし、実態を解明する必要がある。本稿でみてきたような、私立学校が公立学
校の機能不全を前提に発展するという実態は、他の途上国においても確認されて
いる[43]。今後は、これらの動向にも注意し、インドの無認可学校との類似点・相
違点を分析的に考察することで、本研究を単なるインド理解の研究にとどめず、
国家間あるいは地域間比較の研究に発展させていきたいと考える。

注

1　インドではイギリスによる植民地時代の影響を受け、私立学校はパブリック・スクー
　ルと称されている。

2　Aggarwal, Yash（2000）*Public and Private Partnership in Primary Education in India, A Study of*
　Unrecognised Schools in Haryana, National Institute of Educational Planning and Administration,
　NIEPA, Delhi, p.2.

3　連邦政府が作成する教育報告書にて「ドロップアウト者」と定義されている者の中に、
　無認可学校に通う生徒が含まれていることもある、

4　Mehta, C, Arun（2005）*Elementary Education in Unrecognised Schools in India, A Study of Panjab Based*
　on DISE 2005 Data, NIEPA, Delhi.

5　Srivastava, Prachi（2007）"For Philanthropy or Profit? The Management and Operation of Low-
　fee Private Schools in India," Srivastava, Prachi & Walford, Geoffrey（2007）*Private Schooling in Less*
　Economically Developed Countries: Asian and African Perspectives, Symposium Books, pp.153-186.

6　インドは、連邦政府が直接統治する7つの連邦直轄地（union territories）と州政府が統
　治する28の州（states）によって構成されている。

7　Tooley, James & Dixon, Pauline（2003）*Private Schools for the Poor, A Case Study from India.*
　https://www.cfbt.com/PDF/91001.pdf〈2008年 10月 10日取得〉; Tooley, James & Dixon,
　Pauline（2005）*Private Schools Serving the Poor, Working Paper: A Study from Delhi, India*, Centre for Civil
　Society, Delhi.

8　インドでは連邦制が採られているため、州あるいは連邦直轄地ごとに教育政策や教
　育制度のあり方が異なる。そのため、本稿ではデリー連邦直轄地を一事例として、イ
　ンドの中でもとりわけ都市部における無認可学校の実態解明を試みる。

9　無認可学校の中には、高い授業料を徴収するエリート学校もあるが、こうした学校
　はきわめて限られている。これらの学校の中には、国際バカロレアなど海外の高等教
　育機関への入学が認められる修了証明書を発行し、インド政府の教育方針に影響さ
　れずに、独自の教育手法で学校運営を行うところもあるという。Manekia, Sahil（2007）

2. インドにおける貧困層対象の私立学校の台頭とその存続メカニズムに関する研究　　63

Entrepreneurship in Education: The Business of Unrecognized Schools, CCS Working Paper, Centre for Civil Society. http://www.ccsindia.org/ccsindia/interns2006/Business%20Model%20-%20Sahil%20Manekia.pdf〈2008 年 10 月 10 日取得〉

10　Mehta, C, Arun (2008) *Elementary Education in India, Analytical Tables 2006-07, Progress toward UEE*, National University of Educational Planning and Administration, NUEPA, Delhi, p.30.

11　詳細な内訳は以下のとおり。DoE 学校 (943)、MCD 学校 (1,922)、社会省が運営する学校 (73)、その他 (47)。

12　この数値は、デリー全学校数に占める比率としては比較的小さいものの、インド全土レベルの比率 (13.0%) を大きく上回っている。デリーにおける無補助私立学校の普及が、他州と比較していかに進んでいるのかを示す数値となっている。

13　インドの NGO 社会法律専門家 (Social Jurist) は、デリーには 1 万を超える無認可学校が存在し、そこには、就学前から後期中等教育段階までの教育を受ける 2 歳〜18 歳の子ども約 60 万人が通学していると推定している。一方、教育における民間セクターの役割の可能性について追求する NGO、Centre for Civil Society は、デリーの無認可学校数を約 2,000〜2,500 校と推定している。これらの数値はいずれも実態調査にもとづく数値ではない。これに対し、デリー政府は、高等裁判所の判決後、デリーにおける無認可学校の実態調査を行い、全 1,640 校の無認可学校を確認している。デリー政府は、そのうち認可申請をしなかった無認可学校 1,163 校について、初等教育を提供する学校数が 850 校 (73%) あることを確認している。この比率をデリーの全無認可学校数 1,640 校に占める初等教育段階の無認可学校の比率として計算すると、デリーで初等教育を実施する無認可学校は、約 1,200 校存在していることになる (2008 年 9 月にデリー高等裁判所にて入手した資料より)。

14　無認可学校における 1 学年の生徒数は平均約 20 人〜30 人と小規模であるため、デリーの初等教育段階の総就学人口に無認可学校の生徒数が占める比率は約 5% と比較的小さい。

15　Akalalnk Kumar Jain (1977) *The Delhi School Education Act, 1973 & The Delhi School Education Rules, 1973*, Akalank Publications, New Delhi, pp.34-37 & p.240.

16　2008 年 12 月に行った D 校の経営者に対するインタビューより。

17　当時、デリーでは、教育の重要性を説くスローガンが、テレビや新聞のほか、あちらこちらの街頭ポスターなどにみられたという (2008 年 9 月に行ったインド国立教育計画行政大学 (National University of Educational Planning and Administration) の Metha 氏へのインタビューより)。

18　公立学校がいかに機能不全に陥っているのかについて論じた最も代表的な研究として、Probe Report がある。ここでは、公立学校の最も大きな弱点は、インフラよりもむしろ、教員の欠勤や怠惰な勤務態度にこそあると指摘されている。De, Anuradha & Dreze, Jean (1999) *Public Report on Basic Education in India*, Oxford University Press, p.63.

19　2008 年 11 月に行った G 校の経営者に対するインタビューより。

20　TC には生徒の在籍中の学業成績が示されている。転校・進学によって生徒の在籍校が変わる場合、生徒は TC を転学・進学先の学校に提示することが義務付けられて

64　第2部

いる。無認可学校には TC を発行する権限がないため、無認可学校の生徒が中等教育
への進学を希望する場合、生徒は第8学年の段階までに認可学校への編入を済ませ、
TC を獲得する必要がある。

21　デリー政府が、デリーにて初等教育を提供する無認可学校として正確に数を確認し
ている 850 校のうち、181 校がシャードラ地区に展開している (2008 年9月にデリー
高等裁判所にて入手した資料より)。

22　シャードラ地区の無認可学校に関する分析は、グローバル化や都市化を背景に変化
する途上国の都市貧困層を取り巻く教育問題を理解する上で示唆を与えると考える。

23　無認可学校の名称、住所、在籍生徒数をリスト化した資料。

24　デリーに存在する 200 校近くの認可学校および無認可学校によって構成されるデ
リー私立学校経営者協会 (Delhi State Public Schools Management Association) は、デリー
高等裁判所が下した判決に対する執行猶予を求め、2008 年8月に最高裁判所に対して
控訴した。最高裁判所はこの控訴を受け入れ、2009 年1月現在、デリー教育省を中心に、
無認可学校を従来の「認可学校」とは異なる方法で統制することが可能かどうか、新
たな条件の検討が進められている。

25　2008 年9月のG校訪問記録、2008 年 12 月のH校訪問記録より。

26　http://www.tn.gov.in/documents/BCMBCMW/Prematric_Scholarship_to_ m inorities.pdf
〈2009 年3月 20 日取得〉

27　雑費を徴収する学校はG校のみで、年間 Rs.400 徴収している (2008 年 11 月に行っ
たG校の経営者に対するインタビューより)。

28　2008 年 12 月に行った調査対象校の経営者らへのインタビューより。

29　Mahapatra, Dhananjay (2008) "Earn Rs 455 a month? You're not poor," *The Times of India*, 2008,
November 14th, Friday, New Delhi.

30　無認可学校の親たちに、子どもの通学先として無認可学校を選択した理由を尋ねた
ところ、授業料免除制度を理由としてあげた者が最も多かった。このほか回答数が多
かったものとしては、教授言語が英語であること、教員の質が高いこと、学校から近
いことなどがあった (2008 年 12 月に調査対象校に在籍する生徒の親たち約 150 人を
対象に行った質問紙調査の結果より)。

31　教科書や制服を親が直接市場から調達している学校では、学校が正確な価格を把握
していないこともあり、「市場価格」という回答が返ってきた。筆者が行った無認可学
校の経営者および親に対する調査結果から、NCERT の教科書代は年間約 Rs.250 かか
り、民間の教科書代はその倍の Rs.500 程かかると考えられる。それぞれの学校の使用
教科書の種類を考慮すると、B校は Rs.250-500、E校は Rs.500、F校は Rs.250-500 程
が教科書代として必要になると考えられる。また、H校の制服代は、一般の市場価格
を加味すると Rs.150-250 程と考えられる。

32　注 30 参照。

33　2008 年9月から 12 月にかけて行った調査対象校訪問時の記録より。

34　2008 年9月～ 12 月にかけて行った調査対象校の教員へのインタビューより。

35　2008 年 12 月に行ったE校の経営者へのインタビューより。

36　表中の略語の意味は次のとおり。ヒ＝ヒンディー語、英＝英語、被補＝被補助私立

学校、無補＝無補助私立学校、無認＝無認可学校。

37 2008 年 12 月に訪問した無認可学校で入手した教科書を参考に。

38 2008 年 12 月に行った無認可学校の経営者らに対するインタビューより。

39 2008 年 9 月に行ったデリー私立学校経営者協会会長に対するインタビューより。

40 DoE ホームページ参照。http://edudel.nic.in/welcome_folder/main_dssr.htm

41 2008 年 11 月に行った G 校の経営者に対するインタビューより。

42 2008 年 12 月に行った A 校、B 校、C 校、D 校の経営者に対するインタビューより。

43 Srivastava & Walford によると、公立学校の機能不全を背景として、授業料の低い私立学校が、インドのほか中国やケニアなどのアジア・アフリカ地域の貧困層の間でも浸透しつつあるという。Srivastava & Walford（2007）*op. cit.*

貧困・格差

解題：スウェーデンにおける外国人児童生徒の教育課題

林　寛平

　本稿は日本比較教育学会第50回大会の課題研究「外国人児童生徒の教育課題―日欧比較―」における報告をベースに起稿したもので、スウェーデンの寛容な移民政策の歴史的背景とそれを実現する制度と実践を理解し、課題を整理することを目指した。集団移民時代の経験、労働移民受け入れの条件、社会民主主義イデオロギーの3点から歴史的展開を検討した。外国人児童生徒の学習権保障の実践としては、母語教育、母語による学習ガイダンス、第二言語としてのスウェーデン語教育の各施策の法的根拠と実施状況を述べた。そのうえで、外国人児童生徒が直面する教育課題として、学力格差、スクール・セグリゲーションの進展、学校と家庭におけるアイデンティティの齟齬の3点を指摘した。2016年に出版された園山大祐（編）『岐路に立つ移民教育―社会的包摂への挑戦』（ナカニシヤ出版）では、写真等を用いて加筆している。これらは多国間比較の一部として執筆したため、客観的な説明に偏っている面がある。そのため、この解題では生活者視点で補足することで、立体的な理解の一助としたい。

　本稿の課題意識の源流にはスウェーデンに2度留学し、外国人として暮らした私的経験がある。特に「移民のためのスウェーデン語（Sfi）」を受講し、同級生を通じて移民の生活を垣間見たことは大きかった。印象に残っているのは、各自がテーマを決めて発表する課題で、中東からきた青年が行った報告のストーリーだ。彼は「誰にも話したことがないけど、みんなはもう家族だから」と前置きして、スウェーデンにたどり着くまでのいきさつを発表した。

　彼は地方の大家族の出だった。戦禍が町に迫ったある晩、家族が対応を話し合った。金を用意すればブローカーがトルコに渡る手配をするという話だった。家族は自宅や自動車を売り、借金をして、ようやく一人分の金を工面した。そして、彼が代表してトルコに渡り、スウェーデンに着いたら家族を呼び寄せる計画を立てた。一度目は舟をこぎ出してすぐに拿捕され、一瞬にして失敗した。家族は財産のすべてを失った。その後、彼はあらゆる手段で金を集めた。そうして、警備が手薄になる冬の夜を狙って再び脱出を試み

た。小さなボートには息苦しい程に人が乗り、船は沈みかけていた。岸を離れて少し経った頃、船は何者かに銃撃を受けた。水面は赤く染まり、ほとんどの人が助からなかった。彼は暗闇を必死で泳ぎ続け、明るくなる頃に漁船に引き上げられた。その後、スウェーデンに庇護を求め、母国の家族に連絡を取ろうとしたところ、全員が虐殺されたことを知った。

受講生は涙ながらに聞いた。同級生のひとり一人が、言い知れない苦労を背負っていた。

寛容な政策をとる国とは言っても、移民を取り巻く環境は厳しい。差別的な扱いは日常的で、お前の国ではない、住まわせてやっているんだから文句を言うな、嫌なら出ていけ、というメッセージが投げつけられる。在留者証の携帯が義務付けられているが、その発行には顔写真と指紋の登録が必要で、まるで犯罪者扱いだ。母国で高学歴だった人も、就職の書類を送ったところで一切返事が戻ってこない。スウェーデン人らしい偽名を使って送るとすぐに連絡が来るが、面接に通ることはほとんどない。移民の子どもも苦労している。学校では移民が徒党を組んでいて、入学するとすぐに上級生から声をかけられる。お前はあっち（スウェーデン人側）か、こっち（移民側）かと迫られ、緩急をつけて脅され、仲間に入らざるを得なくなる。スウェーデン人からは排除され、教職員には嫌疑をかけられる。同級生のバカンスや乗馬のレッスンの話を聞きながら、誰もいない家に帰った後の食事の心配をする。個人主義と社会主義が同居するこの国では、寒暖の差が身に染みる。

寛容な政策には、経済的理由や人道主義、贖罪の意識、国家の虚栄心、地政学的なバランスなど、様々な動機があるだろう。教育現場では在留資格を持たない「ペーパーレス」の子どもや、単身で難民してくる子どもの対応が課題となっているが、政策や制度（建前）と生活実態（本音）とのギャップ解消に目途は立たない。そのことが極右政党の政治的資源になっている。スウェーデンが正解を教えてくれるわけではない。この国の歴史や制度、実践を理解したうえで、互いの経験から学び合うことが大切だと思う。

68　第2部

貧困・格差

3. スウェーデンにおける外国人児童生徒の教育課題

林　寛平

1. 寛容な移民政策

　スウェーデンは移民に最も寛容な政策をとる国のひとつと言われる。最近では人道的な理由による難民や亡命者を積極的に受け入れている[1]。

　本稿ではまず、移民政策の歴史的背景を集団移民時代の経験、労働移民受け入れの条件、社会民主主義イデオロギーの3点から検討する。続いて、寛容な移民政策のひとつとして、学習権の保障を取り上げる。具体的には、母語教育、母語による学習ガイダンス、第二言語としてのスウェーデン語教育の3点について法的根拠と実施状況を概観する。その後、昨今の政治情勢の変化において移民に対する態度が変容しつつあることを論じる。

　これらの社会的な動向を踏まえた上で、後半では、外国の背景をもつ子どもたちが直面する教育課題について、学力格差、スクール・セグリゲーションの進展、学校と家庭における生徒のアイデンティティの齟齬の3点を指摘する。

(1) 移民政策の歴史的背景

　スウェーデンの現代移民史は流出の時代から始まる。貧困と飢餓から、第一次世界大戦前後だけでも約100万人がアメリカに渡り、総人口の4分の1が流失した。この辛い記憶は移民小説[2]等を通じて世代を超えて共有されている[3]。

　1930年になると、スウェーデンは移民受け入れ国へと転換する。北欧域内での移住の自由は1943年に法的に認められ、1954年には北欧共通労働市場協定が成立し、域内で特別な許可なく居住し、働く権利が与えられた。

　第二次世界大戦後、スウェーデンの工業は劇的な発展を遂げ、労働力不足が

出典：「スウェーデンにおける外国人児童生徒の教育課題」日本比較教育学会編『比較教育学研究』第
　　51号、2015年、26-36頁。

3. スウェーデンにおける外国人児童生徒の教育課題　69

発生した。他の西欧諸国はゲストワーカー制度を設けたが、一時雇用で流入した人たちの定住や統合が課題となっていた。しかしスウェーデンにはそのような制度が整備されておらず、他国との労働者争奪戦でかえって有利な状況がうまれた。労働者は永住を目的に移住し、スウェーデン社会も柔軟に対応した[4]。

　当時、外国出生者は6%ほどで、その大半は北欧人が占め、南欧からの労働者移民が少数含まれる程度だった。社会的な関心は階級格差にあり、移民労働者の問題は労働者階級の生活改善の課題の一部として議論された。移民への関心がマイノリティや在留者から独立した政策領域として成立したのは1964年頃になる。1968年には在留者法が改正され、翌年には国立移民庁が組織され、在留者政策から移民政策へと転換した。この頃の移民政策は、国だけでなく、産業界と労働組合との組織的な連携が特徴的だった。

　その後、1973年のオイルショックによる世界的な不況を受けて、スウェーデンは北欧域外からの移民受け入れを制限するようになった。経済の縮小により移民に対して十分な生活水準を保障できなくなり、社会福祉政策との整合性が説明できなくなることが問題になった。国会での議論を経て、1975年には移民政策の基本原則(平等、選択の自由、協働)が策定された。「平等」は、「移民は他の国民と同じ可能性、権利と義務を与えられる」というもので、その「可能性」とは「他の国民と同じ条件の労働、住居、社会的ケアと教育」[5]を意味する。

　1980年代には労働移民は劇的に減少し、難民と親族移民が優勢になる。当時の社会民主党は「モラル大国としてのスウェーデン」をスローガンに掲げており、オロフ・パルメ首相も第三世界との「国際的な連帯」の意義を唱えていた。このような背景から、スウェーデン人は移民や難民の養育と教育のコスト負担を喜んで引き受けた。1980年から2003年の移民のうち、8分の1が難民で、人道的理由で在留許可を得た者はその倍、親族移民は全体の約半数を占めた。

(2) 外国人児童生徒の学習権保障

　上述のような背景から、外国人児童生徒の学習権保障は法的に整備されている。移民労働者の受け入れが始まると、その子どもへのスウェーデン語教育の必要性が認識されるようになった。1969年の学習指導要領では、スウェーデン語教育と母語での補習についての記述が加わった。1975年にはすべての生徒に母語教育を受ける権利が認められ、1977年のいわゆる「家庭言語改革」では、学校は希望するすべての生徒に少なくとも週に2時間の母語教育を提供することが義

務付けられた。生徒の個人的、認知的そして学業的な発達のために母語学習を支援し、生徒の文化的アイデンティティを保護することが教育上の重要な目標になった[6]。

母語教育を受ける権利については、教育法で「母語がスウェーデン語以外の保護者をもつ生徒は、その言語が生徒の家庭での日常言語であり、かつ生徒がその言語の基礎的な知識をもつ場合、母語教育を受けることができる」[7]と定められている。スウェーデン政府は子どもたちが「学習や発達のリソースにアクセスするために自身の言語を使うことが重要だ」として、「自身の多言語性を発達させること」[8]を奨励している。また、教職員も母語学習に好意的で、母語を学ぶことは子どもの言語と知識の発達に資するという認識を共有している[9]。

母語教育の提供義務は学校設置者にある。ただし、義務が生じるのは、ひとつの言語で5人以上の生徒が母語教育を希望し、適した教員が確保できる場合に限られる[10]。2013年度の統計では、母語教育を受ける権利をもつ生徒は全国で約21万人（約23%）おり、このうち53.7%の生徒が実際に授業を受けている[11]。母語教育が必要かどうかは学校長が判断するが、ほとんどの生徒が希望通り受けている。週当たりの授業時間は40分から60分程度が多く、高学年ほど長くなる傾向がある。また、9割程度が学校内で行われている[12]。

母語による学習ガイダンス（教科の知識が不足している生徒への学習補助）については、基礎学校法で「生徒は必要に応じて母語による学習ガイダンスを受けることができる」[13]と定められている。2007年の調査では、3分の2の学校長が母語による学習ガイダンスを提供していると回答したが、その内訳を見ると、母語教育の権利をもつ生徒が50%以上を占める場合には9割に達しているのに対し、15%以下の学校では4割程度に留まっていた。また、教科担当の教員が学習ガイダンスを行うのは時間的な制約もあり、専門性や質の問題が指摘されている[14]。

「外国語としてのスウェーデン語」は1980年の学習指導要領から教科として導入され、1994年からは「第二言語としてのスウェーデン語」として提供されている。言語法では、「スウェーデンに住む人は、何人も、スウェーデン語を習い、上達させ、使う可能性を与えられるべきである」[15]と定められている。2013年度の統計では、全国で79,147人の生徒が第二言語としてのスウェーデン語を履修している。これは、全生徒数の約8.6%に相当する[16]。母語教育の権利をもつ生徒が少ない学校では、学級とは別の学習グループで学ぶ場合が多く、母語教育の権利をもつ生徒が多い学校では、他の生徒がスウェーデン語を学んでいる教室で

3. スウェーデンにおける外国人児童生徒の教育課題　71

一緒に学ぶ場合が多い[17]。

　このように、スウェーデンにおける外国人児童生徒への学習権保障の特徴は、法的に整備されたユニバーサルな仕組みと各学校長の裁量による柔軟な個別対応にある。その背景には脱集権化改革と「ひとつの学校をすべての生徒に (en skola för alla)」という統一学校の理念がある[18]。2013 年には在留許可をもたない生徒[19]にも学習権が認められた。2016 年からは、ニューカマー（国外から移住し、学校に通い始めてから 4 年を経ない者）でスウェーデン語の知識が十分でない生徒は、準備学級での授業に最大 2 年間参加できるようになる[20]。

(3)「モラル大国」の動揺

　歴史的に築かれてきた寛容な制度だが、ストックホルム爆破事件 (2010 年)、コペンハーゲン銃撃事件 (2015 年) の発生に見るように、イスラムをはじめとする移民との緊張が高まっている。2013 年 5 月には中東出身者が多く住むヒュースビー地区で 4 日間にわたる大規模な暴動が発生し、統合政策の難しさを印象付けた。

　移民問題に対するスウェーデン人の態度の変容を示すひとつの現われとして、スウェーデン民主党の台頭がある。スウェーデン民主党は移民を「組織された物乞い」と呼び、「亡命・親類移民の在留許可を永続的なものから一時的なものに変え」「受け入れを厳しく制限する」ことや、「スウェーデン語学習とスウェーデンの文化的遺産に関する知識、理解と尊重を高めるための投資を強化する」ことを公約に掲げている[21]。

　スウェーデン民主党が最近になって影響力を強めた契機として、2014 年の総選挙における躍進がある。この選挙で第一党になった社会民主党は単独過半数を得られず、右派左派の垣根を越えて協力する必要があった[22]。また、予算案の採決においてスウェーデン民主党が野党案に投票したため、新内閣案が否決された。これにより、首相は解散総選挙を行うと発表したが、スウェーデン民主党と左党を除く各党の党首が協議した結果、解散は直前で回避された。協議では、当面は右派ブロックの提出した予算を執行し、2015 年春からは野党が政権運営に協力するといういわゆる「12 月合意」を妥結した。

　この政変は、それまで右派と左派の緊張関係で運営されてきた国会が、既成政党対スウェーデン民主党の構図に転換した歴史的な出来事だった。スウェーデン民主党の台頭によって、既成政党が共有してきた移民の人権保障や社会統合に対する基本的な価値観は根底から問い直されている。

72 第2部

2. 外国人児童生徒の教育課題

(1) 外国の背景をもつ生徒の成績

　以下では、外国人児童生徒の教育課題について、スウェーデン社会の特徴を反映している3点について指摘する。

　OECD（経済協力開発機構）生徒の学習到達度調査（PISA）におけるスウェーデンの成績は継続的に悪化してきた。成績の高い生徒の割合が減り、成績の低い生徒の割合が増加していて、全体的に成績が低下している。数学の基礎的な習熟度に達していない生徒の割合は、2003年から2012年にかけて17%から27%へと増加し、OECD平均の23%を上回っている。読解では2000年から2012年にかけて13%から23%に増加（OECD平均は18%）、科学では2006年から2012年にかけて16%から22%に増加（同18%）している。成績の悪化傾向は、国際数学・理科教育動向調査（TIMSS）や国際読書力調査（PIRLS）においても同様である[23]。

　成績悪化は特定のグループによるものだとは言えない。PISAにおいて社会経済的背景の不利な生徒の数学の成績は、2003年から2012年にかけて468点から443点に25ポイント低下したのに対し、社会経済的背景の有利な生徒も557点から518点へと39ポイント低下している。

　移民の生徒の割合は2003年から2012年にかけて12%から15%へと増加したが、全体の成績にはわずかな影響しか与えていない。同期間で、移民生徒の数学の成績は21ポイント低下したが、非移民の生徒は27ポイントの低下を見せた。ただし、依然として移民生徒の48%が最低レベルの成績（非移民の生徒は22%）となっていて、特に移民1世の生徒においては59.2%（OECD平均は40.2%）が最低レベルの成績となっている[24]。

　スウェーデンの移民生徒の成績を世代および移住時期別により詳しく見ると、PISA2009の読解力の成績は、非移民生徒の平均が507点であるのに対して、移民1世の平均が416点、移民2世の平均が454点となっている。また、就学前に移住した1世は452点となっていて、移民2世と同程度の成績になっている[25]。

　移住の時期が成績に与える影響は、基礎学校の最終成績でも同様に見られる。2014年に基礎学校を卒業した生徒のうち、スウェーデンで生まれた生徒では90%が高校進学の資格を得ているのに対し、外国で生まれ、就学前に移住して

きた生徒では 86%、就学期以降に移住してきた生徒では 52% となっている。また、ニューカマーの生徒では 27% に留まっている[26]。

2009 年のデータをさらに詳しく見ると、出身地域別では地理的・文化的にスウェーデンから遠い地域の背景をもつ生徒ほど高校進学資格を得ている割合が低くなっている。また、その差は移民してきた時期が就学後である場合においてより大きい[27]。

このように、学力の課題は、特に北欧域外からの移民で、学齢期以降に移住してきた生徒において大きく、適切な対応が求められている。2013 年度の統計では、学力課題の大きいニューカマーの生徒は全体の 4% 程度となっていて、増加傾向にある[28]。

スウェーデンでは、学力低下への焦りもあり、その要因を移民に求める言説が一般に流布している。知識社会に向かう中で、移民にかまけている暇があるのか、という批判は根強い[29]。

(2) スクール・セグリゲーションの進展

北欧諸国は PISA の成績の学校間格差が小さいことが知られている。スウェーデンの学校間格差は 12% で、OECD 平均の 37% と比較しても際立って小さい。しかし、この開きは 2003 年からの 10 年間で約 3% 拡大している。他国に比べると依然として差は小さいが、スクール・セグリゲーションが急速に進展していると言えよう。

全国に 4,887 校ある基礎学校のうち自立学校（運営費の大半が公費で賄われる私立学校）は 792 校で、宗教立の自立学校に通う生徒は約 7% となっている。外国の背景をもつ生徒の割合は、公立学校で 19%、自立学校で 22%、インターナショナルスクールで 62% となっていて、学校ごとに大きな偏りが見られる。また、移民の多くはストックホルム、ヨテボリ、マルメの三大都市に集中している。

スクール・セグリゲーションが劇的に進んだ背景には、脱集権化改革と規制緩和改革によって、学校選択制、教育費のバウチャー制、自立学校などが導入されたことが挙げられる。国と自治体は財政平衡制度を設けたり、特別支援に追加の補助金を支給したりしたが、教育環境の平準化は進んでいない。

住宅政策の変更も背景にある。これまで難民は申請と同時に収容施設が割り当てられていたが、1994 年の在留者法改正によって、難民申請をする人はまず自分で住居を探し、住居を探せない人にのみ収容施設等を斡旋する方式に変わった[30]。

74　第2部

これにより、難民は民族ごとに集住しやすくなった。また、人口増加と好調な経済の影響から都市部では慢性的に住宅が不足し、住宅価格は高騰を続けている。移民は相対的に所得水準が低いため、一部地域への集住が進んでいる。

　Dagens Nyheter 紙はセグリゲーションの進展度合を測るために、外国の背景をもつ住民およびスウェーデンの背景をもつ住民のまわりに移民が何人住んでいるかを調べ、両者の差を「セグリゲーション度」として算出した。その結果、ストックホルムでは移民のまわりに住む人の約46% が移民だったのに対し、スウェーデンの背景をもつ住民の近くには約24% の移民しか住んでおらず、「セグリゲーション度」は22 ポイントと算出された。2013 年のこの数値は1991 年から8 ポイント上昇している。同様に、ヨテボリでは11 ポイント上昇、マルメでも6 ポイント上昇している[31]。この間、高所得者の住む地域にはより高所得者が集まり、所得による集住が進んだことも明らかになった。

　集住にはメリットもある。母語教育の提供には同じ言語を母語とする生徒が5 人以上いる必要があり、自治体ごとに民族が集まっていた方が機会を得やすくなる。また、民族内での相互扶助によって労働市場へのアクセスや、言語や文化的な問題への対応が改善し、保護者の生活が安定することで子どもにも良い影響を与える。しかし、スウェーデン社会が共有する価値や規範の獲得が制限されたり、特別なニーズを抱える生徒が集中することで学習環境が悪化したり、ロールモデルの不在によって将来への希望がもちにくくなるなどの弊害も危惧されている[32]。

(3) 学校と家庭における生徒のアイデンティティの齟齬

　難民受け入れの増加によって、ヘイトクライムなどの民族間の緊張の高まりが問題になっているが、民族内での分裂と衝突も重大な関心事となっている。国連の指摘では、移民や難民、亡命の背景をもつ女性は相対的に暴力を受けるリスクが高いとしている。特に最近では、家族の「名誉」を損なうとして、若者や同性愛者が暴力や脅しにあう「名誉関連暴力」が問題視されている。スウェーデンの警察は年間400 件ほどの名誉関連暴力が起こっていると推計している。

　名誉関連暴力や本人の意思に反した結婚については、1996 年に移民女性が名誉殺人の犠牲になりメディアの注目を集めたことから政治的問題になっていた。政府は名誉関連暴力防止に巨費を投じているが、最近では「バルコニー転落(balkongfall)」と呼ばれる名誉関連と疑われる自殺事件がたびたび発生している。

　移民女性を「バルコニー転落」に追い込む要因には、スウェーデン社会のもつ

規範と移民や難民の出身社会のもつ価値観との齟齬がある。特にスウェーデンは
世界でも先進的な男女平等社会ゆえに、その齟齬も大きい。一部のフェミニスト
たちは、名誉関連暴力は男尊女卑なので毅然とした態度で対応すべきだと主張す
る。一方、移民や難民の背景をもつ女性はネイティブのスウェーデン人よりもは
るかに大きな性別役割の中で生きなければならないので、女性を一般化してス
ウェーデンの価値観を押し付けるべきでないと考えるフェミニストもいる[33]。

　基礎学校9年生への調査では、「結婚まで純潔を守るべきか」「結婚まで純潔を
守るべきかを両親が決めることができるか」という質問への回答から、外国の背景
をもつ生徒は貞操観念が顕著に強く、両親の影響も強いことが明らかになった[34]。
また、ストックホルム市が2007年に行った別の調査では、基礎学校9年生の男
子3%と女子7%が両親から名誉関連の制限を受けて生活していると回答した。

　価値観の違いや保護者による制限は学校生活にも影響を与えている。宗教上の
理由などから学校活動への参加を制限されている生徒の割合は、体育で男子7%、
女子4%、水泳で男子7%、女子6%、性教育で男子5%、女子4%、宿泊行事で
男子6%、女子5%、学園祭で男子6%、女子4%となっていて、全体では男子の
13%、女子の12%が何らかの制限を受けている。これらの授業は義務教育の一
環だが、教師はほとんどの場合保護者の希望通りに不参加を承諾している[35]。

　スウェーデンの学習指導要領では、人権や民主主義を尊重し、非暴力、個人の
自由と統合、すべての個人が等しい価値をもつこと、男女平等、弱者との連帯と
いう基本的な価値観を育てることを学校の基本的な価値としている[36]。これらの
価値と異なる宗教的・文化的背景をもつ家庭の子どもたちは、学校と家庭で二重
のアイデンティティを抱えることになる。「名誉殺人」や「バルコニー転落」といっ
た最悪の事態に至らないまでも、フェミニスト運動が盛んで難民を多く受け入れ
ているスウェーデン社会では、特に多くの外国人児童生徒が経験する課題となっ
ている。

おわりに

　スウェーデンは歴史的な背景から移民の受け入れに寛容な政策をとってきた。
外国人児童生徒に対する学習権を法的に保障し、その対象も在留許可をもたない
生徒にまで拡大してきた。しかし、最近ではその風向きが変わりつつある。実は、

スウェーデン民主党の支持者には相当数の移民が含まれている[37]。移民と非移民が対立する時代から、移民と移民が対峙する時代の到来を示していると言えるかもしれない。

このような社会情勢にあって、生徒の学力水準は低下し続け、学校間のセグリゲーションが進んでいる。また、社会の課題がそのまま内化される形で子どもたちのアイデンティティの問題に反映されている。これらの課題は、移民の生徒を対象とした施策や対応だけでは解決しえない、スウェーデンの社会が抱える問題である。移民対非移民の単純な構造ではとらえきれない変化の中でスウェーデンがどう解決策を見出すか注目に値する。中でも、移民の生徒をひとくくりにせず、出身地域や移住時期などでより細かく分類し、様々な調査を通して実態を把握し、学習者の権利を保障しようと努力している点は示唆に富んでいる。

注

1 OECD, *OECD Economic Surveys: Sweden 2015, 2015a; OECD, Finding the Way: A Discussion of the Swedish Migrant Integration System*, 2014.

2 特に影響を与えたものとして、スモーランド地方からミネソタ州に渡った16人の移民を主題とする Vilhelm Moberg の作品が挙げられる。

3 Karl-Olov Arnstberg et al., *Invandring och mörkläggning, En saklig rapport från en förryckt tid*, Debatt förlaget, 2014, ss.46-50.

4 Christina Johansson, "Svensk invandrings- och flyktingpolitik", Mehrdad Darvishpour, Charles Westin (red.), *Migration och Etnicitet, Perspektiv på ett Mångkulturellt Sverige*, Studentlitteratur, 2008, ss.193-218.

5 Regeringens proposition (1975:26) om riktlinjer för invandrar- och minoritetspolitiken m.m.

6 Inger Lindberg, "Multilingual Education: A Swedish Perspective", *Education in Multicultural Societies, Turkish and Swedish Perspectives*, 2007, pp.71-90.

7 SFS 2010:800, Skollag, 10 kap., 7 §.

8 Skolverket, *Få syn på språket- Ett kommentarmaterial om språk- och kunskapsutveckling i alla skolformer, verksamheter och ämnen*, 2012, s.10.

9 Skolinspektionen, *Språk- och kunskapsutveckling, för barn och elever med annat modersmål än svenska*, 2010, s.24.

10 SFS 2011:185, Skolförordning, 5 kap., 10 §.

11 Skolverket, *Beskrivande data 2014*, 2015a, s.36.

12 Skolverket, *Med annat modersmål- elever i grundskolan och skolans verksamhet*, 2008.

13 SFS 1994:1194, Grundskoleförordning, 5 kap.2 §.

14 Skolverket, 2008, *op.cit.*, s.44.

15 SFS 2009:600, Språklag, 14 §.

16 Skolverket, 2015a, *op.cit.*, s.36.

17 Skolverket, 2008, op.cit., s.50.

3. スウェーデンにおける外国人児童生徒の教育課題　77

18　Ingegerd Tallberg Broman, "Segregering som målsättning eller konsekvens? Om segregation i svensk skola i ett historiskt och nutida perspektiv", Ove Sernhede och Ingegerd Tallberg Broman (red.), *Segregation, utbildning och ovanliga lärprocesser*, Liber, 2014, ss.19-38.

19　いわゆるペーパーレスと呼ばれる不法滞在の生徒で、在留許可の期限が過ぎた生徒や、一度も在留許可を得たことがない生徒が含まれる。

20　Skolverket, "Nyanländas lärande", 2015 年 6 月 12 日 確 認（http://www.skolverket.se/skolutveckling/ larande/nyanlandas-larande)。

21　Sverigedemokraterna, *Vi väljer välfärd! Sverigedemokratiskt valmanifest - valet 2014*, 2014.

22　首班指名では、野党が棄権したことで社会民主党と環境党による連立政権が発足した。新政権では、24 閣僚のうち外国の背景をもつ大臣が 5 人含まれる。

23　Skolverket, *Skolverkets lägesbedömning 2015*, 2015b, s.33.

24　OECD, *Improving Schools in Sweden: An OECD Perspective*, 2015b.

25　澤野由紀子他監訳『【抄訳】PISA を照らす北欧のオーロラ 2009 ―読解力を中心に―』国立教育政策研究所、2015。

26　Skolverket, 2015b, *op.cit.*, ss.36-38.

27　Nihad Bunar, "Utländsk bakgrund, invandringsålder och boendesegregation- mellan artificiellt skapande statistiska kategorier och strukturella villkor", Ove Sernhede et al., 2014, *op.cit.*, ss.169-187.

28　Skolverket, 2015b, *op.cit.*, ss.36-38.

29　Aljazeera（web), "Sweden's refugee policy sets high standards", 2013-11-24.

30　Lag（1994:137）om mottagande av asylsökande m.fl.

31　Dagens Nyheter（web), "Rika områden blir rikare- invandrartäta får fler invandrare", 2015-03-10.

32　Nihad Bunar, 2014, *op.cit.*, ss.169-187.

33　United Nations, Human Rights Council, *Report of the Special Rapporteur on Violence against Women, Its Causes and Consequences, Yakin Erturk, Addendum, Mission to Sweden*, 2007.

34　Mariet Ghadimi, "Om kravet på oskuld. En studie av flickors respektive pojkars föreställningar", *Socialvetenskaplig tidskrift, nr1*, 2007, ss.20-46.

35　Stockholms stad, *Hedersrelaterat förtryck och våld i Stockholms stad, Rapport 2009*, Del II, 2009.

36　Förordning（SKOLFS 2010:37）om läroplan för grundskolan, förskoleklassen och fritidshemmet.

37　Svenska Dagbladet（web), "Invandrare och sverigedemokrat", 2014-04-27.

国家・国民・市民

解題：イングランドの市民性教育の実践とその課題――低階層地域の学校の事例が示唆するもの――

北山夕華

　本論文は、2006年に英国に留学した当時のフィールド調査をもとにしたものである。フィールド調査の最初の難関は何より、調査のアポイントを取り付けることである。留学先の教授はアポ取りには全く協力してくれず、自力で探すほかなかった。リーグテーブルと呼ばれる、学力テストの結果などが掲載された公開データを眺めながら、条件に当てはまる学校の連絡先を探しては電話やメールで調査の打診をした。メールに返事が来ることはなく、電話をかけても断られ続けた。これはなかなか辛い作業で、研究者にならなくても営業職には就くまいと思ったものであった。行き詰まっていたころ、市内の貧困地域の学校で給仕のアルバイトを始めた友人のツテで給仕の同僚女性たちに相談する機会を得た。「私らが校長に聞いてあげる」と意気込む彼女らは、あっさりと校長の許可を取り付けてくれた。この学校を含むフィールド調査の成果は、2014年刊行の『英国のシティズンシップ教育―社会的包摂の試み―』としてまとめることができたが、そこに至る研究のスタートは、あの給食の女性たちが切らせてくれたと言っても過言ではない。

　その学校では約半年間、毎週調査に通った。授業に加えて課外活動や学校のバザーなどにも顔を出すほか、給食まで食べさせてもらうようになった。給食の献立には栄養バランスという概念はなく、鶏肉味のつなぎの塊にぶ厚い衣をつけたようなチキンナゲットとフライドポテト、ドーナツといったジャンクフードが中心で、和食に慣れた私は毎回お腹がもたれた。新自由主義改革は教育も例外ではなく、公立学校の給食は一食あたり37ペンス（当時のレートで約80円）の予算で民間委託されていた。そこから利益を出すために、メニューには原価が安く子どもに人気のあるジャンクフードが多くなる傾向があった。大学院の授業で訪れた同市内の私立学校の、ブッフェのような品揃えの給食とはずいぶん違った。公立学校は弁当を持参してもよく、給食を食べているのは給食が無料になる貧困家庭の子どもが多い。これは、学校教育が再生産する格差は学力や学歴に限らないということも示唆するものだった（なお、その後給食改革がおこなわれ、予算を増やすとともに野菜・果物の提

供が義務付けられた）。

　論文中、ヨークシャー訛りのスラングを交えながらインタビューに答え
ている少年は、体が大きめでクラスではガキ大将的な存在だった。やんちゃ
そうな印象だったが、英語の読み書きもままならないクラスメートの勉強を
手伝うなど面倒見がよかった。インタビューからは、そんな彼もまた暴力と
隣り合わせで暮らしていることを垣間見ることができた。家庭での重い出来
事を話してくれた彼に、その時はうまく言葉をかけることができず、もう少
し何か言えなかったものかと後から後悔の念に駆られた。自らの苦難や葛藤
を語ってくれる相手にどのように向き合い、研究者の立場から何ができるか。
今も自問する日々である。

　院生時代に書いたこの論文は荒いところも多く、「低階層」ではなく別の表
現がよかったとか、クリック・レポートの訳は「市民性教育と学校における
民主主義教育』とすべきだったなど、反省点も多々ある。だが、「お上」から
示された教育政策や全国カリキュラムではなく、実際にシティズンシップが
学ばれる場に足を運び、関西風の表現で言うと「しんどい」学校、すなわち
社会的・経済的な困難を抱える学校の児童や教員の語りや日々の営みからシ
ティズンシップの実際にアプローチしようとしたことは、自分の研究の出発
点となるものであった。

　2005 年にロンドンで起きた地下鉄・バス爆破事件の衝撃もあり、シティ
ズンシップ教育をめぐる議論の中心は文化的多様性とナショナル・アイデン
ティティへと移っていった。共同体に所属する市民とは誰かを規定し、そこ
への参加に必要なスキルや能力の育成をめざすシティズンシップ教育は、包
摂と排除の論理を常に背中合わせで抱えている。そこから目を逸らさないた
めに、本論文には今でもいくばくかの示唆があるのではと考えている。

80　第2部

国家・国民・市民

4. イングランドの市民性教育の実践とその課題
──低階層地域の学校の事例が示唆するもの──

北山夕華

1. 問題の所在

　市民性教育 (Citizenship Education) は、欧米各国の教育改革において中心課題の一つとなっている。グローバル化により国民国家の内なる国際化が進展し、いまや国民＝市民という構図は崩壊し始めている。さらに、EU という地域共同体の誕生は、国民国家という既存の枠組みを超えた新たなシティズンシップの創造の必要性を強く迫ることとなったのである。日本においても、近年特に社会科教育を中心として市民性教育への注目が高まってきており、NPO の中にも市民性教育を推進する動きが広まっている。こうした動きのほとんどは、イングランドをはじめとして欧米における市民性教育の取り組みに学び、日本の教育実践にも取り入れようというものである。

　EU 諸国の中でも積極的に市民性教育に取り組むイングランドでは、市民性教育は 2002 年度からは中学校の必修教科として、また小学校では法的拘束力はないが民主主義を担う能動的市民育成の準備段階として位置づけられている (Arthur & Davies 2006)。こうした取り組みは日本でも紹介され、イングランドの市民性教育は、各国の市民性教育の試みの中でも現在最も広く知られたものの一つとなっている。

　しかし日本においては、シティズンシップ (市民性) の概念や市民性教育の位置づけに関する議論はあるが、それらの多くはイギリスを始めとする欧米各国の市民性教育の理論や実践の紹介が中心で、市民性教育を批判的に考察したものや実

出典：「イングランドの市民性教育の実践とその課題─低階層地域の学校の事例が示唆するもの─」日英教育学会編『日英教育研究フォーラム』第 12 号、2008 年、75-84 頁。

証的研究はあまりなされてきていない。またイングランドでは市民性教育がナショナル・カリキュラム（以下 NC）に導入されたことで、公立学校に通う様々な背景の児童・生徒が市民性教育を経験することになったが、エスニシティに注目した市民性教育の研究はいくつかあるものの[1]、社会階層や学力格差に焦点を当てたものはほとんど見当たらない。だが実際には、イングランドの公教育における市民性教育の実態を捉えるにあたっても、また日本の教育現場への適用を考える場合にも、社会階層や学力格差といった双方の社会に存在する格差問題を切り離して考えることはできないであろう。

　以上の問題関心から、本稿は低階層地域の学校に焦点を絞り、階層のもたらす影響に注目しながら実践に際する課題とその要因を描き出そうとするものである。さらに、イングランドの市民性教育において教育現場が直面する問題点を明らかにすることを通じて、日本における市民性教育への示唆を引き出すことを試みたい。

2. イングランドの市民性教育

(1) イングランドにおける市民性教育の導入

　イングランドで市民性教育の歴史は 19 世紀まで遡ると言われ、市民性教育を含む社会科学系教科の全国共通カリキュラムへの導入については長い間議論されてきた。しかし、今日の市民性教育の NC への導入までそれが具現化されることはなかったのである。

　1998 年、シティズンシップ諮問委員会によるレポート「学校における市民性のための教育と民主主義教育」が発表され、市民性教育は小学校（Key Stage1 と 2）では非必修、中学校（Key Stage3 と 4）では必修科目として史上初めて全国カリキュラムへ導入されることになった（QCA 1998）。別名「クリック・レポート」と呼ばれるイングランドの市民性教育の骨子を示すこのレポートでは、市民性教育を効果的に実施するための三本柱として「社会的・道徳的責任（social and moral responsibility）」「コミュニティへの関わり（community involvement）」「政治リテラシー（political literacy）」が提起され、政治や社会活動に主体的に参加する「能動的シティズンシップ（Active Citizenship）」は各要素をつなぐ共通概念となっている。

(2) 小学校における市民性教育

　小学校における市民性教育は、市民としての役割を積極的に担う準備として位置づけられ、「知識ある、能動的で責任ある市民となるために、自信に満ちた、健康的かつ自立的な人生を導くために必要な知識とスキル、理解を提供すること」(DfES/QCA 1999: 457) を目標としている。その到達目標では知識だけでなく態度や表現力、考察力、姿勢などが重視されている (QCA 1998)。小学校における市民性教育は主に PSHE/Ct (Personal, Social and Health Education and Citizenship: 人格・社会・健康教育およびシティズンシップ)[2]の一部として実施することが推奨されているほか、英語、数学、理科、美術、音楽など他の教科を通じた実施も勧められており (QCA 2002)、また、学校エートスを通じた全学校的アプローチの重要性も強調されている (QCA 2000)。さらに子どもの声を意思決定の場に反映させ、子どもの社会性を育成するとともに民主主義を体験する機会としての生徒会活動や (Cotton et al. 2003)、職業体験やコミュニティ活動、「国連 デー」といったイベントなど、市民性教育には多くの選択肢があるという特徴がある (Davies & Evans 2002)。

　クリック・レポートでは市民性教育の広い概念を提示しながらも、その内容については非常に簡潔な描写にとどまっている。クリック (2000) はこの理由について、シティズンシップそのものがセンシティブなテーマであるためにあえて簡潔に定義したこと、また既存の教育内容に組み込みやすくするために市民性教育の概念や形態について解釈の余地を残したためであるとしている。実際に、237 の学校と 50 の高等教育機関を対象とした全国調査では、シティズンシップの概念や市民性教育の捉え方が教師によって様々であることが示されており (Cleaver et al. 2005)、市民性教育はその実施内容や方法に関して教育現場に大きく委ねられているのが現状である。

　他に市民性教育の実施に影響を及ぼす要因としては学校の社会的背景が挙げられるだろう。国立教育調査基金 (NFER) の調査によれば、児童・生徒の政治に対する興味・関心や投票への参加などの項目において、文化資本との正の相関関係が示されている (Cleaver, et al. 2005)[3]。このことから、市民性教育のうち特定の内容に対する関心や態度は、子どもの社会的背景の違いによって差異がもたらされる可能性が示唆される。

　そこで、本研究ではこうした要素が市民性教育の実施に及ぼす影響を明らかにするため、イングランド北部のヨーク市でフィールド調査を行った。調査対象としては、社会的. 経済的に困難な家庭の子どもが多く在籍する市内の A 小学校

を選定した。なお、このC小の実践の特徴を明らかにするために、同じ地域にあるB小、C小でも同様の調査を実施した。その際、具体的な比較分析項目として、第一に、シティズンシップや市民性教育についての学校側の認識、第二に市民性教育の実施内容、とりわけNCと照らしてどの要素が扱われているか、ということに焦点を当てて調査を行った。

3. イングランドの市民性教育の現状についてのケーススタディ
—— 三つの小学校の事例から ——

(1) 調査対象と方法

　NCの対象となる公立小学校を調査対象とした。学校選択の指標としたものは、教育技能省（以下DfESと表記）によって発表されている各校の主要科目（英語・算数・科学）のKey Stage 2（11歳時）における学力テスト結果のレベル4の到達者の割合[4]、無料学校給食（以下、「FSM」とする）受給可能児童の割合である[5]。これらの指標をもとにA、B、Cの三つの小学校を選定し、2006年1月から7月にかけて授業や課外活動の参与観察や教師・児童へのインタビュー、教材収集を行った[6]。

　対象校であるA小学校は、地域学校（community school）と呼ばれるいわゆる公立小学校である[7]、イングランド北部に位置するヨーク市の中でも「社会的・経済的に非常に困難を抱える地域」にあり、レベル4到達児童の割合は低く、英語・算数は全国平均を大きく下回っている。FSM受給可能児童の割合は24.1%とかなり高い。また、学習困難（learning difficulties）や学習障害（learning disabilities）と認定された児童の割合も平均以上である。

　同じヨーク市内にある小学校の中でも学力や家庭の経済状況、学校の運営方針

表1　各学校の基礎データ

	A 小学校	B 小学校	C 小学校
FSM 受給可能児童の割合	24.1%	1.3%	6.0%
レベル4到達児童の割合			
英語	58%	97%	86%
算数	55%	100%	86%
科学	73%	100%	86%
その他の特徴	経済的・社会的に困難な地域	裕福な家庭の児童が多い	児童の約70%がカトリック教徒

84 第2部

においてA小とは異なる学校として、B小とC小を比較対象として選定した。B
小学校は英国国教会の援助により運営されている有志団体立管理学校（voluntary
controlled school）で、裕福な家庭の児童が多い。学力テストのレベル4到達児童の
割合は3教科とも100%に近く、FSM受給可能児童の割合は1.3%と非常に低い。
C小学校はカトリック教会によって援助される有志団体立補助学校（voluntary aided
school）で、児童の約70%がカトリックの家庭出身である。レベル4到達児童の
割合は各教科とも比較的高く、FSM受給可能児童の割合は平均よりも低い。

(2) 調査結果

①各学校における市民性教育

〈市民性教育の実施状況〉

A小における市民性教育は、基本的にPSHE/Ctを通じ、ナショナル・カリキュ
ラムのガイドラインに沿って行われることになっていたが、実際には、PSHE/Ct
の授業は英語や算数など他の授業に振り替えられることがしばしばみられた。一
方リサイクル活動や慈善活動など、市民性教育に関わる課外活動もいくつか行わ
れている。また、生徒会はあるが、活動は1年に2回のミーティングのみで、実
質的な活動があるとは言えなかった。他には、日常の道徳的な指導を通じた市民
性教育にも重きが置かれていた。

B小ではPSHE/Ct、宗教教育、サークルタイム[8]、集会、集団礼拝などを通じ
た教科横断的・学校全体アプローチによる実施が中心である。特に生徒会活動は
子どもの意思決定への参加の手段として重要な役割を果たしており、B小の生徒
会はヨーク市の小学校の4分の3が参加した「生徒会会議」を主催し、学校レベ
ルのみならず地域社会の政策決定にも関わる機会を得るなど、活発に活動してい
る。

一方C小では、市民性教育は日常の中に常に存在しているという考えのもと、
「他人を尊重し、自分を尊重し、他人や学校の持ち物も尊重すること」や「自己規
律」といった考えが重んじられている一方、時間的な問題のためにPSHE/Ctは実
施されておらず、基本的に市民性教育は地理、歴史などの他教科や日常の道徳教
育を通じて行われていた。生徒会活動は活発で、毎週1度のミーティングを行い、
備品購入や給食の献立決定などにおいて学校運営に児童の声を反映させる役割を
果たしていた。

3校で共通して挙げられた問題点として、「（市民性教育は）とても重要だとは思

いますが、正直なところ、既にいっぱいの時間割にほかの授業を入れることはほとんど不可能なのです」(C小・2年生クラス担任)と言うように、時間配分の問題が挙げられる。市民性教育はその重要性を認識される一方で、英語、算数といった主要教科と比べ時間割の中では優先順位が低いという傾向がみられた。イングランドでは市民性教育という新しい取り組みが導入されたが、学校は依然として既存の主要教科において定められた学力テストの到達目標の達成を限られた時間割の中で目指さねばならない。このことは、イングランドの市民性教育の現場に共通する課題である可能性があるだろう。

また、B小、C小でみられた特徴に、活発な生徒会活動が挙げられる。両校では各学年のクラス代表が生徒会を構成し、学内の活動にとどまらず他校との交流や、B小に至っては地域レベルでの意思決定にも参加していた。「私たちは生徒会を持っていますが、役員の子どもたちは選挙で選ばれています。つまり、これは社会で一般に起こることの縮図なのです」(B小校長)と言うように、生徒会の役員選挙は児童が公約を掲げて立候補し、投票を経て役員が選ばれており、民主主義のシステムを学ぶ教育の一環として機能していた。対照的に、A小で生徒会が事実上ほとんど活動していなかった。

〈シティズンシップや市民性教育に対する教師の考え〉

教師へのインタビューから明らかになったのは、全体的にシティズンシップの三つの柱のうち「道徳的・社会的責任」の要素が多くみられたことと同時に、シティズンシップや市民性教育に関する学校側の考えが、それぞれの学校の性格を反映しながら異なっていたことである。A小の4・5年生合同クラスの担任は、シティズンシップのイメージを次のように語る。

　　　良いコミュニティ感覚。互いを尊重し、それぞれの思想・信条や、所有物を大切にすること。単にそこに一般的に良いコミュニティ精神があるということです。そして、自分自身のことを理解すること。(…)良き市民であることとはとても基本的なことで、小さな子どもでも実践できることです。それは、単に行儀がいいということだからです。

さらに、A小の校長は次のように話している。

　　　かれらは私たちが望むものとは非常に異なる背景や文化を持ってきてい

ます。それらの多くはとても暴力的なものです（…）そのため、私たちはかれらにどうやって衝突を解決し、よき市民となるのかを教えようとしているのです。

　A小においては、学校内に存在する文化や価値観とは異なる、学校の外の支配的な文化や価値観との葛藤の結果、市民性教育の実施や学校側の考えにおいてその道徳的要素が強く現れていたと考えられる。

　一方でB小、C小においてもまた、シティズンシップの道徳的要素が強調される傾向がみられた。B小の校長はシティズンシップという言葉からイメージするものに「他人への共感。学校に対して何をするべきか気づき、得意なことが価値あることであり、貢献できることがあると気づくこと」と答えている。彼は市民性教育を「社会に積極的な影響を与える若者を送り出すこと」であり、そのために子どもたちは権利と義務を持っていると語っているが、カナダのトロントの市民性教育を視察した経験もあることから、彼の市民性教育に対する考えは、受動的な学びよりも積極的な参加を重視するものであった。一方、C小の校長はシティズンシップのイメージを「最も重要なのは、敬意（respect）と自己規律です。子どもが自己のコントロールと自己規律を示してくれることを期待しています。」と答えている。また、6年生のクラス担任はこのようにも話している。

　　　お互いを尊重すること、責任感、だから私たちは他人や学校の物に対しても責任感を持つよう教えています。そして公正さ。話し合うこと。（…）基本的には、ただ他人に対する働きかけだと考えています。

　このように、全体として「道徳的・社会的責任」の要素に関連するものが多くみられた。中でもB小の校長はそれ以外に、社会への能動的参加を強調し、他の「政治リテラシー」「コミュニティへの参加」の要素にも言及している点で他の二校とはやや異なる見解を示していた。とは言え、三校ともに学校におけるシティズンシップに関して「道徳的・社会的責任」に重きを置く傾向がみられた。

②A小学校における市民性教育の実態
〈シティズンシップや市民性に対する学校側の考えと学校をとりまく社会的背景〉
　次に、低階層地域にあるA小に焦点を合わせ、その実践から浮かび上がる市

民性教育の課題を考察したい。調査では、市民性教育の実施において「道徳的・社会的責任」の要素が多くみられたこと、そこには学校をとりまく社会的背景が影響しているということが明らかになった。校長は以下のように語っている。

　　学校の外の文化は、学校の中にある文化とは多くの場合異なっています。ここでは支配的な文化はしばしば外のほうです。そのため、私たちはそれを変えようとしているのです。

　A小の周りは低所得者層が多く住む公営住宅が立ち並び、昼間は一見静かな住宅街であるが、夜になると街角には麻薬の密売人の姿や路上の車を壊そうとする人々を目にすることもある。A小の校長はそうした人々は住民のごく一部であるとしながら、そのような大人に接することで子どもたちが周辺の支配的な文化に染まってしまうことを危惧していた。
　また筆者がA小の児童に「学校の中と外ではいい子でいる (being good) ことの意味は違いますか」という旨のインタビューをしたところ、多くの児童が「先生の言うことを聞く」「汚い言葉で罵らない」といった回答をし、学校内外でもそれは変わらないと答えた。しかし、中にはこう話す児童もいた。

　　路上で誰かが立ち止まって金を持ってないかって言ってきたら、貸してやること。「何を買うつもりだ」と聞く。もしその男が「10ペンス貸してくれないか。金ができたらすぐ返すから」と言ったとしても、その男とは二度と会わないことは明らかだ。つまり街でいい人でいるってことは、使える金があったらくれてやることさ

　彼はまだ5年生で10歳の児童であったが、こうした金銭にまつわる価値観は「学校の外の支配的な文化」の影響だと考えられる。さらに彼は付け加えた。

　　家で (いい子でいるということ) は、母さんをののしらないこと。僕の姉さんがやったようにね。夕べ彼女は僕を殴って、母さんのことも攻撃したんだ。僕らは警察を呼んで解決してもらった。このことが教えているのは、例えば車の窓ガラスを割るとか、警察沙汰になるようなことはするなってこと。

彼の言葉は、A小の校長が触れたような、学校内の文化や価値観とは異なる、周辺地域において支配的な文化や価値観を反映したものと推察される。Holden（2003）は、道徳的・社会的責任の要素の中心は子どもの価値観の構造を発展させていくことであるとしているが、A小の場合、学校内の価値観と、子どもが学校外から持ち込む価値観の相違が問題となっている。こうしたA小を取り巻く環境は市民性教育の実践内容に大きく影響していたと考えられる。

〈A小における市民性教育の実践〉

A小のPSHE/Ctは基本的にNCに沿ったもので、4年生を例に挙げると「コミュニティ」「子どもの権利と人権」「民主主義」「ルールと法が自分にどのように影響するのか」「環境教育」「所有物の尊重」がカリキュラムの学期ごとのテーマになっていた。また、クラスで実際に行われたPSHE/Ctのテーマは、「私について」「ギャンブルについてどう思うか」「絶滅危惧種」「森はどこへいった？」などであった。例えば「私について」の授業では、自分に関してポジティブなこと・ネガティブなこと、誇りに思うこと・思わないこと、嬉しいこと・嬉しくないことを挙げさせ、加えて将来の目標についてそれぞれの児童に考えさせる授業があった。それは学校生活の振り返りと反省、次学期への抱負を考えるものであったが、各項目についてなかなか具体的に書けない児童が多い中、「朝起きられない」「文章を読むのが苦手」「書き取りがうまくできない」など自らのネガティブな面が多く挙げられた。それを受けて教師が「書き取りが悪いのではなくて、集中力が足りないのだと思います。でも、あなたはどんどん良くなっています」とフォローを入れる場面も見られた。この授業は児童が自身について考える以外にも、自身のセルフ・エスティーム を高める機会ともなっていると考えられる。

PSHE/Ctで実際に行われた内容は、前述のように「道徳的・社会的責任」の要素が中心であった。環境教育も、地球環境と自分の生活を関連付けるというよりは、「決められた場所と違うところにごみを捨てない」「リサイクルをする」といった規範的な内容であった。カリキュラムにあった「民主主義」や「子どもの権利と人権」といったテーマは、実際は他の授業に振り替えられてしまい結局実施されずじまいであった。そのため、実施内容は「社会的・道徳的責任」に関わるものは多いが、「コミュニティへの関わり」の要素はあまりなく、特に「政治リテラシー」への言及はほとんど見られない。

また、このクラスで毎週金曜日に行われていたPSHE/Ctは、しばしばほかの授業に振り替えられた。低学力の児童が多く、英語や算数など基礎教科の授業が

遅れがちなことから、その遅れを取り戻すために他の教科の時間枠を振り替える必要があったのだと思われる。しかし、美術や宗教、体育などの教科にも振り替えられており、PSHE/Ct が他教科と比べて優先順位を低く捉えられているということが考えられるだろう。

　一方、市民性教育に関わる課外活動には次のようなものがあった。「子どもたちは健康でいる権利と義務がある」という考えから、毎日一定の量の野菜や果物を摂ることを推奨し、企業から寄付された果物を児童に毎朝配ったり、飲食物を売る小さな屋台を児童に運営させたりしていた。また、児童がおもちゃを売ってそれを慈善活動に寄付することも行われていた。ただし、それらは児童たちが主体的に運営しているものとは言えなかった。また、環境教育の一環として地域と協働で行ったリサイクル活動が地元新聞から表彰されたこともある。だが、一部の児童が中心となったもので全ての児童が参加したものではなかったと校長は述べている。

　PSHE/Ct で扱うテーマは子どもの日常と関連付けて教えることも可能であり、「シティズンシップは常に教えている」という考えのもと、日常の指導を通じた市民性教育にも重きが置かれ、それらは主に道徳観を中心としたものであった。例えば廊下の掲示物の中に「良い怒り (clean anger)」「悪い怒り (dirty anger)」の含む「ふるまい」と「結果」について火山の噴火を模した児童による手作りのポスターがあり、「ののしる」「殴る」というふるまいが、「自分を傷つける」「何かを壊す」という結果につながること、「先生に相談する」「忘れるようにする」ことが、「心を静める」ことにつながることを表していた。これらは、生活の中に暴力がある環境で暮らす子どもたちに対し、怒りをコントロールするプロセスを提示するものであった。

4. まとめと考察

　以上の調査結果から、シティズンシップや市民性教育に対する学校側の考えや、学校の社会的背景の影響を検討し、市民性教育の実践課題を明らかにするとともに、日本における市民性教育の実践への示唆を考察したい。

　市民性教育の実施に関しては、3 校の間に大きな差がみられた。A 小は PSHE/Ct や日常の指導を通じて教えられる「道徳的・社会的責任」の要素に大きく偏っ

ていた。一方、B小やC小では他教科を通じた実施や生徒会活動による「政治リテラシー」の要素が実施されているなど、A小との違いが際立った。この理由としては、低階層地域の学校であり、学校コミュニティにおいて共有される規範を家庭で身につけていない児童の多いA校では、「学校内とは異なる、学校外の支配的な文化」を変容させ、向学校的な文化を育成する必要があることが考えられる。また、主要教科の遅れを取り戻すために、比較的優先順位の低い要素を取捨選択せざるを得ないことも主な理由の一つであろう。シティズンシップに対する学校の考えもまたそれぞれ差異がみられ、こうした考えが実施内容に強く反映されていることが分かった。3校の中では階層的・学力的に上位である学校のほうが政治的リテラシーをより頻繁に扱う傾向があったが、道徳指導や基礎学力の定着に集中せざるを得ない低階層地域の学校との違いは示唆的である。

　A小の市民性教育が「道徳的・社会的責任」の要素に偏っていたことは、学力的・経済的に困難な児童が多いという背景を考えれば必ずしも否定的に捉えられることではない。むしろ、フレキシブルな実施が可能である市民性教育の性格を生かして主要教科の学力保障のために時間割を確保しつつ、児童が自己を見つめなおしセルフ・エスティームを高めるとともに、暴力を伴わない文化としての学校文化を内面化していくための役割を担っていた。これは、経済資本や文化資本、社会関係資本の乏しい低階層地域の学校における市民性教育の一つのあり方を提示するものである。現在、日本社会においては階層格差の問題が注目されているが、こうした視点は日本の市民性教育でも重要なものと考えられるだろう。

　しかしながら、市民性教育の掲げる「知識ある、能動的で責任ある市民となるために、自信に満ちた、健康的かつ自立的な人生を導くために必要な知識とスキル、理解を与えること」という目的は、道徳的要素だけでは達成できない。そのため、既存の学校教育に比較的組み込みやすい「道徳的・社会的責任」だけでなく、「コミュニティへの関わり」「政治リテラシー」の要素を他の教科や学校全体アプローチなどで実施できる枠組みが今後確立されていく必要がある。また、日本における実践を考えるに際しても、社会科をはじめとして他の教科や総合学習、コミュニティ活動など、教科横断的・学校全体的アプローチが有効であろう。A小の事例のようにそれぞれの学校の状況に対応しつつも、道徳的要素に偏重することなく他の市民性教育の主要要素をいかに既存の学校教育の中で実施できるかが、日本における市民性教育の実施に際しては重視すべき課題となるだろう。

注

1 例えば、Osler & Starkey（2005）などが挙げられる。

2 PSHE/Ct（Personal, Social, Health Education and Citizenship）は PSHE, PHCE とも表記されることがあるが、ここでは PSHE/Ct で統一した。

3 この調査では、家庭にある本の量が文化資本を測る「知識資源」の指標となっている。

4 2003 年度の到達目標は英語・算数の全国テストの結果におけるレベル 4 以上の割合をそれぞれ 80％、75％としており、結果の平均値は 75％、73％であった。2005-06 年度の到達目標は両教科とも 85％に設定されている。また、DfES による三校の学力調査は以下のウェブサイトを参照した。http://www.dfes.gov.uk/index.shtml（2007 年 5 月アクセス可）

5 FSM の受給可能者の割合は、児童生徒の経済的背景の指標として公式データから得られる中では最も信頼性が高いと考えられている。英国全土の学校の平均値は 17.4％、イングランド 16.8％、ヨーク市の小学校では 10.4％である（DfES 2005）。

6 A 小学校では、2006 年 1 月から 7 月にかけておおむね毎週 1 回通い、4 年生と 5 年生のクラスで参与観察を行った。授業以外には全校集会や給食時間、学校のイベントなどの観察を行い、校長と教員 1 名へのインタビュー、児童 12 人へのインタビューを行った。B 小では校長へのインタビューと授業の参与観察を行い、C 小では校長と 3 年生・5 年生のクラス担任 2 名に対するインタビューと、生徒会役員の 25 名へのグループインタビューとミーティングの観察、授業の参与観察を行った。

7 イングランドにおいて公財政で維持されるいわゆる公立学校には 4 つのタイプがあり、地域学校（community school）、有志団体立管理学校（voluntary controlled school）、有志団体立補助学校（voluntary aided school）、地方補助学校（foundation school）がある。組織構成や学校保有の権限はそれぞれのタイプによって異なっている。

8 サークルタイムとは、子どもたちが一緒に座り、自己理解や相互理解を促進し、セルフ・エスティームを高めるための活動として英国の小・中学校などで取り入れられている（Taylor 2003）。

参考文献

Arthur, J. and Davies, I., 2006, Teacher Education and Citizenship Education in England,『社会科研究』第 64 号, pp.1-7.

Cleaver, E., Ireland, E., Kerr, D. and Lopes. J., 2005, *Citizenship Education Longitudinal Study: Second Cross-Sectional Survey 2004: Listening to Young People: Citizenship Education in England*, DfES.

Cotton, T., Mann, J., Hassan, A. and Nickolay, S., 2003, *Improving primary schools, improving communities*, Trentham Books Limited.

Crick, B., 2000, Introduction to the New Curriculum, In D. Lawton, J. Cairns and R. Gardner eds., *Education for Citizenship*, pp.3-8, Continuum.

Davies, I. and Evans, M., 2002, Encouraging Active Citizenship, *Educational Review*, Vol.54, No.1, pp.69-78.

DfES, 2005, *National Annual School Level Census*, London: DfES.

DfES/QCA, 1999, Framework for Personal, Social and Health Education and Citizenship Key Stages 1 and 2, *The National Curriculum Handbook for Primary Teaches in England*, DFEE/QCA, pp.136-41.

92 第2部

Holden, C., 2003, Citizenship in Primary School: going beyond the circle time, *Pastoral Care*, pp.24-30.

Kerr, D., 2003, Citizenship: Local, National and International, in Gearon, L. (ed.) *Learning to Teach Citizenship in the Secondary School*, Routledge Falmer, pp.5-27.

National Statistics http://www.statistics.gov.uk/default.asp (2007 年 5 月アクセス可)

Osler, A. and Starkey, H., 2005, *Changing Citizenship: Democracy and Inclusion in Education*, Open University Press.

QCA, 1998, *Education for Citizenship and the Teaching of Democracy in Schools*, QCA.

——— ,2000, Personal, social and health education and citizenship at Key Stages 1 and 2: initial guidance for schools.

———, 2002, Citizenship: *A Scheme of Work for Key Stages 1 and 2*, QCA.

Taylor, M, 2003, *Going Round in Circles: implementing and learning from circle time*, National Foundation for Educational Research.

国家・国民・市民

解題：転換期の歴史教育と「よりよい社会」の希求
—— 旧東独教育学者のライフヒストリーから ——

木下江美

　本稿は、歴史教育に携わる研究者のライフヒストリーから東ドイツ地域の転換期を照射したものである。比較研究としては、制度のみならず生活世界を含みこむ教育空間を比較の単位とすることをめざした。この枠組みは長期化し複雑化する転換期の諸相をつかむために不可欠であり、そのため当時の比較教育研究にとって新しかったであろうライフヒストリーという方法・(史)資料を採用した。これは、1960年代より教育制度の内外で歴史教育や歴史実践に取り組む研究者の手による自伝に出会い、追加インタビューを快諾いただいたことの賜物であり、感謝してもしつくせない。こういった幸運のもと、1980年代半ばから論文発表時までの多様な教育・市民活動とそれを支える思想を連続と変容のもとにとらえ、「よりよい社会」を求める長期にわたる試行錯誤として描くことができた。

　方法としてのライフヒストリーには、書き手・語り手自身の意味世界を構成する人間形成のプロセスへの関心が寄せられ、既存の歴史叙述を問い直すことが期待される。論文はこの立場を出発点としたものの、解釈や再構成のプロセス提示が甘く、対象地域の課題や変化に対する説明をライフヒストリーから性急に引き出した箇所が散見される。これに対しては、語り手による人生への解釈枠組みを引き出すナラティヴ・インタビューやバイオグラフィ研究といった質的研究方法による乗り越えを試みている。比較教育研究・地域研究においても、フィールドワークやインタビューといった質的方法への関心は高まっている。研究対象地での研究動向を把握することは言うまでもなく必須の作業である。このとき、制度や現象への考察や評価、比較方法の洗練と合わせ、共通する対象やテーマを扱う個別の研究でどのような方法・メソドロジーが何をめざして採られているかについても考えたい。本論文を経て筆者にとってはドイツ語圏での研究方法論の検討もまた、研究課題となった。対象に接近するための理論や個別の研究方法にもとづく解釈作業や議論への参加を通じて得られる発見や驚きはまた格別である。

　研究対象地の変化との向き合い方も、論文の発表から時間が経過するにつ

れ省察の対象となっている。ドイツの「転換」や「冷戦の終結」から30年近く
が経ち、東ドイツ地域の大都市では都市開発も進み、かつての街並みや雰囲
気、生活文化は特定の地域や世代に限定的なものになりつつある。日常のな
かの「東」は、産業や余暇構造の変化、移民や国内人口移動・人口動態の変
化に伴って一瞥したところ存在感を弱めている。とはいえ、たとえばライプ
ツィヒのように「転換」への貢献を一つのアイデンティティにしている都市
では、周年行事への関心は現在も高い。さらに、排外主義やレイシズムにつ
ながる動きの説明要因、またそれに対する抵抗の思想として「東」や「転換」
の経験はつねに引き合いに出される。ただし、これらへの反省や批判のあり
よう、その位置づけは変化しており、「転換」経験の有無やその内実をめぐり、
人びとのあいだには新たな分断も予見される。本論文で対象としたライフヒ
ストリーも、その意味で自伝の発表時(1990年代半ばからの約10年間)の書き
手の省察と決意、社会の動向を反映したものであり、現在からみると多層的
な歴史的価値をもつ。

　こういった背景のもと、発表された自伝やインタビューの同時代的価値
を認め、それに立脚することと同時に、質的研究としては、書かれた・語ら
れた個人の経験を今後も変化する社会に無防備にさらけ出すような解釈・叙
述を研究者の側がすることには慎重でありたいと繰り返し考えてきた。その
ため、今回の収録にあたり、研究が多様化し公的理解が洗練される一方で一
枚岩的な言説も根強い東ドイツの政府機関の活動について、原論文によって
研究協力者に不利益が及びかねない記述についてのみ最小限の修正を施した。
さまざまな研究課題・プロジェクトを通じて研究対象地の変化を体感し見す
えながら、資料や方法に備わった歴史研究・社会研究としての側面と質的研
究としての側面にどのような意義や限界があるのかを今後も考えていきたい。

国家・国民・市民

5. 転換期の歴史教育と「よりよい社会」の希求

──旧東独教育学者のライフヒストリーから──

木下江美

課題設定

　ドイツ統一から 17 年が経過するが、東西ドイツ間の「内的不統一」が依然指摘されている[1]。これは、「転換」[2]とそれに続く統一過程での大規模な改革を通し、ドイツ民主共和国（DDR）・東ドイツ地域で民主化と植民地化が同時進行したことに端を発するとされる[3]。戦後、ドイツ連邦共和国（BRD）と DDR の間には「ドイツ」をめぐって主導権を争う国際的なせめぎあいが展開し、これは統一により収束した。しかし、この旧国境間には今日でも格差を伴う「内的不統一」が存在する。

　「転換」によるドラスティックな変化は、次世代へのはたらきかけである教育の分野でも、とりわけ学校システムやカリキュラムにみてとれる。DDR の教育制度・内容は、社会主義イデオロギーに基づいて中央集権的に計画され、「号令教育」など、画一的な性格を指摘されてきた。また、単線型の学校制度や全日制学校を志向し、家族を第一義的な教育主体とみなさなかったことなどから、近代ドイツ教育史の亜流だとされる。一方、たとえば 1920 年代の改革教育学と DDR の総合技術教育に共通する教育思想・実践により、近代西欧教育史への位置づけも可能である[4]。

　こういった性格をもつ DDR 教育学には、グラスノースチやペレストロイカの影響、とくに 89 年秋からの民主化運動や「改良社会主義」を求める風潮の中で「号令教育」からの脱却が求められ、多くの市民グループによりさまざまな教育改革案が出された[5]。しかしながら、90 年の教育改革は「よりよい社会主義」の実現をめざした DDR 教育の改革ではなく、「西化」という指摘が示すように[6]、新たに成立した東部 5 州がそれぞれ BRD パートナー州の教育制度を模倣し、BRD 教

出典：「転換期の歴史教育と「よりよい社会」の希求―旧東独教育学者のライフヒストリーから―」日本比較教育学会編『比較教育学研究』第 34 号、2007 年、3-22 頁。

96　第2部

育が事実上東に拡大するプロセスとして進行した。

　「転換」をめぐっては、公文書を資料として教育制度上の変化が論じられ、DDR 時代の教育・研究活動への反省の甘さに関心が寄せられた[7]。しかし、教育改革に伴う教育現場やそれを支える思想の変化は論じられたと言い難い[8]。ここには、「転換」を一回性の変化・断絶ととらえる傾向を指摘できよう。本稿ではこれに対し、「転換」につながる 80 年代の政治・社会的な展開、民主化・植民地化という両義的な統一過程、そして冒頭に述べた「内的不統一」状況をふまえ、これら「ドイツ」をめぐる関係性の問題を含みこむ大きな変動としての転換期に着目する。転換期には、教育をめぐって具体的な位相でさまざまな試行錯誤がなされる。とくにこの時期、後述するような教育思想は、いったん崩壊し、それをふまえた再構築の試みが絶えずなされるため[9]、そのプロセスを追う必要がある。これは、「自らの経歴へのポジティヴな回帰、それまでの生活のあり方の再確立、システムの激変期にこそ連綿と続く生活世界の連続性」[10]をみる重要性として指摘されている。

　転換期の教育改革には新旧さまざまな教育思想がもつ価値の対立・妥協が顕在化する。教育思想とは、ひとりだちのさせ方・し方の理念・方法、その実現過程の構想をさし、これは社会状況とかかわって変容する[11]。90 年の教育改革には、DDR 教育への批判、「ドイツ」としての教育の計画に関する議論がみられた。したがって、この改革が位置づく転換期の教育思想ではふたつのドイツ社会の関係性が問題となり、これが現在も続く「内的不統一」を考察する材料となる。本稿では、ミッターのいう、教育制度そのものではなくそれも含みこむ教育空間を単位とした比較研究の意義に照らし、DDR・東ドイツ地域の教育思想を論じ、「内的不統一」を伴う統一ドイツのそれを相対化する[12]。

　以上をふまえ、ドイツの現状を教育思想という視点から検討するため、イデオロギーや社会のとらえ方に深くかかわる歴史科を専門とする DDR の教育学者、ヴェンデリン・サライ氏のライフヒストリーを取り上げる。ライフヒストリーとは、現在の社会状況・語り手の状況に照らし出された過去の解釈としての再構成物である。これは同時に、現在の状況がどのような過去をふまえて論じられているのかという展開をみることのできる資料・方法である。サライ氏は、教育学者としてのキャリアを「転換」後に失ったため、ドイツの教育制度そのものがもつ思想の変容を読みとくことはできない。しかし、今日まで続けている彼の発言や活動を通し、教育制度から外れてゆくものの、ある教育空間の中で試行錯誤を続

ける教育思想を明らかにすることができ、それによって今日のドイツ社会の性格
が示される。本稿では、サライ氏の「転換」前後の教育思想の結節点でもある 90
年の歴史科カリキュラム草案に照らし、彼のライフヒストリーを紐解く。

　以下、カリキュラム改革の概略を述べた上で(第 1 節)、95 年から 2003 年に発
表されたサライ氏のライフヒストリーで重複して強調される「厚い」記述、それ
を形成する伏線に着目して提示し[13]、通底する価値を読みといてゆく(第 2 節)。
これを、彼の論考、カリキュラム案、社会状況および筆者によるインタビューと
つきあわせ、教育思想の変容と連続を追い(第 3・4 節)、東西ドイツ社会の狭間で
のサライ氏の歴史的および今日的な位置づけを明らかにし(第 5 節)、結論を導く。

1.　「ドレスデン草案」

　1989 年末より、DDR 南部のドレスデン、ライプツィヒ、カール・マルクス・
シュタットの 3 県が統合して新たに成立すると予想されたザクセン州を単位とす
る、1990 年度の中等学校用歴史科カリキュラム案が独自に作成された(「ドレスデ
ン草案」)[14]。このカリキュラム委員会は、本稿が対象とするドレスデン教育大学(当
時)のヴェンデリン・サライ教授を代表とし、ライプツィヒ大学、ケムニッツ教
育大学(当時)の歴史科教授法研究者により構成された。

　第 4 節以降で述べるような DDR での党派性を重視した歴史教育とは異なり、
「草案」は「多元主義的な歴史観」の獲得を教育目標に据え、民主主義の歴史的展
開や郷土史としてのザクセン史に重点を置き、ヨーロッパ史へ視野を広げたカリ
キュラムをもつ。また、80 年代後半以降 BRD の歴史学研究で注目を集めていた
日常生活史などの方法をとったテーマ横断的単元も、高学年にかけてとられてい
る。「草案」は、翌 91 年度には同じカリキュラム委員会のメンバーによってザク
セン州の歴史科カリキュラムとして再編され、ここでも多元主義や民主主義が強
調されている[15]。92 年度からは、これらを大幅に改編したものが、まったく異
なるメンバーによって作成された。ここには、92 年春以降、大学における一連
の「清算」[16]により、イデオロギー性などを理由にサライ氏を含むそれまでの委
員会メンバーが大学職から追放されたという人事的な背景がある[17]。

　「草案」は、BRD の教育学者から DDR 歴史教育の反省をふまえることなく西側
の教育理論にすりよったと批判された[18]。他方、DDR の『教育学』誌上では、カ

98　第2部

リキュラムへの賛同はみられたものの、「実施には時間数が足りない」という憂慮が示された[19]。これらは、BRD が DDR に反省と自己批判を求める一方、DDRではなによりもまず新社会への対応をめざすという、新旧の社会をめぐる東西ドイツの意識・態度の違いを表している。いずれにせよ、「草案」ではすでに、ドイツ教育の特徴とされる連邦制や分岐型中等教育制度などに対応したカリキュラム編成がなされていた。

2. サライ氏のライフヒストリー

　本節では、サライ氏自身の4編のライフヒストリーで繰り返し語られた「厚い」記述に基づき、彼の人生を時間的経過に即して示す[20]。次節からはこれを、彼の論文・記事や筆者による3度のインタビューを加えて検討し、ライフヒストリーから得られた知見を深める。インタビューでは、ライフヒストリーと既発表論文などの間にあるずれや今日では言及していない点について補完的な説明を求め、「厚い」記述にかかわる点を中心に注に示した。これらの読みときにより、サライ氏が教育研究で追求したものと社会とのかかわりを明らかにする。

　サライ氏は 1939 年、ドイツ移民農民の子としてハンガリーの寒村に生まれたが、1948 年、「追放」[21]によりドレスデン近郊のオーバーラウジッツに家族とともに移住した。カトリック的価値に基づいた家庭教育を受けた彼の子ども期の将来の夢は、当初は司祭であったが、学校での成功を通し、教師に代わった。両者には、「人を導くこと」という共通の社会的役割があった。「ジプシー」[22]とからかわれていた彼は、級友を見返したい一心で勉強し、「労働者と農民の子」[23]という恩恵もあって、村の学校でただひとり大学進学を果たした。この間、カトリックであることと熱心な青年団員であることは矛盾せず、調和した精神生活を送っていた。しかし、関心が芸術に向かい、大学では図画教育を第一専攻、歴史教育を第二専攻とし、1960 年にドレスデンで図画教師となり、すぐさま教科顧問となって活躍した。さらに並行して歴史科教授法を通信大学などで学び、研究職をめざした。この学生時代・教師時代に、カトリックへの信仰心が揺らぎ、アイデンティティの危機が生じた。しかし、滅私して社会のために活動する大学の研究者たちが考える「社会参加」に賛同するようになり、彼らのいるドイツ社会主義

統一党 (SED) に入党し、その「社会参加」実現のために、歴史科教授法研究に邁進した。ここには、社会主義理念や DDR イデオロギーへの同意があった。これにより危機はおさまった。

1974 年から、サライ氏は国家保安省からの接触を受け[24]、将来有望な学生・若手研究者について報告した。同省は更なる協力を求めるが、彼はこれをしだいに拒否し始め、79 年に彼への接近を取りやめた。

彼は大学で、科学者としてマルクス理論を追求し、教師として真実を伝えたいという熱意をもっていた。しかし、1980 年代半ばからグラスノースチやペレストロイカが始まり、社会主義に依拠したアイデンティティやよりどころは再び失われていった。この時期、彼は同僚とホーネッカー批判、ゴルバチョフの政策やモドロウのような DDR 改革者への期待について話していた。そして、「もっと生活に密着した、信じることのできる歴史の授業を同僚と一緒に考えていた」が、当時は実現させることができなかった[25]。またこのころ、最初の結婚が破綻したり、精神科に入院したりという私生活上の危機があり、これが揺らぎを加速させた。

そうして 89 年、民主化運動がドレスデンでも展開し、サライ氏もこれに参加し、11 月、ベルリンの壁が崩壊した。「転換」を、「抵抗的で、待ち焦がれ、押し付けられ、喜ばせ、そして心に重くのしかかる変動がたくさんあり、今も続いているもの」と彼はとらえる。これはたくさんの感情の混合物である。「いまや本当の社会主義が実現できるのだ」、「イデオロギー的ではない歴史を、誠実に、問題提起をしながら教えることができる」、「教師と生徒がともに学ぶことに対して貢献できる」などの期待が、このとき生まれ、実現されようとしていた。しかし一方では、反ファシズムの理念への共感や社会主義理念の神話が彼の中で崩壊していった。それとともに、社会主義の発展のために尽力した自分に対し、罪の意識が芽生えた。そして象徴的に、90 年 1 月に SED を離党する[26]。「しかしながら、私は何度も確固としたよりどころを失った。再び、意味とアイデンティティの危機に陥った。今度は 60 年代初めのときよりも深刻だった。私はもう若者ではなかったのだ」。この危機に際し、自殺も考えたが、養護施設で奉仕活動を行い、患者たちから「生きる勇気」をもらい、自分の内面的な価値体系の組み換えを始めた。

90 年春、彼はドレスデン教育大学の学部長に選出された。しかし、国家保安省への協力、社会主義の崩壊とそれを信奉していたことに責任を感じ、解任を申し出た。これは却下され、また 80 年代に構想していた歴史教育改革を実現させるチャンスだとも思っていたので結局引き受けた。このとき、「真実の中で生き

たかった」ので、国家保安省と接触した過去を話し始めた。また、91年に始まった「清算」過程での質問紙調査でも、同様の過去を書いた。この聴聞で、サライ氏は自ら歴史・道徳的罪を認め、教授職の解任と、「草案」のカリキュラム研究チームへの残留を希望する。そして92年5月1日、失職し、失業者となる。教授の称号は、90年のカリキュラム委員会の功績により、剥奪されなかった。しかし、「振り返ってみると、この〈ワイルド・イースト〉での2年間は、私の人生の中で最も緊張をはらんだ時期だった」[27]。80年代の歴史教育改革案は、同僚たちとの自己批判を通してつくり変えられ、ザクセン州で実践されることになった（「草案」ほか）。このころ、ドレスデン市教育局の依頼により選定した歴史教科書を調達するため、ハンブルクのケルバー財団と交流を始め、この様子をテレビで見た西側に脱出していた娘との再会がかなった。また、オランダやアメリカ、日本の教育学研究者との交流から、新たに友人を得た。失業以来、年金生活者となった現在までさまざまな「社会参加」を続けており、これが人生に喜びをもたらしている。

　一方、DDRの暗い過去も影を落としている。94年に国家保安省の文書を閲覧した際、いい友人だと思っていた同僚が、彼について逐一報告をしていたことを知った。これは、DDRが不信からなる社会だったことを決定的に物語っていた。そのため、彼は「DDRを取り返したいとは思わない」というに至り、後述する「語りの会」の組織やさまざまな社会活動・市民グループへの参加といった、DDR時代にはできなかった活動にかかわり、開かれた社会の中で知見を広げた自らを「転換の勝利者（Wendegewinner）」と呼ぶ。

　サライ氏のライフヒストリーでは、「真実の中で生きる」ことを価値にした教育職・研究職への態度が述懐される。これは、論文や雑誌・新聞記事を彼が語りの資料にしたり、過去の「過ち」を積極的に認めていることに現れる。また、「私の関心には子どもがいつも中心にあった」という学部長就任時の発言を引用して自らの研究・教育のスタンスの連続性を説明する[28]。

　今日、「DDRを取り返したいとは思わ」ず、自らを「転換の勝利者」としてサライ氏は総括するが、これは現在の統一ドイツ社会で満足して暮らしていることを意味しない。「転換の勝利者」とは、一度は縁が切れた娘との新しい関係構築が成功したことのみならず、諸外国の研究者と意見交換ができるようになったこと、かねてより試みていた教育改革が「草案」により実現したこと、「社会参加」を市民活動として行えるようになったことなど、さまざまな面で自己実現が可能に

なった状況にある自らをさす。しかし、それでも「満足していない」ことを読み
とれるのは、彼が「よりよい社会」を求めて活動していることを強調し、著書の
前書きにもあるように、東西が統一し（zusammenwachsen）、ともに成長する（zusammen
wachsen）ことに関して、東西ドイツ・ヨーロッパの相互理解をテーマとしている
組織「東西フォーラム」に繰り返し言及するためである[29]。ここから、サライ氏
が継続して、社会を人々が共同して（zusammen）よりよくつくることに腐心し、そ
れが「社会参加」という価値につながっていることがわかる。これをキーワード
として、続いてこのライフヒストリーに80年代と90年代以降の活動を重ね、サ
ライ氏の教育思想の連続と変容を明らかにする。

3. 80年代のサライ氏の研究

　サライ氏は、ライフヒストリーの中で、80年代半ばより、同僚とともにより
民主的な歴史教育を追求していたことを強調する。勤務先であるドレスデン教育
大学は、DDRの第5学年用の歴史教科書の執筆担当校であり、同時にその教師
用指導書の執筆も担当していた。彼は80年代に、それらの「創造的利用」や「創
造的な授業」についての論稿を雑誌に発表していた。「創造的」という概念は、彼
が教育実践の中で掲げるもので、「ドレスデン草案」でも「自由裁量部分の創造的
利用」として登場する[30]。

　サライ氏らカリキュラム委員会のメンバーの80年代の論稿にしばしば登場す
る「創造的」の語は、教育実践をめぐるひとつの価値として連続性をもつように
みえる。しかし80年代の研究では、これがカリキュラム編成の内容をさすこと
はほとんどない。当時の「創造的」がさしていたものは、彼の専門である歴史科
教授法の具体的な位相としての実践の現場で、教師がどのような教材・教具を用
いて歴史のリアリティを伝えるか、といったものである。これはさらに、教師の
人格と体験に基づく独自の授業展開の必要性へと向かう[31]。それらによって構成
される授業は、学年や居住地域のみならず、到達度、趣味などの関心といった児
童・生徒の特性に照らし合わせ、それぞれの場合に対応させて、端的にいえば生
徒に基づいてなされねばならないとされる。これはすなわち、授業は教師と児童・
生徒双方によって「創造的に」行われるべきだという主張である。

　この実践の先にある教育目標とは何か。80年代後半を振り返っていう「より民

102　第2部

主的な教育」はDDRの教育政策の目標のひとつであり、BRDとの関係を意識して唱えられた社会主義的民主主義の実現をさすものと考えられる。しかし、自らも作成にかかわっていた「教師用指導書」の不十分さをドレスデン教育大学の研究誌で指摘し、教師独自の教育計画の必要性を再三説いていることから[32]、「創造性」が実現されるのは具体的な現場であり、国家の教育政策とは異なるものであったことは想像に難くない。とくによりどころが揺らいでいたと回想する80年代半ば以降の「創造的」には、改良社会主義などとのかかわりで、それまでの「創造的」からの性格変容があるだろう。一方で、サライ氏は「社会参加」に共感し、反ファシズムに裏打ちされたDDRの社会主義を信奉し、その発展に協力したと回想しているため、「創造的な」「より民主的な教育」は、単なる体制批判でないことに留意すべきであろう。

　「創造性」は、歴史科教授法の用語のほか、日常生活でも広くみられる言葉であり、価値である。これを、サライ氏は博士論文以来、テーマとして追求していた[33]。現在ではこの語を積極的に取り上げないが、これについて質問すると、「より民主的な授業のために必要不可欠だった」と強調する[34]。

　既述したように「ドレスデン草案」では、DDR歴史教育の問題点をふまえたカリキュラムが提案されているものの、具体的な反省点は明記されていない。サライ氏の語りでもそれは同様である。彼は今日、80年代半ば以降めざしていた「より民主的な教育」のチャンスとして、90年の教育改革と「草案」作成への着手を意味づける。ここから「草案」が、80年代半ばからの、もっといえば彼のキャリアのスタート以来の連続性に位置づけられる。「草案」と91年のカリキュラムにより、「より民主的な教育」のチャンスが結実したといえる。

4.「若い歴史家」シンポジウムと「語りの会」

　今日、サライ氏が「転換」以降の活動でとくに重点を置いて話すのが、市民活動の立ち上げ・参加である。自らを「転換の勝利者」と呼び、95年以降の活動にしばしば言及するサライ氏にとって、「転換」以前の教育学者としてのキャリアは、「清算」過程で、彼にとって「不信からなるDDR」を象徴する国家保安省とのかかわりによって展望を断たれた。本節では、DDRからの決別としての「転換」後の活動を80年代の活動と「草案」に照らし、彼の教育思想の中の連続・変容とそれ

らの絡み合いのありようを描き出す。

　サライ氏は「清算」による失業中、雇用創出措置として得た仕事には相当の情熱をもっていたものと思われる[35]。94年には、89年に縁のできたケルバー財団の援助を得、後述する「語りの会」の会場であるドレスデン市民財団で、「若い歴史家 (Junge Historiker)」という DDR の学校外教育活動を DDR 歴史教育の展開の中でとらえ返すシンポジウムを主催した。

　そのテーマは「閉じた社会でのオープンな歴史学習？」である[36]。「若い歴史家」は、「閉じた社会」である DDR の学校教育制度で重視された「党派性」の歴史とは異なり、地域の遺跡で子どもたちが調査したり、博物館を訪れたりと、生活に密着した歴史教育の場であった、とサライ氏はいう[37]。「若い歴史家」活動は、教化手段としての青年団活動と密接な関係にあったため正当に評価されてこなかったが、DDR 歴史教育の遺産として積極的に評価できるという[38]。

　「閉じた社会」とは、たとえばローザ・ルクセンブルクのいった「異なる考えをもつ人の自由」が保障されない社会であり、サライ氏は DDR を他の「閉じた社会」と並べて「イデオロギー社会」と呼ぶ。その「イデオロギー社会」から脱した今こそ、「オープンな歴史学習」の実現が可能になるといえる[39]。「オープンな歴史学習」とは、「今日でいうマルチ・パースペクティヴで多元主義的な歴史認識の学習」であり、「たとえばサッカー・スタジアムから出てくるホームチームのファンとアウェイチームのファンは、それぞれ違った角度から試合内容を話す。こういった当たり前のことを歴史教育に取り入れること」[40]をさす。「党派性」の歴史が支配的だった DDR の学校教育ではこのような歴史理解が不可能だったが、サライ氏は 94年のシンポジウムの開催とその成果の出版を通し、全ドイツでの新しい歴史教育の可能性を示した。

　80年代の「創造的な」歴史教育への提言でも、サライ氏は「若い歴史家」に言及し、さまざまな資料を用いた体験学習型の、「生徒に立脚した」歴史科授業実践に示唆を得ていたが、その方法から生まれたであろう「多元的歴史観」にはほとんど言及していなかった。「多元的な歴史観」は、社会史[41]やライフヒストリー研究が提唱する過去のとらえ方と重なりをもつが、これは「党派性」の歴史学が支配的だった DDR では発展していない。彼は「転換」後、DDR を批判しつつ、その学校外教育活動を再評価する。この再評価には、「党派性」とは異なった「よりよい社会主義」の実現をめざそうとする「改良社会主義」の動きとのかかわりがあるように読みとれる。

104 第2部

このシンポジウムの終了後、サライ氏は「ザクセン＝アンハルト福音協会アカデミー」での、「人生のあゆみ」というシリーズ講座に参加する。これは、各界の著名人が自らの半生を語る集まりで、作家のクリスタ・ヴォルフなども参加していた。既述のように、彼はここで初めて公的に自分の人生を語った。この体験から、彼は人々のさまざまなライフヒストリーをつきあわせ、理解・尊重しあうことによってのみ、東西の統一が完成される、より民主的な社会が構築できるという考え方を得、教育活動から離れてゆく。

このような経緯から自らがドレスデン市民財団で主宰した「語りの会」はこれまでに3期を数え、それぞれ20名前後が参加し、1年から2年近くかけてライフヒストリーを語り合った。サライ氏が何度も強調するように、この集まりは「性別、東西、職業、世代の多様性」を確保してさまざまな価値観をもつ人々が一堂に会するように準備されたもので、「この会がなければ出会わなかった人たちが理解しあうに至った」[42]という成果をあげた。

1995年以降、サライ氏は「民主的で多元的な歴史理解」の実現を、「草案」や「若い歴史家」などの教育研究活動ではなく、「よりよい社会」をつくるために、ライフヒストリーを語り合って理解し合う市民活動に求めている。「多元的歴史観」は、「若い歴史家」実践の成果として認識され、「語りの会」で実践として結実している。そこでは、彼が「よりよい社会」をつくるために人々が共同することを価値にしているのがみてとれ、「社会参加」が実現しているのがわかる。人生初の語りでは、間違いのない語りをしなければという思いから、既発表論文や日記などを資料として自分の語りを構成した。この態度は継続しているが、「真実の中で生きる」といったときの「真実」の多様性を認めたことにより、「語りの会」で「多元的歴史観」をめぐる実践が可能になっていると読みとれる。

「草案」は、西側の歴史学や教育学の研究水準を無批判に踏襲したものだとして批判されてきた。そこで議論になったのは「多元的歴史観」だが、サライ氏においてはこれが「転換」および「清算」後の社会生活・活動の核をなす。そのため、「草案」を「転換」後の活動のスタート地点に位置づけることができる。

5. サライ氏とDDR教育学

以上の作業では、「ドレスデン草案」が、サライ氏のライフヒストリーの中で

ひとつの到達点として、そしてまたスタート地点として位置づけられていることを示した。最後に、こういった連続性をもつ彼の歴史教育への取り組みからは、DDR教育学はどのようにとらえられるのかについて考察する。

　まず、DDR教育学について、課題設定で示した近代ドイツ教育史上の位置づけという点から考えると、サライ氏が歴史教育実践について述べたように、実際に手を動かして学ぶこと、他教科との連携を重視したことなどを指摘できる。しかし、たとえばこういった方法を取る「生徒に基づいた」「創造的な」教育実践がなされた「若い歴史家」活動は、DDRの崩壊とともに活動の場を失ったため、実際の教育活動としてその後に生かされなかった。

　では、かつてのイデオロギーへの協力と礼賛、サライ氏の「体制への加担を罪に感じた」という反省や価値の再構築に関しては、どのようにとらえることができるだろうか。

　サライ氏は、かつての研究・教育活動の何をどう罪に感じているのか、具体的には語っていない。しかしながら、これを間接的に読みとくなら、既述のように、彼が教育制度に対する発言力、その機会と可能性を失ったのち、とくに「若い歴史家」シンポジウムの終了を契機として、「よりよい社会」を求める市民活動に積極的にかかわるようになったことから、以下のような議論を展開できるだろう。すなわち、市民活動への参加は、現在も引き続き指摘される「東ドイツ地域が植民地化されている」、「東ドイツ人は2級市民である」、「ドイツは内的統一を成し遂げていない」という問題に取り組んでいることの表れである。こういった活動は、「体制への加担」に対する直接の反省ではないが、その後に立ち現れた社会で「勝者」となったものの不満を感じ、彼と同様に不均衡な社会で暮らしにくさを感じている人々と「よりよい社会」をつくる試みをすることで、かつての社会と新しい社会の接続の問題を解いてゆこうとしているようにみえる。

　DDRで社会的に発言力をもっていた人々は、触れたくない過去の一端を形成する「清算」過程とそれがいまだ議論されることに対して「もううんざり」という態度を示す[43]。しかしサライ氏は、そこに立ち向かう。「清算」の後に自分にできることは何か、追い求めている。それは、「勝者」であると同時に新しい社会に生きやすさを感じていない彼にできる精一杯の活動であろう。彼の娘はこれに対して、「今では、こういった困難に立ち向かう父の勇気を誇りに思う」[44]という。かつて、制度・システムの中で「社会参加」に賛同していた彼は、システム外の活動にその実現を求め、人々と共同して「よりよい社会」をつくることを試みる

106 第2部

ようになった。

　サライ氏は、「転換」時、自分の世界観に忠実であるがためにDDR体制の安定に寄与することになった「DDR第2世代」に特徴的なジレンマに直面したといえる。「西化」していく移行過程の中で、「貧しいけれど、やりがいのある生活」以外に、DDRの知が統一のオルタナティヴを提示できずに効率化社会に吸収された状況[45]が教育改革にもあったことを、彼のライフヒストリーは語っている。ふたつの社会の狭間にあった「草案」とその作成者サライ氏のライフヒストリーにみられる教育思想の展開が、何を提起するのか、両ドイツ国家・地域間の関係性に留意しながら今日の教育改革を素材として考察し、まとめとしたい。

結　論

　サライ氏は、1990年の教育改革を「DDRの教育のみならず、BRDのそれをも変革するチャンスだと考えたが、それは実現されなかった」と述懐する[46]。しかし「草案」では、分岐型の学校制度の導入を想定したカリキュラムが提示され、DDRの統一学校は放棄されている。DDRのBRDへの編入という移行過程では実現されなかった全ドイツ的な教育改革は、今日とくにPISA調査を経て「終日学校」の議論として再燃しており、DDR教育のひとつの価値であった「全日制学校」が今やっと評価されていると彼は述べる[47]。しかし、90年代以降加速する教育改革は、DDR教育の反省や再評価のもとに立ち上がったものではなく、現在のグローバル化・ヨーロッパ統合の流れの中でつくられる[48]過去とは無縁なものであり[49]、DDRの「全日制学校」は、議論の対象に入らない。

　サライ氏は、「転換の勝利者」としてその恩恵を受けて暮らしているものの、「内的不統一」という状況下、自らが積極的にかかわったDDR教育学の再評価と「よりよい社会」を期待している。ライフヒストリーを用い、現在の地平から過去を長期的な転換期の中でとらえ返した検討によって、「草案」に現れたDDRの教育学者の思想は、教育システムの中で「西化」による断絶を余儀なくされる一方、教育システムの外で変容しつつ連続していることを指摘できる。そしてまた、現在の教育改革に対し、DDR教育の再評価を期待してしまうことに、「内的不統一」が現在もなお続いている状況が教育改革の中でも見え隠れしている。東ドイツ地域という教育空間に着目して長期的な転換期の教育思想を考察する作業を通し、

本稿では教育制度改革にのみ着目していたのではみえなかった連続と変容を明らかにした。これは、制度と制度化されていない市民生活とのつながりを明らかにする作業でもある。

注

1 Bahrmann, Hannes u. Links, Christoph (Hrsg.): *Am Ziel vorbei. Die deutsche Einheit? Eine Zwischenbilanz.* Ch. Links Verlag, Berlin, 2005.

2 「転換」とは、89 年秋にベルリンの壁が崩壊し、1 年経たずに統一がなされたことをさす。しかし、「転換」という語は、このできごとが突然訪れたかの印象を与え、これを引き起こした市民運動の過程を捨象しがちなことから、この表現には批判もある（ユルゲン・ハーバーマス「規範性の欠けたドイツ統一」同（河上倫逸・小黒孝友訳）『未来としての過去』未来社、1992 年、42-70 頁）。

3 たとえば、以下を参照；Dümcke, Wolfgang u. Vilmar, Fritz (Hrsg.): *Kolonialisierung der DDR. Kritische Analysen und Alternativen des Einigungsprozesses.* agenda Verlag, Münster, 1996 (3. Aufl.).

4 Mitter, Wolfgang: Education in Preseent-Day Germany: Some Considerations as Mirrored in Comparative Education (July 1991). In: *Compare.* Vol.22, No.1, 1992, pp.53-67. ただし、50 年代に DDR でブルジョワ性を理由に改革教育学批判が起こり、脱却が図られた経緯もある（三枝孝弘「東ドイツにおける改革教育学の評価とその克服過程」中野光・三枝孝弘・深谷昌志・藤沢法暎『戦後ドイツ教育史』御茶の水書房、1966 年、59-83 頁）。

5 宮崎俊明「東ドイツ教育の終焉〔Ⅰ〕―1989 年秋―」『鹿児島大学教育学部研究紀要教育科学編』第 42 巻、1990 年、173-197 頁。

6 大野亜由未『旧東ドイツ地域のカリキュラム改革―体制の変化と学校の変化―』共同出版、2001 年。なお、89・90 年に東ドイツ地域でギムナジウムを要求する動きがあったことを理由とした、「西化」という議論への批判もある（桂修治「ドイツ統一後の、東ドイツ地域の教育改革―ザクセン・アンハルト州のギムナジウムを中心として」『徳島大学総合科学部言語文化研究』第 10 号、2003 年、151-172 頁）。しかし、統一学校を希求する動きもあり、本稿では「転換」以前からの流れの中で教育思想を論じるため、ここでの判断は差し控える。

7 大野、前掲書；天野正治・長島啓記・木戸裕・高木浩子『ドイツ統一と教育の再編』成文堂、1991 年ほか；宮崎、前掲論文；宮崎俊明「東ドイツ教育の終焉〔Ⅱ〕―改革にむけて―」『鹿児島大学教育学部研究紀要教育科学編』第 42 巻、1990 年、199-214 頁；同「東ドイツ教育の終焉〔Ⅲ〕―研究集団の再起・転向・途絶―」『鹿児島大学教育学部研究紀要教育科学編』第 44 巻、1992 年、129-152 頁；宮崎俊明「旧東ドイツ教育学アカデミー元総裁ゲルハルト・ノイナーとのインタビュー―その自己弁明と自己批判の歴史的検証―」『鹿児島大学教育学部研究紀要教育科学編』第 53 巻、2002 年、81-102 頁。ドイツでも 90 年の教育改革研究は多岐にわたるが、いずれにせよ大多数は 1994 年ごろまでに集中する。

8 注 7 に挙げた先行研究などでは、急激な制度・カリキュラム改革に伴う子どもや教育の混乱が、補足的な説明として記述されるにとどまっている。

9 関啓子「教育思想史研究の可能性」『一橋論叢』第 114 巻第 2 号、1995 年、19-35 頁；

108 第2部

24-25頁。

10 ロルフ・ライスィヒ「転換10年後の東独市民—その態度、価値モデル、アイデンティティー形成—」フリッツ・フィルマー編著(木戸衛一訳)『岐路に立つ統一ドイツ—果てしなき「東」の植民地化』青木書店、2001年、71-92頁；87-88頁)。

11 関、前掲論文、19-22頁。

12 Mitter, Wolfgang: Rise and Decline of Education Systems: A Contribution to the History of the Modern State. In: *Compare*. Vol.34, No.4, 2004, pp.351-369. 両ドイツ国家・地域の関係性を政治・学問・市民のレベルで論じ、現在のドイツでの政治教育の課題を明らかにした研究もある(近藤孝弘『ドイツの政治教育—成熟した民主社会の課題—』岩波書店、2005年)。

13 小林多寿子「インタビューからライフヒストリーへ」中野卓・桜井厚編『ライフヒストリーの社会学』弘文堂、1995年、43-70頁。

14 Rat des Bezirkes Dresden, Abteilung Bildung. Pädagogische Hochschule Dresden Lehrstuhl Geschichtsdidaktik Lehrplankommission Geschichte: *Rahmenplan. Geschichte Klassen 5-12. Entwurf zur Erprobung im Bezirk Dresden (Schuljahr 1990/91)*; Görden, Hans-Jürgen, Kappler, Renate u. Szalai, Wendelin: Dresdner Geschichtsdidaktiker stellen ihre Konzept zur Diskussion. In: *Pädagogik*. 45. Jg. H.4, 1990, S.287-292. 具体的に特徴をまとめたものとして、以下を参照；吉澤昇「旧東ドイツ地域の教育改革」『世界』第559号、1991年、92-103頁。

15 Sächsisches Staatsministerium für Kultus: *Lehrplan Geschichte Klassen 5-12. Allgemeinbildende Schulen Schuljahr 1992/92*.

16 「清算」とは、DDR時代につくられた組織の解体および構成員の解雇をいう。たとえば、以下を参照；吉澤昇「『上からの』、そして『外からの』大学革命—旧東ドイツ地域の大学『刷新』—」『思想』第833号、1993年、121-145頁；山名淳「ベルリン・フンボルト大学の『清算』」木戸衛一編著『ベルリン　過去・現在・未来』三一書房、1998年、95-136頁。

17 大野、前掲書、99頁。

18 Bergmann, Klaus u. Schmidt, Gerhard: Gewendete Geschichte in einer geschichtlichen Wende? In: *Geschichte—Erziehung—Politik*. 1. Jg. H.2, 1991, S.1-10；大野、前掲書、36頁；吉澤、前掲論文、1991年。注30も参照のこと。

19 Blankenburg, Peter: Stellungnahme zum Konzept der Dresdner Geschichts-Didaktiker. Briefe an unsere Redaktion. In: *Pädagogik*. 45. Jg. H.7/8, 1990, S.636-637.

20 本稿では、1995年に行った公での初めての語り(Szalai, Wendelin: Der Ehrliche ist der Dumme?—Ein autobiographischer Versuch. In: Schorlemmer, Friedrich (Hrsg.): *Lebenswege. Gesprächsnotizen aus der Wittenberger Akademiereihe Kulturforum. Tagungsberichte der Evangelischen Akademie Sachsen-Anhalt*. Magdeburg, 1995, S.143-158.)、1996年に自らが起こした「ドレスデン語りの会」での語り(Ders. In der Wahrheit leben. In: Ripp, Winfried u. Szalai, Wendelin (Hrsg.): *Dreizehn deutsche Geschichten. Erzähltes Leben aus Ost und West*. edition Körber-Stiftung, Hamburg, 1998. S.42-69.)、2000年の同会での語り(Ders. Ich bin auch Vertriebener, ich bin Ungarndeutscher. In: Friesen, Astrid von u. Szalai, Wendelin (Hrsg.): *Heimat verlieren, Heimat finden. Geschichten von Krieg, Flucht und Vertreibung. Aus einer Erzählwerkstatt in der Bürgerstiftung Dresden*. ddp goldenbogen, Dresden, 2002, S.32-50.)、2003年の同会での語り(Ders. Erzählung.

5. 転換期の歴史教育と「よりよい社会」の希求　109

In: Amelung, Barbara u. Szalai, Wendelin (Hrsg.): *Geschichten aus dem wilden Osten—Rückblick ohne Zorn. Erinnerungen von „Ossis" und „Wossis" an die Jahre 1989 bis 1993. Aus einer Erzählwerkstatt in der Bürgerstiftung Dresden*. Dresden, 2005, CD-ROM.）、および筆者によるサライ氏へのインタビュー（2004年8月3日、2006年2月20日、2006年3月1日）を中心に用いる。

21　「追放」とは、第2次世界大戦後に東欧のドイツ系住民をドイツに帰還させた措置を指す。

22　「ジプシー」はシンティ・ロマの差別表現であるが、ここでは東欧から移民したサライ氏がこの「蔑称」で呼ばれたショックを強調したものと思われる。

23　DDR時代、労働者と農民の子には、とくに後期中等教育・高等教育への教育機会が積極的に与えられた。大学に設置された労農学部もその一環であった。

24　DDRの諜報機関でもあった国家保安省は、専属の調査員とは別に、市民を非公式協力者としてその業務に協力させていた。

25　DDRでは、教授法研究者、教育心理学者や教師が共同して学校で授業研究を行っていたが、これは統一後にはなされなくなった。

26　サライ氏がドレスデン地区の党事務局に送った手紙にも、同様のことが理由として書かれている（1990年1月15日付）。

27　ワイルド・イーストとは「転換」時の混沌での変革可能性をさす言説であると同時に、「未開なDDR」という偏見に基づく言説でもあり、両義性をはらむ。

28　Szalai, Wendelin: Dekane stellen sich vor. Im Zentrum meines beruflichen Denkens steht das Kind. In: *Pro Nobis. Hochschulzeitung der Pädagogischen Hochschule Dresden*. Nr.7, vom 21. Mai 1990, S.2.「子ども」については、「清算」後、市民活動を組織する中で言及されなくなる。ただしこれは、関心の喪失ではなく、第5節で述べるように、サライ氏が現在の教育改革を批判し、またBRD・統一ドイツが「子どもに敵対的な（kinderfeindlich）」社会であり、「子どもにやさしい（kinderfreundlich）」DDR社会のよい面が忘れ去られていると批判することから、教育学者としての視線を忘れていないことに留意すべきであろう（2004年8月3日、2006年3月1日のインタビュー）。

29　2006年2月20日、3月1日のインタビュー。

30　「草案」の「創造的利用」に対して、細部にわたり組織化されたカリキュラム案を創造的に利用することは不可能である、という批判がある（Bergmann/ Schmidt, 1991, S.8）。すなわち、教育目標・教授内容として、たとえば注意すべき年、事件、人物などが提示されたカリキュラム案の固定性が「創造的利用」を妨げており、「自由裁量部分」が成立しない。「草案」の前書きでは「具体的な部分は例である」と強調されているが、カリキュラム改革時、現場に生じた混乱では、それぞれの教師がカリキュラム案以外の教育内容を準備できたとしても、DDRのそれから自由になるのは非常に困難であったと思われる。

31　たとえば、以下を参照；Kappler, Renate u. Szalai, Wendelin: Schöpferische Arbeit mit Unterrichtshilfen verlangt und schöpferische Arbeit mit Unterrichtsmitteln. In: *Geschichtsunterricht und Staatsbürgerkunde*. 26. Jg, H.12, 1984, S.961-964.

32　Szalai, Wendelin: Weiterentwicklung der sozialistischen Allgemeinbildung・Konsequenzen für unseren Geschichtsunterricht. In: *Dresdner Reihe zur Forschung*. H.18/1987, S.3-28.

33　Szalai, Wendelin: *Zur zielorientierten, inhaltsadäquaten und schülerbezogenen Führung der*

Erkenntnistätigkeit der Schüler durch den Lehrer mit Hilfe von Fragen und Aufgaben. Dissertationsschrift (A), Pädagogische Hochschule Dresden, 1973.

34 2006 年 3 月 1 日のインタビュー。

35 2006 年 2 月のインタビューの際も、サライ氏は「若い歴史家」シンポジウムをまとめた本を何度も手にとって見せ、これが今日見直されるべき DDR 教育のひとつだと強調した。また、ボンの連邦政治・現代史研究所や西ドイツ地域の大学での非常勤講師の仕事についても、DDR 時代には考えられなかったことだとして興奮気味に語った。

36 Körber-Stiftung (Hrsg.): *Offenes Geschichtslernen in einer geschlossenen Gesellschaft? Von den "Arbeitsgemeinschaften Junger Historiker" als einem ambivalenten Bestandteil historischer Bildung in der DDR. Ein Projekt und Tagungsbericht.* Metropol-Verlag, Berlin, 1995.

37 2006 年 2 月 20 日のインタビュー。

38 Szalai, Wendelin: "Arbeitsgemeinschaften Junger Historiker"—ein ambivalenter Bestandteil historischer Bildung in der DDR. In: Körber-Stiftung, 1995, S.17-44.

39 2006 年 2 月 20 日、インタビューでの強調。

40 2004 年 8 月 3 日、および 2006 年 2 月 20 日のインタビュー。

41 ただし、ドイツにおける社会史は、ドイツ社会の近代化の問題に焦点化した社会構造史であり、いわゆる社会史は日常生活史などと呼ばれる。

42 2006 年 2 月 20 日のインタビュー。

43 たとえば、2006 年 3 月 4 日、ドレスデン工科大学のハンナ・アーレント研究所は「『清算』とザクセンの高等教育」というテーマでシンポジウムを開いたが、通常例会で 40 人程度の参加者があるにもかかわらず、15 人程度にとどまった。

44 サライ氏の娘が筆者に宛てたメールでの、彼女のライフヒストリーより (2006 年 2 月 25 日)。

45 保坂一夫「知の行方」坂井榮八郎・保坂一夫『ヨーロッパ・ドイツへの道―統一ドイツの現状と課題―』東京大学出版会、1996 年、249-279 頁。

46 2006 年 2 月 20 日、3 月 1 日のインタビュー。

47 2006 年 2 月 20 日のインタビュー。また、3 月 11 日の「東西フォーラム」でのディスカッションでもこのように発言し、会場から拍手で賛同を得た。

48 長島啓記「ドイツにおける『PISA ショック』と改革への取り組み」『比較教育学研究』第 29 号、2003 年、65-77 頁；坂野慎二「ドイツにおける PISA ショックと教育改革」『ドイツ研究』第 37/38 号、2004 年、33-43 頁などを参照。

49 ここでは、「過去の克服」をめぐって、ナチズムと DDR をそれぞれどうとらえるかが課題となっているように思われる。ナチズムの過去に対し、歴史学・政治学・教育学などさまざまな分野で「過去の克服」の取り組みが議論されているが、DDR に対してはほとんどなされてない。しかし、DDR の歴史が現代のドイツに何を投げかけるのか、たとえば「内的不統一」などを切り口に考察すると、ナショナリスティックだなどの批判を受け、議論が袋小路に入ってしまう。

国家・国民・市民

解題：多文化主義国家カナダのマイノリティ言語教育の様相
——連邦政府移民政策との関連に焦点を当てて——
児玉奈々

　カナダと言えば、公用語である英語とフランス語のバイリンガル教育やその一形態のフランス語イマージョンの成功に代表される言語教育の先進地というイメージが国際的にも定着している。世界初のイマージョン教育であるフランス語イマージョンは、1960年代にケベック州の小学校で実験が始められ、その効果を実証する応用言語学の研究などによって有効性が示されたことから、カナダ各地に広がった。また、こうした言語教育実践の研究をもとにカナダ人研究者たちが提示した言語教育理論や第二言語習得理論は、国内外で高い評価を受け、諸外国で言語教育の研究や実践の参考とされてきた。

　しかし、本稿を含む『比較教育学研究』第35号の特集所収の論考が記述した各地の状況いずれにおいても言語教育が「極めて政治的な営み」であることを示していると編者が説明したように、カナダの言語教育も政治の産物であり、地域研究の視座から検討しうる課題を多分に含む。カナダの公用語バイリンガル教育は、1960年代に政治的・経済的に不利なフランス系住民が優位なイギリス系住民との間にある格差の是正を求めた「静かな革命」への政治的対応として連邦政府が英語とフランス語の二つを公用語に定めたことが進展のきっかけとなっている。また、非公用語であるマイノリティ言語の教育も、1971年の連邦政府による多文化主義政策導入という英語・フランス語以外の言語を話す人々に対する政治的配慮から財政支援や法制度整備が行われ、学校内外で導入が進んだという経緯がある。しかし、カナダの言語教育は前述したようなフランス語イマージョンの実践の成功や傑出した応用言語学の理論が注目されてきたため、その政策の展開はあまり知られてこなかった。そこで、本稿では、カナダのマイノリティ言語教育を連邦政府の移民受入れ政策の変遷という政治の変化と関連させて考察する地域研究の方法をとることで、カナダの言語教育における教育と社会のつながりに光をあてることを試みた。

　本稿で記述した内容のその後であるが、執筆した2007年頃の状況として、カナダ各地のマイノリティ言語教育が、1990年代以降、すべての子どもが自分の興味・関心に沿って言語を学ぶ「国際言語」の教育として行われるよ

112 第2部

うになったと記述したが、この点に変化はない。また、カナダ各地でマイノリティ言語教育が存続の危機に直面する状況も本稿で論じたが、現在も厳しい局面に置かれている。

本稿ではマイノリティ言語教育の存続に影響を及ぼす要因として、政府の財政支援の削減の他、連邦政府によるリベラリズム的な移民政策の導入、それに伴うマイノリティ言語に対する移民の意識や要望に変化があることを指摘した。その変化を説明するために、本稿はいくつかの統計数値を用いたが、その一部について10年後の現在の数値を紹介しておこう。2001年に13.4%だったヴィジブル・マイノリティの割合は、2016年には22.3%にまで上昇した。また、2005年に過去最低の35.9%であると紹介した移民人口に占める両公用語とも解さない人の割合は、2015年は23.6%にまで低下し、10年間で10ポイント以上という大幅な減少となった。変化のない数値としては、自分の民族を「カナダ人」と答えた人の割合がある。2001年に過去最高の33.8%を記録した後、選択項目の改訂もあり若干下落したものの2016年でも32.3%となっており、1996年に初めて国勢調査の民族に関わる質問の回答選択肢に加わって以来、「カナダ人」は最大の民族グループであり続けている。

本稿でも試みたように、関連する項目の数値から考察することにより、我々はカナダのマイノリティ言語教育の状況を把握すること、ひいては政策のゆくえを展望することも可能となる。例えば、上で見た近年のヴィジブル・マイノリティ人口の割合の上昇という人口構成の変化を反映して、マイノリティ言語教育では中国語やパンジャブ語などのアジア系言語の学習者数が増加している。一方、2007年時点でも継承率の低下が進んでいたウクライナ語やドイツ語のプログラムが閉鎖に追い込まれる地域も出てきている。このように、カナダの言語教育は、優れた理論を生み出した応用言語学研究のみならず、地域研究によっても新たな知見をもたらし得る興味深い題材と言えるだろう。

国家・国民・市民

6. 多文化主義国家カナダのマイノリティ言語教育の様相
——連邦政府移民政策との関連に焦点を当てて——

児玉奈々

はじめに

　グローバル化が進み、国境を越えた人々の移動が増加する現代において、その社会の主要言語とそれ以外の言語の扱いに関わる課題に取り組んでいくことが各国家に求められている。移民を受け入れることで国家体制を維持し、1971年の連邦政府による多文化主義宣言など政策面からの多文化社会作りを自負してきたカナダでは、社会の主要言語、つまり公用語と移民の母語が多くの場合異なることから、移民の母語というマイノリティ言語を社会においてどのように位置づけるかについて長年議論がなされ、トロント大学のカミンズ (Cummins, J.) ら応用言語学者による言語教育の理論や実践の研究も活発に行われてきた。カミンズの唱えた二言語相互依存説は、第一言語とその他の言語には共通した概念 (共有面) があり、一方の言語の強化は必然的に共有面を強化し、それがもう一方の強化にも繋がっていくというもので、その理論はマイノリティ言語教育の社会的意義や重要性を提起し、他国の実践にも大きな影響を与えてきた[1]。

　連邦国家であるカナダでは、1867年に成立した英国領北アメリカ法とそれを引き継ぐ1982年憲法[2]の両方において、教育に関わる権限は州政府が有すると規定されており、教育行政も州を単位としている[3]。しかし、連邦政府の管轄事項である移民政策によって入国して来る移民がカナダ社会にもたらす変化は、多方面に及び、移民による地域社会の人口変動は、子どもの属性や教育経験の多様化などを通して各州の教育現場にも様々な変化を引き起こしている。

　本稿では、多文化主義国家カナダの公教育制度におけるマイノリティ言語の扱いについての歴史と現状を概観した上で、移民政策によって引き起こされた社会

出典：「多文化主義国家カナダのマイノリティ言語教育の様相—連邦政府移民政策との関連に焦点を当てて—」日本比較教育学会編『比較教育学研究』第35号、2007年、3-16頁。

変容が各州のマイノリティ言語教育に及ぼす影響とマイノリティ言語をめぐる課題を明らかにする。なお、本稿で用いるカナダのマイノリティ言語とは、公用語である英語・フランス語と先住民言語を除く言語のことを指す。「非公用語 (non-official language)」、「遺産言語 (heritage language)」[4]、「エスニック言語 (ethnic language)」と表記する場合もある。

1. カナダにおけるマイノリティ言語教育への関心の萌芽と展開

(1) 非公用語話者の不満解消策としての連邦多文化主義政策

　18世紀半ばにイギリス植民地となり、英語を母語とするアングロフォンが長く政治的・経済的な主導権を握っていたカナダでは、移民や先住民に対して同化を求める「アングロ・コンフォーミズム」が社会統合・形成の思想的基盤とされていた。この思想は、1960年代にケベック州のフランス語を母語とするフランコフォン住民の間で、アングロフォンと同等の地位を約束しない場合は連邦からの独立を要求するとする不満がカナダ連邦の国家統合を脅かすようになったいわゆる「静かな革命」まで、カナダ社会では支配的であった。「静かな革命」以降、連邦政府は1963年の二言語二文化主義王立委員会発足、カナダの二つの建国民族の一つであるフランコフォンの地位向上に関する展望が考察された王立委員会報告書の刊行、そして英語およびフランス語を公用語と定めた1969年の公用語法制定というフランス語を中心とした対応を図った[5]。しかし、王立委員会が全国を巡回した公聴会を通して、ウクライナ系住民などの英語・フランス語以外の言語を話す民族集団からの不満が聴取され、この状況を考慮した結果、急遽、1970年に『その他の民族集団の文化的貢献』と題した王立委員会報告書第四巻を刊行した。しかし、王立委員会の主要課題として議論されてきたフランス語の権利を英語同等に保障する二言語主義の結論は維持され、1971年に連邦政府首相トルドー (Trudeau, P. E.) により「二言語の枠組み内での多文化主義」政策が宣言された。

　二言語主義の実現という当初の目的と非公用語話者からの反発緩和のための方策という矛盾を含みつつも、多文化主義政策は世界で初めての宣言としてその具体的推進が期待されたが、当時のカナダ全体で非白人系人口は約5％に過ぎなかったことなどから、連邦政府による実践も切実さに欠け、特定の民族集団の文

化継承を目的とした活動や祝賀行事への支援といった表面的なものにとどまっていた。非公用語をどのように扱うかという問題についても同様で、連邦政府は、具体的な事業に取り掛かるまでの議論の材料として、1976 年に『非公用語研究』、1977 年に『多数派カナダ人の態度の研究』という二つの調査報告書を刊行した。『非公用語研究』によって、多くの民族団体が公教育制度内の非公用語教育を支持していることが判明し、これをきっかけに民族団体が土曜の午前中などに開講する非公用語教育に対して連邦政府が運営資金の約 10％の資金援助を行う、文化発展プログラムが 1977 年に設置された[6]。一方、『多数派カナダ人の態度の研究』では、多数派住民であるアングロフォン、フランコフォンから非公用語教育への資金援助に反対する声が相当数あることが報告された。

　1988 年に連邦政府は、政策の意義をより高める目的で多文化主義法を制定した。そこでは、「カナダの多文化的遺産に貢献する全ての言語の獲得・保持・使用を促進させる」として非公用語政策についても触れられた。多文化主義法の成立を受けて、連邦政府が、アルバータ州エドモントンに、マイノリティ言語教育に従事する教員の養成や研修、プログラム開発を業務とするカナダ遺産言語研究所を設立する法案も可決された。また、1988 年に 1969 年公用語法を改正して、カナダ社会における英語とフランス語の推進をさらに強化するために制定された新公用語法 (1988 年公用語法) でも、新公用語法が非公用語に対する法・習慣上の権利を廃止や制限するものではないなど非公用語話者に対する権利の保障をうたっている。しかし、各法の条項で触れられている非公用語への権利は少数派公用語であるフランス語に認められている権利とは異なり、その内容は具体性を欠いたものであった[7]。その後、連邦政府によるマイノリティ言語教育事業への支援は発展することはなく、遺産言語研究所の案も連邦政府の方針転換により設置は実現に至らず、1977 年に始まった連邦政府の文化発展プログラムによる資金援助も、連邦政府全体の予算削減を機に 1990 年に停止された。

(2) 各州におけるマイノリティ言語教育プログラムの導入・展開と政治的課題

　カナダでは各州が教育を管轄しているため、マイノリティ言語に関わる教育も各州独自の取り組みとして発展してきた。カナダ東部セントローレンス川流域を中心に古くから交易や産業の拠点として栄え、現在もカナダ 10 州・3 準州のうち移民受け入れ数が最も多いオンタリオ州は、公教育制度内へのマイノリティ言語教育の導入をめぐる論争を経験してきた。一方、カナダ中西部に位置し、肥沃

116　第2部

な土壌を持つ平原三州 (アルバータ州、サスカチュワン州、マニトバ州) は、他地域に先んじて公教育制度内におけるマイノリティ言語教育を正式に認めてきた。

　オンタリオ州のマイノリティ言語教育事業は、連邦政府の多文化主義政策の影響を受ける形で 1977 年に発表されたオンタリオ州多文化主義政策の一環として扱われた。州教育省は、州の多文化主義政策を整備するために設立された諮問機関の提言を受けて、公用語以外の言語を初等学校の正規授業時間外で指導するプログラムとして遺産言語プログラム (Heritage Languages Program、以下 HLP と表記) の導入に関する規定を示した。民族団体などの熱望派と保護者や教員の慎重派との間の意見対立などもあり、州政府は正規時間内の HLP 開講に踏みきれなかったが、1982 年に州下のトロント教育委員会が、初等学校の正規授業を 1 日 30 分間ずつ延長し、正規時間内に HLP を開講する統合型 HLP を導入する決定を独自に下した。この決議に先立ち、州政府は、言語による学校内の分極・分離化の危険性、住民から激しい反発を受けることへの懸念を表明し、州教育省は、遺産言語は公教育制度外の取り組みであり、生涯学習として援助が可能という見解に加え、正規時間内における遺産言語使用は公用語習得の過程に限られるという 1974 年教育法に定めて以来の方針を再度確認した[8]。統合型 HLP の導入を決定したトロント教育委員会においても、教員組合による大規模な導入反対運動を経た後に導入が実現したように、公教育制度内への HLP 導入のあり方はオンタリオ社会全体を巻き込む大きな検討課題となっていった。

　オンタリオ州政府による HLP への助成開始後 10 年目に当たる 1987 年に発行した『行動への提案：オンタリオ遺産言語プログラム』の中で、州教育省は HLP に教育的・社会的価値がある場合は、非公用語を母語とする児童・生徒 20 人以上の在籍を条件に正規授業時間内にその言語による教科指導あるいは母語教育を要求できる法案や教授言語として遺産言語の使用認可を求める法案を支持すると若干の譲歩を見せたが、HLP がもたらす分離への懸念も同時に示した[9]。なお、この提案書に対して住民から 1,500 件以上の意見が寄せられ、オンタリオ社会のマイノリティ言語教育問題への関心の高さが窺えるが、1988 年に行われた州民調査 (回答者数 1,011) では、「小学校に在籍する民族マイノリティの児童のために、人数が確保されればいつでも、授業時間内にその親の遺産言語の指導を可能とすべきか」との質問に、賛成 20%、反対 64%、どちらでもない／わからない 16% というように、HLP の正規時間内への導入について消極的意見が多数を占めた[10]。そして、1989 年には、25 名以上の親の要請があれば教育委員会に当

該言語の HLP の設置義務が発生するという規定が法制化され、さらに 1992 年に州教育省は遺産言語諮問委員会を組織し、プログラムの発展についての提言を求めた。遺産言語諮問委員会も正規時間内への HLP の統合を提案したが、実現はしなかった。

　一方、平原三州も、連邦の 1971 年多文化主義宣言の影響を受け、1990 年までに各州独自の多文化主義政策あるいは法律の整備を進めた。平原三州の政策や法律は州により程度の違いはあったが、いずれもマイノリティ言語の重要性に触れ、州による維持・保存責任を明示した[11]。たとえば、アルバータ州では、マイノリティ住民からの要望を受け、1971 年に教育法を改正し、公立学校の全授業時間のうち 50％までの時間に限り、英語・フランス語以外の言語の教授言語としての使用を認めている。これはバイリンガル・プログラムと呼ばれ、ウクライナ語をはじめ、ヘブライ語、ドイツ語、中国語などのプログラムが順次開設され、現在でも言語数、採用校数が増加している。子どもたちに多文化社会カナダに対する所属の意識と自分の民族帰属の意識を芽生えさせ、その意識を肯定的に捉えさせる効果があることが、バイリンガル・プログラム実施校に在籍する生徒への聞き取り調査から明らかにされている[12]。

　平原三州におけるマイノリティ言語教育の発展理由として、カミンズは「これらの地方には独自の民族文化背景を持っているマイノリティ人口の比率が高いこと」、「オンタリオ州などと違って遺産言語教育をめぐる論争が相対的に少ないこと」を挙げている[13]。1971 年に連邦政府が多文化主義政策を宣言したのも、平原三州を含む西部カナダに住むウクライナ系住民からの要求を受けてのことであり、アルバータ州のバイリンガル・プログラムの導入もウクライナ系住民からの政治的圧力が要因とされる[14]。1966 年がウクライナ移民入植 75 周年の節目であり、言語や伝統の維持・継承に関わる事業を興す気運が 1960-1970 年代のウクライナ系コミュニティ内で高まっていたことにも見られるように[15]、西部カナダにおける初期移民の集住地域の存在と人々の意識は、同地域のマイノリティ言語教育の展開に大きく関係しているといえる。また、平原三州には、20 世紀前半に土地・農業開拓のための移住奨励策により移住してきたドイツやウクライナなどのヨーロッパ系移民によって民族コミュニティが形成され、その子や孫がそのコミュニティ内で、生活、産業、言語、文化などを代々受け継いでおり、民族コミュニティの流動性が低い地域とされる。移民の流入、他州への転出といった民族流動の激しいオンタリオ州と異なる地域的特徴を持つ平原三州は、オンタリオ州における

遺産言語教育問題の論点となった集団間の摩擦や分離の問題がなく、導入時の障害も少なかったと考えられる。

2. 連邦移民政策の方針転換によるマイノリティに関わる教育優先課題の変化

　各地で導入の賛否や導入形式のあり方を問われつつも、マイノリティ言語に関わる教育実践は各州において多文化主義政策の主軸と位置づけられ、発展への取り組みがなされてきた。しかし、近年のカナダのマイノリティ言語教育は停滞傾向にある。1970年代後半頃から連邦政府が図った移民政策の方針転換がカナダの人口構成に質的変化をもたらし、その後の人口構成の変化に伴う社会問題の出現が各州のマイノリティ言語への対応、教育政策に影響を与え始めたのである。

　カナダの移民法は、1962年の改正までは、家族を伴わない単独移民としての入国はイギリス、アメリカ合衆国、フランスの国籍を持つ者に限定するなど差別的な内容を含んでいた[16]。単独移民の国籍制限が撤廃された1962年の改正以降、連邦政府は、出生率低下、労働人口減少に直面する将来を見すえ、移民を人的資源として質的に捉える方針を立て、移民政策の再検討に取り掛かった。1967年の改正では、単独移民以外の移民枠についても国籍に基づく差別的条件が撤廃され、カナダ経済の発展に貢献しうる移民の優先受け入れを趣旨とし、移住希望者の年齢、学歴、職能、公用語運用能力などを点数化し審査するポイント・システムが導入された。さらに1976年の改正ではビジネス移民枠が新設された。こうした移民政策の変化を受けて、旧来からのヨーロッパ系移民と肌の色など外見が異なる"ヴィジブル・マイノリティ（＝目に見えるマイノリティ）(visible minorities)"が、アジア、アフリカ、中東からカナダに移住して来るようになった。

　移民の質的な変化が認められるようになる中、ヴィジブル・マイノリティの多くが定住するトロントなどの都市部では、1970年代終わり頃から人種差別の状況が報告されるようになった[17]。国勢調査によると、カナダ総人口に占めるヴィジブル・マイノリティ人口の割合は1991年9.4％、1996年11.2％、2001年13.4％と増加傾向にある[18]。また、2001年の数値では、モントリオール、トロント、バンクーバーという大都市をそれぞれ抱えるケベック州、オンタリオ州、ブリティッシュ・コロンビア州の三州に、カナダ全体のヴィジブル・マイノリティの約85％（各州13.5％、52.6％、20％）が居住しており、これらの三つの州における

教育の優先課題もヴィジブル・マイノリティに関わったものが増え、民族の音楽や舞踊などを扱う表面的な多文化教育から反人種差別政策を組み込んだ教育環境整備へとその重心が移動している。さらに、1990年代以降は、各州による教育改革の中で大幅な予算削減が行われており、オンタリオ州では移民の子どもたちへの英語指導や反人種差別に関わる政策部門も予算削減の影響で事業規模縮小や廃止に追い込まれているため、民族コミュニティからの要望が高いマイノリティ言語教育の教員研修や教材開発などの内容の充実にまで充てられる財政的、人的余裕がなくなってきている[19]。

3. マイノリティ言語教育に対するマイノリティ住民の意識と要望

　近年のグローバリゼーションの流れは、個人の自由と責任に基づく競争と市場原理を重視するネオ・リベラリズムの思想を、移民政策を含むカナダの各政策形成・運用の領域に運び入れている。このような移民政策のもとカナダに入国してきた移民集団や民族コミュニティの内部に見られるマイノリティ言語に対する意識や社会への要望に、新たな特徴を読み取ることができる。

　連邦政府の統計によれば、毎年の移民人口に占める英語あるいはフランス語の両公用語とも解さない人の割合は、2000年43.7％、2001年44.4％、2002年45.9％、2003年44.4％、2004年37.0％、2005年35.9％と報告されている。現在、移民には、カナダ社会で生きるために必要な語学力、経済力、学歴などを入国に先立って身につけておくことが求められているため、この数値は今後減少していくことが予想される。1992年に連邦政府が導入した、新来移住者のための言語指導プログラムを利用した移民からは、雇用などの実社会で生かせる公用語指導を求める声も多く聞かれる[20]。また、1990年代以降カナダに入国したヴィジブル・マイノリティの一部は、多文化主義が文化的多様性を強調することによってマジョリティの不安が増幅されて自分たちに対する風当たりが強まることを懸念し、教育実践におけるエスニック言語や独自の文化の保障を望まなくなっている[21]。こうした移民は機会平等の実現、人種差別撤廃に主眼を置いた要望を示し、1960年代に西部のウクライナ系住民をはじめとした「ホワイト・エスニック」が民族のアイデンティティ維持の保障を求めた「異化への要求」としての多文化主義、つまり、主に自分たちの言語や文化を公教育制度の枠内などで保障すること

を求めたものとは、関心の中心点が異なる[22]。2000年以降は、単一国家に絶対的な帰属をせず、グローバルな志向性を強める投資家移民や専門職移民が中国系を中心として増加傾向にある。こうした移民たちは、次世代の子どもたちを資本主義市場で活躍できる力を持った市民として育てる教育を求めているという[23]。

こうした最近の移民の状況以上に、ドイツ語、ウクライナ語などを母語とする初期移民のエスニック言語の継承率低下は深刻である[24]。また、マイノリティ言語を受け継ぐ存在である移民の若者の個人や集団の意識としては、マイノリティ言語がカナダ社会においては公的な地位がなく、社会性や経済性とも結びつかないため実践・功利的な道具性のある言語として認識されていない[25]。さらに、2001年国勢調査において、自分が「カナダ人」あるいは「カナダ人とその他」であると回答した者の割合は33.8％に上り、1996年の数値30.7％と比較しても、「カナダ人」としての市民意識が広がりつつある。この傾向は若年層に顕著で、カナダの大学生を対象とした調査の結果からは民族的アイデンティティ意識が失われつつあることが確認されている[26]。こうした言語に対する意識や「市民」意識を持つ若者にとってマイノリティ言語は、カナダ社会で生きていくために必要なツールとならないのであろう。

なお、分離への懸念という観点からその導入のあり方について議論されてきたオンタリオ州のマイノリティ言語教育問題であるが、1994年に特定の言語集団を対象とした遺産言語の教育プログラムではなく、すべての子どもたちが自分の興味・関心に沿って非公用語を学ぶという趣旨に変わり、名称もHLPから国際言語プログラム（International Languages Program）へと変更された。中等学校レベルでは正規授業時間内に科目が設置される一方で、初等学校レベルでは従来どおり、正規時間外の設置であることが確認された[27]。

マイノリティ言語教育を公教育の枠内に位置づけてきた平原三州では、1970年代後半から各州大臣と民族団体代表をメンバーとするウクライナ言語教育の情報交換体制が組織されるなど行政と民族コミュニティの協力体制が構築されていたが、1980年代後半から1990年代前半は各州の政府予算削減の煽りを受け、この動きが停滞気味であった。しかし、1990年代に入ると、オンタリオ州で始まった遺産言語教育の捉え直しが西部にも広まり、国際言語への名称の移行と趣旨の転換が進んだ。1993年には、グローバリゼーションの動きの中で基礎教育の改善と教育水準の維持・向上の方策を検討していた平原三州、ブリティッシュ・コロンビア州、ユーコン準州、そして、北西準州の各教育大臣が参加し、基礎教育

の共通カリキュラム作りを検討する西部カナダ基本教育共同協定が締結された。数学、国語の学力向上のためのカリキュラム作成などの共同プロジェクト推進の流れの中で、マイノリティ言語教育についても「国際語」としてカリキュラムが作られることになった[28]。また、同時期、アジア太平洋地域との経済面での繋がりを視野に入れ、日本語、中国語などのアジアの言語プログラムが平原三州で次々と開設された。さらに、近年では、中南米諸国経済への関心が高まり、カナダ全域でスペイン語の人気が上昇している。アルバータ州では保護者・地域住民からの要望を受けてスペイン語を国際言語として位置づけたバイリンガル・プログラムを導入する公立学校も増加している。

4. 多文化主義イデオロギーのリベラリズム化とマイノリティ言語教育

　連邦政府が1971年の宣言以来維持し続けてきた多文化主義の原理においては、多様な文化の受け入れ、社会における承認の促進が第一義的な目標とされてきた。このような目標達成が、民族としての誇りと自信を人々にもたらし、カナダ国家に対する好意へと転化し、結果的に社会統合が進む、という予測が連邦政府にあった。しかし、政策導入以降、多様性をありのままに受け入れることに終始してきたため、民族集団ごとの分離傾向が強まり、それが社会統合の障害となっていると研究者たちから指摘されるようになった[29]。この指摘に対し、連邦政府は、1990年代に入ると多文化主義政策の再検討を開始し、多文化主義政策に関する40万人規模の世論調査を実施した。その結果をまとめたスパイサー報告書(1991年発行)には、カナダの将来は、多様な文化の尊重とともに多文化社会カナダとしての統合が必要とされると記された。

　1993年の連邦議会議員選挙における自由党の勝利以降、連邦政府の多文化主義に関わる政策は縮小されている[30]。1989年に連邦政府が新設した多文化主義・シティズンシップ省は、遺産省の一部機関に吸収され、シティズンシップは移民問題と結び付けられて、移民など新来者の統合に重点を置くことを意図したシティズンシップ・移民省が誕生した。現在のカナダの多文化主義は、ケベック問題をめぐる議論に加え、現実の要求に合わせた変化、つまり、移民やマイノリティ集団の社会的地位の向上を約束していくなど統合を視野に入れて展開されている[31]。多文化主義が当初目指した多様な文化の尊重は各コミュニティあるいは個人の責

122　第2部

任として扱われる方向へと傾いてきている。

　同じ頃、教育制度も変化を迫られていた。多様性を平等に扱うべきであるという住民からの要望、あるいは1982年憲法の制定、それに続く1982年以前に制定された法律や規定の見直しの動きを受け、カナダ各州でも、カトリック学校への公費補助あるいは公立学校に宗教的な要素を取り入れる基盤となっていた宗派別の制度そのものを見直し、教育制度の世俗化改革が進んだ[32]。学校においても多様性の尊重を個人の責任に帰するリベラリズム的な多文化主義の比重が増し、特定の集団の言語・文化を保障するマイノリティ言語教育は公教育制度外の取り組みとして位置づけられるようになった。

おわりに

　カナダの連邦移民政策の方針転換は、移民人口の増加・多様化など人口構成の変化とそれに伴う社会問題・人種差別問題、地球規模での市場競争に対応しうる社会体制作り、そして、統合やリベラリズムを念頭においた多文化主義理念への問い直し作業を引き起こすなど、社会変容の大きな要因として作用している。そのような社会変容は、各州のマイノリティ言語教育の様相にも影響を与えている。

　カミンズとダネシ (Danesi, M.) は、民族コミュニティからの協力があることによって、公教育制度内で子どもの継承語能力を伸ばすような取り組みが可能になってくると指摘している[33]。オンタリオ州やアルバータ州の例に見られたように、それぞれの地域の民族集団からの政治的な要求、社会的な動きの違いが各州におけるマイノリティ言語教育の様相に反映されていた。マイノリティ言語の維持・継承に関わる実際的取り組みは、それぞれの民族集団に任されているのが現状であり[34]、コミュニティの協力の可否がマイノリティ言語教育の進展に密接に関連しているのだ。しかし、連邦政府や各州政府がマイノリティ言語への直接的・間接的な支援にも手を引いてしまっている現状では、たとえ民族集団側にプログラム運営の熱意があったとしてもその継続は困難である。

　また、昨今のカナダの教育は、OECD 生徒の学習到達度調査 (PISA) で世界でもトップグループの成績を修めるなどその高い教育水準が世界からの注目を集めている。各州では学力向上の取り組みがネオ・リベラリズムの観点から進められ、教育にグローバルな競争原理が持ち込まれている。カナダ各州の教育大臣が教育

に関する懸案事項を討議する場を提供することを目的に 1967 年に設立されたカナダ教育大臣会議が 1999 年のヴィクトリア宣言において打ち出した州相互の協力体制強化の方針は、経済領域で進むグローバル化、市場競争の激化の状況で生きる子どもたちに必要な教育の提供を目指している[35]。この流れの中でも、公教育制度上のマイノリティ言語教育に関心が払われることは少なくなってきている。

　応用言語学者たちが主張するように、マイノリティ言語の価値を認め、その維持・継承を人々に促す策は、多文化社会に生きる人々のアイデンティティ確立の助けとなり、社会の重要な統合機能の一つとなっていく。リベラリズム的要素の強い移民政策の影響を受け、マイノリティ言語が社会の表舞台から消えつつある現況にあって、多文化主義国家カナダは、社会全体にとって未来の大きな利益を得るか失うかの岐路に立たされているといえよう。

注

1　坂本光代「カナダの生んだ言語教育の理論」関口礼子・浪田克之介編著『多様社会カナダの「国語」教育：高度国際化社会の経験から日本への示唆』東信堂、2006 年、327-344 頁。

2　1867 年に英国議会によって制定された英国領北アメリカ法は改正を重ねながらカナダの統治機構に関する基本法として機能してきたが、1982 年に英国議会が 1982 年カナダ法を制定し、英国議会の立法権からのカナダの独立を宣言した。1982 年カナダ法は、1982 年憲法を含む形で整理された（佐藤信行「1982 年憲法（1982 年）」日本カナダ学会編『史料が語るカナダ　ジャック・カルチエから冷戦後の外交まで』有斐閣、1997 年、98-99 頁）。

3　小林順子・関口礼子・浪田克之介・小川洋・溝上智恵子編『21 世紀にはばたくカナダの教育』東信堂、2003 年。

4　中島は、heritage language の訳語として現在一般的に使用されている「遺産言語」は、過去の遺産という意味が強く、親から受け継いだことばと文化が子どもの人間形成に深く関わるという意味を表現できないと指摘し、母語（初めて覚えたことばで今でも使えることば）・母文化が危険にさらされるマイノリティ言語の子どものみが必要とする語という意味を表せる「継承語」の訳を用いている（中島和子「カナダの継承語教育その後―本書の解説にかえて」ジム・カミンズ／マルセル・ダネシ（中島和子・髙垣俊之訳）『カナダの継承語教育―多文化・多言語主義をめざして』明石書店、2005 年、156-158 頁）。

5　Driedger, L. & Reid, A., Public Opinion on Visible Minorities, in: L. Driedger & S.S. Halli, *Race and Racism: Canada's Challenge*, Carleton University Press, 2000, pp.153-154.

6　Masemann V.L. & Cummins, J., *Education and Cultural and Linguistic Pluralism: Country Surveys: Canada for OECD*, Commisioned by The Multiculturalism Directorate Department of the Secretary of State of Canada, 1985, p.16.

7　品田実花「言語教育をめぐる政策」関口・浪田、前掲書、2006 年、124-125 頁。

8　The Globe and Mail, May 8, 1982.

9 Ontario Ministry of Education, *Proposal for Action, Ontario's Heritage Languages Program*, 1987, p.2.

10 Livingstone, D.W., *et al., Seventh OISE Survey, 1988: Public Attitudes towards Education in Ontario, General Issues*, Toronto: OISE Press, 1988, p.12.

11 Tavares, A.J., From Heritage to International Languages: Globalism and Western Canadian Trends in Heritage Language Education, *Canadian Ethnic Studies*, vol.32, no.1, 2000, pp.159-160.

12 Wu, J.Z., Bilingual Education in Western Canada and Chinese Language Minority Students' Self Perceptions of Their Citizenship and Ethnicity, *Canadian and International Education*, vol.34, no.1, 2005, pp.23-30.

13 ジム・カミンズ「遺産言語の学習と教育」多文化社会研究会編訳『多文化主義―アメリカ・カナダ　オーストラリア・イギリスの場合』木鐸社、1997 年、192 頁。

14 田村知子「ウクライナ語バイリンガル教育とカナダ多文化主義―アルバータ州エドモントンの事例研究」津田塾大学『国際関係学研究』18 号、1991 年、129-144 頁。

15 Lalande, J., The Roots of Multiculturalism–Ukrainian-Canadian Involvement in the Multiculturalism Discussion of the 1960s as an Example of the Position of the "Third Force", *Canadian Ethnic Studies*, vol.38, no.1, 2006, pp.47-64.

16 Driedger, L., *Multi-Ethnic Canada: Identities & Inequalities*, Toronto: Oxford University Press, 1996, p.55.

17 たとえば、Ubale, B., *Equal Opportunity and Public Policy: A Report on Concern of the South Asian Canadian Community Regarding Their Place in the Canadian Mosaic.* Submitted to the Attorney General of Ontario by the South Asian Canadian Community, Toronto, 1977; Anderson, W.W. & Grant, R.W., *The Newcomers: Problems of Adjustment of West Indian Immigrant Children in Metropolitan Toronto Schools*, Toronto: Canadian Scholars' Press, 1987 など。

18 2001 年の時点でカナダ全国で約 400 万人に及ぶヴィジブル・マイノリティ人口は、2017 年には約 630 〜 850 万人に増え、5 人に 1 人がヴィジブル・マイノリティとなるという試算もある (Mitchell, B.A., Canada's Growing Visible Minority Population: Generational Challenges, Opportunities and Federal Policy Considerations, *Heritage Canada, Multiculturalism-Canada 2017*, http://www.pch.gc.ca/progs/multi/canada2017/7_e.cfm#3 (2007 年 3 月 6 日採取))

19 児玉奈々「1990 年代オンタリオ州の多文化問題の質的特徴と教育政策：多文化社会における新たな教育像の模索」日本カナダ学会編『カナダ研究年報』第 23 号、2003 年、109-116 頁。

20 児玉奈々「地域社会における移民向け公用語教育」関口・浪田、前掲書、2006 年、217-234 頁。

21 梶田孝道「多文化主義・少数民族・先住民―カナダ多文化主義が直面する新たな係争課題」青柳清孝・松山利夫編『先住民と都市　人類学の新しい地平』青木書店、1999 年、297-298 頁。

22 田村知子「カナダ多文化主義の現実とジレンマ」初瀬龍平編著『エスニシティと多文化主義』同文舘、1996 年、140 頁。

23 大岡栄美「『市民性』をめぐるナショナリズムとグローバリズムの交錯―カナダにおけるシティズンシップ週間プロジェクトを中心に」山本信人編『多文化世界における市民意識の比較研究　市民社会をめぐる言説と動態』慶應義塾大学出版会、2005 年、177-

6. 多文化主義国家カナダのマイノリティ言語教育の様相　125

196頁。また、近年の移民からの設置の要望が高い国際学校の増加については、児玉奈々「カナダの外国人学校と国際学校：オンタリオ州を中心に」福田誠治・末藤美津子編『世界の外国人学校』東信堂、2005年、77-99頁を参照されたい。

24 田中祐美「オンタリオ州のおける継承語プログラムの展開―多文化共生の可能性」日本カナダ学会編『カナダ研究年報』第25号、2005年、60-61頁。

25 時田は、英語、フランス語、母語という三言語を習得しているトライリンガル人口の比率が高いモントリオールにおいて、トライリンガルの若者を対象にアンケート調査を実施し、各言語に対する若者の態度を分析した結果、英語、フランス語（特にケベック州で）を社会性を持つ道具的な言語と捉え、継承語である母語については道具として認識していないことを明らかにした（時田朋子「モントリオールに住むアロフォンのマルチリンガリズム―英語系 CEGEP 学生の言語意識に関する一考察」カナダ教育研究会編『カナダ教育研究』No.3、2005年、36-47頁）。

26 英語あるいはフランス語の話者は民族的な帰属意識が薄く、非公用語話者よりも自身を「カナダ人」として捉えようとする傾向にあることが、ある調査によって明らかにされた（Pigott, B.S. & Kalbach, M.K., Language Effects on Ethnic Identity in Canada, *Canadian Ethnic Studies*, vol.37, no.2, 2005, pp.3-18）。

27 国際言語プログラムへの名称変更に伴い導入されていた、オンタリオ州政府から各教育委員会、コミュニティ団体などマイノリティ言語教育の発展に資する団体に対する奨励助成金支給制度も1995年に廃止となった。

28 Tavares, 2000, *op. cit.*, p.160.

29 Padlsky, E., Multiculturalism at the Millennium, *Journal of Canadian Studies*, vol.35, no.1, 2000, p.140.

30 Joshee, R., *The Problems and Possibilities of Social Cohesion: The New Lens on Multicultural and Citizenship Education in Canada.* A paper presented at Ethnic Diversity and Citizenship Education in Multicultural Nation-States, held in Bellagio, Italy, June 17-21, 2002, p.12.

31 田村知子「グローバリズム・レイシズム・マルチカルチュラリズム―カナダ多文化主義の変容とその社会経済的要因」津田塾大学編『国際関係学研究』25号、1998年、66-67頁。児玉奈々・時田朋子「多文化問題と教育」小林・関口・浪田・小川・溝上、前掲書、2003年、213-230頁。

32 ケベック州は旧来の宗派別の教育委員会制度を言語別に再編し、世俗的制度への移行を図っている。ニューファンドランド州は、各宗派の色彩の濃い学校を公立学校として位置づける教育委員会制度を廃止し、世俗化した学校を公立学校として位置づける改革を実施した。

33 カミンズ／ダネシ、前掲書、2005年、98頁。

34 Kess, J.K., The Interaction of Immigration with Canadian Language Policies, 日本カナダ学会編『カナダ研究年報』第24号、2004年、75-88頁。

35 Council of Ministers of Education, *Joint Ministerial Declaration Shared Priorities in Education at the Dawn of the 21st Century, Future Directions for The Council of Ministers of Education, Canada*, September 1999, http://www.cmec.ca/publications/victoria99.en.stm（2007年3月7日採取）.

国家・国民・市民

解題：ヨーロッパ教育における地域統合とネイション

近藤孝弘

　この拙稿は、2014年夏に行われた日本ドイツ学会大会シンポジウムでの報告に若干の修正を加えて論文化したものである。シンポジウムの趣旨は次のとおりである。「欧州統合は挫折の歴史であり、同時に挫折の克服の歴史でもあった。……この挫折と克服、進展と停滞の歴史を、ヨーロッパ意識、反ヨーロッパ意識、ネイション意識、域外者への視線はどのように絡み合いながら彩ってきたのだろうか。そのなかで、欧州統合はヨーロッパの現実と意識をどのように変えてきたのだろうか。……本シンポジウムは、……欧州統合の中核国ドイツの視点から、欧州統合の現実を事実に則して確認するとともに、その可能性を評価することを目的としている。」(『ドイツ研究』49号、2015年、5頁)。当日は筆者のほか、経済学、政治学、文化人類学の視点から報告がなされた。

　本稿において筆者は主に二つのことを論じている。

　第一にEUの教育施策に注目すると、そこには一定の進展が見られる一方で、未だヨーロッパ・ネイションの形成を目指す段階には及んでいないこと。しかしながら第二に、ドイツを中心に各国の教育を個別に見るならば、教育目標としての育成すべき市民意識のなかにヨーロッパ意識が組み込まれており、また実際にヨーロッパに対する共通の理解も広まりつつあるということである。

　このようにネイションとヨーロッパをトレードオフの教育目標と考えないことは、統合を進める上で求められてきた、いわゆる右翼ポピュリストやもう少し穏健な保守派も含む各国のナショナリストへの配慮を示していよう。しかし同時に、その穏やかな考え方には、ヨーロッパ意識の発展は文化ないし帰属意識の均一化を意味せず、むしろ既存のネイション間の緊密な関係を個々の市民が認識し、その深化を追求することであるとする、より積極的な姿勢が表れていると考えることもできる。

　以上をふまえて地域研究としての本稿の意味を改めてふりかえってみると、それは、地域とはなにか、そして国家とはなにかを具体的な事例に即して考

察しようとしている点に認められるかもしれない。ヨーロッパは未だ国家ではなく地域と呼ぶのが相応しい。しかし各地にナショナルな文化と教育を残したままヨーロッパが国家となることはできないのか？　もし連邦制のヨーロッパ合衆国が誕生すれば、その時かつての国家の範囲で続けられるであろうナショナルな教育が全体として地域研究の対象になるのか？　そして教育学における地域研究とは、その対象が国家単位のものではないという言わば否定的な形で国家に依存して良いのか？　そもそも国家は地域の一種なのか否か…？　こうした一連の問いがヨーロッパ統合について少し考えるだけで次々と浮かんでくる。

　本来、EU の教育を論じつつ、このような問題を中心に検討しても良かったかもしれないのだが、シンポジウムが上記のような現実の重要課題を軸に行われたこともあり、それに関連する情報提供にウェイトを置く形になってしまったのは残念である。

　なお、率直に言って、この報告がなされた時点で少なくとも筆者はブレグジットを予想できていない。英国はいつもヨーロッパとともにあるが、その一部ではないということはよく判っていたはずなのだが。仮にそれを予想できていたら同じ内容の報告をしただろうかと考えると、本稿のもう一つの問題が明らかになる。すなわち、ナショナルな文化と教育を保全した上でインターナショナルな関係性のなかにヨーロッパを捉えるという考え方は、各国のナショナリストを満足させるのに十分ではないという点をもう少し強調すべきだったであろう。多様性の陥穽である。

国家・国民・市民

7. ヨーロッパ教育における地域統合とネイション

近藤孝弘

1. はじめに：危機のなかの教育投資

2013年12月11日、欧州議会と欧州理事会は、2014年1月1日から7年計画で開始される新教育プログラム「エラスムス・プラス」に総額147億7452万4000ユーロを支出することを承認した[1]。この額は、2013年に終了した同じく7年計画の「生涯学習プログラム」を4割ほど上回っている。EU予算全体の中で、この額はわずか1.5％程度に当たるに過ぎないとはいえ、全体予算が増えないなかでのこの高い伸びは注目に値しよう。

「危機だからこそ教育に投資を」[2]というのが、バシリウ（Androulla Vassiliou）教育担当欧州委員が折に触れて発してきたメッセージだが、エラスムス・プラスは、そうした認識が彼女一人のものでないことを示している。EUに連なる欧州統合機関がローマ条約以来示してきた教育分野における及び腰の姿勢は、もはや過去のもののようにも見える。

しかし本当にそうだろうか。

また、仮にそうした評価が正しいとするなら、ヨーロッパ市民の育成を目指す、いわゆるヨーロッパ教育をめぐる統合（機関）とネイションの関係は、以前の姿からどのように変化したことを意味するのだろうか。

本稿は、いまもヨーロッパとその統合を牽引する立場にあるドイツに注目しつつ、これらの問いに対する一つの理解を追求するものである。

出典：「ヨーロッパ教育における地域統合とネイション」日本ドイツ学会編『ドイツ研究』第49号、2015年、33-44頁。

2. 経済・社会政策としての教育統合

EUによる主要な教育プログラムは1986年前後に開始された。強固な国家主権に守られた領域での遅ればせのスタートではあったが、それは**図1**に示すように年を追うごとに新たな試みを加え、また職業訓練分野や青少年交流分野のプログラムと統合を重ねる形で今日に到っている。こうした発展過程は、補完性原理ならびに裁量的政策調整の導入を通じて、EUのなかで教育という政策分野が着実に形成されてきたことを示唆するものである。

本稿では個々のプログラムについての説明は控えるが、エラスムス・プラスの基礎となった「生涯学習プログラム」(2007-13年)に見られる正に生涯学習という観点が、近年の教育政策を理解する上で大きな意味を持っていることは確認しておく必要があろう。

2000年に打ち出されたリスボン戦略には、学校教育に加えて就学前教育や学校外教育、そして離学後の一生にわたる学習が、今日の世界において重要性を増しているとの認識が見られる[3]。そこでは、ヨーロッパを世界で最も競争力のある知識社会とし、また公正な社会を促進するという政策目標への貢献が教育に求められている。すなわち技術革新が進み、急速に個々の知識と技術が過去のもの

	初等・中等・高等教育				職業訓練	青少年交流
1986-1994			エラスムス	リングァ	コメット他	ユース・フォー・ヨーロッパ他
1995-1999		コメニウス	ソクラテスI		レオナルド・ダ・ヴィンチI	
2000-2006	ミネルヴァ	グルントヴィ	ソクラテスII		レオナルド・ダ・ヴィンチII	ユース
2007-2013	生涯学習プログラム					ユース・イン・アクション
2014-2020	エラスムス＋					

図1　EUの教育プログラムの発展[4]

130　第2部

なっていく現状にあって、特に学校を離れたあとも人々が経済活動に有効に参加する上で必要な能力を更新し続けること、また所得格差の拡大を防ぐため、初等学校入学以前の段階で家庭環境から生じる学力差を最小化することが、教育を考える際の重要課題と考えられている。

このリスボン戦略を具体化するため、EU は 2002 年に「教育訓練 2010 (Education and Training 2010, 以下 ET 2010)」という戦略目標を打ち出した。また 2009 年には、その改訂版である ET 2020 も発表された。これらは加盟国に対して教育上の共通の到達目標を設定するものであり、各国の達成度を 2005 年に設立された生涯学習研究センター（Centre for Research on Education and Lifelong Learning）が評価している。

なお、ET 2010 が設定とした到達目標とは、

①早期離学者を 10％以下とすること

②低読解力者を 2000 年時点より 20％以上減らすこと

③後期中等教育修了者を 85％以上とすること

④理工学分野の大学卒業生を 2000 年時点より 15％以上増やし、かつ性差を減らすこと

⑤生涯学習参加率を成人の 12.5％以上にすること

の 5 項目である[5]。基幹産業の競争力強化と福祉社会維持のためのコストの削減を目指したこれらの項目には、リスボン戦略に見られる EU の教育への関心が率直に表れていると言えよう。

同じ姿勢は ET 2020 にも引き継がれた。そこでは、

①4 歳以上の子どもの 95％以上に就学前教育を受けさせること

②早期離学者を 10％以下とすること

③読解・数学・自然科学での 15 歳時点での低学力者を 15％以下にすること

④30-34 歳の年齢層における大卒者の割合を 40％以上とすること

⑤生涯学習参加率を成人の 15％以上にすること

という 5 項目に到達目標が再編されている[6]。

ET 2010 にあった後期中等教育に関する目標が就学前教育に置き換えられた他はほぼ同じ内容であり、以上の ET 2010 と ET 2020 が設定する到達目標からは、この間、EU による教育政策の基本的な考え方が変わっていないことに加えて、その目標の達成が困難な様子もうかがわれる。実際、2009 年までの達成状況に関する調査によれば、ET 2010 が到達目標を設定した 5 つの項目について、EU 全体で見ていずれも 2000 年時点よりも向上しているが、目標を達成できたのは

理工学分野の大卒者数の増大だけであり、特に生涯学習参加率は 2005 年をピークに、その後は低迷している[7]。また各項目における加盟国間の達成度の差が広がっていることも問題とされている。

こうした評価は、特にドイツに注目してもほとんど変わらない。図 2 は、ドイツが 2006 年の時点で ET 2010 との関連で、当時の EU27 か国の平均に近いところに位置していたことを示している。すなわち状況の改善度(progress)においては EU 平均を若干上回るものの、達成度(performance)では平均にさえ届いていないのである。

また ET 2020 の達成度評価では、②の早期離学者の目標こそ 2013 年に初めて 9.9％と目標値である 10％を下回ったものの、④の大卒者については同年の時点で 33.1％と、すでに目標達成が危ぶまれている[8]。そのほか就学前教育についても、一定の改善は見られたものの、移民の背景を持つ子どもを中心に対応が遅れており、さらに州により充実度に大きな違いが見られることが確認されている[9]。つまり EU 加盟国間に大きな散らばりが見られるのと同じ状況が、ドイツ国内の各州のあいだに広がっていると言える。

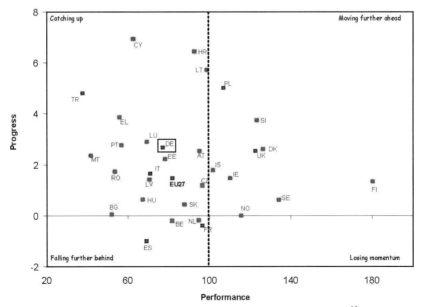

図 2 ドイツを含む EU 加盟国の教育目標の達成度と改善度[10]

注：四角の中に DE とあるのがドイツ。

132　第 2 部

　こうしてみると、裁量的政策調整の導入により、相互にベストプラクティスの移転を促す形で、これまで各加盟国の専権事項と考えられてきた教育分野に EU が政策領域を拡大したことは、しばしば言われてきたほど画期的とはみなされないだろう。たしかに、到達目標を設定された項目において多くの加盟国の状況が改善されており、そこに成果を見ることもできる。しかし、少なくとも欧州統合とともにネイションの変容がどのように進むのか、それとも進まないのかという関心からは、教育政策の中で最も意見が一致しやすいと考えられる経済・社会的な目標をめぐってさえ足並みの乱れが顕著であるという現実を見過ごすことはできない。裁量的政策調整の考え方は、国家主権の尊重を前提としながらヨーロッパ規模での政策立案・遂行を目指すものであり、そもそもネイションの変容を要求していないとはいえ、各国における予算配分の若干の修正といったレベルでも充分な影響を及ぼせないとすれば、それが導入された意義はやはり限定的と言わなければならない。

　現在進行中のプログラムに対して早急に結論を下すことは憚られるが、これまでのところでは、やはり教育政策分野での欧州機関とネイションの関係に大きな変化は見られないということになろう。

3.　ヨーロッパ市民育成の試み

　前節では、EU の積極姿勢のもとでも、教育政策に関する限り、ネイション（ならびにネイションの下にある州など）が形式的にはもとより実質的にも従来の権限を維持している様子を確認したが、EU が直接的に政策を進める領域もある。

　エラスムスがその代表である。1987 年に年間 3000 人ほどの学生を支援するところから始まった同プログラムは、2012-13 年度には約 30 万人の学生に他の EU 加盟国に学ぶ機会を提供しており、これまでの 25 年あまりの間の累計受給者は 300 万人におよぶ。今後 7 年間もほぼ同じ規模が維持されるほか、エラスムス・プラスの全体では同数（約 200 万人）の大学生以外の普通・職業学校の生徒らがそれぞれのプログラムで別の加盟国を訪れることになる[11]。

　年間 30 万人という数は、ヨーロッパ全域で学ぶ大学生の 1〜2％にあたり、この数を多いと見るか少ないと見るかは評価が分かれよう。しかし、もしエラスムスがなければ、それらの学生の一部はアメリカ等の域外に留学し、また、そも

そも留学を諦める学生も相当数に上ると想像される。エラスムスの目標のうち、大学間協力の拡大を通じた EU 全体としての人的資源の育成についてはその効果を把握するのが難しいとはいえ、EU 市民の意識形成と EU の活動への理解の向上という点では、参加者数の増大に応じた効果を推定して良いのではないだろうか。

このヨーロッパ市民の育成という課題そのものについては、エラスムスとほぼ時を同じくして欧州理事会で議論され始め[12]、今日にいたるまで EU の教育政策の主要課題の一つであり続けている。それは、経済的視点が優位の EU の教育政策のなかで、むしろ後発の課題に属しているが、21 世紀に入ると、加盟各国の市民団体に交流を促す「アクティブ・ヨーロッパ・シティズンシップ」事業 (2004-06 年) や「市民のためのヨーロッパ」事業 (2007-13 年) が打ち出されるなど[13]、学校の内外で力が入れられている。

以上のように、EU は自ら学生や市民団体に働きかけて、ヨーロッパ市民の育成を推進しているが、そこに地域統合とネイションの関係ないしその変容をみる手がかりを得ようとするのであれば、各国機関による活動にも目を向けることが必要であろう。加盟各国の教育も、多くの場合、もはや単にネイションの再生産のみを追求し、地域統合に無関心という状況にはない。

この点でドイツは、他のヨーロッパの中心国と比べて比較的早くから、また強力に、いわゆるヨーロッパ教育を進めてきたと言える。一例をあげると、全州の教育担当大臣の協議機関である常設文部大臣会議 (KMK) は、1978 年に「授業の中のヨーロッパ」勧告を発表した。これは 2008 年に改訂されて、今日では「学校におけるヨーロッパ教育」勧告として知られている。

2008 年の勧告は、序論を別にすると、以下のような 4 部から構成されている[14]。

第 1 部　今日のヨーロッパ：その政治的出発点

第 2 部　教育の課題としてのヨーロッパ意識

第 3 部　学校におけるヨーロッパ意識の育成

第 4 部　さらなる発展のための勧告

これらのうち第 1 部は、二度の大戦を経ることでヨーロッパの協力と統合の重要性が認識されるに到ったという歴史的経緯の説明ののち、EU や欧州評議会などの統合機関や「市民のヨーロッパ」「地域のヨーロッパ」といった概念を中心に、事実上、ヨーロッパ統合について教える際に取り上げるべき基礎知識を列挙していると言って良いだろう。

134 第2部

それに対して第2部は「ヨーロッパ指向のコンピテンシー」について、すなわちヨーロッパのために生徒が「知っている」べきことがらではなく、その市民として「できるようになる」ことが期待される内容について詳述している。それらは大きく以下の4点にまとめられよう。

　①ヨーロッパの多様性を承認し、偏見を捨てて相互理解に努めること。

　②人権、民主主義、自由と公正、平和などのヨーロッパ的価値を尊重し、その発展のために行動すること。

　③共通の利益のために、利害の対立する隣人と妥協すること。

　④ヨーロッパの協力を構築し、また確かなものとするために責任感をもって積極的に取り組むこと。

そして続く第3部では、上記の知識やコンピテンシーの獲得が促される場として、歴史・政治・経済・地理・言語といった教科が列挙されるほか、コメニウスなどの交流プログラムの重要性が指摘され、最後の第4部は、これまで見てきたような教育をより効果的に実施できるよう教師教育制度の改革が必要なこと、また教科書検定にこうした教育課題をより反映させるべきことを勧告している。

KMKの勧告に法的拘束力はないが、そこに示された問題意識は、基本的に1978年の時点から各州の教育関係者によって共有されていたものである。30年ぶりの改訂には、世紀転換期以降のヨーロッパでシティズンシップ教育への関心が高まりを見せていることと、コンピテンシーという言葉に象徴される学力観の転換が背景にあると考えられる。とはいえ、たとえば歴史教科書を例にとれば、1970年代からヨーロッパ統合についての記述は一般的だったのであり、「ヨーロッパ市民」という言葉が使われていないとしても、そうしたあり方を目指す考え方はかなりの広がりを見せていたと考えられる。むしろ各国の主権のもとに置かれた教育という領域に長らく消極的な姿勢を取ってきたEUとは異なり、ドイツをはじめとする一部の加盟国の教育は、ヨーロッパ市民の育成という課題に早くから取り組んできたことが推測されるのである。

4.　ヨーロッパ市民と各国市民の関係

ところで、EUや欧州評議会のような超国家機関だけでなく、加盟国の教育もその育成に努めるヨーロッパ（EU）市民とは、どのような人々なのだろうか？

欧州連合の機能に関する条約第 20 条によれば、EU 市民とは「加盟国の国籍を有するすべての人」[15] ということだが、この規定からは、それがどのような知識や能力を備えている（ことが期待される）人なのかはわからない。

　教育の視点から地域統合とネイションの関係に注目するときに重要になるのは、EU ならびに加盟国の広義の教育がいかなる市民的資質を育成しようとしているかである。この点に関連して予め確認しておく必要があるのは、同条には続きがあり、そこには「EU 市民権は各国市民権に追加的に付与されるものであり、各国市民権にとって代わるものではない」[16] と定められていることである。このように両者は対立的なものとしては考えられていない。むしろ各国市民であることから個人に求められる資質の中に、EU 市民に期待される資質も含まれていると言えよう。これが、あるネイションが EU の一部であるということなのであり、教育をめぐる権限が基本的に各国に認められていても EU 市民権をめぐって支障が生じることはないという推論を可能にしているのである。

　他方、このことは EU 市民を育てる教育が、そこに非加盟の民主主義社会一般で求められる市民性教育と変わりがないことを意味しない。前者では、EU 市民権、すなわち域内で自由に移動・居住・就労する権利や、国籍を持たない居住国において地方選挙と欧州議会選挙に参加する権利などの行使を可能とする知識と能力の育成が重要な課題となる。これは、EU 加盟国以外では必ずしも必要とされない資質である。前節で紹介した KMK の「学校におけるヨーロッパ教育」勧告はもちろん、エラスムスなどの教育交流プログラムも正にそこに焦点を合わせている。

　なお、KMK 勧告が包括的な内容を示しているのに対して、エラスムスに期待される市民性教育としての効果は部分的であるとは言えるだろう。後者は EU 加盟国を中心とする参加国の大学のあいだで運営される多国間プログラムであるとはいえ、一人の学生が留学する場所は原則として一つである。個々の学生に注目するとき、それは基本的に二国間の交流プログラムなのである。学校の生徒を対象にした交流プログラムであるコメニウスでは 3 か国以上の交流が一般的だが、そこでも交流を通して知ることができるのは、自分とは異なる（ヨーロッパの）個々の文化や社会とその人々であり、ヨーロッパの総体あるいはそこに共通するなにものかではない。

　それに対して、学校の歴史教育であれば中世や近代のヨーロッパ世界を取り上げ、また政治教育であれば、今日の統合機関やヨーロッパ社会が全体としていま

直面している課題を議論することができる。KMK 勧告は交流プログラムへの参加も促していることから、それはエラスムスのような二国間的な考え方も包含しているとはいえ、ヨーロッパに関する知識として、ヨーロッパの全体についての知識を想定するのか、それとも個々の社会や文化についての知識を考えるのかという点で、教育内容構成上の考え方は一応区別される。かつて梶田孝道は、ヨーロッパ－国家－地域からなるアイデンティティの三空間併存モデルを提唱したが[17]、EU ならびに加盟国の教育政策は、ヨーロッパ・レベルのアイデンティティは必ずしもヨーロッパに共通するものに関する知識の獲得ならびにその経験によってだけでなく、他の国家や地域を理解する過程を通しても育てられると考えられていることを意味している。

　このように二つの異なる方法を、ともにヨーロッパ市民の育成に資するものとして同時に追求し、またそのように語るところに、ヨーロッパ統合とネイションの関係に対する一つの理解が表れていると言えよう。

5. 共通のヨーロッパ像

　国民国家の形成過程では、ローカルな文化を否定してネイションの核となる文化を押し広めることでナショナルな帰属意識の構築を進める傾向も見られたが、今日の EU においては、全体から見ればローカルの地位にあたるネイションが今も教育政策の主たる担い手の地位を維持している。このことが二国間交流型の学習への高い評価をもたらしているのは間違いないだろう。

　その一方で、必ずしも統合を強く意識して行なわれるわけではない通常の教育活動においても、ヨーロッパに対する共通のイメージが形成されつつある。

　2003 年、アウクスブルク大学の歴史教育学教授ポップ (Susanne Popp) を中心とする研究グループは、1997 年以降に EU 加盟国を中心とするヨーロッパ 33 カ国で出版された歴史教科書に見られる絵画・版画・写真等の図像を対象に比較調査を行い、そこからドラクロワの「民衆を導く自由の女神」やアントン・フォン・ヴェルナーの「ドイツ帝国の誕生」など、14 の図像が他の図像を圧倒して多く採用されていることを明らかにした。実際には、それら 14 の図像をすべて掲載している教科書は存在せず、平均すると 4 点、最高でも 7 点しか掲載されていないとはいえ、最も少ない教科書でも、それらのうち 2 点をそこに見ることができるとい

う[18]。

　彼女によれば、ワルシャワ・ゲットーを追い立てられる両手をあげた少年の写真や、ヴェルダンの墓地でコール首相とミッテラン大統領が手をつないだ写真のように、ドイツでは非常に有名な写真が、意外なことに他のヨーロッパ諸国の教科書では必ずしも一般的ではないということだが[19]、それでも「ヨーロッパの歴史文化」とでも呼ぶべきものが、おぼろげながら形成されている様子がうかがわれよう。むしろ、こうしたドイツの議論から推測されるのは、各国は基本的にナショナルな視点から過去を捉えようとしており、その背景としてヨーロッパ史を描いているが、その背景についての理解に一定の共通性が認められるということである。すなわち、それらの図像は、無数の過去の出来事の中から歴史教育のためにどれを選び、またどの作品によってそれを表現するかという二重の選択における各国の接近を象徴している[20]。もちろん、ある図像が国境を越えるとき、それが個々の教育場面で同一の意味を持つとは限らないが、有意義な対話の可能性がすでに用意されていることは確かである[21]。

　なお、注18に示した14の図像が18世紀後半から20世紀末までの200年強の期間に、しかも戦争や国家建設などのテーマに集中していることは示唆的である。一般に時代が下るに従って、図像作成・処理技術の進歩とまさに時間的距離のゆえに、参照可能な作品数は増加し、そのことは共通の図像が減ることを予想させるが、現実はそうではない。各国の歴史教育が近現代にウェイトを置いていることも影響している可能性はあるが、共通のヨーロッパのイメージが、しばしば国民国家による分裂の時代に関して発達していることは興味深い。

　現在を理解するだけでなく、歴史についても、ヨーロッパは共通性の中にではなく、そのネイションの関係性の中に見出されている。

6. おわりに：ネイションのヨーロッパ的展開

　教育領域におけるヨーロッパ統合とネイションとの関係は、二つの視点から捉えることができる。すなわち、従来どおりに各国政府が教育を主管するのか、それともEUにその一部が委譲されるのかという視点と、教育目標においてどの程度にヨーロッパ市民の育成が追求されるのかという視点である。

　前者について言えば、ヨーロッパ教育の現状をどう評価すべきかは難しい。確

かに裁量的政策調整の導入は、各国の主権下にある教育政策領域に対してEUが発言することを可能とした。これは、各国における予算配分等で教育関係者を支援する意味も持っているだろう。しかしながら、現実が示しているのは、これまでのところEUは、その圧力なしでも各国政府が自国の問題に取り組む上で力を入れざるを得ない経済・社会的な教育政策を中心に議論を進めており、地域統合の推進を目指す政策への姿勢は、相対的に見て必ずしも積極的とは言えないということである。すなわち制度論的には、ネイションが持つ主権を尊重しつつEUが権限を拡大するための工夫が少しずつ進められてきたが、それは教育の内容に影響を与えるまでには到っていない。

たとえば遠藤乾は国家主権とヨーロッパ統合の関係について、「主権と統合の間には、控えめに言っても緊張関係があり、それは統合が進めば進むほどそうなのである」[22]と述べているが、こうした緊張関係は教育領域ではこれまでのところ巧みに回避されてきたのであり、このことは統合が進んでいないことを示唆している。

それに対して第二の視点からは、EUが以前から推進してきたエラスムスなどの施策がヨーロッパ市民の育成に一定の貢献をなしてきたことは否定できないだろう。また近年、様々な文書でヨーロッパ・アクティブ・シティズンシップという言葉が多用されていること自体に、広い意味での教育効果を認めることもできる。

しかし、少なくともドイツに注目する限り、EUが積極的姿勢を鮮明にする以前から、KMK勧告に見られるように、言わばナショナルな教育の枠組みの中にヨーロッパ市民を育成するという目標が取り込まれていたのであり、これは後に、EU市民権が各国市民権に追加的に付与されるに到るという経緯を連想させる。さらに、ヨーロッパ各国の歴史教科書にポップらが見出した14の図像が示唆しているのは、必ずしも統合を意識せずに各国で行なわれている教育活動もまた、ヨーロッパに対する共通の理解を広めているということである。

以上は第一の視点からの観察と矛盾するものではない。本稿の冒頭に掲げた問いに戻れば、EUによるヨーロッパ教育の進展は急速なものではなく漸進的であり、したがって地域統合とネイションとの関係にラディカルな変化は認められないということになろう。

特にドイツの例からは、地域統合とネイションの関係よりも、むしろ長期的に統合とヨーロッパ教育の発展をもたらしたネイションのあり方、特にそのヨー

7. ヨーロッパ教育における地域統合とネイション　139

ロッパ的展開とでも呼ぶべきものに注目することの重要性が浮かび上がってくる。すなわち個々のネイションは他の複数のネイションとの関係によって支えられているという現実とその意識、そして、その関係性そのものを追求するなかから、ヨーロッパのような共通空間が紡ぎだされていると考えられる。一般に理解されているのとは異なり、教育はネイションの核に関わる本質的に排他的な分野ではないのである。

　教育分野における統合の遅れは、それ自身が課題である以前に、主権の観点から統合の進み具合を評価しがちな私たちの認識上の慣行そのものの問題を明らかにしているのかもしれない。

注

1　"Regulation（EU）No 1288/2013 of the European Parliament and of the Council of 11 December 2013 establishing 'Erasmus+': the Union programme for education, training, youth and sport and repealing Decisions No 1719/2006/EC, No 1720/2006/EC and No 1298/2008/EC", *Official Journal of the European Union*, L 347, Vol.56, 2013, p.61. 新プログラムの初年度に予定された約18億ユーロという額は、旧プログラムの初年度予算約9億ユーロの2倍に達している。

2　http://eumag.jp/feature/b0312/（2014年6月10日閲覧）

3　特に第26項ならびに29項。 http://www.consilium.europa.eu/uedocs/cms_data/docs/pressdata/en/ec/00100-r1.en0.htm（2014年6月14日閲覧）

4　坂本昭・園山大祐「ヨーロッパ教育の形成と発展過程」近藤孝弘編著『統合ヨーロッパの市民性教育』（名古屋大学出版会、2013年）、32頁所収の表1-1「教育行動計画の歴史的変遷」をもとに加筆修正して作成。

5　Commission of the European Communities, *Commission staff working document. Progress towards the Common European Objectives in Education and Training. Indicators and Benchmarks* 2010/2011, 2011, p.10.

6　Ibid. なお ET 2020 では到達目標のうち②早期離学者の削減と④大卒者の増加に重点を置くとされている。（Ibid., p.7.）

7　Ibid., p.11.

8　European Commission, *Commission Staff Working Document. Assessment of the 2014 National Reform Programme and Stability Programme for Germany. SWD (2014) 406 final*, 2014, p.31.

9　Ibid., p.19.

10　Chart A.2: Average levels of country performance（2006）and progress（2000-2006）across the five benchmark areas, *Ibid.*, p.12.

11　"EU ups budget for Erasmus student-exchange program", ekathimerini.com, July 9, 2013 ［http://www.ekathimerini.com/4dcgi/_w_articles_wsite6_1_09/07/2013_508172 （2014年8月11日閲覧）］

12　"A People's Europe. Reports from the ad hoc Committee, European Communities Commission", *Bulletin of the European Communities Supplement*, 7/85, 1985, p.7.

140　第2部

13　澤野由紀子「アクティブ・シティズンシップとヨーロッパ」前掲書、55頁。

14　KMK, „Europabildung in der Schule. Empfehlung der Ständigen Konferenz der Kultusminister der Länder in der Bundesrepublik Deutschland (Beschluss der Kultusministerkonferenz vom 08.06.1978 i. d. F. vom 05.05.2008) ", 2008.

15　„Vertrag über die Arbeitsweise der europäischen Union (Konsolidierte Fassung) ", *Amtsblatt der Europäischen Union*, Vol. 55, 2012, S.56.

16　Ibid.

17　梶田孝道『統合と分裂のヨーロッパ』(岩波書店、1993年)、47-48頁。

18　Susanne Popp, „Auf dem Weg zu einem europäischen "Geschichtsbild". Anmerkungen zur Entstehung eines gesamteuropäischen Bildkanons ", *Aus Politik und Zeitgeschichte*, B 7-8/2004, 2004, S.25-26. なお14の図像は以下の通り。「アメリカ独立宣言」(ジョン・トランブル)、「球戯場の誓い」(ジャック=ルイ・ダヴィッド)、「マドリード、1808年5月3日」(フランシスコ・ゴヤ)、「ウィーン会議」(ジャン=バプティスト・イザベイ)、「キオス島の虐殺」(ウジェーヌ・ドラクロワ)、「民衆を導く自由の女神」(ウジェーヌ・ドラクロワ)、「ドイツ帝国の誕生」(アントン・フォン・ヴェルナー)、「1878年のベルリン会議」(アントン・フォン・ヴェルナー)、「レーニンがソビエト権力を宣言する」(ウラジーミル・A.・セーロフ)、「ヴェルサイユ宮殿、鏡の間における講和条約調印」(ウィリアム・オーペン)、「ゲルニカ」(パブロ・ピカソ)「ヤルタ会談」[写真](米国陸軍通信隊)、「帝国議会の赤旗」[写真](エフゲニー・ハルデイ)、「ベルリンの壁崩壊」(複数の写真家による)。

19　Michael Wobring/Susanne Popp (Hrsg.), *Der europäische Bildersaal. Europa und seine Bilder*, Wochenschau-Verlag, 2013, S.4-5.

20　14点の図像は、いずれも日本でも比較的良く知られており、このことはヨーロッパ史に対する共通の理解がヨーロッパ内部のものではなく、相当程度に世界化していることを示唆する。ここにヨーロッパが世界の他地域に比べて共通の自己理解を持ちやすい一つの原因を見ることができよう。

21　Susanne Popp, „Visualisierte Geschichte in den Lehrwerken Europas. Zwischen polysemantischen Vermittlungsstrategien und kanonischer Engführung ", Michel Gehler/Silvio Vietta (Hrsg.), *Europa - Europäisierung – Europäistik*, Böhlau, 2010, S.336.

22　遠藤乾「ヨーロッパ統合とは何だったのか―展望と含意―」遠藤乾編著『ヨーロッパ統合史』(名古屋大学出版会、2008年)、321頁。

国家・国民・市民

解題：言語の国民化

野津隆志

　本論文は、1990年代のタイ東北のへき地農村を舞台にした「言語の国民化：国語を国家全土に普及し、国語の正統性や国語愛をつくる教育政策」を民族誌的に記述した論文である。私はこの村での集中的調査をもとに、「国民の形成」と題した博士論文を書き上げた。本論文はその博士論文を修正し出版した著書の一部抜粋である。

　今、本論文の解題文を書くために、論文執筆当時の調査地の写真、インタビューしたカセットテープ、フィールドノートなど雑多な資料を手元に集め、改めて眺めてみた。私が最も頻繁に通った小学校の6年生全員11人と校庭で写した写真、全校生徒が朝礼時に整列しタイ国旗を掲げる儀式をしている写真もあった。調査当時、夕方には小学生たちが水牛を引き、水を飲ませに水辺に集まるようなのどかな農村だったことを遠い昔のように思い出した。

　私は1996年から2000年まで7回にわたり、この調査村を繰り返し訪れ、今述べたように多数の写真やビデオを取り、200人にインタビューした。村の伝統的な祈祷師や産婆から古い村の歴史を聞き、毎日、宿に帰ると村民たちの語るエピソードを興奮しながらフィールド日誌に書きとめていった。

　現地調査から帰国するとインタビューしたカセットテープやビデオを翻訳し、データベースに加工する作業が続いた。一心不乱と言っていいような精神状態で毎日パソコンに向かっていた若い頃の自分の姿が思い出される。

　このリーディングスは「地域研究」をテーマに編纂されている。本論文も当時、比較教育学では少なかった一つの地域に集中し研究するフィールドワーク型の研究方法に挑戦したものである。

　本論文のフィールドワークは大きく二つの側面からできている。一つは従来の人類学や農村社会学で行われていた「村落調査」である。都市部から離れたへき地農村を対象にして村民の暮らし、家族の生活、宗教慣行など多面的な村落調査を行った。教員宅での民泊からも多くの情報が得られた。もう一つは、「学校調査」である。学校調査では小学校に毎日通い、授業を観察し、教師と生徒の会話を記録し、学校と村民の関係なども総体的に把握した。こ

うした村落調査と学校調査を統合し、相互の関係を分析することが、その後の私の研究で最も重要な視点と方法となっている。

調査では地域社会で使われている方言（イサーン語）や学校で使用される国語（標準タイ語）とそのメディアを総合的に収集する作業に没頭した。どこで方言が使われ、どこで国語が使われているか、一つ一つ確かめる作業である。言うなれば調査地全体を蝶や昆虫のように言語がうごめく生態系と見なして、蝶や昆虫を観察し採取するように言語の収集を行った。子ども達の家庭に入り、所有する書物をカメラに納めた。仏教寺院の蔵には、暗号のような旧文字で書かれた経文があった。学校でも朝礼から下校時活動までの子どもと先生の言葉のやりとりをビデオに収めた。

言語生態を整理した結果、学校だけが国語を普及させる主役ではなく、テレビ・ラジオの村落普及やバンコクへの出稼ぎなど村落生活全体の変化と言語の国民化は連動していることが明らかになった。つまり、地域を詳しく知ることで、学校の相対的役割が鮮明になったのである。

学校だけを調査したのでは学校と地域との相補関係の重要性は分からない。地域研究は学校の役割を地域との文脈から深く理解する上できわめて有効であることを本論文は示している。今後の比較教育学でも「地域の中での学校」の研究が試みられることを期待している。

国家・国民・市民

8. 言語の国民化

野津隆志

はじめに

現代タイの教科書に次のような記述がある。

「われわれは同じ言葉を話す、すなわちタイ語である。われわれはわれわれの固有の服装とことばを誇りにする」(小学校1年：生活経験科 ワタナパニット版93頁)

この短い文の中に国語(中央タイ語)に込められたイメージが端的に示されている。一つは、国語とは「われわれ」タイ人に共有され、「同じことばを話す」という単一民族・単一言語国家のイメージである。もう一つは、国語は「誇りとする」ことばであり、「固有の服装」と同様に国民の文化的シンボルであるという文化イメージである。

本章で検討するのは、こうした同じことばを話し、国語を誇りとする国民の形成政策である。特に本章では、国語(中央タイ語)と方言(イサーン語)の機能や意味が固定的なものではなく、時間軸と空間軸に沿って多層的に決定されている状況に注目しながら検討する。

あらかじめ、本章で用いた調査方法について述べておく。筆者は調査開始当初、調査地の子どもの会話に注意して観察した。しばらくすると、子どもは教室では中央タイ語で会話しているが、一歩教室を出るとイサーン語で会話していることに気がついた。なぜ、またどのように子どもは中央タイ語とイサーン語を使い分けているのだろうか。

この問題に接近するためには、村落での言語使用を総体的に把握し、個々の言語の空間的配置(どこでどの言語が使用されているか)、時間的配置(いつどの言語が使

出典：「第2章　言語の国民化」『国民の形成』明石書店、2005年、87-132頁。

われていたか) を一つ一つ確かめていく手続きが必要となる。いうなれば調査地全体をさまざまな言語が流通する言語生態系と見なして、言語変種を採取し言語の分布や活動状況を把握する生態観察の作業である。

そこで、96年12月と97年3月に調査地のさまざまな場所 (家庭、集会所、寺院、学校など) で、「書かれた文字」をカメラに映し、「話されたことば」をカセットテープに録音した。また、数校の小学校で終日、学校活動を観察し、できるだけ多くの活動場面をビデオテープやカセットテープに記録した。のべ2週間にわたって「言語採取」を行った結果、村落や学校では中央タイ語やイサーン語だけでなくさまざまな言語が流通していることがわかった。以下ではこれらの言語データを使用して分析を行う。なお、以下の記述では文脈に応じて「タイ語」と「中央タイ語」を使い分ける。

1. 中央タイ語の地方への普及 (略)

2. 調査地における言語の歴史

過去2、30年の間に調査地の社会環境は大きく変貌し、言語生活もそれに伴い大きく変化した。ここでは調査地の言語生活に関する調査データに基づき、村民や子どもの中央タイ語への接触のあり方や村落の言語世界の変容について検討する。以下の(1)、(2)、(3)項では、1800年代から1970年代までの調査地の言語環境の変化を概略する。

(1) 1800年代から1930年以前—ラオス語とタム文字の時代

人類学者 S.T. タンバイアは1960年代東北タイの村落調査に基づき、開発が進む以前の東北農村には、中央タイ語と異なる言語知識が存在し、「無文字社会」ではなく「多文字」が流通する社会だったことを詳しく記述している[1]。

調査地でも同じ歴史が見られる。まず、タンボンN内の2村落 (N村とB村) を事例にして、言語メディアの歴史的変化を大まかに整理しておく。

表2に整理したように、調査地200年の言語変遷史は、音声面では「ラオス語」から「中央タイ語」、文字面では「タム文字」から「タイ文字」への転換の歴史である。

8. 言語の国民化　145

表 2　調査地の言語と情報通信メディア変化

	調査地	関連事項
200 年前	ヴィエンチャンよりタム文字、ラオ語の使用集団が定着	
1921 年		義務教育令布告
1923 年	N 小学校開設	
1928 年		タイでラジオ放送開始
1933 年	N 小学校 P 村へ移転（P 小学校開設）	
1936 年	NW 村小学校開設	
1955 年		タイでテレビ放送開始
1964 年	B 村長宅でラジオ購入	
1970 年		全国電化率 9 ％ ラジオ普及率 63.5 ％（バンコク除く農村）
1977 年	B 村小学校開設	
1980 年		全国電化率 32 ％ ラジオ普及率 86 ％（バンコク除く農村）
1982 年	郡教委が無線電話を設置	
1982 年	N 村電化、テレビの普及	
1987 年	郡教委が普通電話を設置	
1991 年	B 村電化、テレビの普及	
1994 年	N 村で電話取次業が開業	
1996 年	N 行政村に公衆電話が設置 B 村長宅テレビを購入	
1992 年	小学校で英語教育開始	
1997 年	教員が携帯電話を持ちはじめる	

　表 2 の年表は、200 年前に「ヴィエンチャンよりラオス語とタム文字の使用集団が定着」という記述から始まる。村民達に村の歴史を尋ねると「われわれの祖先はヴィエンチャンから来た。その証拠に N 寺院にはヴィエンチャンから持ってきた経文がある」と説明する。実際、N 寺院には多くの古文書が残っている。経文はうすい木板に墨で書かれ、木板は糸でくくられている。僧侶の説明では、古文書や経文は約 50 編あり、「タム文字」で書いたものが多いと言う[2]。タム文字とは言語学的にはシャン文字の変種で、タイ文字とは異なる系統である。イサーンの人々はタム文字経文を「ナンスー・タム」と呼ぶ。N 寺院にタム文字経文や古文書が存在しているという事実は、まさに 200 年前の東北農村はラオス言語—

文化圏内にあり、この圏内で仏教や伝統知識が伝達されていたということを示している。

さらにN寺院には「ラオス文字」と「タイ文字」で書かれた古文書もある。ラオス文字はタイ文字と類似した形をしている。タイ文字古文書は村落成立後のバンコク系統仏教との接触により蓄積されたものと思われる。N寺院の経文は、N村は成立以降、複数の文字言語が流通する空間であったことを示している。

調査地にはタム文字習得の制度も存在した。現在、N村でタム文字経文の読解が趣味だと自称するS氏（63歳＝97年調査時）によれば、今でも自分以外に同年齢者にはタム文字経文が読める者がいると語る。彼らはN寺院で青年期に僧修行をし、出家修行時代にナンスー・タムの読解を勉強したのだ。仏教寺院はイサーンの文字と知識を貯蔵し伝達するエージェントであった。

(2) 1930年代から1950年代—小学校の設置

1930年代から始まるバンコク政府による東北地方への統合政策は、調査地の言語状況を徐々に変えていった。言語変化へのきっかけは、むろん小学校の設置である。第1章で述べたように、調査村に存在する小学校も1930年代に設置された。寺院という伝統的言語伝達エージェントは、1930年代から徐々にその役割を喪失し始め、同時に村民のタム文字読解能力も消失していった。

しかし、この時期の小学校は、未だ「僧侶」や「臨時教師」による初歩的読み書き教育機関にすぎなかったと推測される。教師は村内出身者であったから音声面ではとうてい中央語の「正しい」発音はおぼつかなかった。外部との接触も限定され、テレビもラジオもない時代であったから、村落の言語生活は基本的にラオス語であった。村に言語変化が生じるのは、60年代以降である。

(3) 1960年代から1970年代

グーレビッチ（Robert Gurevich）は、1970年ごろの東北コンケン県農村の言語—社会状況を村落調査に基づき、次のように記述している[3]。

　　……中央タイ語は多くの村民に聴取され理解されはするが、まれにしか話されずまた流暢にも話されない。村民は学校で、またラジオを聞くときや都市部を旅行するときには中央タイ語にさらされる。村落生活では、旅行者、薬の行商人、官吏、寺院祭礼などの限られた機会に、時として中央タイ語に

触れる程度である .……（Gurevich 1976, p. 139）

　こうした状況のため、グーレビッチによれば、当時の東北タイでは中央タイ語使用能力が極端に低く、小学校 4 年卒業者であっても第 1 学年段階の識字テストを 31% の者が不合格となる状態だったと言う。本研究の調査地でもこのような時代があったことは容易に想像できるが、調査地ではグーレビッチが取り上げていない村内言語の変化が 1960 年代に生じた。

　タイは 60 年代から経済開発が始まり、タイの GDP 年平均成長率は 60 年代から 80 年代まで 7% 以上となった。バンコクを中心に雇用が拡大し、調査村ではバンコクへの出稼ぎが多くなった。

　出稼ぎ増加は東北農村が国家経済システムに包摂されていく過程であると同時に、国家言語システムに周縁のことばが包摂される過程でもある。就労経験者に尋ねると、バンコク就労時に中央タイ語を直接使用する機会をはじめて持ったという。出稼ぎは中央タイ語使用能力を形成した。

　さらに、1960 年代の言語環境の変化の中で特筆されるのは、ラジオの普及である。現在 52 歳（1998 年調査時）の B 村村長の話によれば、18 歳のとき自宅にラジオが入ったと言う。1964 年のことである。そのとき村には 2 台しかラジオがなく、村人はラジオを聴きに集まったものだと言う。村民の話を総合すると、B 村で 3 軒に 1 台程度までラジオが普及するのは 1970 年代半ばである。

　中央タイ語の声は、ラジオを通して 1970 年代に村内にくまなく浸透していった。現在でもラジオはよく聴取されている。村人は農作業中、ラジオを聴く。田作り小屋（ティエン・ナー）に寝泊まりするときもラジオが唯一の娯楽となる。村長は音楽番組、ニュース以外に、毎月の宝くじの当選番号発表を欠かさず聴いていると言う。

3.　現在の子どもの言語生活

　本節では、現在の調査地でいかなる言語メディアが使用されているか、それらと子どもはどう接触しているか検討する。特に「音声メディア―ラジオ、テレビ、電話など」と「書記メディア―書物、印刷物など」の使用実態の顕著な違いに着目して言語メディア使用の特徴を明らかにしたい。

(1) 家庭生活

　子どもの言語習得を促す最も基礎的主体である家庭を観察すると、子どもは親や兄弟姉妹とすべてイサーン語で会話している。親も子どもも国語は中央タイ語であり、自分たちが公式の場で話すべきことばが中央タイ語であることを自覚している。親は子どもが学校で中央タイ語を学習することをごく当然のことと認識している。けれども、親が自ら中央タイ語を話し教えるまでには至らず、家族同士の会話はイサーン語でなされている。

　子ども同士のイサーン語による会話の例を、次の**表3**に挙げた。子どもたちはお互いをイサーン語による人称代名詞を用いて呼び合っている。人称代名詞は対話のときの自分と相手の呼び名である。日本語では一人称代名詞に「僕」、「わたし」などがあり、二人称代名詞には「あなた」、「きみ」などがある。イサーン語の人称代名詞は、年齢によって使い分けられており、「長幼の序」によって人間関係を秩序づける原理が見られる。なお、この人称代名詞の規則性は中央タイ語に対応している[4]。

表3　子どもの人称代名詞使用（カッコ内は中央タイ語の場合）

人称代名詞	表現
1 人称代名詞	
相手が年長のとき	コイ（チャン）
相手が同年齢のとき	コイ / ハウ（ポン / チャン）
相手が年少のとき	アイ / ウアイ（ポン / チャン / ピー）
2 人称代名詞	
年長の男子を呼ぶとき	アイ（ピー）
年長の女子を呼ぶとき	ウアイ（ピー）
同年齢の男子を呼ぶとき	チャオ / ナーイ（本名 / ニックネーム）
同年齢の女子を呼ぶとき	チャオ / ナン（本名 / ニックネーム）
年少の男子を呼ぶとき	本名 / ニックネーム / バラー（本名 / ニックネーム / ノン）
年少の女子を呼ぶとき	本名 / ニックネーム / イラー（本名 / ニックネーム / ノン）

注 イサーン語は筆者の調査による。中央タイ語は綾部・藤山 1976 による。

(2) テレビ・ラジオ

　テレビ・ラジオは、子どもが直接中央タイ語の音声に触れる最も身近なメディアである。1982年にN村が電化され、1991年にはB村が電化完了した。それまでは村民は灯油ランタンや懐中電灯で明かりをとり、電池式ラジオを聴いていた。村民は村内に電気が入るとほぼ同時にテレビを購入し始めた。

　筆者は98年9月に調査地の小中学生50名を対象にアンケート調査を行った（**表4参照**）。その結果、子どものテレビの1日視聴時間は、平均で小学校6年＝1.58時間、中学校3年＝1.52時間であった[5]。自宅にテレビがない子どももいるが、彼らも同じ屋敷地の親族宅や近所でテレビを毎日のように見ている。中国劇、ホームドラマ、アニメなどが彼らの人気番組で、子どもは幼少よりテレビを通して中央タイ語の「音」に接している。また、子どもたちは田作り外屋（ティエン・ナー）で家族と共に寝泊まりする機会が多い[6]。田作り小屋は電気がないため、ラジオが唯一の娯楽である。ラジオもテレビ同様に子どもの中央タイ語習得のメディアとなっている。

表4　小中学生のテレビ視聴と購入書籍（1998年調査）

	平均テレビ視聴時間	平均購入書籍数	今年度購入書籍上位3種		今年度未購入者数	所有書籍数
小学校6年（26名）	1.58	0.77	まんが	10名	12名	3.27
			単語帳	4名		
			新聞	1名		
中学校3年（24名）	1.52	1.04	まんが	14名	4名	5.58
			コミック	4名		
			歌の本	3名		

(3) 外部との往来

　親の出稼ぎは子どもの生活全般に影響を与えるが、子どもの言語経験にも影響を与えている。小学生がバンコクや他県へ就労している親族を訪問する機会が増加し、外部との往来により中央タイ語を使用する機会も増えている。

　1998年9月に筆者が調査地の小学校3校で児童453名対象に調査したところ、

調査時点で [両親とも出稼ぎ中 =16.6%]、[父親のみ出稼ぎ中 =9.1%]、[母親のみ出稼ぎ中＝2.4%] という結果であった。つまり、約4人に1人の家庭で出稼ぎが行われていることになる。いかに出稼ぎ就労が多いかこの数値が示している。親が村に帰らず長期就労をしている場合、子どもたちはバンコク行きのトラック改造バスを利用し親に会いに行くことも多い。学校の長期休暇中は1カ月以上も親と共にバンコクに滞在する子どももいる。バンコク滞在期間中、子どもたちは親と共に屋台を引き、親が働く調理場に入り、仕事を手伝う。彼らはこうした経験の中から中央タイ語を直接使用し習得していく。

(4) 印刷メディア

上に見たように、子どもは日々放送メディアを通して中央タイ語に接し、また自ら使用する機会を急速に増やしている。しかし、印刷メディアの領域では、全く逆の現象が見られる。調査村の現状から見るとアンダーソンの言う「出版資本主義」の村内流人は非常に緩慢である。

たとえば、新聞購読はほとんど普及していない。近年、村民の知識向上のために、新聞が県ノンフォーマル教育センターから全村に届けられるようになったが、新聞は村長宅に置かれたままで、時折近所の者が村長宅を訪れた機会に読む程度である。定期的に新聞を読むことは習慣化しておらず、たまたま手にいれた数ヵ月前のものを村民が回し読みをしている。そのほかの雑誌や書籍などの印刷メディアは家庭内にはほとんどない。子どものいる家では、家の「蔵書」は子どもの教科書のみという場合が多く、子どもが学校以外で書籍、新聞に接触する機会はきわめて少ない。

筆者はアンケート調査で、98年6月から9月までに学校で使用する以外に購入した書籍数について尋ねた。その結果、表4にあるように、小学六年で平均0.77冊、中3年で平均1.04冊となり子どもの書籍購入数はきわめて少ないことが分かった。購入した本の種類はマンガ、英単語の本、歌謡曲の本、新聞などである。平均所有書籍数を見ても、小学校6年で3.27冊、中学校5.58冊である。この書籍の中にはマンガや歌謡曲本など印刷された書籍はすべて含まれるが、それでもこの程度である。子どもが家庭ではほとんど活字文化にさらされていないことが分かる。

このアンケート結果は、村内家族の観察によっても確認できた。子どもの家庭を訪ねると、通常、家の中には本棚はなく、板間の部屋の隅に数年前に使用した

教科書から現在の教科書やワークブックまでが乱雑に積み上げてある。古い教科書は埃をかぶったまま放置されている。また、机やイスもないため、子どもは床に腹這いになり枕を胸に当てて教科書を読んだり宿題をしたりしている。

現代日本の家庭では子ども用の勉強机、イス、本棚などが当たり前に所有されている。それを子どもに買い与える親の行為には、読書と家庭学習に価値を置く近代的教育意識の成立が前提にある。調査地の家庭の状況は、そうした前提が成立してないことを示している。親に対して「子どもに本を買ってやる機会は」と質問すると、「学校が指定した本ならば買う」と答える親が多かった。つまり、学校で指定された「ワークブック」などは買うが、それ以外に自発的に本を買うことは習慣化されていないのである[7]。

従って、子どもたちは学校で必要な書籍は兄姉や知人が使用したものを譲り受けることも多い。娯楽のためのマンガやコミック類は、私有するのでなく友人同士で貸し借りを行う習慣ができている。

さらに、一般書物の村内流入も少ないため、学校の教科書が村内を流通するという現象も生じる。村内では各家屋に置かれた縁台や田作り小屋で古いタイ語教科書を開き、古代王の歴史的逸話を熱心に読む村民の姿を見ることができる。

こうした状況から、子どもが接する印刷メディアに関しては、学校が独占的な伝達主体となっており、学校を拠点として中央タイ語の読み書き能力が育成されていることが推測される。

4. 村落内での子どもの国語習得メカニズム

以上に記述した事項を整理し、村落内での子どもを中心にした国語習得メカニズムをマクロ・レベル、コミュニティ・レベルに分け図式化すると**図2**のようになる。村落言語空間は大きく分けると、図の上半分に示した〈国語の空間〉と図の下半分に示した〈イサーン語の空間〉に区分できる。まず〈国語の空間〉から説明する。

調査の結果、国語の空間を形成する言語の国民化には1960年代から生じた村落の社会変化が大きく影響していることが明らかとなった。コミュニティ・レベルで見ると、〈外部世界との往来〉〈放送メディア〉〈印刷メディア〉などが言語の国民化に関わっている。それらの背景にあるマクロ・レベルの要因としては、＜

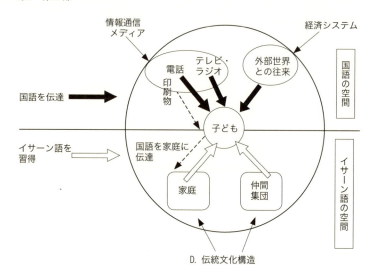

図2　村落内での子どもの国語習得メカニズム

〈経済システム〉〈情報通信メディア〉の2つを置くことができる。

　〈情報通信メディア〉〈放送メディア〉の経路を見てみると、特に1980年代から普及しだしたテレビが最も重要で、中央タイ語の普及と習得に関わる身近で強力なメディアとなっている。

　一方、〈印刷メディア〉である新聞、雑誌は家庭内に浸透しておらず、大きな影響力を与えていないため、図2では点線で矢印を記した。

　〈経済システム〉の経路は、コミュニティの〈外部世界との往来〉と繋がっている。1960年代からのタイの経済発展は、親族のバンコク就労という新しい現象を作り出した。さらに最近では海外への就労にまで発展している。親族の村外就労は子どもの移動も活性化させた。タイの経済発展は、一見すると言語の国民化とはまったく別の次元の事象に見えるが、子どもが外部世界と外部言語に直接触れる経験を作り、子どもの言語使用を変容させる契機となっている。

　一方、図の下半分はイサーン語空間の存在を示している。マクロ・レベルの〈伝統文化システム〉とコミュニティ・レベルにある〈家族〉と〈仲間集団〉が連動し、イサーン語によるコミュニケーションが維持されている。〈家族〉と〈仲間集団〉という子どもの言語習得を促す二大主体は、言語の国民化に関与する主体というよりは、「言語の地方化」に関与していると言える。

8. 言語の国民化　153

なお、この図2には学校という言語の国民化を最も強力に主導する主体が描かれていない。次の5.では学校に検討の場を移し、学校における言語の国民化へ向けての文化実践を見てみることにする。

5.　学校における中央タイ語の習得過程と言語意識

本節では学校内部の言語配置と国語修得過程の分析を行い、あわせて小学生たちの中央タイ語とイサーン語に対する意識の違いを検討する。これらの検討から、学校における言語の国民化の全体構造を解明する。まず、学校言語の配置から見てみる。

(1) 学校言語の配置

学校言語の配置解明のために行った調査手続きは、村落言語の調査と同じように、学校言語の生態調査を行い、多くの活動場面を録音した。次に、録音テープの中から活動場面ごとに会話のまとまりを抽出し、それをすべて逐語的にタイ語に文字化した。さらに、中央タイ語の出現場面とイサーン語の出現場面とがどのように違うのか、できるだけ客観化して比較するため、バンコクの大学生や大学教師、東北出身者などのタイ人に文字化した会話資料を見ながらテープを聴いてもらい、イサーン語の語彙で話している文にアンダーラインをつけるよう指示した。こうした作業によってイサーン語語彙による発話部分を明確にしていった。

その後、特徴的な会話場面の抽出を行った。選択した活動場面は子どもと教師、子ども同士、教師と親の会話が行われている場面を選んだ。各場面2分から10分の会話が文字化された。**表5**がその場面概要である。全部で19場面ある。まず、学校内の空間ごとの言語分布状況から見てみる。

(a) 教室内の言語使用

表5の場面番号1〜12は「教室内」の会話場面である。これらの場面は場面4と場面12を除いて、すべて教師が授業をしている場面である。中央タイ語は教室の中で行われる授業活動に圧倒的な頻度で出現している。教科、学年や発話者の違いを問わず、中央タイ語が共通の教授—学習用語となっている。

教室内には中央タイ語以外にも「使用されている」言語がある。それがパーリ

154　第2部

表5　学校活動場面別の使用言語

		場面　　空間	使用言語	発話者	活動内容
教室内	1	幼稚園教室	タイ語	教師子ども	童話聴取
	2	幼稚園教室	タイ語	教師子ども	自由遊び活動
	3	幼稚園教室	タイ語	教師子ども	子どもの発表
	4	幼稚園教室	タイ語（パーリ語）	教師子ども	昼寝前の唱和
	5	小教室	タイ語	教師子ども	タイ語授業
	6	小教室	タイ語、（英語）	教師子ども	英語授業
	7	小教室	タイ語	教師子ども	生活科授業
	8	小教室	タイ語	教師子ども	タイ語授業
	9	小教室	タイ語	教師子ども	タイ語授業
	10	小教室	タイ語（パーリ語）	教師子ども	道徳授業
	11	小教室	タイ語	教師子ども	タイ語授業
	12	小教室	タイ語（英語、パーリ語）	子ども11人	下校前活動
教室外	13	廊下	イサーン語	子ども3人	給食前休憩時
	14	廊下	タイ語	教師	教師の指導場面
	15	給食準備室	イサーン語	保護者教師	給食調理
	16	校庭	イサーン語	子ども4名	将棋遊び
	17	校庭	タイ語	教師子ども	朝会
	18	校庭	イサーン語	教師子ども	植樹
	19	校庭球技コート	タイ語／イサーン語	教師	体育授業

注：使用言語欄の「タイ語」は中央タイ語のこと。

語と英語である。パーリ語は学校で行われる仏教的な活動では必ず経文唱和とし
て使用されている（場面4、場面10、場面12）。タイの学校文化を特徴づける仏教の
浸透を言語の面から表現している。

　さらに第6、12場面にあるように英語も存在している。タイ小学校では1992
年の新カリキュラム実施により小学校5年から英語の授業が行われ、さらに
1996年より小学校1年から教えることになったからである。

(b) 教室外の言語使用

　次に表5の「教室外」の言語使用を見てみる。教室外で会話場面を記録したのは、
廊下（場面13、14）、校舎内の給食準備室（場面15）、校庭（場面16、17、18）、校庭球技コー
ト（場面19）の4ヶ所である。この4ヶ所の言語使用は、教室内とは際立った違い
があり、4ヶ所を通してイサーン語が支配的で、中央タイ語の出現は非常に少ない。

8. 言語の国民化　155

14 場面は本章で後述するように、廊下で教師が子どもに「もっと中央タイ語を使うように」と注意を与えている興味深い「訓話」場面である。17 場面は校庭で行われた朝会である。この 2 つの場面を除くと、教室外の場面ではイサーン語使用が多い。

(c) 学校言語の特徴

調査結果から、中央タイ語が学校空間の中ではある程度限定的に流通していること、教室が国民のことばを習得する最も重要な空間となっていることが明らかとなった。グーレビッチ (Gurevich) は 1970 年ごろの東北タイ小学校での観察に基づき、教師が学校で使用するイサーン語場面を次のようにまとめている[8]。

（ア）中央タイ語で理解が困難な語彙や概念の説明に使用
（イ）音楽、図画、体育などの非アカデミック教科で指示を与えるときに使用
（ウ）子どもとラポールを作るとき、あるいは誉めたり叱責するときに使用
（エ）学校整備活動で子どもと共同作業をするときに使用

本調査で示した場面ごとの使用言語の異なりは、グーレビッチの調査結果に類似している。（イ）の「体育場面」は表 5 の第 19、20 場面に、（エ）は表 5 の第 18 場面に合致している。現在も 70 年代当時の状況と変わらず、学校ではイサーン語がかなりの程度使用されていることが分かる。イサーン語は言語の国民化の視点から見れば、学校空間からは排除されるべき言語であるが、流通の広がりから言えば、教室を除いたあらゆる空間に存在しており最も勢力のある言語である。イサーン語が学校空間に広く流通しているという事実は、イサーン語が国家の国語普及政策の実施にもかかわらず、依然としてしっかりと地域社会に根付いていることを示している。

(2) 学校における中央タイ語習得の実践

中央タイ語は学校内教室の授業場面において最も頻繁に流通が見られた。そこで、教室内の言語活動を詳しく観察することで、言語の国民化のための実践の特徴を抽出したい。ここではブルデューの視点を援用しながら見てみる。

ブルデューは「言語使用空間」をその言語使用を成り立たせるさまざまな社会的指標が埋め込まれた場と考える。すなわち、空間には視線の集中する中心に置

156　第2部

かれた教壇や黒板、それに平行して子どもたちの机が整然と並べられるなどの物
的配置条件がある。さらに、教室には教師がおり、教師の言語活動を支える発話
の正確さ、なまり、ことば遣い、話しぶり、態度、しぐさ、服装、化粧、身振り
なども指標となり、発話の適切さと密接に絡まっている。要するに言語には話す
上でも聞く上でも適切とされる振る舞い方（ハビトゥス）があるとする[9]。こうし
た特徴は、中央タイ語習得の実践にも見られる。

　まず、教師に注目する。教師は小4、6卒が大多数の村民の中で唯一高等教育
を受けた集団であり、中央タイ語を日々使用して仕事をしている。そのため、教
師たちは筆者が村内で調査するときは、村民のイサーン語を中央タイ語に翻訳す
る重要な媒介者であった。こうした国語使用能力を所持することで、教師は子ど
もにとって国語習得のモデルとなっている。もちろん彼らの大多数は、イサーン
地方出身者である。教室を一歩出ると村民とはイサーン語ですべて会話している。
表5にも見られるように、学校の中でさえ、給食室での親との会話や、校庭で授
業の文脈から離れ子どもと接する場面ではイサーン語をごく自然に使っている。
しかし、子どもと接する場面が公式の授業である限りは、自覚的に中央タイ語使
用のモデルとなり、国民のことばを習得させる役割を遂行している。

　さらに教師は、「タイ語」授業を中心にパターン化した指導技法を用いている。
一般に授業展開は非常に単調で「教科書を読むこと」「板書をノートに書かせるこ
と」「ワークブックをさせること」のみが主な授業活動である。教師は時として、
一問一答式の質問を生徒に与えることもある。生徒は教師に指名されると自動的
に起立し、質問に中央タイ語で応答する。しかし、教師が行う質問以外の指示の
多くは、生徒に教科書を読ませることと、板書をノートに書かせることである。
様式化した単調な繰り返しの授業展開の中で中央タイ語は習得されている。

　アマルン（Amrung Chantavanich）たちが行ったタイ農村小学校調査でも、小学校の
授業で「タイ語」授業に規定以上に多くの時間が費やされ、さらに「タイ語」その
ものも「教科書を読む」指導にきわめて多くの時間が割かれている事実を指摘し
ている[10]。筆者の調査でも同じ傾向が見られ、「教科書を読む」指導が目立った。
教師は自ら教科書を読み、それに合わせて子どもが全員で復唱する。あるいは子
どもたちだけで声を合わせて教科書を音読する場面が多かった。

　「教科書を読む」繰り返しの行為から子どもが中央タイ語を習得していること
は間違いないが、さらにその場面を詳細に観察すると、教科書の読み方には独特
のスタイルと声調があることが分かる。表5第9場面を例にとると、教師が教科

書で「民主主義」の章の説明を一通り終わった後、子どもは1人ずつ前に出て立ち、腕を伸ばして教科書を目の高さまで持ちあげ、この「民主主義」の章を一節、一節区切って朗読した。前に出た子の朗読には一定の抑揚とリズムがあり、他の子どもは、その子の声に合わせて一節ごとに全員で同じ抑揚とリズムで復唱する。1人が章を読み終わると、次々に子どもは前に出て、同じように朗読と復唱を行い、結局全員が授業時間全部を費やし朗読を行った。朗読と復唱に見られる一定の抑揚とリズムは、たとえて言えば日本人が和歌を詠むときに節をつけて詠唱するやり方に似ている。子どもはタイ語を使用するとき適切とされる一定の抑揚とリズムを授業から体得していく。さらに、授業以外でも校庭での朝礼時の「気をつけ」「休め」の合図、昼休み時の「九九暗記」の集団発声などにも一定の抑揚とリズムが存在し、国語の持つ独特の「音」となっている。子どもは国語の「読み方」を学ぶと同時に、適切な「音」を発声する技法と「音」への対応技法、つまりは国語のハビトゥスも学校の中で習得しているのである。

(3) 二言語使用と言語意識

　村民や子どもに中央タイ語とイサーン語の違いを尋ねると、中央タイ語はパサー・コン・チャート（国のことば）であり、イサーン語はパサー・プンバーン（方言、土地のことば）であると説明する。また、中央タイ語は決して習得が困難であるほどに隔たったことばとして意識されてはいない。出稼ぎ経験者にバンコクでの国語使用の困難さを尋ねると「別に問題はなかった。すぐに話せるようになった」と答える。中学生に、何歳ごろから中央タイ語は使えるようになるのかと尋ねると、「小学校低学年」から「6年生」までと回答にばらつきはあるが、いずれにせよ小学校段階で習得できるものと意識している。実際、子どもたちはこの二言語を「使い分け」て生活している。

　以下では大人や教師がどのように2つの言語を意味づけているのか、彼らの言語意識の構造を検討する。彼らの言語意識を探ることにより、言語の国民化は、人が2つの言語にそれぞれ特有の意味を見いだし、二言語を無意識の内に差異化し選択的に用いる行為によって構築されていることを指摘する。村民の言語意識には次のような2つの特徴がある。

(a) 国内コミュニケーション手段としての国語

　本章表5の場面14で、次のように教師は子どもたちがもっと中央タイ語を使

158 第2部

うよう注意を与えている。([ ]内は筆者の注)

　　……1人はランパンからやってきた。もう1人はチェンマイから来たんだ。2人は家に到着して2人は出会ったんだ。そこでことばで話をした。
　　[2人が大変上手に中央タイ語を使ったので]聞いている人は、[2人が]ランパンやチェンマイからきた人だとは全然気づかなかった（略）.
　　みんなも中央語を練習しないといけない。でも、ここの生徒は先生に方言[パサー・トンティン]で話しているな。学校で中央語を全然使ってないだろう。この間も「先生、先生、けんかをしてます」[わざとイサーン語で大げさに言う]と言って先生のところに来た生徒がいたけど、イサーン語を使っていた。もっと中央語を使うようにしなければいけない（略）.

　この「訓話」からうかがえるのは、中央タイ語が国民共通のコミュニケーション手段であるという認識である。教師たちは筆者との面接で、近年のヤソトンの社会変化、子どもの将来の移動や就職先などに言及しながら、中央タイ語習得の必要性が高まっていることを繰り返し指摘した。真偽のほどは不明であるが、近年隣県の小学校では中央タイ語習得が強調され、イサーン語使用者は罰を与えられているという逸話までも示した。こうした習得の必要性認識は、明らかに村落を取り巻く社会変化に促され形成されてきた認識である。60年代以降の高度経済成長が作り出した中央タイ語への意味づけであると言える。

　この認識に基づく言説は直接・間接に子どもに言い聞かされている。子ども自身も、将来この村落の境域を越えバンコクで働くことを漠然と意識している。小学生、中学生に対する面接では、ほとんどの子どもが将来、バンコクなどの都市部での進学と就職を希望し、その傾向は学年が上がるに連れてより顕著になる。そのため、教師と子どもに共通して、中央タイ語が当然習得すべき言語であるという認識が存在している。調査中、中央タイ語学習を否定的に捉える発言やイサーン語とのバイリンガル教育の可能性を聞くことはまったくなかった。

(b) 言語の価値的な上下意識

　現代日本の学校での帰国生の言語習得を取り上げた研究では、日本の学校では正統的言語（日本語）と非正統的言語（英語）という意味付与が言語習得へ大きく関与しているという。正統と非正統という言語の価値付けに基づき、日本語能力に

劣った海外からの帰国生は、日本語能力が低いという負の差異意識を解消するために、やみくもに日本語習得に励むという指摘がされている[11]。

　東北タイの国語習得の場合も、権威づけられた正統的言語と土着の非正統的言語という中央タイ語とイサーン語の価値的な上下意識が国語学習への動機を作り出しているようだ。

　村民や教師に中央タイ語とイサーン語の違いを尋ねると、まず中央タイ語は文字どおり「中央のことば（パサー・クラーン）」であり、イサーン語は「方言（パサー・プンバーン）」であると区別する。さらに前者が「美しい」「丁寧な」ことばで、後者は「粗野な」「恥ずかしい」ことばという価値的区別を同時に行っている。たとえば、N小学校教頭は次のように語る。

　　　イサーン語は土地のことばだから自宅で使うことには問題がない。自分達も使っている。けれども学校内では中央タイ語で話さないといけない。イサーン語より中央タイ語の方が丁寧（スーパープ）で、きれいな（プロ）ことばだからだ。

　また、調査地の村長は「自分はこの土地で育った古い人間だから中央タイ語は上手に使えない。中央タイ語を話すときは少し恥ずかしい気がする」と本音を語る。筆者が教師と会話するときでも、筆者がたまたまイサーン語の語彙や発音で話すと、教師達は声を上げて笑う。この笑いの背景には自分達のことばへの自嘲があり、自嘲の感覚はことばの上下関係から生じている。ヤソトン県の隣県マハサラカム県での調査研究（1989年）によると、筆者の調査と同様に、イサーン語は私的場面のみで使用され、公的場面での使用は「無知ないなかもの＝コン・バンノーク」と嘲笑されると村民が意識していることが報告されている[12]。

　こうしたことばの上下意識をつくる要因は複雑であるが、学校での指導も重要な要因となっている。政府は近代タイ語が作成されたときから、それを正統的で美しいことばであることを絶えず学校教育で強調してきたからである。タイ教育では19世紀以降、礼儀作法（マラヤート）が重視され、現在でも幼稚園から小学校のカリキュラムの中に配置されている[13]。このマラヤートの中身は非常に細かく、あいさつ、お辞儀、服装などが規定されており、その中に「正しい」「ていねい」な「言葉遣い」が含まれている。調査地B小学校6年生の教室には次のような標語が掲示されていたが、その中にも「ていねいなことば使い」という項目が最

初にあげられている。

1. ていねいなことば使い
2. 規律を守る
3. 定められた決まりに従う
4. 団結
5. 根拠のある言動
6. 先生の指示に従う

「正しい」とか「ていねい」な言葉遣いが強調される過程は、反作用として「汚い」「誤った」ことばが生産されるのと同時進行である。中央タイ語の普及過程は、イサーン語への否定的な意味形成の過程でもある。イサーン語への否定的意味づけを梃子にして言語の国民化がなされていると言えよう。

6. 言語の国民化メカニズム

ここでは、以上で検討した言語の国民化にかかわる主体の役割を整理し、言語の国民化メカニズムを提示する。さらに、言語の国民化には、特に60年代以降のマクロ―コミュニティ・レベルでの相互変化が大きく関与していることを示す。

図3は言語の国民化メカニズムを、マクロ・レベルとコミュニティ・レベルに分け整理したものである。国語習得を促す最も強力な経路は、何度も指摘したように、図の中央にある〈文教政策〉から〈学校〉への経路である。この経路は国語教育を通して、子どもの国語の育成を主導している。

しかし、学校が言語の国民化に果たす役割は歴史的に変化してきたことに注意が必要である。学校は1930年代に言語の国民化装置として村落に設置されはしたが、数十年間はその機能を十全に発揮するには至らなかった。当時の子どもの村落生活では国語習得を促す他のメディアがきわめて限定されていたからだ。1960年代以降に学校の言語の国民化機能を補完する外的条件が形成され、外的条件と学校が連動することではじめて言語の国民化は促進されたのである。

1960年代以降に村落社会に〈情報通信メディア〉〈テレビ、ラジオ〉の経路と〈経済システム〉〈外部世界との往来〉の経路が作られてから村落の言語環境が一気に変貌したと言える。これらの経路が子どもの国語接触を急速に増やしたからだ。従って、これらの経路は学校での国語育成を「補完する」経路と言えよう。

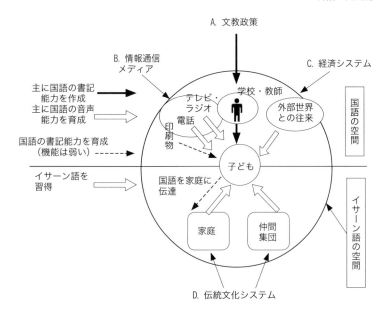

図3　言語の国民化メカニズム

　まず〈情報通信メディア〉〈テレビ、ラジオ〉の経路の重要性は明確である。1960年代に村内にラジオが入り、子どもは国家の声にはじめて直接触れた。1980年代に入り村落電化が完成して以来、村の子どもと大人の最大の情報メディアはテレビとなった。現在、子どもは幼年期から毎日テレビを見て成長しており、日々中央のことばを耳から摂取する言語生活を情報通信メディアがつくった。

　先に引用したグーレビッチは、1970年ごろの東北農村では、小学校入学が子どもにとってイサーン語世界から国語世界への劇的な転換の契機となり、小学校入学はまったく新しい言語空間への参入を意味したと指摘している[14]。しかし、現在子どもは幼児期より国語に日常的に触れており、小学校入学がさほど劇的な「異言語接触」の事件とは言えなくなっている。聞き取りを行った村民や教師が、例外なく言及するのは「今の子どもは良くも悪くもテレビで育っている。テレビで毎日中央語を聞いているから、小さい子でも中央タイ語はよくできるようになった」という説明である。テレビ・ラジオは音声面から子どもの国語使用能力の育成を補完している。

　次に〈経済システム〉〈外部世界との往来〉の経路について整理する。1960年代からのタイ経済の発展は東北タイから労働力を吸引した。バンコクへの出稼ぎは

直接には親世代の言語変容の要因となったが、間接的に子どもの移動と言語変容を促している。現在、小学生がバンコクや他県へ就労している親族を訪問する機会が増加し、子どもの時から学校以外で中央タイ語を使用する機会が急増している。タイの高度経済成長は人の生きる世界を大きく変え、異なる文化と言語に接触する機会を増大させている。

　学校では、5節2で述べたように、教師が習得モデルとなり、教室を主な実践空間として言語の国民化が展開している。パターン化した教科書音読や書き取りの訓練が習得技法になっていることも指摘した。

　こうした言語の国民化メカニズムは、5節3で述べたように、子どもの言語意識を同時に形成していると思われる。〈テレビ〉や〈外部世界との往来〉は、子どもにとって欲望への通路である。子どもたちはこの通路からあらゆる欲望の対象となる情報に接する。子どもたちは当たり前のように村落を越えて将来を展望しており、それを可能とする基礎手段として中央タイ語を習得することもまた当たり前と考えている。さらに社会変化は、正統的言語（中央タイ語）と非正統的言語（イサーン語）の差異意識を形成する。学校も「正しい」「ていねい」な正統言語として国語を価値づけている。中央タイ語とイサーン語の価値的上下意識を土台にして、言語の国民化は促進されている。

　言語の国民化は、60年代以降のこうしたマクロとコミュニティ・レベルの条件変化が複合的に絡み合い展開してきたのである。従来の国語政策と方言をめぐる論究では、学校のみが国語普及の主体として描かれ、学校とコミュニティを総合して捉える視点に欠けていた。調査地の言語の歴史が示唆するのは、学校は単独で言語の国民化を達成することはできず、言語生活全体の変容と相まってはじめてそれが可能となるという相補関係の重要性である。

　けれども、少なくとも現状では、学校を一歩外に出た村落の日常生活は、広大なイサーン語の世界に組み込まれていると言える。図3の下部に記した東北の〈伝統文化システム〉〈仲間集団〉〈家族〉という主体群は、依然イサーン語習得を促している。〈伝統文化システム〉は、イサーン語を媒介に構造化されており、家族や子ども同士の日常コミュニケーションを支え、絶えず血流を送っている。言語の国民化は未だ現在進行形であり、完了したわけではないのである。

注

1　S.T.Tambiah, Literacy in a Buddhist Villege in North-east Thailand, in Jack Goody(ed.) Literacy in Tradtional Societies , Cambrige University Press, 1971, pp.86-131.

2　タム文字の歴史については次の論文を参照。飯島明子「タムナーン議論を越えて」『歴史評論』No.585 、1999 年、11-28 頁。

3　Robert Gurevich, Language, Minority Education and Social Mobility: the Case of Rural Northeast Thailand, Journal of Research and Development in Education, Vol.9 No.4, 1976, pp. 137-145.

4　中央タイ語の人称代名詞規則については次の論文を参照。綾部恒雄、藤山正二郎「タイ人の人間認識—タイ文化の人間分類的思考について—」『アジア経済』第 17 巻第 3 号、1976 年、1-10 頁。

5　AC ニールセン・マスメディア全国調査によると、12 歳以上のタイ人 8536 人中、「毎日テレビを見る」と回答した人は 85％に上る。一方、「新聞を読む」と答えた人は 22％にしかすぎない。(バンコク週報 1999 年 3 月 12 日〜 18 日号)

6　調査村には古い稲作様式が残っており、村民は村内の家屋とは別に水田の縁に「田作り小屋：ティエン・ナー」を建て、そこで寝泊まりして稲作作業を行う。農繁期には「田作り小屋」から学校に通学する子どもも少なくない。

7　現在、東北タイでは JICA や NGO の援助による移動図書館事業が盛んに展開している。この事業の趣旨は、東北タイの子どもが教科書以外に書物を読む機会がないため、車で図書を運び読ませようとするものである。この援助事業はいかに東北タイの子どもが活字文化に触れる機会に乏しいかを別の面から示している。http://www.mofa.go.jp/mofaj/gaiko/oda/v_tour/thailand/library.html (1999 年 4 月現在のアドレス) 参照。

8　Robert Gurevich, Language, Minority Education, and SocialMobilty: the Case of Rural Norteast Thailand, Journal of Reseach and Development in Education, Vol.9 No.4, 1976, p.141.

9　ブルデュー、パスロン (宮島喬訳)『再生産教育・社会・文化』藤原書店、1991 年、pp.135-162。

10　Amrung Chantavanich, Supang Chantavanich and Gerald W.Fry, Evaluating Primary Education-Quantative and Quantitative Policy Studies in Thailand, p.142.

11　渋谷真樹「帰国生によるハイブリッドなアイデンティティの構築」箕浦康子編著『フィールドワークの技法と実際』ミネルヴァ書房、1999 年、156-174 頁。

12　Mills, Mary Elizabeth, "We are not like our mothers": Migrants, modernity and identity in Northeast Thailand, University of California, Berkeley, 1993, Ph.D Dissertation, University Microfilm International 1993. p. 57.

13　幼稚園カリキュラムにおける礼儀作法教育については、次の論文を参照。野津隆志「タイ幼児教育の仏教的性格 (その 1) —幼稚園教師用指導書の検討を中心に—」筑波大学教育制度研究会『教育制度研究』第 23 号、1991 年、71-86 頁。小学校カリキュラムにおける礼儀作法教育については、次の論文を参照。渋谷恵「タイの初等教育における礼儀作法の教育—1990 年改訂カリキュラム・教科書の分析を中心に—」筑波大学比較・国際教育研究室『比較・国際教育』第 7 号、1999 年、21-33 頁。さらに付言しておくと、現在、中高学校でもマラヤートの「クラブ活動」をしているところが多数ある。そこでは日本の華道、茶道に見られるような「あいさつ作法」が訓練され、身体の国民化過程を明瞭に見ることができる。

164　第2部

14　Robert Gurevich, op.cit., p.141.

宗　教

解題：カトリック系国際 NGO フェ・イ・アレグリアのペルーにおける展開と民衆教育の論理

工藤　瞳

　本稿は、カトリックに基づく国際教育 NGO フェ・イ・アレグリアの展開と、その運動が自己規定の中で民衆教育という言葉を用いた論理を考察したものである。フェ・イ・アレグリアの特色は、宗教団体が提供する教育という地域を超えた軸と、ラテンアメリカの民衆教育という地域的な軸が、重なり合ったところにある。歴史的に見ても、カトリック教会がラテンアメリカにおいて植民地時代以来、初等教育から高等教育までの教育を提供してきた歴史と、20 世紀半ば以降ラテンアメリカ各国の都市周辺部で農村部からの移住者が形成した地域において、カトリックの司牧活動や社会福祉活動が実施された歴史を現代に引き継ぐ事例として興味深いものである。

　本稿のキーワードであるラテンアメリカの民衆教育は、農民や都市周辺部の貧困層などの社会的弱者が社会に対する批判的意識を高め、社会を変えるようになることを目指すという政治的志向を持つ思想・活動であり、成人対象のノンフォーマル教育を中心に行われてきた。これに対してフェ・イ・アレグリアの民衆教育は、都市周辺部の貧困層集住地域を中心に、住民のニーズに合った、そして社会的公正や人間性、倫理性を重視した学校教育を提供することで社会を漸進的に変化させることを目指したという特徴を持つ。

　各国のフェ・イ・アレグリアの学校が公立学校扱いになるか私立学校扱いになるか、また授業料が必要かどうかといった点は、その国の教育制度や政教関係が影響する。ペルーのフェ・イ・アレグリアの場合は、運営の自由度の高い無償の公立学校という扱いであり、国内での知名度が高く、これまでに複数の現職大統領をはじめとする多くの著名人が訪問している。運営に対する信頼も厚く、また数多くの学校の連合体であるから企業など外部からの支援もしやすいということがある。それゆえに、また良好な学校環境を提供しようとしているからこそ、現地調査で訪問した学校は、保護者が用意する子どもの文具などもそろっており、ペルーの公立学校の中では比較的恵まれた学校という印象を受けた。ただしこの点は、本稿ではペルーで 1966 年に最初に設立された学校の現状を考察したため、より新しい学校（都市のさらに

周縁に位置する学校や地方の学校) では、生徒の生活環境はより厳しい可能性も考えられる。また、修道会やフェ・イ・アレグリア本部のような外部機関が関与しない形でも、一般的な公立学校の教育環境がより良くなることが期待されている。

なお、本稿ではペルーのフェ・イ・アレグリアの中心的な活動である都市部の学校に関してのみ取り上げたが、他に興味深い取り組みとして、国内 6 か所の農村部において、少ないところでは 18 校、多いところでは 42 校の公立学校のネットワークを形成し、教員への支援やコミュニティとの連携の支援を行っていることが挙げられる。

さらに宗教、カトリックという観点から見ると、フェ・イ・アレグリア国際連盟が近年力を入れているのはアフリカ進出である。論文執筆時点では、アフリカで学校を運営していたのはチャドだけであったが、その後マダガスカルでも学校運営を始め、コンゴ民主共和国でも教員養成を行っている。加えて、その他の複数の国でも進出の可能性を探っている。ここにはアフリカ出身のイエズス会士たちが関与しており、宗教の影響力の強さをうかがい知ることができる。ラテンアメリカとは異なる環境で、社会をより民主的で公平なものにしようとするフェ・イ・アレグリアの目指す民衆教育がどのような形で実施されていくのか、今後の動向が注目される。ベネズエラの「アスファルトで舗装された道が途絶えた」ところで始まったフェ・イ・アレグリアの運動は、様々な地域で展開されている。

宗 教

9. カトリック系国際 NGO フェ・イ・アレグリアの ペルーにおける展開と民衆教育の論理

工藤 瞳

はじめに

宗教団体による教育機会の提供は、フォーマル／ノンフォーマルを問わず、また国際展開という側面においても、長い歴史を有する。宗教団体の提供する教育に関しては、国家と宗教の関係がしばしば取り上げられ、イスラーム圏において近代学校制度とは異なる枠組みで宗教教育が提供される例や、イギリスのように宗教団体が公営学校を運営する例などが見られる[1]。また宗教団体の慈善活動は NGO (非政府組織) の起源の一つともされ[2]、近年では途上国の社会開発における宗教の役割[3]に加えて、信仰を基盤とした社会貢献活動・組織 (Faith-Based Organization) が先進国においても改めて注目されている[4]。

宗教を基盤とし、教育に携わる国際 NGO の中で、ラテンアメリカで最も広く知られているものの一つがフェ・イ・アレグリア (Fe y Alegría、信仰と喜び、以下学校名等一部 FYA と表記) である[5]。フェ・イ・アレグリアは、1955 年にベネズエラにおいて、イエズス会士ホセ・マリア・ベラス (1910 〜 1985) らが都市周辺部の貧困地域で始めた教育活動である。2012 年にはラテンアメリカ 17 カ国およびチャドとスペインで活動し、フォーマルな学校教育における学習者数は 58 万人を超え、ノンフォーマル教育やラジオでの通信教育も含めた学習者数 (フォーマルとの重複除く) は 112 万人を超える[6]。

フェ・イ・アレグリアは、その規模の大きさと、都市周辺部など社会経済的に不利な地域で教育活動を行ってきたことからその知名度を高めてきた。そしてその不利な条件下にもかかわらず、同様の条件下にある公立学校と比較して運営が効率的である、学業成績が良い国がある、といった理由から、1990 年代以

出典：「カトリック系国際 NGO フェ・イ・アレグリアのペルーにおける展開と民衆教育の論理」日本比較教育学会編『比較教育学研究』第 50 号、2015 年、24-44 頁。

168　第2部

降、各国の研究所や国際機関がフェ・イ・アレグリアに関する研究を行ってきた。Swope y Lattore (1998) は9カ国のフェ・イ・アレグリアの学校を一般の公立学校と比較し、フェ・イ・アレグリアの方が留年・中退率が低い国や、学業成績が良い国があることを明らかにした[7]。その後、Alcázar y Cieza (2002) や Parra Osorio y Wodon (eds.) (2011)、Navarro (2005)、González and Arévalo (2005) 等フェ・イ・アレグリアの学業面での成功や効果的な学校運営の要因・特徴に注目し、そうした特徴の公立学校への適用可能性を探る研究が多く行われている[8]。また Jaimovich (2012) のように、フェ・イ・アレグリアを公私協働 (Public-Private Partnerships) の事例として捉える見方もある[9]。また、工藤 (2013) はペルーを事例として、フェ・イ・アレグリアを含むカトリック系の民営公立校の特徴について報告している[10]。

　しかしフェ・イ・アレグリアについて注目すべきは、先行研究で重視される運営面や国際展開に加えて、フェ・イ・アレグリアが自らを「全人的な民衆教育と社会振興の運動 (Movimiento de Educación Popular Integral[11] y Promoción Social)」と捉えていることである。後述するが、民衆教育とは従来ノンフォーマル教育や成人教育等、学校教育に対する代替的な教育運動として用いられてきた用語であり、これを学校教育も含む活動の中で用いることは一見逆説的である。しかしこの逆説的と見られる用語の使用の論理を明らかにすることで、現時点で成功した学校運営モデル、といった視点から捉えられることの多いフェ・イ・アレグリアの活動が、半世紀を超える中でどのように変化してきたのかを明らかにすることができると考えられる。本稿では、社会的背景も踏まえ、フェ・イ・アレグリアの展開において、カトリック系であることがどのように作用したのかを明らかにすると同時に、フェ・イ・アレグリアの自己規定において民衆教育というキーワードが用いられる論理を、考察することを目的とする。なお、フェ・イ・アレグリアはラテンアメリカだけでも17カ国で展開されており、各国における活動を取り巻く社会状況や政教関係も一様ではない。そこで本稿では、全般的な事象についてはラテンアメリカのフェ・イ・アレグリア全体として述べ、個別具体的な事象については、運営面や学業成績の点で優れているとされ、詳細な先行研究のあるペルーを事例として取り上げる。

　研究方法としては、文献調査とインタビューの結果を用いる。文献に関しては、フェ・イ・アレグリア国際連盟 (Federación Internacional de Fe y Alegría) が行ってきた国際会議の資料[12]、創始者ベラスの論考[13]を中心とした文献を、先行研究と照らし合わせてその妥当性を検討しながら用いる。インタビューに関しては、2012

年 10 月〜11 月、2014 年 9 月にペルーで行ったフェ・イ・アレグリア・ペルー本部長ヘロニモ・オジェロス氏および 2 校の校長・副校長等学校関係者へのインタビューの結果を用いる。調査対象校（以下 FYA01 校、FYA03 校[14]）はいずれも 1966 年にペルーで初めて設立された 5 校のうちの 2 校であり、FYA01 校は修道会が運営、FYA03 校は校長が世俗（設立時は修道会が運営）である。

　まず第 1 節では、フェ・イ・アレグリアの運動の社会的背景を述べ、第 2 節でフェ・イ・アレグリアの学校の制度的位置づけを概観する。第 3 節ではネットワークという観点から、フェ・イ・アレグリアの特徴を検討する。そして第 4 節では、民衆教育という言葉が用いられた論理を考察し、第 5 節においてフェ・イ・アレグリアを取り巻く環境の変化と新たな課題を述べる。なお、一般的に学校外の教育を指すことの多い民衆教育の考え方を、学校教育を中心とする活動の中で用いる点にフェ・イ・アレグリアの特徴があると考えられるため、本稿では議論をフェ・イ・アレグリアの活動の中でも学校教育に限定する。

1. フェ・イ・アレグリアの展開の社会的背景

　フェ・イ・アレグリア創始者のベラスは、ベネズエラのカトリカ・アンドレス・ベジョ大学で教鞭を取るイエズス会士であった。ベラスは大学生らとともに、1954 年から首都カラカス郊外のスラム地域での信仰教育および社会福祉活動を始めた。フェ・イ・アレグリアの学校は、カラカス郊外カティア地区の住人でありレンガ職人であったアブラハン・レイェスが、地域の子どもたちに教育機会を与えるため、ベラスに自宅の一部を提供したことに端を発する[15]。

　フェ・イ・アレグリアは「アスファルトで舗装された道が途絶え、飲料水が届かず、街が名前を失ったところからフェ・イ・アレグリアは始まる」をスローガンとして、貧困地域の学校教育を中心とした教育活動を行ってきた。ラテンアメリカ地域の主要都市においては、1930 年代以降、農村部から都市部への大規模な人口移動が始まり、第二次世界大戦後はこの変化が顕著になった[16]。移住した人々は都市周辺部の土地を占拠する形で居住区を形成し、インフラなど全く整備されていない土地において、その劣悪な居住環境を改善するための自助的な活動に取り組んできた。フェ・イ・アレグリアはこうした都市周辺部に学校を設立してきており、「アスファルトで舗装された道が途絶えるところで始まる」背景には、

170 第2部

こうした都市事情が存在した。

　さらに、ラテンアメリカ各地の都市周辺部において、カトリックの司祭らが司牧活動を行い、その中からラテンアメリカの宗教改革ともいわれる解放の神学が生まれた。解放の神学では、ラテンアメリカの大多数の人々が貧困に苦しんでいるという社会状況を批判的に捉えて彼らをエンパワーするとともに、権威主義的な教会を変えようとした。解放の神学は、ラテンアメリカ司教協議会 (Consejo Episcopal Latinoamericano: CELAM) 総会のメデジン会議 (1968年)、プエブラ会議 (1979年) を通してラテンアメリカにおけるカトリックに大きな影響を与えた。一方で、社会構造分析にマルクス主義を援用し、貧困をもたらす社会状況と闘うために暴力も辞さない立場も一部に見られ、カトリックの保守派やバチカンの批判を受けた[17]。フェ・イ・アレグリアもまた、ベラスのスラムにおける司牧活動に端を発するように、こうした20世紀後半のラテンアメリカにおけるカトリックの変化と時代的背景を共にするものであった。

　ベネズエラで始まったフェ・イ・アレグリアは、その後ラテンアメリカにおいては、エクアドル (1964年、以下カッコ内は活動開始年)、パナマ (1965年)、ペルー (1966年)、ボリビア (1966年)、エルサルバドル (1969年)、コロンビア (1971年)、ニカラグア (1974年)、グアテマラ (1976年)、ブラジル (1981年)、ドミニカ共和国 (1991年)、パラグアイ (1992年)、アルゼンチン (1996年)、ホンジュラス (2000年)、チリ (2005年)、ハイチ (2006年)、ウルグアイ (2009年) の17カ国で展開されている[18]。

2. フェ・イ・アレグリアの学校の制度的位置づけ

　植民地時代のラテンアメリカにおいて、先住民に対するカトリックの布教は、富の獲得と並ぶ植民地経営の目的であった。そして植民地経営を担う先住民エリートと支配階級の白人への教育のため、カトリック教会、とりわけ修道会[19]は、初等教育から高等教育までの大部分の学校を設立・運営した[20]。

　19世紀の独立後、各国はカトリックを国教と定めたものの、19世紀半ばから20世紀初頭までには、カトリック教会の影響力を排除するため、政教分離を原則とするようになった[21]。この間もカトリック系の学校は、主として富裕層や中間層を対象とする私立学校として運営されてきた。国によって時期は異なるが、カトリック系の私立学校を中心に貧困層を対象に無償で教育を提供するとこ

ろも現れ、その運営費や教員給与に対して公費補助が与えられる場合もあった[22]。フェ・イ・アレグリアも制度的にはこうしたカトリック系の学校の流れに位置づく。

ペルーにおいては、富裕層を対象としたカトリック系私立学校が公費補助のない時代に、付属校のような形で貧困層向けの学校を設立してきた。その後 1950 年代に貧困層向けのカトリック系学校への公費補助が始まり、1963 年に補助が教会と政府との合意として制度化された。この公費補助を受けて、修道会や教区は貧困層向けに授業料が無償、あるいは低額の学校を多く設立するようになった[23]。これらの学校はフェ・イ・アレグリアの学校に限らず、各校が採用したい教員を地域の教育当局（UGEL: Unidad de Gestión Educativa Local、地域教育部）に推薦することができる。これは、他の公立学校が地域教育部による教員選考試験の成績上位者を採用しなければならないことと比較して自由度が高い[24]。

公費補助を受けるカトリック系学校のうち、授業料が無償で教員給与が全額公費から支出される学校は公立、低額でも授業料が有償の場合は私立学校に分類される。通常、教会が直接運営に関与しない NGO の学校は私立学校扱いになるが、フェ・イ・アレグリアの場合、全国本部と教育省との協定の下、現在では修道会が直接運営しない学校も公立学校に分類され、1966 年の創立以来、教員給与の全額公費補助を受けている。2012 年には、フェ・イ・アレグリアが運営する基礎教育（就学前、初等、中等）段階の学校数は全国で 67 校となった[25]。

3. フェ・イ・アレグリアのネットワーク

(1) 修道会のネットワーク

次に、フェ・イ・アレグリアの活動の展開においてどのような特徴が見られるのか、修道会のネットワークおよびフェ・イ・アレグリア独自のネットワークに着目する。各国への展開の際には、創始者ベラス自身の働きかけや、現地の修道士・修道女によるベネズエラのフェ・イ・アレグリアへの活動展開要請があった[26]。ここでは、男子修道会の一つであるイエズス会をはじめ、その他の数多くの修道会のネットワークが大きな役割を果たした。ペルーの場合、学校は地域の要請に応える形で、地域から土地の提供を受けて設立される。修道会はその学校の敷地内に住居を作り、学校教育以外の地域の活動や草の根の組織の支援も行った[27]。

学校の運営においても、一つの修道会が継続的に運営に関わることにより学

172　第2部

校の教育方針の持続性が生まれるほか、一つの修道会が複数の国で学校を運営する場合には他国での経験を生かすことができるといったメリットがある[28]。また、校長が修道会に所属する場合や外国人である場合、保護者や教員からより多くの信頼が寄せられるほか、修道会や校長の母国からの寄付が得られる[29]。こうした修道会のネットワークが機能する一方、次項で述べるように、イエズス会がフェ・イ・アレグリアの活動の中心となり、全国レベルでの教育計画、教員研修があるため、校長が修道士・修道女の場合と世俗の場合で学校間に違いはないという意見も聞かれる[30]。

　このようにフェ・イ・アレグリアはカトリックの運動であるが、教員の大部分は世俗である。2012年の場合、全19カ国のフェ・イ・アレグリアで教員や助手として働く人々のうち、イエズス会士は91人、その他の修道士・修道女は772人、世俗の人々は40,990人であった[31]。ペルーの場合、フェ・イ・アレグリアの活動には、イエズス会を含む49の修道会が関与している。修道士・修道女は校長や副校長など、運営者側であることが多く、小中学校の校長のうち75％は修道士・修道女であり、25％は世俗である[32]。

(2) フェ・イ・アレグリアの国際・国内ネットワーク

　修道会のネットワークは、フェ・イ・アレグリアに限らず、程度の差はあれ修道会が運営する他の学校においても見られるものである。フェ・イ・アレグリアは上述の修道会のネットワークに加えて、1986年に創設されたフェ・イ・アレグリア国際連盟における国際的なネットワークおよび各国の本部を中心とした国内のネットワークを持つ。国際的ネットワークにおいては、毎年国際会議を開催し、情報交換や活動理念の共有を行い、各種出版物を発行している。

　各国の本部を中心とした国内のネットワークにおいては、各国の本部は教員給与の負担などについて定めた国との協定を締結し、学校視察、教員研修、校長研修、フェ・イ・アレグリア独自のカリキュラムの設定などを行っている。この国内ネットワークは、教育水準の向上に大きな役割を果たしているといわれる[33]。

　フェ・イ・アレグリア・ペルー本部長がフェ・イ・アレグリアの特徴として強調したのは、ペルー本部の下でのネットワークにおける専門家の視察（年に2回、各1週間）・助言である。本部に所属する専門家が分担して各学校を訪問、授業観察を行い、教育内容の改善を図る[34]。このような視察は教育当局によっても行われているものの、有用な助言が得られないとの指摘がある[35]。

9. カトリック系国際NGO フェ・イ・アレグリアのペルーにおける展開と民衆教育の論理　173

　また、フェ・イ・アレグリアは独自に教員研修を行っており、ペルーのFYA01校の場合、その費用を学校と教員で半額ずつ負担している。公的な研修もあるが、質が低いと考えられている[36]。フェ・イ・アレグリアの学校の教員給与は他の公立学校教員と同等であり、金銭的インセンティブはない。しかし、こうした職業上の様々な支援が受けられることが非金銭的インセンティブとして機能している[37]。その他にも校長研修などもあり、他の公立学校と比べて「教員を孤立させない」ことがフェ・イ・アレグリアの特徴であるという[38]。

　教授面では、ペルーのフェ・イ・アレグリアは2001年にカリキュラムを作成し、利用している。その後2008年に教育省が全国レベルのカリキュラムを策定したが、フェ・イ・アレグリアのカリキュラムはその後も教育省のカリキュラムを補完するものとして使われている[39]。

　資金面においても、「フェ・イ・アレグリアであること」の知名度を生かし、国内外からの寄付を集め、それをネットワーク内で分配することができる[40]。ペルーの場合、フェ・イ・アレグリア・ペルー本部の下、全国規模での宝くじ (rifa)[41]による資金集めも行われている。

　以上のように、フェ・イ・アレグリアの特徴は、イエズス会やその他の修道会単体の事業ではなく、イエズス会が主導的な立場を取りながら個々の修道会の垣根を越えて、複数の修道会や世俗の教員がいわば「フェ・イ・アレグリア」という一つの看板の下で、協働して学校を運営してきたことである。次に、その展開を支えた内面的な論理について、民衆教育という言葉に注目して検討する。

4. フェ・イ・アレグリアと民衆教育

(1) ラテンアメリカの民衆教育

　フェ・イ・アレグリアは自らを「全人的な民衆教育と社会振興の運動」と位置付けており、民衆教育は活動の重要な柱である。以下では、ラテンアメリカで一般的にいわれる民衆教育とフェ・イ・アレグリアの民衆教育の相違と、民衆教育という言葉を用いる論理を明らかにする。

　ラテンアメリカにおける民衆教育は、農民や都市周辺部の貧困層などの社会的弱者をエンパワーする草の根の思想・活動として1960年代に生まれ、その思想や手法においてパウロ・フレイレからの影響がある。ここでいう民衆 (popular) と

174　第2部

は、裕福な人々と対比する意味での貧しい人々、普通の人々といった意味が含ま
れる[42]。民衆教育の特徴について Vío Grossi (1984) は、公的・支配的な教育に対
する代替的な教育、社会的に抑圧された人自身の教育であり、社会を変えること
を目指すという点、学習者の経験・知識をもとに、教育者と学習者の水平的な関
係を築くという点を挙げた[43]。また Fink と Arnove (1991) は民衆教育の鍵となる
要素として、参加型で平等主義的であり、低所得層の批判的意識を高めるといっ
た教育学的側面と、社会的弱者が参加し、社会変革を目指すという社会政治的
側面を挙げた[44]。Torres (1990) は、民衆教育は政治的志向が強く、社会・政治的
権力構造に敏感であり、社会的動員を強調する、といった点を指摘した[45]。なお、
民衆教育に大きな影響を与えたパウロ・フレイレが 1989 年から 1991 年にかけて
サン・パウロ市教育長として「民衆公教育」を目指し、カリキュラムへの民衆教
育的要素の導入、関係者の参加による民主主義的な学校運営に取り組んだように、
理念としての民衆教育自体が学校教育と相反するわけではない[46]。しかし、社会
変革を目指すなど政治的志向が強く、学習者の経験・知識をもとにするといった
特徴もあり、ラテンアメリカの民衆教育は成人対象のノンフォーマル教育が中心
であった。

(2) フェ・イ・アレグリアの民衆教育の方針

　ではフェ・イ・アレグリア自体は民衆教育をどのように定義しているのか。民
衆教育に関してはフェ・イ・アレグリア国際連盟の国際会議においても何度も言
及されている。その中で 2001 年の国際会議の資料を参照すると、民衆教育とは、
対象者や教育方式ではなく、変革の意志 (intencionalidad transformadora) によって規定
するものであり、伝統的な教育に対する代替的な運動、また社会をより民主的で
公平なものにしようとするものであるとされる[47]。このように社会を変えるもの
としての民衆教育を、学校教育を中心とする活動の柱としたことが、フェ・イ・
アレグリアの民衆教育の捉え方の特徴といえる。

　フェ・イ・アレグリアはノンフォーマル教育も行うが、なぜ同時に学校教育
での民衆教育を重視してきたのか。Bastos (1981) はベラスの論考の中から、フェ
・イ・アレグリアの求める教育の基本的な要素の一つとして「民衆教育を選択す
ること」を挙げ、これについて 4 点のポイントを指摘している。1 点目は、人口
が集中し、学校の増加と維持が容易なため、都市周辺部の貧困層居住地域で活動
することである。2 点目は、何百万人という民衆に教育機会を提供するため、学

校数を増加させる方針を採ることである。3点目は、民衆のニーズに合った教育を行うことである。大学進学を目的とするような教育内容はすぐに生活に活用できるものではないため、留年や中退につながる。そのため実生活ですぐに適用可能な職業教育を重視する。4点目は、既存の学校教育制度の中で民衆のための教育を行うという現実主義的な立場を取ったことである。民衆教育には二つの選択肢が存在し、一つは既存の教育制度外で完全に自由に行うものであるが、ここでは生徒が就業する上で必要となる公的な資格が得られない。もう一つの選択肢は、既存の教育制度内での民衆教育であり、フェ・イ・アレグリアはこの立場を採った[48]。

　すなわち、多くの民衆教育の事例とされるノンフォーマル教育の場合、民衆が現実的に必要とする卒業資格などが得られず、生徒の将来の選択肢を狭めてしまう。そのため、フェ・イ・アレグリアは学校教育という制約の中で、学校を変えることを通して社会を変えようとしているということである。

　また Bastos(1981)によると、フェ・イ・アレグリアは民衆教育の文脈でしばしば見られる、社会主義やマルクス主義的な用語を意識的に避けてきた。その上で、政府を転覆させるような急進的な政治行動をとるのではなく、現在の社会という建物を、石を一つずつ取り除くように解体し、少しずつキリスト教的な新しい建物に置き換え、不公平な社会を変えていくという方針を取ってきたとされる[49]。このようにフェ・イ・アレグリアでは、民衆教育という言葉を学校教育の展開の論理として用いると同時に、キリスト教的要素を強調しながら、漸進的な社会の変化を目指した。このキリスト教的要素の強調は、活動原則における「貧者の選択」（貧しい人に対して働きかける、opción por los pobres）という文言にも反映されているが、これは先述のプエブラ会議の影響を受けたものである[50]。また、単に学業的、経済的成功を追及するのではなく、社会的公正や人間性、倫理観を重視する教育方針とつながっていると考えられる。

　以上から、フェ・イ・アレグリアの学校教育における民衆教育は、貧しい人、社会的に抑圧された人自身の教育であり、社会を変えることを目指す、といった点は先述のラテンアメリカの民衆教育と共通する。一方で、その社会変革の方向性は、学習者の政治参加や社会的動員を強調したものではなく、漸進的なものだったのである。

176　第2部

5. フェ・イ・アレグリアを取り巻く環境の変化と新たな課題

(1) 学校を取り巻く環境の変化と「社会を変える」ための学校

　都市周辺部に設立されたフェ・イ・アレグリアの学校の中には、設立から数十年を経る中で、都市化の進展・拡大に伴い、現在では都市周辺部というよりはむしろ街の中心部に近いと捉えられる学校もあり、学校を取り巻く住環境・経済状況も変化してきた。1966年にペルーで最初に設立されたリマ市内のFYA03校の校長は、学校設立時と比較して保護者の経済状況が良くなり、子どもに色々と買い与えたりするが、仕事のために子どもと過ごす時間を十分に取れないなど、心理的な側面での保護者の関与は不十分だと指摘する[51]。またFYA01校では、現在は保護者が技術職に就く家庭も存在するが、数世帯が一軒の家に暮らす家庭もあり、子どもの生活環境は必ずしも良いとはいえないという指摘もある[52]。

　そうした中で、民衆教育としての「変革の意志」を育て、社会、学校周辺の地域を変えるための実際の学校現場での取り組みは、教科学習や課外活動を通じた生徒に対する教育に加え、保護者に対する教育、そして地域に開かれた学校を作るといった複数の観点から行われている[53]。

　FYA01校では、生徒に対して、地域の環境や学校周囲を取り巻く現実に関心を持たせるための取り組みが行われている。例えばごみや汚物で汚染された学校周囲の環境美化に関心を持つように、言語、算数、宗教、理科といった教科内の学習においても関連する事項を学習し、地域を変えようとする視点を育もうとしている。また、宗教教育の一環として、祈りなど宗教実践ばかり重視するのではなく、信仰の経験 (experiencia de fe) を養うことを目的に、生徒が学校近隣の貧困地区へ絵本を持参し、読み聞かせ、寸劇の披露等をする課外活動が行われている。岩山 (cerros) とも呼ばれる地区一帯は、学校の背後にあり、学校から徒歩15分程度であるものの、学校からごく近い地区よりは貧しい。生徒の中には同地区から通う者もいるが、生徒の大半は学校の近隣に住み、同地区に偏見を持っていたり、無関心であったりする。この活動では、有志の生徒がグループ単位で、実際にそこに住む子どもと触れ合い、絵本の読み聞かせなどを行うことで、生徒が学校周囲を取り巻く現実に対して関心を持つようになることを目的としている。

　また、学校を取り巻く環境を変えるには生徒への働きかけだけでは不十分だとして、保護者に対しても保護者会を通じて学校運営への積極的な関与を求め、信

頼関係を築くとともに、学校が雇った心理カウンセラーを中心に「親の学校」と呼ばれる会合を開いている。ここでは、子どもとのよりよいコミュニケーションの取り方を学ぶ機会を設け、家庭内暴力や複雑な親子関係などに起因する問題に取り組んでいる。また地域に対しては、日曜に周辺住民に対して信仰教育を行い、学校外よりも整備され、清潔な学校の環境を共有できるようにしている。

(2) 質の高い教育への着目

 さらに本稿冒頭で述べた通り、近年フェ・イ・アレグリアは公立学校でありながら全体的な学業成績が良いという点からも注目されている。フェ・イ・アレグリアの2001年の国際会議では、「貧困層のための学校は貧弱で、貧困を再生産する傾向がある」として、より厳しい状況におかれた人に優先的に機会を提供する積極的差別や、教育設備の充実を図る方針を採るとともに、質の高い公教育の提供が目指された[54]。ここでは教育の質の一つの側面である学業成績について、ペルーの学力テストにおけるフェ・イ・アレグリアの成績を見ていく。

 ペルーでは2006年から毎年小学2年生を対象とした全国学力調査(Evaluación Censal de Estudiantes)[55]が実施されている。全国学力調査のレベル2は当該学年で期待されるレベルに到達していること、レベル1は当該学年で期待されるレベルに到達していないこと、レベル1未満はテストのなかで最も簡単な質問に答えるのも困難であることを表している。図1に示すように、2011年の結果を見ると、読解、算数とも、フェ・イ・アレグリアの成績は全国レベルおよびそれよりも成績の良

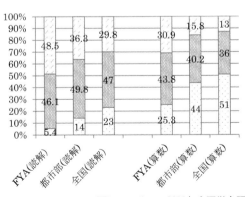

図1　ペルーの2011年全国学力調査の結果
出典: 2012年10月19日フェ・イ・アレグリア・ペルー本部長ヘロニモ・オジェロス氏より入手の資料。FYAはフェ・イ・アレグリアを表す。

い都市部と比べても良いことが分かる。

　こうした好成績の背景には、第 3 節で取り上げたネットワークの中での学校・教員への支援体制や、保護者の積極的な学校参加が指摘されている[56]。

　なお、全国学力調査の成績は学校レベルでは公表されないため、基本的に学区制のないペルーにおいて、こうした成績が直接的に保護者の学校選択に影響を与えるわけではない。むしろそれまで培われた学校の評判が、フェ・イ・アレグリアの学校への入学希望者を集めていると考えられる。フェ・イ・アレグリアの学校では入学希望者が多い場合でも、試験などによる入学者選抜は行わず、在校生の弟妹を優先的に入学させるほか、くじなどで入学者を決定する。加えて、貧しい人に良い教育を提供するという理念から、FYA01 校の場合の岩山のような特に貧困層の多い地域に一定の優先枠を設ける場合もある[57]。

　入学希望者数が定員と同程度の場合、校長がすべての入学希望者の保護者と面談し、学校の教育方針への理解や教育活動への保護者の参加を確認する学校[58]や、入学時に学校の活動への協力を約束する同意書に保護者のサインを求める学校もある。このように保護者の積極的な学校参加が求められるため、子どもの教育に比較的高い関心を持つ保護者がフェ・イ・アレグリアの学校を選択している可能性が指摘されている[59]。

　以上のようにフェ・イ・アレグリアは、急進的な政治行動ではなく、質の高い学校教育を通した漸進的な社会変化を目指すものとして、民衆教育という言葉を用いてきた。それと同時に、この言葉には、社会経済的に不利な地域でより多くの学校を設立し、活動を拡大させていくという論理も含まれていた。しかしながら、「アスファルトで舗装された道が途絶えるところで」始まった活動は、時間の経過や地域の発展とともに、いわばアスファルトで舗装された街で、生徒、保護者、地域に働きかけながら、さらに良い教育環境や学習成果を求めることを新たな課題として、その役割を変化させつつあると考えられる。

おわりに

　ペルーにおいてフェ・イ・アレグリアは、既存の学校教育制度における貧困層を対象としたカトリック系学校支援の枠組みを利用し、貧困層を主な対象とした民衆教育の取り組みとして学校教育を展開してきた。フェ・イ・アレグリアのネッ

トワークの形成と教育活動の支援体制構築の要因としては、カトリック系だからこそ可能であった部分と、カトリック系でなくても可能であった部分の相互作用があると考えられる。まず、教育や学校運営に関するノウハウの共有、教員研修、視察、専門家の助言に関しては、カトリック系ではなくても行うことは可能であろう。一方で、ネットワークの形成による大規模化、公費補助など国との協働関係は、カトリック系だからこそ可能であったと考えられる。また、教育上のノウハウの共有に至るための関係者の倫理感や献身的姿勢に関しては、一般の学校においても見られる可能性はあるが、これをネットワーク化するまでに至ったのは、カトリックの活動であったことが重要な要因として考えられる。

　そしてフェ・イ・アレグリアの活動の展開において、上記のネットワークと両輪をなしたのが、民衆教育という理念である。フェ・イ・アレグリアによる民衆教育は、学校教育を通した漸進的な社会変革という活動拡大の論理として用いられた。この学校教育の中での民衆教育は、学校を取り巻く環境の変化と相まって、従来の学校教育やそこで再生産される文化への代替案としてのラテンアメリカの民衆教育の特徴を薄める可能性を内包してきた。しかしそれは同時に、社会を変えるという目的の下、非常に現実的な路線を選んできた結果であるともいえる。

注

1　日本比較教育学会編『比較教育学事典』東信堂、2012（江原武一「宗教と教育」206-208頁、西野節男「イスラームと教育」38-39頁、藤井泰「ボランタリー・スクール」359頁参照）。

2　重田康博『NGO の発展の軌跡：国際協力 NGO の発展とその専門性』明石書店、2005、29-32頁。

3　ハインズ、ジェフリー著、阿曽村邦昭・阿曽村智子訳『宗教と開発：対立か協力か？』麗澤大学出版会、2010。

4　稲場圭信『利他主義と宗教』弘文堂、2011、133-161頁ではイギリス、フランス、アメリカ、日本の宗教団体による社会貢献活動を取り上げている。

5　例えば、アーノブ、ロバート・F、カルロス・アルベルト・トーレス、スティーヴン・フランツ編著、大塚豊訳『21世紀の比較教育学：グローバルとローカルの弁証法』福村出版、2014、488頁、ハインズ、ジェフリー著、阿曽村邦昭・阿曽村智子訳、前掲書、2010、305-308頁にて言及。

6　Federación Internacional de Fe y Alegría. *Estadísticas del Año 2012*. Cuadro 1. Resumen General. (http://www.feyalegria.org/images/acrobat/FIFYA-Estadisticas-Ano2012.pdf、2013年12月9日確認)

7　Swope, John y Marcela Latorre G. *Comunidades educativas donde termina el asfalto: escuelas Fe y Alegría en América Latina*. Santiago de Chile: CIDE, 1998.

8　Alcázar, Lorena y Nancy Cieza. *Hacia una mayor autonomía y mejor gestión de los centros educativos en el*

180　第2部

Perú: el caso de Fe y Alegría. Lima: Apoyo: CIES, 2002; Parra Osorio, Juan Carlos y Quentin Wodon (eds.). *Escuelas religiosas en América Latina: estudios de caso sobre Fe y Alegría*. World Bank, 2011. (http://www.feyalegria.org/images/acrobat/EstudioDeCasoSobreFyA_WB.pdf, 2013 年 5 月 3 日確認); Navarro, Juan Carlos. "Publicly Financed, Privately Run Education in Peru: It Still Works." in Wolff, Laurence., Juan Carlos Navarro and Pablo González (eds.) *Private Education and Public Policy in Latin America*. Washington, D.C.: PREAL, 2005, pp.169-193; González, Rosa Amelia and Gregorio Arévalo. "Subsidized Catholic Schools in Venezuela." in *ibid.*, pp.195-226 などがある。

9　Jaimovich, Analía V. "The Role of Central Management Structures in Public Private Partnerships: The Case of Fe y Alegría Schools in Peru." in Robertson, Susan L. et al. (eds.). *Public Private Partnerships in Education: New Actors and Modes of Governance in a Globalizing World*. Cheltenham: Edward Elgar, 2012, pp.277-295.

10　工藤瞳「ペルーの宗教系民営公立校：伝統的公私協働の役割」『京都大学大学院教育学研究科紀要』第 59 号、2013、249-261 頁。

11　フェ・イ・アレグリアは「全人的な民衆教育」における全人（integral）教育について、人間のあらゆる側面、可能性、能力を包含し、人や社会を歴史的文脈、知識や価値の多様性を踏まえて理解し、多様な教育様式により、生産的な生活や仕事のできる人を育てる過程と捉えている（Federación Internacional de Fe y Alegría. *Pensamiento de Fe y Alegría: Documentos de los Congresos Internacionales 1984-2007*. Caracas: Federación Internacional de Fe y Alegría, 2008, p.16 より抜粋）。

12　入手可能であった 1984 年（第 15 回）から 2007 年（第 38 回）の資料（注 11 引用資料）および *Revista Internacional Fe y Alegría*（1999 年（第 30 回）以降の国際会議の資料、第 1 号（2000 年発行）から第 15 号（2014 年発行））参照。いずれもフェ・イ・アレグリアの資料ウェブサイトから入手可能（http://www.feyalegria.org/es/biblioteca/congreso、2014 年 7 月 18 日確認）。

13　Bastos, Alfredo. *Fe y Alegría: En el pensamiento del Padre José María Vélaz*. Caracas: Fe y Alegría, 1981; José María Vélaz. *Colección de escritos del Fundador José María Vélaz, S.J.* (http://www.feyalegria.org/es/biblioteca/el-fundador、2014 年 7 月 20 日確認)

14　ペルーのフェ・イ・アレグリアの学校は設立順に校名に番号が振られている。

15　Bastos, Alfredo. 1981, *op.cit.*, pp.2-3; Federación Internacional de Fe y Alegría. *De la chispa al incendio: la historia y las historias de Fe y Alegría*. Caracas: Federación Internacional de Fe y Alegría, 1999, pp.31-32.

16　幡谷則子『ラテンアメリカの都市化と住民組織』古今書院、1999、12 頁。ラテンアメリカの都市化に関わる住宅問題に関しては、同書に詳しい。

17　解放の神学に関しては、ベリマン，フィリップ著、後藤政子訳『解放の神学とラテンアメリカ』同文舘出版、1989、乗浩子『宗教と政治変動：ラテンアメリカのカトリック教会を中心に』有信堂高文社、1998、118-143 頁などに詳しい。解放の神学に対するバチカンの対応は、松本佐保『バチカン近現代史』中公新書、2013、179-183 頁参照。

18　Federación Internacional de Fe y Alegría. *Dónde Estamos*. (http://www.feyalegria.org/es/donde-estamos, 2013 年 12 月 10 日確認)

19　なお、以下において教会はカトリック教会を指し、ここに修道会まで含める。また、

9. カトリック系国際 NGO フェ・イ・アレグリアのペルーにおける展開と民衆教育の論理　181

　　教会という語は国レベルでのカトリック教会を全体的に捉える場合に用い、修道会という語は、カトリック教会全体ではなく特定の修道会や具体的な行為主体を示す際に用いる。

20　皆川卓三『ラテンアメリカ教育史 I（世界教育史大系 19）』講談社、1975、52-53 頁、77 頁、アンドラーデ，グスタボ「ラテンアメリカにおけるカトリック教会と国家」アンドラーデ，グスタボ・中牧弘允編『ラテンアメリカ　宗教と社会』新評論、1994、107 頁。

21　大久保教宏「宗教」大貫良夫ほか監修『新版　ラテンアメリカを知る事典』平凡社、2013、468 頁。

22　三輪千明「チリにおける新自由主義の教育政策の展開：政府の役割の推移に着目して」牛田千鶴編著『ラテンアメリカの教育改革』行路社、2007、159 頁、注 6; González, Rosa Amelia and Gregorio Arévalo., 2005, *op.cit.*, pp.199-200.

23　Klaiber, Jeffrey. "La pugna sobre la educación privada en el Perú 1968-1980: un aspecto del debate interno en la Iglesia Católica." *Apuntes.* Vol.20, 1987, pp.35-36, 46; 工藤、前掲論文、2013、250-251 頁.

24　2012 年 10 月 25 日リマ市内 FYA01 校副校長へのインタビュー、Alcázar, Lorena y Néstor Valdivia. "Escuelas de Fe y Alegría en el Perú: análisis del modelo de gestión institucional y pedagógica y lecciones para la educación pública." en Parra Osorio, Juan Carlos y Quentin Wodon (eds.). 2011, *op.cit.*, p.51. 教員の採用は、カトリック教会とペルー政府との協働学校に関する省令（RM-483-89-ED）第 11 条に基づく。

25　2012 年 10 月 19 日フェ・イ・アレグリア・ペルー本部長ヘロニモ・オジェロス氏へのインタビューによる。なおペルーの公立小・中学校は半日制のため、児童・生徒の入れ替えにより校舎を共同利用する。

26　Federación Internacional de Fe y Alegría., 1999, *op.cit.*, による国ごとのフェ・イ・アレグリアの沿革参照。

27　Reimers, Fernando. *Education and the Consolidation of Democracy in Latin America: Innovations to Provide Quality Basic Education with Equity. Advocacy Series Education and Development 4.* Washington, D.C.: Agency for International Development. Bereau for Latin America and the Caribbean. 1993, p.14 におけるフェ・イ・アレグリア・ペルー元本部長ヘスス・エレロ（本文脚注 21 の名字の誤りを訂正）へのインタビューによる。

28　Portocarrero S., Felipe et al. *Más allá del individualismo: el tercer sector en el Perú.* Lima: Universidad del Pacífico, 2002, pp.316-317.

29　Alcázar, Lorena y Nancy Cieza., 2002, *op.cit.*, p.30; Alcázar, Lorena y Néstor Valdivia., 2011, *op.cit.*, p.58.

30　2012 年 11 月 12 日リマ市内 FYA03 校校長へのインタビューによる。

31　Federación Internacional de Fe y Alegría. *Estadísticas del Año 2012.* Cuadro 1. Resumen General（注 6 と同資料）.

32　2012 年 10 月 19 日フェ・イ・アレグリア・ペルー本部長ヘロニモ・オジェロス氏へのインタビューによる。

33　Jaimovich, Analía V., 2012, *op.cit.*, pp.277-295.

34　2012 年 10 月 19 日フェ・イ・アレグリア・ペルー本部長ヘロニモ・オジェロス氏へ

182　第2部

のインタビューによる。

35　Jaimovich, Analía V., 2012, *op.cit.*, p.291.

36　2012年10月25日リマ市内FYA01校副校長へのインタビューによる。

37　Alcázar, Lorena y Nancy Cieza., 2002, *op.cit.*, pp.43-45.

38　2012年11月12日リマ市内FYA03校校長へのインタビューによる。

39　Alcázar, Lorena y Néstor Valdivia., 2011, *op.cit.*, p.66.

40　Jaimovich, Analía V. 2012, *op.cit.*, pp.285-287.

41　全国規模の宝くじはフェ・イ・アレグリアの資金集めとして伝統的に行われているものであり、FYA01校の場合、児童・生徒が一人当たり1枚3ソルのものを6枚買い、1枚は自分で保有し、残りは売る。くじの景品には車やコンピューターなどがある。

42　Kane, Liam. "Community Development: Learning from Popular Education in Latin America." *Community Development Journal.* Vol.45, No.3, 2010, p.277.

43　Vío Grossi, Francisco. "Popular Education: the Latin American Experience." *International Review of Education.* Vol.30, No.3, 1984, p.307.

44　Fink, Marcy and Robert F. Arnove. "Issues and Tensions in Popular Education in Latin America." *International Journal of Educational Development.* Vol. 11, No. 3, 1991, pp.221-222.

45　Torres, Carlos Alberto. *The Politics of Nonformal Education in Latin America.* New York: Praeger, 1990, p.20.

46　野元弘幸「ブラジルにおける民衆教育運動の現在：労働者党市政下サン・パウロ市における『民衆公教育』の試み」新海英行・牧野篤編著『現代世界の生涯学習』大学教育出版、2002、286-298頁。

47　Federación Internacional de Fe y Alegría. 2008, *op.cit.*, p.205.

48　Bastos, Alfredo., 1981, *op.cit.*, pp.15-18.

49　*Ibid.*, p.10.

50　Federación Internacional de Fe y Alegría. 2008, *op.cit.*, p.11.

51　2012年11月12日リマ市内FYA03校校長へのインタビューによる。

52　2012年10月25日リマ市内FYA01校副校長へのインタビューによる。

53　以下の活動内容は、2014年9月4日リマ市内FYA01校校長インタビュー、9月6日活動同行時のフィールドノートによる。

54　Federación Internacional de Fe y Alegría., 2008, *op.cit.*, pp.215-216.

55　全国学力調査は、スペイン語を教授言語とする学校では小学2年生、先住民言語を母語とする異文化間二言語教育（Educación Intercultural Bilingüe）実施の学校では小学校4年生を対象とした学力テストである。2011年は公立・私立の小学校94％、児童の88％に実施された。小学2年生の試験科目は読解（Comprensión Lectora）と算数（Matemática）である（Ministerio de Educación, Unidad de Medición de la Calidad Educativa. "Presentación ECE 2011 versión completa." (http://umc.minedu.gob.pe/?p=230、2013年3月3日確認) 参照)。

56　2012年10月19日フェ・イ・アレグリア・ペルー本部長ヘロニモ・オジェロス氏へのインタビューやAlcázar, Lorena y Néstor Valdivia., 2011, *op.cit.*, pp.33-34など。

57　2012年10月25日リマ市内FYA01校副校長へのインタビューによる。

58　2012年11月12日リマ市内FYA03校校長へのインタビューによる。

9. カトリック系国際 NGO フェ・イ・アレグリアのペルーにおける展開と民衆教育の論理   183

59   Alcázar, Lorena y Nancy Cieza., 2002, *op.cit.*, pp.18, 50; Alcázar, Lorena y Néstor Valdivia., 2011, *op.cit.*, p.63.

宗教

解題：マレーシア（クランタン州）におけるイスラーム教育の発展に関する一考察

小林忠資

　この論文は、マレーシアの北東部に位置するクランタン州に焦点を当て、イスラーム教育の発展過程に関するミクロな記述を通して、教育の発展における地域のダイナミズムを描き出すことを目的としている。

　2010年9月に4日間という短い期間で行ったフィールドワークでは、多くの場所を訪問するため、タクシーを利用した。執筆者の1人であり、1980年代後半にクランタンでポンドックの調査を行ったことのある西野は、運転手から当時の状況や思い出を聞き出していた。また、タクシーのおかげで、事前にアポイントメントをとって訪問した場所だけでなく、現地の人から得た情報をもとにその場で決めて訪問した場所も多くあった。短期間で効率的にデータを収集するためには計画性が重要となるが、地域の特徴を体感するためには、予定を詰め込みすぎないことも必要であろう。

　本稿の特徴は二つある。一つは、ミクロな記述を重視している点である。学校数、学校名、学生数、科目、カリキュラムを、文献資料やインタビューをもとに詳細に記述した。このような記述は、記録としても価値のあるものだろう。もう一つはコラージュ的な記述である。人物、イスラーム組織、中等学校、高等教育機関などさまざまな視点からクランタンにおけるイスラーム教育の発展過程を記述している。多様な視点からの記述を通して、地域のダイナミズムを浮かび上がらせるというのが意図である。

　なおマレーシアやイスラーム教育に関する知識をもたない読者には、本稿を読むのは容易ではないかもしれない。論文としてどうなのかという批判もあるだろうが、本稿ではあえて先行研究の検討を通じた分析の枠組みの提示といったことはしていない。また、機関名、宗教科目、人名、地名など一般的でない用語がカタカナ、アルファベットで溢れている。そのため、一読しただけでは理解が難しいだろう。読者には是非この「分かりにくさ」を楽しみ、自らのフィールドと関連づけながら読んでいただきたい。本稿で描写している中心と周縁という構造的な関係性は、あらゆる教育の事象に見られるものである。

反省点としては、収集したデータを十分に記述しきれていないことが挙げられる。フィールドワークでは、本稿で記述した組織や教育機関以外でも資料収集やインタビューを行った。その中には、多くの高齢者が居住し学習しているポンドック、麻薬中毒者の更生を目的としたポンドック、クランタン方言を理解しきれない我々に対して熱心に説明してくれたポンドックなど魅力的な場所が多々あった。しかし、設定した論文の目的との関係から、これらのポンドックに関する記述を諦めざるをえなかった。論文に一定のストーリーをもたせるためには、データを取捨選択する必要がある。興味深いデータの一部しか記述できないというのは、多くのフィールドワーカーがもどかしく感じるところだろう。

　ローカル・ナショナル・グローバルな関係性の中で、地域の教育は絶えず発展している。この教育のダイナミズムを捉えるためには、継続的に観察・記述することが求められる。数年後あるいは十数年後、また３人でクランタンを訪問し、本稿の記述からどのように変化したのかを記録したい。

186 第2部

宗 教

10. マレーシア（クランタン州）における
イスラーム教育の発展に関する一考察

服部美奈・西野節男・小林忠資

はじめに

　本稿の目的は、クランタンにおけるイスラーム教育の史的展開の整理をとおして、ローカル、ナショナル、グローバルな関係性のなかでマレーシアにおけるイスラーム教育の発展を捉え直すことである。

　マレーシアは、13の州と3つの連邦直轄地（クアラルンプール、プトラジャヤ、ラブアン）からなる。13州のうち、ボルネオ島北部にあるサバ州、サラクワ州を除く、11州がマレー半島にあり、半島マレーシアと総称される（**図1**参照）。そして、マレー半島にある11州のうちマレー半島北東部に位置しているのがクランタンである。また、マレーシアは全体としてはマレー人と先住民のブミプトラ（67.4％）、華人（24.6％）、インド系（73％）とその他（0.7％）からなる典型的な多民族国家として知られているのに対して、クランタンは人口の約95％がマレー人イスラーム教徒であり、華人やインド系の移民は少ない[1]。さらに、英国植民地期以来、錫鉱山とゴム・プランテーションで開発が進んだ西海岸地域とは対照的に、クランタンは豊かな穀倉地帯が広がると同時に東海岸部は東シナ海に面した農業と漁業が盛んな地域であるが、経済的にはマレー半島のなかで最も遅れた地域となっている。

　クランタンは古くから「メッカのベランダ（Serambi Mekah）」と呼ばれ、南部タイのパタニやスマトラ島のアチェとともに、マレー・イスラーム世界の一つの教育の中心を形成してきた。植民地期には、イスラーム教育に関する管理制度をいち早く整備し、また独立後には他州に先駆けて、州レベルでイスラーム高等教育機

出典：「マレーシア（クランタン州）におけるイスラーム教育の発展に関する一考察」『名古屋大学大学院教育発達科学研究科紀要（教育科学）』第58号（2）、2012年、95-117頁。

10. マレーシア（クランタン州）におけるイスラーム教育の発展に関する一考察　　187

図1　マレー半島とクランタンの地方

出典：Kessler, Clive S.（1978）Islam and Politics in a Malay State - Kelantan 1838-1969. Cornell Universiy Press. p.24

関創設の取り組みが行なわれた。この背景には、クランタンにおける政治とイスラームをめぐる特別な構造がある。連邦議会は、独立以降、マレー人、華人、インド人の各民族政党であるUMNO（統一マレー人国民組織）、MCA（馬華公会）、MIC（マレーシア・インド人会議）が中心に連合（Alliance）を組み、後にそれを拡大した国民戦線（Barisan Nasional）が政権与党を形成している。それに対して、クランタンの州議会は、イスラーム政党のPAS（Parti Islam Se-Malaysia: 全マレーシア・イスラーム党）が長期にわたって与党政権を担ってきた。1973年から一時、PASは国民戦線と連立を組み、1978年には国民戦線とブルジャサ（Berjasa）の連立に政権を奪われたが、1990年に州政権への復帰を果たした。それ以来、20年余りにわたり、クランタン州のイスラームのあり方に大きな影響を与えてきた。

　因みに、イスラームは連邦の宗教であり、イスラームに関して各州のスルタン（州国王）が権限をもつ。また、スルタンのいない4州（ペナン、マラッカ、サバ、サラワク）並びに連邦直轄地では、5年任期のもと9州のスルタンによる互選で選ばれる連邦国王（Yang di-Pertuan Agong）にイスラームに関する権限が委ねられている[2]。

188　第2部

しかし、1970年代半ばから連邦政府によるイスラームへの関与が増大してきている。イスラーム教育に関して具体的には、1970年代半ば以降のイスラーム中等学校の連邦移管と宗教国民中等学校(SMKA)の創設、連邦によるイスラーム教員養成カレッジの創設、2004年からの統合全寮制学校(SBPI)の設立、そして最近の民間宗教学校に対する連邦政府による補助の提供(SABKのカテゴリー創設)が挙げられる。

　本稿は、国家と首都のクアラルンプールを中心にマレーシア教育を描くのではなく、連邦を構成する一つの州(クランタン州とその州都コタ・バル)に視座を置き、周縁とイスラームの観点からマレーシア国民教育制度の発展を捉え直そうとする試みである。それは同時に、今後の比較教育学における地域研究の可能性を思索するとともに、マレー・イスラーム世界の教育を如何に捉え如何に記述するのかという課題に拘泥し続けていくための一つの予備的作業であることを申し添えておきたい。また、本稿の内容は主に、2010年9月17日〜23日にかけて実施したクランタンとクアラルンプールでの現地調査で収集したデータ・資料にもとづいている。

1.　ボンドックからマドラサへ

(1) 近代学校の設立

　イギリスによるマラヤの植民地化は、1786年のペナン領有に始まり、シンガポール領有(1819年)、英蘭条約によるマラッカ取得(1824年)と段階的に進められていった。英蘭条約は、イギリスとオランダの勢力圏をマラッカ海峡で分割するという合意で、イギリスは西スマトラのベンクーレン植民地をオランダに譲渡する一方で、オランダをマラッカから撤収させた。そして、イギリスは、マラッカ海峡の東側、マレー半島のペナン、シンガポール、マラッカの3つの海港都市を海峡植民地(Straits Settlements)として直轄統治した。

　一方、マレー半島内陸部への進出は、1874年にペラと交わされたパンコール協約を契機に開始される。その後、イギリスは、ペラに続いて、スランゴール、スンガイ・ウジョン、ジェレブ(1886年)、パハン(1887年)にスルタンへの助言者としてイギリス植民地官僚である理事官(Resident)を送り込んだ。理事官は、イスラームと慣習以外に関する事柄についてスルタンに対して助言を行い、スルタ

ンはその助言に従う必要があった。これは、海峡植民地での直接統治とは異なり、保護国化であり、スルタンを頂点にした既存の伝統的支配構造を維持して間接的に統治していくというものであった。保護国の拡大に伴い、イギリスは支配の効率化に迫られ、スンガイ・ウジョン、ジェレブ、その他隣接地域をまとめて、1895年にヌグリ・スンビラン（9つの国の意味）とした。これは当該地域の移民の故郷である西スマトラの統治構造に範を取ったとされる。同様な形態を保護国全体に及ぼそうとしたのが、1896年のペラ、スランゴール、ヌグリ・スンビラン、パハンの4つの国々からなる連邦マレー諸国（Federated Malay States）の形成である。連邦マレー諸国では、各国のスルタンと理事官の上に、連邦マレー諸国の最高責任者としてイギリス植民地行政官である統監を置き、行政システムの集権化を図った。

　保護国化、特に連邦マレー諸国の形成以降、イギリスは近代学校の設立を積極的に進めていく。イギリスのマラヤに対する基本的な教育方針は、民衆に対して現地語（マレー語）による教育を提供する一方で、伝統的支配層などの一部の者に英語による教育を提供するというものであった。1898年の報告書のなかで、次のように記されている（ARFMS 1898, p.7）。

　　　われわれが望むのは、一部の学校で可能な限り徹底して英語を教え込むことである。その学校では教授言語を英語とし、その教育目的は英語知識の必要な職へ男子が就職することである。そして、大部分の者に対しては現地語学校である。

3R's を中心にしたマレー語教育を提供することで、マレー人民衆を農民や漁師として農漁村にとどめ置くのが、イギリス植民地官僚の考えであった。一方、伝統的な支配構造の維持という目的にもとづいて、マレー人の王族や貴族を植民地行政システムに組み込む必要性を認識しており、一部のマレー人に対しては植民地の公用語である英語での教育を提供していた。また、イギリスの植民地統治の観点からみた利便性から、連邦マレー諸国では、マレー語学校や英語学校での教授言語と教科としてのマレー語は、アラビア文字表記のマレー語（ジャウィ）ではなく、ローマ字表記のマレー語が使用された。

　マレー人王族と貴族の子弟のための学校として1905年に設立されたのが、クアラ・カンサルのマレー・カレッジ（MCKK）である。この学校は、イギリスのパ

ブリック・スクールをモデルにした寄宿学校で、エリート人材の育成を目的とした特別な教育を提供していた。ペラ、スランゴール、ヌグリ・スンビラン、パハンの連邦マレー諸国の王族や貴族の子弟だけでなく、クダ、プルリス、クランタン、トレンガヌ、ジョホールの王族と貴族の子弟も就学していた。

　海峡植民地と連邦マレー諸国が形成されるなか、クランタンは1909年までシャムの属国であった。クランタン政府は、1812年よりシャムに対して3年に一度、ブンガ・マス（金の花）を朝貢していた。1880年代以降、マラヤのイギリス人植民地官僚は、クダ、プルリス、クランタン、トレンガヌへの進出を企図する一方で、英国本国政府はシャムとの関係を重視し、それらの諸国に支配を拡大することには消極的であった（Mohamed B. Nik Mohd. Salleh 1974, pp.34-41）。しかし、1903年よりクランタンのラジャ（王）に対してイギリス人顧問が置かれるようになり、1910年にイギリス・シャム条約（1909年）にもとづいて、クランタンはシャムから英領マラヤに組み込まれた。統監の下に置かれた連邦マレー諸国に比して、クランタンは、一定の自立性を保持し、クダ、プルリス、トレンガヌ、ジョホールとともに非連邦マレー諸国（Unfederated Malay States）と総称された。

　クランタンで最初のマレー語学校が設立されたのは、1902年のイギリス・シャム条約にもとづいて2人のイギリス人（W.A. Graham と H.W. Thomson）がラジャに対する顧問としてコタ・バルに着任した1903年である。1903年のイギリス人顧問の報告書に、次のような記述がある（Awang Had Salleh 1980, p.5）。

　　　小額のまとまったお金があり、一校の学校が今年設立された。王（Yang Maha
　　　Mulia）は、民衆に対して良い教育を提供するための機関となるように深い関
　　　心を抱いている。

この学校に対して、クランタン王国は関心を持っていた。また、イギリス人顧問による報告書への記載から、この学校の設立にイギリス人顧問が関係していたと考えられる。この学校は3学年あり、基本的には3R's（読み・書き・算数）が教えられていた。具体的に科目をみてみると、第1学年では読み・書き・算数、第2学年では読み・書き・算数・書きとり、第3学年では読み・書き・算数・書きとり・地理・英語となっている（KAR 1909, p.10）。また、第3学年の英語は、1909年に導入された。1909年と1910年には、この学校から各1人、マレー・カレッジに転校している。また、クランタンにおいて近代学校が発展していくのは、1910

年以降である。1910 年には、パシル・マス (Pasir Mas)、カンプン・ラウト (Kampung Laut)、トゥンパット (Tumpat) にマレー語学校が開設された (KAR 1910, p.13)[3]。そして、1918 年には、コタ・バルとパシル・プテ (Pasir Puteh) 地方に 13 校、ウル・クランタン地方に 3 校の学校が運営されていた (KAR 1918, p.9)。つまり、クランタンにおける近代学校の発展は、イギリスによる植民地支配の強化とともに始まった。

(2) 伝統的な学習機関ポンドック

　イスラームはマレー半島に 14 世紀までには伝わった。イスラームの伝来以降、イスラーム学習はマスジド (礼拝所) やスラウ (小礼拝所) で行なわれてきた。マスジドやスラウでは、5 〜 6 歳になった子どもに対してアラビア文字、クルアーンの読誦、礼拝の所作、さらにクルアーンのなかの短い章句の暗誦がトッ・グル (教師) から教えられていた。

　19 世紀に入り、クルアーン学習を修了した者が学習を継続するための機関として、ポンドックが設立されるようになる。ポンドックとは、トッ・グルの下で学習するために、トッ・グルの家やマスジドの周りに学習者が小屋を建て、そこに住みイスラームの学習を行う。ポンドックでの教育は無償で、試験や証書もない。また、学習の速度は、学習者の努力次第であった。このようなポンドックの形態は、スマトラ島の北部や南部タイのパタニの学習機開から採り入れられたといわれている (Roff 2009, p.118)。

　クランタンで最初のポンドックは、トッ・プライ・チョンドン (Tok Pulai Chondong. 本名 Abdul Samad Faqih Abdullah) によって 1820 年に設立されたものである[4]。トッ・プライ・チョンドンは 1792 年に生まれ、パタニのポンドックで教育を受けた。その後、メッカに渡り、学習を継続する。そして、メッカで、パタニ出身のシェイク・ダウド・アルファタニに師事したといわれる。そして、クランタンに戻り、ポンドックを開設した。このポンドックでは、ウスルディン (神学)、フィクフ (法学)、タサウフ (神秘主義) を教えた。1840 年、さらなる知を求めて、メッカに再び渡った。

　トッ・プライ・チョンドンの師とされるシェイク・ダウド・アルファタニ (？〜 1847 年) は，タイ南部パタニのイスラーム学者である。彼は家族から基礎的なイスラーム教育を受けた後、アチェで 2 年間、メッカで 30 年間、メディナで 5 年間学習した。そして、フィクフ (法学)、ウスルディン (神学)、タサウフ (神秘主義)

192 第2部

などに関する多数の著作をマレー語で書くと同時にアラビア語からマレー語に翻訳を行った。これらの著作は、マレー世界の伝統的なイスラーム教育機関で教科書として用いられた。また、彼のもとで学習した者がクダやトレンガヌでポンドックを設立した (Ibrahem Narongraksakhet 2010, pp.1-11)。

19世紀には、ポンドック・プライ・チョンドン (Pondok Pulai Chondong) の他に、クランタンにはポンドック・クバン・パス (Pondok Kubang Pasu)、ポンドック・スンガイ・ブドゥール (Pondok Sungai Budur)、ポンドック・カンプン・バングル (Pondok Kamupung Banggul)、ポンドック・トゥアン・パダン (Pondok Tuan Padang) などが設立された。そして、これらのポンドックで学習した者が、19世紀半ばから20世紀初めにかけて、ポンドック・トゥンパット (Pondok Tumpat)、ポンドック・バチョク (Pondok Bachok)、パシル・マス (Pasir Mas) にあるポンドック・パダン・ジェラパン (Pondok Padang Jelapang)、ポンドック・マチャン (Pondok Macang)、ポンドック・パシ・トゥンブ (Pondok Pasir Tumbuh)、ポンドック・ブヌウ・パヨン (Pondok Bunut Payong) を設立した (Yaacob, 2011b, p. 2)。

クランタンのポンドックは、マレー世界のイスラーム教育の一つの中心地であった南部タイのパタニ、イスラーム共同体の中心地であるメッカとメディナとの学習ネットワークのなかで、成立・発展した。そして、植民地支配と同時に近代化の波が押し寄せてくるなかで、ポンドックとは異なる近代学校教育の諸要素を取り込んだイスラーム教育機開がクランタンの地に現れてくる。

(3) トッ・クナリ

マレー半島で近代学校が発展していく一方で、イスラーム教育機関の改革も進められていく。そして，ポンドックとは異なる形態のイスラーム教育機関マドラサがマレー半島で設立されていく。マドラサは、年齢と学力にもとづく学年制、試験による進級、固定された時間割、証書の発行などの特徴をもつ (Rosnani Hashim 2004, p.34)。

このような改革を推進したのは一般的に、カウム・ムダ (kaum muda: 若い集団) と呼ばれるイスラーム改革思想の支持者とされる。その代表的な人物は、サイド・シャイフ・アフマッド・アルハディ (Sayid Shaykh Ahmad al-Hadi) である (ロスナニ・ハシム、2010、pp.37-45)，彼は、1867年にアラブ人の父とマレー人の母のもと、アラブ系のプラナカン (現地化した人々) としてマラッカに生まれた。名前の最初にサイドが冠されていることがらもわかるように、預言者ムハンマドの血をひく子孫

である[6]。

　サイド・シャイフ・アフマッド・アルハディは、トレンガヌのポンドックで教育を受けた後、メッカで数年間学習を継続した。そして、1895 年にエジプトに渡り、イスラーム改革運動の指導者の一人、シャイフ・ムハマド・アブドゥに師事する機会を得た。帰国後、改革派雑誌『アルイマーム』(1906 ～ 1908 年) を発行する一方で、シンガポールにマドラサ・アルイクバル (Madrashah al-Iqbal: 1907 年設立)、マラッカにマドラサ・アルハディ (Madrasah al-Hadi: 1917 年設立)、ペナンにマドラサ・アルマシュフール・アルイスラミヤー (Madrasah al-Mashhor al-Islamiyah: 1919 年設立) を設立した。シンガポールとマラッカでの試みは失敗に終わるが、ペナンのマドラサ・アルマシュフール・アルイスラミヤーは成功を収める。

　しかし、クランタンの動きは、このような海峡植民地の動向と同じではない。後述するように、クランタンではコタ・バルに 1917 年マドラサ・ムハマディヤ (Madrasah Muhammadiyyah) が設立される。この設立を推進した人物は、トッ・クナリ (Tok Kenali, 本名 Muhammad Yusof bin Ahmad) である。

　トッ・クナリは、1868 年にコタ・バルから約 7 キロ離れたクナリ村で生まれた。6 歳の頃、叔父のもとでクルアーン学習を修了し、読み書きの基礎能力を身に付けていた。10 歳の時からコタ・バルのマスジド・アルムハマディまで毎日、徒歩で行き、アラビア語とイスラームの学習 (pengajian) を始めた。そして、18 歳の時、メッカに留学した。メッカ留学中には、パタニ出身でイスラーム改革思想の支持者であるシャイフ・ワン・アフマド・アルファタニなどに師事していた。トッ・クナリは、シャイフ・ワン・アフマド・アルファタニとともに 1903 年にエジプトへジアラー (聖墓巡礼) した際に、サイド・シャイフ・アフマッド・アルハディに影響を与えたシャイフ・ムハマド・アブドゥに会ったといわれている。そして、トッ・クナリは、22 年間メッカで学習した後、1908 年にクランタンに帰国した。

　1910 年に、トッ・クナリは故郷のクナリ村にポンドックを設立した。そこでは、アラビア語、アラビア語文法、タウヒード (神学)、フィクフ (法学)、タフシール (クルアーン注釈)、タサウフ (神秘主義) を教えていた。このポンドックには、マレー半島の各地からだけでなく、スマトラ、パタニ、カンボジアなどの地からも生徒が集まり、300 名程の生徒がいた。そして、1915 年にスルタンにより後述するイスラーム宗教・マレー慣習法評議会 (MAIK) のメンバーに任命される一方で、1917 年からマスジド・ムハマディで宗教教授を担当した。さらに、MAIK の教育部長に任命され、マドラサ・ムハマディヤの発展に貢献した。

194 第2部

　MAIK の設立は、クランタンで拡大する植民地支配への一つの反応であった。1903 年にイギリス人顧問がクランタンに派遣されて以降、西洋モデルにもとづく行政システムが導入された。そして、そのような西洋式行政システムの移植による一方的な近代化ではなく、自分たちの伝統、つまりイスラームに沿って近代化を進めるために創設されたのが MAIK であった (Roff 2009, pp.188-199)。

　トッ・クナリはクランタンにおいて、伝統的な教育機関のポンドックの発展だけでなく、近代学校とイスラーム教育との接合を図ろうとするマドラサの発展にも貢献した。海峡植民地でマドラサの導入に専心したサイド・シャイフ・アフマド・アルハディとトッ・クナリの差異は、クランタンの強固なイスラーム教育の伝統、海峡植民地と非連邦マレー諸国の植民地支配行政システムの違いの一端を示すものである。

2. MAIK 設立 (1915) から PAS の政権復帰 (1990) まで

(1) 植民地期（独立前）の MAIK による学校制度
　①マジュリス MAIK 設立とマジュリス学校
　1915 年 12 月 24 日、クランタンでスルタン・ムハマド 4 世の布告によって、イスラーム宗教・マレー慣習法評議会 MAIK (Majlis Agama Islam dan Adat Istiadat Kelantan) が設立された。設立に与ったのはトッ・クナリである。MAIK（マジュリスと記すこともある）はクランタン王国から独立した組織として存在し、その役人もクランタン王国によって権限が与えられているわけではなかった。MAIK の役割としては、ザカット（義務とされる喜捨）の徴収、マスジド（モスク）の建設、宗教学校（アラビア語とマレー語）の設立、教育（英語教育を含む）発展の維持、アラビア語キタブ（イスラームの教義書）のマレー語への翻訳、ワクフ（寄進財産）と墓地の管理など宗教にかかわる問題すべてに責任を持った。

　MAIK による最初の学校設立は 1917 年のマドラサ・ムハマディヤ Madrasah Muhammadiyyah である。設立初期のマドラサ・ムハマディヤでは三つのクラス、すなわち 1 級 1 クラス、2 級 2 クラスに分けられた。教科は読み、書き（作文）、基礎的な算数、ファルドゥル・アイン（イスラーム教徒個別の義務）、作文であった。文字は基本的にジャウィ（アラビア文字表記のマレー語）が用いられた (Abdul Razak Mahmud 2010, p.104)。ここで用いられたテキストは「安寧の道 (Jaian Sejahtera)」、「生

活の精神 (Semangat Kehidupan)」、「ムラユの壺 (Jambangan Melayu)「知織のキール (竜骨) (Lunas Pengetahuan)」「満月の光 (Cahaya Purnama)」などであり、その教材の多くはMAIK によって印刷・出版されたものであった。マドラサ・ムハマディヤの生徒数は 1917 年 12 月 31 日時点で 310 名、教師は 7 名であった。上記の科目に加えて、初級段階ではアラビア語と英語が教授された。英語の教授は毎晩行われたが、生徒は徐々に減少し、1917 年末にはわずか 28 名になった。(Abdul Razak Mahmud 2010, pp.104-105) 英語教育に関しては、MAIK 自ら 1918 年 10 月にクラスを開設している。当初はスタンダード 0 からスタンダード 2 までの 3 クラスで、午前 8 時から 11 時まで授業が行われた。英語クラスの生徒には、マドラサ・ムハマディヤで午後 1 時から 4 時までの間、宗教とマレー語を学ぶ機会も提供された (Abdul Razak Mahmud 2010, p.62)。

　その後、1920 年までに MAIK はパシル・プテ (Pasir Peteh)、パシル・マス (Pasir Mas)、カンプン・クタン (Kampung Kutan) に各 1 校のマドラサを開設した。1920 年の時点でそれぞれ教師数と生徒数がパシル・マス 2 名、60 名、パシル・プテ 2 名、47 名、カンプン・クタン 1 名、60 名であった。しかし、1924 年に財政的な問題 (マスジド・ムハマディの改築) からこれら 3 校はすべて閉鎖され、MAIK の学校はコタ・バルのマドラサ・ムハマディヤだけになった (Abdul Razak Mahmud 2010, pp.108-109)。

　1930 年代から第二次世界大戦が始まる 1941 年 12 月までの間に MAIK はさらに 3 校の学校を設置した。それは 1931 年にマスジド・ムハマディ (ムハマディ・モスク) の新しい建物が作られたあと、財政状況が好転し、新たな学校建設につながったとされる。まず最初に 1932 年 2 月 16 日にマドラサ・ムハマディヤ (ムラユ) に女子部が開設された。この女子部の開設にともない、学校名称がマドラサ・ムハマディヤ (ムラユ) 男子 Madrasah Muhammadiyyah (Melayu) Lelaki、マドラサ・ムハマディヤ (ムラユ) 女子 Madrasah Muhammadiyyah (Melayu) Perempuan となった。括弧内のムラユは、マレー語を教授言語とすることを示す。この二つの学校は、学校名称としては区別されたが、授業が行われた場所は同じで、旧 MAIK の建物の 1 階であった (Abdul Razak Mahmud 2010, p.111)。

　同時代に開設された 2 番目の学校がアルマドラサ・アルムハマディヤ・アルアラビーヤ al-Madrasah al-Muhammadiyyah al-Arabiyyah である。この学校は、1937 年 4 月 1 日に 75 名の生徒と 3 人の教師でスタートした。第二次大戦前だけでなく戦後も独立に至るまで、この学校は MAIK の学校教育事業の頂点とみなされた。

MAIK によって設立された3番目の学校が、パシル・プテのマドラサ・イブラヒミー
ヤ Madrasah Ibrahimiyyah で、1938年1月1日に設立された。この学校はカンプン・
パダン・パッ・アマット Kampung Padang Pak Amat に設立され、名前は故スルタ
ン・ムハマッド4世の子 YTM Tengku Ibrahim にちなんだ。当時、彼は「ラジャ・
クランタン」の称号を与えられ、マジュリスの長 Yang Dipertua Majilis に任ぜられ
た。このマドラサの当初の生徒は25名、教師1名であった（Abdul Razak Mahmud
2010, p.116）。

　この4校に加えて、1943年から1944年にかけて6校の民間宗教学校が MAIK
系の学校になった。トゥンパットのマドラサ・ファラヒア Madrasah Falahiah、
パシル・マスのマドラサ・アフマディヤー・アラビヤー Madrasah Ahmadiah
Arabiyyah、バチョックのニパーのマドラサ・ヤクビアー Madrasah Ya'kubiah、ラボッ
クのララン・ルアスのマドラサ・ディニヤー Madrasah Diniyyah、チェラン・ルク
のマドラサ・イスマイリーヤ Madrasah Ismailiyyah、バチョックのブリス・クブル・
ブサールのマドラサ・アミール・インドゥラ・プトラ Madrasah Amir lndera Petra
であった。これら MAIK 系の民間宗教学校6校を管下に加え、MAIK の学校は
1945年までに計10校となった（Abdul Razak Mahmud 2010, p.117）。

②アラビア語学校の創設と発展

　これら10校の中で、特に注目されるのが1937年に設立されたアルマドラサ・
アルムハマディヤ・アルアラビーヤ al-Madrasah al-Muhammadiyyah al-Arabiyyah で
ある。この学校は MAIK 学校の中で最初のアラビア語学校であった。スルタン
通りの MAIK の旧オフィスの建物の裏におかれ、当初は2クラス、生徒は75名、
教師は3名だけであった。

　イスラーム教育の伝統として、マスジドにおけるハラカ形式のキタブ（イスラー
ムの教義書・注釈書）学習がある。クランタンでも中央モスク（後のマスジド・ムハマ
ディ）では、名の知れたウラマーのキタブ講義を聞くために多くの生徒が集まっ
た。1917年に MAIK が設立されたとき、139名の生徒がクランタン国内・国外
からきていた。1920年代のハラカは古くからのルースな形態であったが、1930
年代初めから、キタブ学習の整備・段階化が図られる。それは12年間のプロ
グラムを定め、4年毎に区切り、それぞれの段階にアラビア語（Arabiyyah）、宗教
（Diniyyah）、一般知識（Pengetahuan Rampaian）の学習内容を配列した。アラビア語は
ナフ、サラーフ、イムラック、ハット、マフフザット、バラゴ、インシャ、アダ

ブ・アル・ルゴであった。宗教はフィクフ、タフシール、タウヒード、ハディース、ウスル・アルフィクフ、ムストラー・ハディース、アフラック、タサウフ、ファライドである。そして、一般はタリーフ（歴史）、地理、算数、論理学、哲学、ミカート、ファラック、ハイアー、ロガリトマ、アダブ・アルバフスであった。（Abdul Razak Mahmud 2010, p.90）しかし、このシステムは現実には、完全には実施されることはなかった。ハラカ・クラスの生徒数は、1931年の311名から1932年の197名へと激減する。しかし、1933年には258名、そして1934年末には279名と一時盛り返すが、その後は、1935年には179名、そして1939年には僅か80名に減少した。そして1939年にハラカ・クラスは、その場所をマスジド・ムハマディからジャミー・メルバブ・アル・イスマイリーに移転した。

　他方、前記のアラブ学校アルマドラサ・アルムハマディヤ・アルアラビーヤも1942年7月1日にメルバブ通りの新しい建物ジャミー・メルバブ・アル・イスマイリーに移転し、その後、ジャミーあるいはスコラ・アラブ・ジャミーの名で知られるようになった。ハラカ・クラスもアラブ学校も同じジャミー・メルバブで行われるようになるが、少なくとも1945年頃までは両者は別個に、別の運営組織のもとで実施された。その後、アラブ学校アルマドラサ・アルムハマディヤ・アルアラビーヤは1956年に新しい建物に移転し、名称もアルマアハド・アルムハマディ al-Maahad al-Muhammadi に変更された。

　1938年に同様な学校として、マドラサ・イブラヒミヤー Madrasah Ibrahimiyyah が創設された。さらに1940年にパシル・プテ市内に女子生徒のための宗教学校が設立された。当初は仮の建物（マドラサ・ハジ・ニク・ウィル Madrasah Haji Nik Wil）で、2名の教師と10名の生徒でスタートした。この学校はのちにマドラサ・アルサニアー・アルバナット Madrasah Al-Saniah Al-Banat と命名された（Wan Burhadin 1983, pp.96-97）。この学校は、1966年以前のクランタンで良く知られた女子宗教学校となった（Wan Burhadin 1983, p.97）。 さらに1941年にコタ・バル市内に女子生徒のための学校が設置された。トゥンク・プトラ・スマラック Tengku Putera Semerak 通りの倉庫の2階で、教師1名、生徒7名でスタートした。この学校は、その後、マドラサ・アルナイム・アルバナット Madrasah Al-Naim Al-Banat と名づけられた（Wan Burhadin 1983, p.97）。1966年には、この学校はカンプン・ランガル Kampung Langgar の4エーカーの土地に自前の立派な校舎を持つ学校となった。生徒もマレーシア全域だけでなく、南タイを含む他の国からも来ていた。教師25名、生徒653名が学び、中等部も備えた。

(2) 第二次大戦後から独立までの MAIK 学校

① アラブ学校 / 宗教学校の発展

　1946 年には MAIK の学校は 14 校になった。増加したのはマドラサ・アラビヤー Madrasah Arabiyyah Pangkalan Chengkal（パチョック）、スコラ・アガマ・グアル・プリオク Sekolah Agama Gual Priok（パシル・マス）、スコラ・アガマ・カンプン・ムジュル Sekolah Agama Kampung Mujur（ジェラワット）、マドラサ・ジャミー・アラビヤ Madrasah Jami' Arabiyyah（クアラ・クライ）が 1945 年に MAIK 学校に受け入れられた。1948 年にマドラサ・ダルル・マアリーフ Madrasah Dar al-Marif（ケダイ・ララット）が加わり、さらに 1949 年には、新設のマドラサ・シャムス・アルマアリーフ Madrasah Shams al-Ma'rif（プライ・チョンドン）が新たに登録されて計 16 校になった（Abdul Razak Mahmud 2010, p.117）。

　しかし、1961 年に MAIK はマドラサ・イブラヒミーヤ（パシル・プテ）、マドラサ・ジャミー・アラビヤー（クアラ・クライ）、マドラサ・ダルル・マアリーフ（ケダイ・ララット、コタ・バル）の 3 校を閉鎖した。パシル・プテの学校は第二次大戦前の設立だが、クアラ・クライの学校は 1945 年設立。最後のケダイ・ララットの学校は 1948 年に設立されたばかりであった。1953 年のマジュリス年報の学校一覧にマドラサ・イスマイリーヤ（チェラン・クル）は掲載されておらず、スコラ・アガマ・グアル・プリオクが 1959 年に閉鎖に追い込まれたことが報告に示されている（Abdul Razak Mahmud 2010, pp117-118）。

　民間の宗教学校としては 1948 年にカンプン・マチャンにマドラサ・ワタニヤ Madrasah Wataniah、メロールのカンプン・カユ・レンダンにマドラサ・マジディヤ Madrasah Majidiah、パシル・プテのカンプン・パダン・スレダンにマドラサ・ディニヤー Madrasah Diniah が設立された。この中で、マドラサ・ワタニヤー は 1962 年に中等部を設け、1966 年には生徒数も 374 人を数えるまでになった（Wan Burhadin 1983 p.97）。 1949 年から 1959 年までの間にマジュリスに登録された民間宗教学校は 47 校になり、さらに 1966 年にはこの数がニラム・プリの YPTIK（後述）を含めて 134 校になった。学校数は毎年、着実に増え、1959 年 14 校。1961 年 16 校、1962 年 17 校、1963 年 20 校、1964 年 13 校、1965 年 14 校が増加した。これら宗教学校の中の 113 校が州政府の財政援助をうけ、78 校が教育省を通して中央政府の援助を受けていた。マレー現地語学校および英語学校については、開発の進んだマレー半島西岸諸州と比べると、クランタンは大きく遅れをとっていたが、

宗教学校については逆により進んでいた (Wan Burhadin 1983, pp.97-98)。

② アラブ学校のカリキュラム

1937 年から 1955 年末まで、MAIK のアラブ学校はアル・マドラサ・アルムハマディーヤ・アルアラビヤーをモデルに、イブティダーイ Ibtidai（初級）とサナウィ Thanawi（中級）に分けられた。イブティダーイは第 1 学年から第 5 学年まで、サナウィは第 6 学年から第 9 学年までで、サナウィを提供するのはアルマドラサ・アルムハマディーヤ・アルアラビヤーだけであった。初級・中級段階それぞれに修了資格（シャハダー）Syahadat が定められた。1956 年にアラブ学校のシステムが改革され、イプティダーイ（1 年から 3 年）、イッダディ Idadi（4 年から 6 年）、サナウィ（7 年から 9 年）の 3 段階に分けられた。新しいシステムでは修了資格は第 9 年修了時のシャハダー・アルマアハド・アルムハマディ Syahadat al-Maahad al-Muhammadi だけになった。新しい科目としては、トゥルック・アル・タドリス Turuq al-Tadris、イルム・アルイジュティマ Ilmu al-Ijtima、イルム・アルナフス Ilm al-Nafs などの教育に関する科目の他、生徒のアラビア語能力を高めるために、アル・バラガ al-Balaghah とアル・アルヌスス al-Nsus のようなアラビア語関係科目が加えられた。また、他にマレー語が加えられている。各科目の内容については、マジュリス学習局 Pejabat Pelajaran Majis によって教師指導書としてアル・マナヒジ・アルディラシヤ al-Manahij al-Dirasiyyah が発行された。ちなみにアラビア語を教授言語とする学校で、第 1 学年から第 9 学年まで備えるのはマドラサ・アルムハマディーヤ・アルアラビヤーだけであった。1966 年の時点で第 1 段階から第 9 段階まで 19 クラスがあり、929 人の生徒、22 人の教師が在籍した (Abdul Razak Mahmud 2010, p.125)。

(3) マラヤ連邦独立（1957）後のイスラーム教育の展開—アラブ学校制度の整備とイスラーム高等教育機関の創設

① アラブ / 宗教学校の中等部と高等教育への接続

イギリスが植民地支配下に収めたマレー半島地域は、シンガポールを除いてマラヤ連邦として 1957 年に独立を達成した。その後、1963 年にはマラヤ連邦、シンガポール、サバ、サラワクでマレーシアが作られたが、2 年後の 1965 年にシンガポールは分離している。教育については、1957 年教育令、1961 年教育法が出され、国民教育制度の確立が図られた。英語ストリームに限られた中等段階に、

マレー語中等学校の増設がはかられ、英語で行われてきた学校資格試験にもマレー語による資格試験が導入された。

　クランタンにおいて、MAIK の学校は 1940 年代末には 16 校を数えたが、その後、減少し，1960 年初めに 8 校になっていた。マドラサ・ムハマディが三つの学校に分けられ、すなわちムラユ男子、ムラユ女子、アラブの 3 校があった。他に、マドラサ・ファラヒヤー（パシル・ペカン）、マドラサ・ヤクビアー（ニパー・バチョック）、マドラサ・アラビヤー（パシル・マス）、マドラサ・アミール・インドラ・プトラ（ブリス・クブル・ブサール、バチョック）、マドラサ・シャムス・アルマアリーフ（プライ・チョンドン、マチャン）の 5 校をあわせて計 8 校であった。男子マドラサ・ムハマディ（ムラユ）と女子マドラサ・ムハマディ（ムラユ）は、マレー語を教授言語とする小学校で、7 歳で始まる第 1 学年から第 6 学年までであった。この 2 校以外は、アラビア語を教授言語とする宗教中等学校もしくはアラブ中等学校であった。ちなみに、その後、1970 年に男子マアハド・ムハマディ（ムラユ）と女子マアハド・ムハマディ（ムラユ）は閉鎖されている（Abdul Razak Mahmud 2010, p.126, p.130）。

　アラブ学校 / 宗教学校も、マアハド・ムハマディ（アラブ）以外は第 6 学年（アル・ファスル・アッサディス）までの学校であった。第 6 学年を修了したあとは、マアハド・ムハマディのサナウィ（中等）段階に接続した。サナウィ段階は 3 年間で修了資格、すなわちシャハダ・アルマアハド・アルムハマディを取得することができた。1961 年にこの資格はカイロのアズハル大学の承認をえて、アズハル大学に進学できるようになった（Abdul Razak Mahmud 2010, p.126）。

　1966 年にマアハド・ムハマディ（アラブ）に女子生徒のためのサナウィ（中等）クラスが設置された。それまでマアハド・ムハマディ（アラブ）は男子部だけであり、アラブ学校の女子生徒は MAIK 系のどの学校を卒業しても、マアハド・ムハマディ（アラブ）のサナウィには進学できず、中等部のある他の学校、たとえばマドラサ・アルナイム・リルバナット Madrasaha al-Naijnm li al-Banat やコタ・バルのルンダン Lundang にあるアルマドラサ・アルヤクビア al-Madrasah al-Ya'kubiah などの学校に進学した。このような状況が変化するのは、1966 年にマアハド・ムハマディ（アラブ）に女子の中等部が設けられてからである。同中等部ではサラマ・ハサン Salamah Hassan が女性教員（Ustazah）第一号に任命されたが、それ以外は男子部の教員が担当した（Abdul Razak Mahmud 2010, p.127）。

　アラブ学校 / 宗教学校の振興のために、1963 年にクランタン宗教学習奨学金

委員会 Jemaah Biasiswa Pelajaran Agama Kelantan から 4 名分の奨学金が出された。この奨学金制度は以前から行われており、1963 年 10 月にはクランのコレッジ・イスラーム・ムラユ Kolej Islam Melayu3 名、アズハル大学 Universiti al-Azhar（カイロ）1 名に与えられた。それまでに奨学金授与者は累積で 69 名になっていた。内 59 名が勉学を継続中で、10 名が修了していた。在学者は、コタ・バルのマアハド・ムハマディ、クランのコレッジ・イスラーム・ムラユ、エジプトのアズハル大学、メッカ、インドネシアのイスラーム大学などで学び、また修了した 10 名にはアズハル大学、ジョグジャカルタの IAIN（国立イスラーム宗教大学）の卒業生も含まれた。1963 年には奨学金の採用者が計 10 名に増え、これまでで一番多くなった。内訳はコレッジ・イスラーム 3 名、マアハド・ムハマディ 5 名、アズハル大学 1 名、インドネシア・イスラーム宗教大学 1 名であった。奨学金の額はそれぞれ異なった (Wan Burhadin 1983, p.95)。

②イスラーム高等教育機関 PPTIK の創設

　1955 年の選挙でパルティ・プルイカタン Parti Perikatan が PAS を破った。PAS はその後、イスラーム指導者・教師を動員してキャンペーンを展開し、マラヤ連邦独立後の 1959 年選挙では勝利をおさめた。PAS は州政権の座についたあと 1964 年の総選挙でも勝利するが、クランタン川にかかる橋の建設で PAS は多額の負債を抱えることになる。クランタン川の橋は、1962 年 9 月 14 日に着工し、1965 年 4 月 17 日に完工している。そして 1969 年の総選挙では、宗教(イスラーム)教育の水準を向上させ、宗教教育センターを作ることを公約の一つに掲げた。イスラーム教育の発展は、将来の PAS を担う人材の育成と関わり、最重要の課題であった (Wan Burhadin 1983, p.99)。

　クランタンでは、中等レベルの宗教学校卒業生が増加する一方で、国内のイスラーム高等教育機関の不足が深刻であった。マレーシア国内のイスラーム高等教育機関としては、1960 年代半ばには、マラヤ大学イスラーム研究学科とコレッジ・イスラーム・ムラユが存在するだけであった。後者のコレッジ・イスラームはディプロマ・レベルだけであり、学士学位（イジャザー）につながるマラヤ大学に入学するにはマレー語および英語ストリームの学生と競争しなければならなかった。また，アラブの大学やインドネシアの大学に進学するには奨学金が不可欠であった。こういう状況からクランタンではイスラーム高等教育機関の創設が切実な課題となっていた (Wan Burhadin 1983, p.100)。

202　第2部

　それが具体化するのは、1962年に在インドネシア・マラヤ学生会のイニシャ
ティブで設置に関する覚書が出されてからのことである。インドネシアでは
1951年にPTAIN（国立イスラーム宗教カレッジ）が開設され、1961年にはPTAINと
ADIA（宗教公務アカデミー）を統合してIAIN（国立イスラーム宗教大学）が創設され
た。1963年以降、IAINおよびその支部学部がインドネシア各地に増設されてい
く。在インドネシア・マラヤ学生会の覚書がだされたのはこうした時期であった。
前記のように、クランタンでもインドネシアのIAINに進学する生徒のために奨
学金が用意されていた。マレーシア国内では、クランのコレッジ・イスラームが
1955年に設立されていた。マラヤ大学にイスラーム研究学科が設置されるのは
1959年で、それはマラヤ大学とコレッジ・イスラーム・ムラユとの公式の関係
からもたらされた。実際の運管・管理は同コレッジが担い、アカデミックな事項
に関してマラヤ大学評議会がかかわった。その後、同コレッジがユニバシティ・
カレッジに昇格する計画に教育省の同意が得られるのは1968年になってからで
あった。そして1970年にマレーシア国民大学UKMが創設されたときに、コレッ
ジ・イスラーム・ムラユは同大学のイスラーム研究学部Fakulti Pengajian Islamと
なった。他方、コレッジ・イスラーム・ムラユ委員会が解散したあとは、マラヤ
大学のイスラーム研究学科はマラヤ大学の評議会と委員会のもとにおかれた。
　前述の覚書を受けて、1965年6月27日に12名のメンバーで構成されるク
ランタ・イスラーム高等教育センター運営委員会 JPPPTIK (Jemaah Pengelola Pusat
Pengajian Tinggi Islam Kelantan) が設置され、クランタン・イスラーム高等教育センター
Pusat Pengajian Tinggi Islam Kelantan (アラビア語ではMarkazud Dirasatil Islamiah Al-Aliyah)
が創設された。当初は、4年間のイスラーム法・法制学部 (Kuliah Syariah Wal-Qanun)
(マレー語ではFakulti Undang-undangdan Perundang Islam) の一つの学部だけで始められ
た。受け入れる学生として二つのカテゴリーがあり、マアハド・ムハマディ（ア
ラブ）の第9学年からの進学と、もう一つは卒業資格がアル・アズハルやコレッジ・
イスラームに直接受け入れられない生徒たちであった。1965年9月15日に願書
が配布され、259人の志願者（男性209人、女性50人）が入学を希望した。その中で
クランタンからの志願者は101名、シンガポールからの志願者はわずかに3名で
あった。試験なしのカテゴリーからの志願者は1965年10月20日の面接で23名(含
む女子1名)が選考され、さらに11月10日～11日の試験による選抜で20名、あ
わせて43名の一期生が選ばれた。36名の男子学生は寄宿舎に滞在し、7名の女
子学生は寄宿舎外の民家に滞在した。

1965 年 12 月 1 日にニラム・プリの王官で教育が開始された。同王官は、コタ・バルの市の中心からクアラ・クライに向かって約 10 キロのニラム・プリのカンプン (村) にある。まもなく、1966 年 9 月 11 日に、中等段階の新しい教育プログラムとしてマアハド・アルダワッ・ワルイママ Maahad al-Daawah Wal-Imamah (マレー語名 Maktab Seruan dan Pemimpinan、伝道・指導性学校) が設置された。これは、イスラーム法学部で学び始めた学生の間に大きな学力差が認められたために考えられたもので、予科としての性格をもつ。その目的としては (1) 社会の指導者でイスラームを広める人材を育成する。(2) 生徒がイスラーム大学に進学し、ウスルディン (イスラーム神学) を学ぶための準備を行う (ウスルディン学部は PPTIK でも将来、設置を検討)。(3) マアハドを卒業する生徒は資格 (シジル) を取得して、PPTIK のシャリア・カヌン学部 (法学部) に直接進学することができる。この予科的なマアハドへの入学者については (1) 卒業資格がアズハル大学による認定を受けている宗教中等学校の 7 年修了者 (面接のみ)、(2) (1) 以外の宗教中等学校 7 年修了者 (一定の試験を課す)、(3) 委員会による特別試験の合格者の三つのカテゴリーが決められ、初年度は 80 人 (男子 72 人、女子 8 人) の学生を受け入れた (Wan Burhadin 1983, p.109)。

③ YPTIK のカリキュラムと発展

1968 年にイスラーム教育財団法 (Enakmen Yayasan Pengajian Tinggi 1968) が成立し、クランタン・イスラーム高等教育センター PPTIK を管理するイスラーム高等教育財団 YPTI (Yayasan Pengajian Tinggi Islam) という名称の組織が作られた。これにともない、PPTIK も YPTIK (Yayasan Pengajian Tinggi Islam Kelantan) と名称が変えられた (Wan Burhadin 1983, p.18)。この名称変更の理由は、高等教育センターだとセンターにかかわる活動に限定されるが、高等教育財団 (ヤヤサン) の場合は、幅広い活動を包摂できるというのが一つである。さらにイスラミック・センターという名称は一般に非イスラーム国で用いられる名称であって、イスラーム国家の中にあってセンターという名称は適切ではないという理由もあげられた (Wan Burhadin 1983, p.118)。

法学部 (シャリア・カヌン学部) の各学年で学習する科目は以下の通りである。

(1 年) フィクフ、ウスル・フィクフ、タフシール・アヤット・アヤット・フクム、ハディース学、法学入門、イスラーム史、アラビア語、マレー語、英語

(2 年) フィクフ、ウスル・フィクフ、タフシール・アヤット・アヤット・フクム、ハディース学、法律、アラビア語、マレー語、英語

204　第2部

（3年）フィクフ、ウスル・フィクフ、タフシール・アヤット・アヤット・フクム、ハディース学、比較プサカ (pusaka perbandingan)、法律、経済、アラビア語、マレー語、英語

（4年）フィクフ、ウスル・フィクフ、タフシール・アヤット・アヤット・フクム、ハディース学、比較フィクフ (Fiqah perbandingan)、家族法、法律、ムアマラー・ハディース、アラビア語、英語 (Wan Burhadin 1983, pp.123-124)

　YPTIK のカリキュラムについては、若干の改革が行なわれた。アラビア語は開学時は (1) ナフ・サラーフ（文法）、(2) アラブ文学・歴史、(3) バラゴ（修辞）、(4) 作文 Karangan であったが、その後、アラブ文学が削られ、かわりに「ヌススNusus」（テクスト）が含められた。これはアラブ文学史の中から、新旧のテスキトを学ぶ（研究する）ものである。アラブ文学を知るだけでなく、アラブ文学のテクストを評価し批判する必要があることから導入された (Wan Burhadin 1983, p.125)。

　制度面では 1969 年に 2 年間の予科 (Pra-kuliah) が導入された。予科は 1971/1972 年度から 1 年間に短縮され、学期の始期も 1971/72 年度から 5 月になった。授業時間は当初 30 時間だったのが、1973/74 年度から 24 〜 36 時間に削減された。また、教授言語については、宗教に関係する科目はアラビア語で教えられたが、それ以外は英語をのぞいてマレー語で教授された。

　学生数は開学時は 43 名であったが、その後、1970 年 229 名 (45 名)、1971 年 280 名 (69 名)、1972 年 325 名 (92 名)、1973 年 469 名 (138 名)、1974 年 459 名 (141 名)（括弧内は含まれる予科の生徒数）と増加をとげた。しかし、一つの問題は学年が進むにつれて学生数が減少する傾向にあった。1970 年の 1 年生は当初 107 名であったが、1 年が経過した 1971 年の 2 年生は 69 名に 1972 年の 3 年生は 57 名に、1973 年の 4 年生は 30 名へと学年が上がるにつれて減少した。これは一つには YPTIK の学士学位の認定と大きくかかわった (Wan Burhadin 1983, pp.126-127)。

(4) ブミプトラ優遇政策 (1971 〜) 下におけるイスラーム教育—連邦の影響力増大とイスラーム教育制度の調整—

　総選挙の結果をめぐって 1969 年 5 月 13 日にクアラルンプールで起こった人種暴動はあらためてマレーシアにおける民族問題の深刻さを露呈させた。非常事態宣言を経て、新経済政策 NEP が発表され、貧困の撲滅と人種間の不平等の是正が目指された。その施策の鍵になったのが、ブミプトラ（マレー系およびその他の先住民族）優遇政策である。国民教育制度も大きく変革がはかられ、国家語であ

るマレー語を強化するために、英語を教授言語とする国民型学校をマレー語を教授言語とする国民学校に年次進行で転換し、高等教育においては人種別割り当て（クォーター）制を導入して、マレー系にとっての高等教育機会を相対的に拡大していくことになった。

① YPTIK の学士認定問題

連邦政府から 1971 年大学・カレッジ法が出されるが、これが YPTIK に学位認定に関わる大きな問題をもたらした。それは大学・カレッジ法第 24 条 1 項に合致しないことから、YPTIK 卒業の学士が連邦政府では学士として認められないという事態を招いた。

同法 24 条第一項は次の通りである。「この法律に従って設立された高等教育機関（財団）以外に、何人も「大学」をあるいは「コレッジ・ユニバシティ」のステータスをもつ高等教育機関を設立し、管理し、維持することはできない。」

この規定によって、YPTIK は大学あるいはユニバーシティ・カレッジのステータスを持つことはできず、学士学位（イジャザ）を出せなくなった。それゆえ「暫定学士 (jiazah sementara)」としたが、それはイジャザ（学位）としてではなく資格（シジル sijil) としてしか見られないものでもあった。この状況に対して、YPTIK はまず外国の大学による学士学位認定を目指した。

YPTIK の代表団が 1972 年 9 月―10 月に支援・支持を求めて中東をまわった。サウジ・アラビアのファイサル国王は、すでにジェッダに拠点のある「イスラーム界委員会」lembaga Alam Islam に指示し、YPTIK に関心と支援をむけるようにしていた。エジプトのアズハル大学は 1971 年から 5 年間で 20 名の YPTIK の生徒に奨学金を与えることを約束した。また、この時に 13 名の YPTIK 卒業の学士がアズハル大学の修士課程で学んでいた。アズハル大学は 2 名の講師派遣を約束し、インドネシアも同様に講師派遣を約束した。また、それらの大学で YPTIK 学士が大学院に受け入れられた。イラクの大学も 7 名の奨学金を用意し、YPTIK の学士が進学できるようにした。国内では、1972 年にマラヤ大学が（完全な認定ではないが）YPTIK の 5 名の学士を同大学の教育ディプロマ課程に受け入れた (Wan Burhadin 1983, pp.129-130)。

他方、1971/1972 年度に YPTIK は、州内のイスラーム宗教教師の不足に対応して、新たに「教育ディプロマ」コースを新設したが、不人気で僅か 1 年だけで 1972 年には廃止された。上記のように暫定学士の場合、教育ディプロマを取得

206　第2部

しても正規の教職に就けなかったからである。教職を希望する YTTIK 卒の学士は、マレーシア政府で同等認定しているアイン・シャム Ain Syam のような中東の大学に進学した (Wan Burhadin 1983, p.131)。

②学校卒業資格制度—連邦の一般教育資格と州の宗教教育資格

1968 年にクランタン宗教学校資格試験委員会 Lembaga Peperiksaan Sijil Sekolah-sekolah Ugama Kelantan が創設された。これは州内の宗教学校の卒業資格の価値を統一するために設置された。多くの宗教学校は MAIK の制度とカリキュラムに則って教育を行っていたが、卒業資格が同等に認められていたわけではなかった。たとえば、マアハド・ムハマディの卒業資格は大学入学要件と認められたが、他の同じレベルの学校の卒業資格は同等と認められていなかった。

また同じ 1968 年に、マジュリス教育・学校状況調査整備委員会 Jawatankuasa Mengkaji dan Menyusun Kedudukan Pelajaran/Persekolahan Majlis が設置された。1965 年以降、MAIK の学校は衰退を経験していた。1965 年時点で MAIK が運営する学校は 8 校、MAIK の制度とカリキュラムのもとに監督下に置かれた 127 校の民間宗教学校 sekolah agama rakyat があり、11,105 名の生徒が学んでいた。それが 1969 年には 85 校の学校、生徒が 10,226 人へと減少した (Abdul Razak Mahmud 2010, p.132)。

1970 年に先の状況調査整備委員会は調査報告を発表した。この調査報告の結果にもとづいて、1971 年にクランタン州宗教学校新システムが導入された。新しい制度は、国家の資格試験制度に対応するものであった。マレーシア教育省が管轄する連邦の学校では、中等学校 3 年で下級教育資格 (LCE または SRP)、中等学校 5 年でマレーシア教育資格 (MCE または SPM)、第 6 年級上級 (中等学校 7 年) でマレーシア学校教育高等資格 (HSC または STPM) を取得することになっていた。MAIK の学校で、従来からの宗教教育の資格とともに、この連邦教育省の一般教育資格も取得できるように改革された。宗教資格については、中等学校 4 年で宗教中等資格 SMU (al-Syahadat al-Rabi'ah al-Tsanawiyyah)、第 6 年級下級 (中等学校 6 年) で宗教高等資格 STU (al-Syahadat al-Diniyyah al-'Aliyah) を取得できるようなカリキュラム編成が行われた (Abdul Razak Mahmud 2010, p.132)。

新しい制度は、当初はコタ・バルのマアハド・ムハマディでのみ完全に実施された。しかし、多くの学校は中等学校 5 年までで、第 6 年級が実施されるのは 1970 年代末に、これらの学校が州政府に移管されて、クランタン・イスラーム

財団に管理されるようになってからである。しかし、この制度改革が行われたことによって、生徒たちは宗教教育資格を取得し、中東の大学に進学できるようになった。カイロのアル・アズハル大学、マディナのジャミア・アルマディナ・アルムナワラ、リヤドのジャミア・イブヌ・サウド、その他、クウェート、ヨルダン、スーダンの大学などに進学した。(Abdul Razak Mahmud 2010, p.137) 他方、新しいシステムの導入以後、学校教育に関する MAIK の経費が増大していった。新しい制度の導入と同時に、地方の学校からコタ・バルのマアハド・ムハマディに接続できるようにし、教師の給与スキームを整備し、よりよい学校設備を整えた。費用捻出のためにマアハドの生徒に授業料を課したが、反対にあってうまくいかなかった (Abdul Razak Mahmud 2010, p.137)。

③ MAIK から宗教学校局への移管

1973 年にクランタンでは、PAS と国民戦線 (バリサン・ナショナル) の連立政権が成立した。そして、宗教学校を監督するための特別の部局を設置するようにという提案が州政府になされた。その部局は 1974 年 7 月 1 日にクランタン宗教学校局 JASA (Jabatan Sekolah-sekolah Agama Kelantan) と名付けられ、YPTIK Nilam Puri のもとに置かれた。JASA は事務局をコタ・バルのルンダンにあるヤクビヤーの建物に設け、YPTIK 評議会 (Majlis Yayasan Pengajian Tinggi Islam Kelantan) に責任を負う管理委員会によって運営された。学校の移管は 1976 年 7 月 29 日のクランタン州のマジュリス・ムシャワラで承認され、同年 10 月 1 日に実施された。

JASA への移管の背景としては、次のような状況が指摘されている。

1. 1960 年代末まで施行されていた宗教学校教育の制度は、第二次大戦以来の古いものであり、時代の発展とニーズに対応できなくなっていた。
2. 宗教学校で出される資格に経済的な価値がなかった。
3. 予算・財源が限られたのに加えて、学技の運営・管理が適切ではなかった。
4. 教師は訓練を受けておらず、長く職にとどまらなかった。宗教学校教師の多くは、政府の学校や、給与のより良い他のところに職が見つかるまで、一時的に宗教学校で教えただけであった。(YIK の HP)

第一段階で移管されたのは以下の 6 校であった。すなわち、マアハド・ムハマディ (コタ・バル)、マドラサ・ファラヒヤ (パシル・ペカン、トンパット)、マドラサ・アミール・インドラ・プトラ (ブリス・クボル・プサール、バチョック)、マドラサ・ヤクビアー (ニパー、バチョック)、マドラサ・アラビア (バンダル・パシルマス)、

208 第2部

マドラサ・シャムスル・マアリーフ（ブライ・チョンドン、マチャン）の6校である。MAIK の保護学校 sekolah naungan（所管学校）も移管された。保護学校というのは、その管理・運営が MAIK によって認められ、MAIK が編纂したカリキュラムを用いるが、他方で、個々の学校発展委員会によって、教師の任命と費用の支弁が行われる学校である（Yaacob 2011b）。

　同じ頃、連邦レベルでもイスラーム教育への関心が高まり、教育システムにおけるイスラームの制度化が進められてきていた。すなわち、1973 年には連邦教育省のイスラーム教育ユニットがイスラーム教育局（Bahagian）に昇格し、1975 年には連邦の機関としてイスラーム教員養成カレッジが設立される。さらに 1977 年には民間宗教学校の連邦移管が行われ、各州で承諾された 11 校が移管されて、連邦教育省管轄の宗教国民中等学校（SMKA）となった。

④ JASA からクランタン・イスラーム財団に（YIK）

　1978 年 3 月 11 日にバリサン・ナショナル BN―ブルジャサ Berjasa 政権がクランタンに成立したあと、クランタンの宗教学校の監督は JASA からクランタン州イスラーム教育財団 YPINK（Yayasan Pelajaran Islam Negeri Kelantan）に移された。ブルジャサは、PAS によってなされた要求に失望した UMNO の説得のもとに、クランタン首相ムハマッド・ナシール Mohamad Nasir によって 1977 年に創設された政党である。翌 1978 年の総選挙では、クランタン州の 36 の議席のなかで、UMNO が 23 議席、ブルジャサが 11 議席を獲得し、PAS は僅かに 2 議席になった。

　宗教学校の監督部局は、クランタン州事務部 Pejabat Setiausaha の所管におかれたが、1979 年法令第 5 号（1979 年 3 月 22 日発効）により、1979 年 6 月 1 日に正式な部局となり、クランタン州イスラーム教育財団 YPINK の名称がつけられた。YPINK 設立の目的は下記の通りである。

　　1. ウンマ（イスラーム共同体）と国家のバランスをとるように、宗教教育・学習の水準を引き上げる。

　　2. この州の宗教学校を国内外の宗教学習センターに接続するように成長させ充実させる。

　　3. 円滑で有能な運営と管理を実現し、宗教学校が成長発展を遂げることを保障する。（YIK の HP）

　また、より広く独立した権限を与えるために、ニラム・プリのクランタン・イスラーム高等教育財団のシャリアとカノン学部、ウスルディンとイジュティマ学

部はマラヤ大学に統合され、マラヤ大学イスラーム・アカデミー Akademi Islam Universiti Malaya（AIUM）と名付けられたあと、1983 年 3 月 1 日にクランタン・イスラーム教育財団はクランタン・イスラーム財団 YIK（Yayasan Islam Kelantan）に名称が変えられた。（YIK の HP）この名称変更とともに、クランタン・イスラーム財団はコタ・バルのルンダンにあったヤクビアの建物から、1983 年 6 月 4 日にニラム・プリの YPTIK の暫定的な寄宿舎に移り、さらに 1990 年 9 月 9 日にマラヤ大学イスラーム・アカデミーのキャンパス内にあるニラム・プリ王宮の古い建物に移った。

　クランタン・イスラーム財団 Yayasan Islam Kelantan は以下を管理運営することに責任がある。

1. クランタン州内の宗教／アラブ中等学校
2. ニラム・プリのアラブ言語センター Pusat Bahasa Arab Nilam Puri
3. バチヨックのテロン・カンディスのポンドック学習センター Pusat Pengajian Pondok Telong Kandis Bachok
4. コタ・バルのカンプン・シレーのトゥンク・アニス幼稚園 Tadika Tengku Anais, Kampung Sireh, Kota Bharu
5. 管理・運営のための財政 Kewangan untuk pengurusan dan pembangunan（YIK の HP）

⑤ マラヤ大学イスラーム・アカデミー（Akademi Islam Uniyesiti Melayu）

　1981 年 4 月 1 日に YPTIK はマラヤ大学に統合され、マラヤ大学イスラーム・アカデミー（Akademi Islam Universiti Malaya: AIUM）になった。イスラーム・アカデミーの設立目的は下記の通りである。

1. 大学段階で上記分野で継続して学習できるように、イスラーム学習に関心をもつ学生に対して教育機会を提供する。
2. 十分な責任をもち国家と社会の発展に向けて貢献しうる公務員、教育関係者や専門職になりうるような、イスラームの知識と精神をもつ卒業生を輩出する。
3. イスラームの教えを普及、発展させるという目的で、イスラームに関する研究の取り組みを奨励する。

　マラヤ大学イスラーム・アカデミーは教授言語としてマレー語（マレーシア語）を使用した。そのため YPTIK の学士課程を認定していたアズハル大学は、認定

210 第2部

の継続を認めなくなった。

　その後、1996年1月にイスラーム・アカデミーとマラヤ大学人文・社会社会学部イスラーム研究科が統合され、マラヤ大学イスラーム研究アカデミー（Akademy of Islamic Studies, マレー語で Akademi Pengajian Islam）になった。同研究アカデミーはクアラルンプールのマラヤ大学のメイン・キャンパスとクランタン州コタ・バルのニラム・プリ地方キャンパスで構成される。前者が学部、大学院、研究の各部門で構成されるのに対して、ニラム・プリの地方キャンパスは、イスラーム研究基礎の学位前（pre degree）プログラムに重点がおかれる。この学位前プログラムの入学要件の一つが、マレーシア教育資格 SPM 試験を、マレー語と高等アラビア語を優秀な成績で合格したものである。また、高等アラビア語の優秀な成績は、サナウィ修了資格（Sijil Tsanawi）で代替できる。

3. 1990年以降のイスラーム教育の展開

　本節では、1990年以降のクランタンにおけるイスラーム教育の展開を、1) スルタン・イスマイル・プトラ国際イスラーム・カレッジ（Kolej Islam Antarabangsa Sultan Ismail Petra: 以下、KIAS）の設立経緯と現状、2) クランタン・イスラーム財団（Yayasan Islam Kelantan: 以下 YIK）が管轄する学校の状況から考察する。

(1) KIAS の設立経緯と現状
① KIAS の設立経緯

　1990年はクランタン州政府の与党に PAS が復帰した年であり、このことがイスラーム教育に新たな展開をもたらした。1991年、州政府はマアハド・アルダッワ・ワル・イマーマ（Maahad Al-Dakwah wal Imamah）、マレー語ではコレッジ・ダッワ・ダン・クピンピナン（Koiej Dakwah dan Kepimpinan、日本語に訳すと「伝道・指導性カレッジ」）という名称の教育機関を設立した。イスラーム教育の展開におけるこのカレッジの意義は、アズハル大学のカリキュラムを使用し、アラビア語によるイスラーム学習を復活させたことにある。このためアズハル大学は、前述の YPTIK 時代と同じように、このカレッジでディプロマを取得して卒業した学生が、アズハル大学で学士を取得するための進学を認めた（Yaacob 2011a, p.10）。

　1994年、カレッジの名称は、スルタン・イスマイル・プトラ国際イスラーム・

カレッジ（Kolej Islam Antarabangsa Sultan Ismail Petra（KIAS）に変更され、現在に至っている。そして当時の KIAS は以下の 4 つの分野、すなわちウスルディン（Usuluddin、神学）、シャリア（Syariah、イスラーム法）、ダッワと指導性（Dakwah dan Kepimpinan）、アラビア語（Bahasa Arab）の分野で、イスラーム諸学のディプロマ（diploma）を出した。その後プログラムは順次、増設されていった。

② KIAS の現状

2010 年現在、KIAS は、ヤヤサン・クランタン・ダルルナイム（Yayasan Kelantan Darulnaim: YAKIN）が所有する一つの子会社（anak syarikat）である KIAS ダルルナイム（KIAS Darulnaim Sdn Bhd）を通してクランタン州政府（Kerajaan Negeri Kelantan）によって設立された私立高等教育機関（Institusi Pengajian Tinggi Swasta: IPTS）である。前述したように KIAS の前身は 1991 年に設立され、そして 1994 年にはすでに KIAS に名称変更しているものの、マレーシア教育省によってカレッジとして認可（diluluskan）されたのは 1998 年 11 月 12 日のことであった（KIAS 2007, p. 7）。

KIAS はコタ・バル市（Bandar Kota Bharu）中心から約 12 キロ離れたニラム・プリ（Nilam Puri）に位置し、クランタン・イスラーム財団、マスジド・カンプン・ラウト（Masjid Kampung Laut）、マラヤ大学イスラーム研究アカデミーとともに「知のゾーン」（Zone of Knowledge）を形成している（KIAS 2010a）。2011 年 3 月現在の学生数は 841 名、教員 60 名、事務職員 50 名である。

③ KIAS によって提供されるプログラム

2010 年現在、KIAS によって提供されるプログラムは、①学位プログラム、②ディプロマ・プログラム、③資格プログラムの 3 種類に分けられる（KIAS 2010a）。教授言語はアラビア語である。以下、それぞれについて簡単にみておきたい。

1. 学士（Ijazah Sarjana Muda）プログラム

学士プログラムは 8 学期制で、ウスルディン（Usuluddin Dengan Kepujian, 神学）とシャリア（Syariah Dengan Kepujian, イスラーム法学）の 2 つの優等学位プログラムが提供されている。このプログラムには、少なくとも 2007/2008 年度までは前半 6 学期を KIAS に在籍し、後半 2 学期をエジプトのアズハル大学に在籍するトゥイニング・プログラムが導入されていた（KIAS 2007, p. 8）。しかし現在は、クダ州にあるインサニア・ユニバーシティ・カレッジ（Kolej Universiti Insaniah; KUIH）との共同プログラムという形態をとることにより、海外留学をしなくても国内で学士学位

212 第2部

が取得できるようになっている。KUIH との連携が必要なのは、カレッジである KIAS では単独で学位を出せないことによる。インタビューによれば、2011 年に KIAS は単独で学位を出せるユニバーシティ・カレッジへの昇格を申請している とのことであった (Yaacob interview 2011)。

2. ディプロマ (Diploma) プログラム

ディプロマ・プログラムは 6 学期制で、7 つのプログラム、つまり、ウスルディン (神学)、シャリア (イスラーム法学)、ダッワとキアダ (Dakwah Wal Qiadah, 伝道と指導性)、アラビア語、イスラーム金融 (Kewangan Islam)、キラアとタラヌン (Qiraat & Tarannum, 読誦とイントネーション)、タフィーズ・クルアーン (Tahfizz al-Quran, クルアーン暗誦) が提供されている。このうち、最後の 3 つのプログラムは近年新しく設置されたプログラムである。さらに、イスラーム看護 (Islamic Nursing) のプログラムの新設が予定されていたが、すでに供給が満たされているという理由でマレーシア連邦政府による認可が下りなかった (Yaacob interview 2011)。この他、工学 (Engineering) プログラムの設置も計画中である。

3. 資格 (Sijil) プログラム

資格プログラムは 3 学期制で、プンガジアン・イスラーム (Pengajian Islam, イスラーム研究) のプログラムが提供されている。このプログラムは研修を目的とする場合、人事院 (Jabatan Perkhidmatan Awam: JPA) によりマレーシア学校教育高等資格 (STPM) と同等と認められている。また、このプログラムの成績優秀者は KIAS のディプロマ・プログラムの第 2 学期に編入が可能となっている。

④ KIAS の特徴としての国際性

KIAS の特徴としてここでは、機関名称としても強調されている国際性について、①学生の海外留学と海外からの留学生の受け入れ、②教員の海外留学歴から考察したい。

1. 学生の海外留学と海外からの留学生の受け入れ

KIAS の卒業生は、KIAS で学んだ分野に応じてマレーシア国内のすべての公立高等教育機関 (IPTA) に進学することが可能であると同時に、海外留学という選択肢も用意されている。現在、KIAS が協定を結んでいる海外の留学先は**表1**の通りである。このうち、ヨルダンの大学への留学の場合、KIAS で 2 年間を終えた学生ならばプレイスメントテスト免除で進学することができる。この他、エジプトのアズハル大学との間にも交流協定が設けられている。また、インタビュー

10. マレーシア（クランタン州）におけるイスラーム教育の発展に関する一考察　213

表1　KIASとの協定大学

国	高等教育機関
ヨルダン	バイス大学（Al-Baith）、ヤルモウク大学（Al-Yarmouk）、ハシミア大学（Al-Hasyimiah）、ウルドゥニア大学（Al-Urduniah）
エジプト	カイロ大学
モロッコ	モロッコ国内の複数の大学
インドネシア	スルタン・タハ・サイフディン国立イスラーム宗教大学（ジャンビ） アル・ラニリー国立大学イスラーム宗教大学（バンダ・アチェ） イマム・ボンジョル国立イスラーム宗教大学（パダン）

出典：KIAS パンフレット 2010 から作成

によれば 2010 年現在、アチェに留学している学生は 42 人とのことであった。一方、2010 年現在、35 人の外国人留学生が KIAS に在籍しており、その内訳はカンボジア、タイ、インドネシア、シンガポールである。原則として全学生のうちの 10％は外国人留学生を受け入れることになっているが、現在は 3.5％に留まっている。その理由は不明である。

　ちなみに KIAS 卒業生の就職先としては、教師と宗教省関係の公務員が多いが、近年イスラーム銀行の発展が著しいことから特にイスラーム法学プログラム卒業生は銀行への就職も増加しているとのことであった。

2. 教員の海外留学歴

　KIAS の国際性の特徴は、教員の海外留学歴にも表れている。ここでは 2010/2011 年の教員データ 55 名（非常勤教員 5 名を含む）をもとに考察したい。まず、教員 55 名の最終学歴についてみてみると、博士号取得 9 名、修士号取得 24 名、学士号取得 21 名、ディプロマ取得 1 名という内訳になっている。以下の表は、KIAS の教員がディプロマおよび学位を取得した高等教育機関の内訳を、特に海外の教育機関に限定して示したものである。なお、ここでは最終学歴のみならず教員が修了したすべての教育機関を記し、人数は延べ人数を示した。

　表2から、少なくともわかることは以下の 2 点である。第一に、KIAS の少なくない教員が、主として中東諸国の高等教育機関への留学経験者であるという点である。延べ人数であるが、博士号を取得している 9 名のうち 5 名、修士号を取得している 33 名（博士号取得者 9 名を含む）のうち 16 名、学士号を取得している 54 名（博士号取得者、修士号取得者を含む）のうち 35 名、その他ディプロマ段階で 8 名が海外留学経験者である。第二に、その留学先をみてみると、サウジアラビ

214 第2部

表2 KIAS教員の卒業教育機関

学位等	高等教育機関	国名	人数
博士	イマム・ムハンマド・イブヌ・サウド大学（リアド）	サウジアラビア	1
	メディナ・イスラーム大学（メディナ）	サウジアラビア	1
	アズハル大学（カイロ）	エジプト	2
	カイロ大学（カイロ）	エジプト	1
修士	イマム・ムハンマド・イブヌ・サウド大学（リアド）	サウジアラビア	2
	ブサット・ファトア・メシール	サウジアラビア	2
	メディナ・イスラーム大学（メディナ）	サウジアラビア	1
	アズハル大学（カイロ）	エジプト	5
	カイロ大学（カイロ）	エジプト	1
	タンタ大学	エジプト	1
	アルベイト大学	ヨルダン	1
	イエメニア大学	イエメン	1
	ロンドン大学（ロンドン）	イギリス	1
	アメリカン大学（ロンドン）	イギリス	1
学士	イマム・ムハンマド・イブヌ・サウド大学（リアド）	サウジアラビア	2
	メディナ・イスラーム大学（メディナ）	サウジアラビア	3
	ウム・アル・クラ大学（メッカ）	サウジアラビア	1
	アズハル大学（カイロ）	エジプト	17
	タンタ大学	エジプト	1
	アルベイト大学	ヨルダン	2
	ムター大学	ヨルダン	2
	リビア大学	リビア	1
	バクダッド大学（バクダッド）	イラク	3
	イスラミック・カレッジ（バクダッド）	イラク	1
	ウエスト・イングランド大学	イギリス	1
	コロラド州立大学（ロンドン）	アメリカ	1
ディプロマ	イマム・ムハンマド・イブヌ・サウド大学（リアド）	サウジアラビア	1
	アズハル大学（カイロ）	エジプト	1
	カイロ大学	エジプト	1
	ハット芸術大学	エジプト	1
	ザマレック高等教育学校	エジプト	2
	ヨルダン大学	ヨルダン	1
	ウォールズ大学	イギリス	1

出典：KIAS Buku Panduan Kursus Pengajian Peringkat Diploma 2010/2011M, pp.9-13 より作成

アとエジプトへの留学者が多く、なかでも学士課程でアズハル大学（エジプト）に留学している人数が17名と非常に多くなっていることがわかる。しかし一方で、ヨルダン、イエメン、リビア、イラクへの留学者も数は多くないが存在していることも注目される。また西欧諸国への留学も若干名みられる。

　以上、考察してきたように、学生の海外留学および海外からの留学生の受け入れ、そして教員の海外留学歴から、KIASが海外との交流実績を豊富に持ち、またそれを積極的に推進しようとしでいることが理解される。

(2) YIK が管轄する学校の状況

① 設立の経緯と役割

　クランタン・イスラーム財団(Yayasan Islam Kelantan: YIK)は、クランタン州政府から州内のイスラーム教育とアラビア語学習の諸活動を実施することを委ねられた宗教機関である。クランタン立法 1968 年第 9 号 (Enakmen Kelantan 9/1968) が施行され、その後、1974 年 1 月 1 日に創設された。設立当初の名称は、Jabatan Sekolah-sekolah Agama Kelantan (JASA) であった。その後、1979 年 6 月 1 日に Yayasan Pelajaran Islam Negeri Kelantan(YPINK)となり、さらに 1983 年 3 月 1 日に現在の名称つまりクランタン・イスラーム財団となった(YIK パンフレット 2010)。

　クランタン・イスラーム財団は現在、①クランタン州内の宗教・アラブ中等学校、②ニラム・プリのアラブ言語センター、③バチヨックのテロン・カンディスのポンドック学習センター、④コタ・バルのカンプン・シレーのトゥンク・アニス幼稚園 Tadika Tengku Anis に対する管理運営の責任をもっている。このうち、活動の中心である①について以下考察したい。

② クランタン州内の宗教・アラブ中等学校の管理運営

　2010 年のデータによれば、YIK が管轄する学校は全部で 98 校であり、その内訳は以下の通りである (YIK 2010b)。

表 3　ＹＩＫが管轄する学校

種別	機関数	学習者数	教員数
州立宗教中等学校　Sekolah Menengah Agama Kerajaan	18	19,224	1,148
補助宗教中学校　Sekolah Menengah Agama Bantuan	45	12,178	810
SABK Sekolah Menengah Agama Bantuan Kabangsaan	20	2,703	304
マアハド・タフィーズ・クルアーン　Maahad Tahfiz Quran	2	590	55
マアハド・タフィーズ・サイエンス　Maahad Tahfiz Sains	3	1,240	133
イスラーム幼稚園　Tadika Islam	3	462	43
ポンドック学習センター　Pusat Pengajian Pondok	1	227	22
YIK カレッジ	1	218	14
合計	93	36,842	2,528

出典：Yayasan Islam Kelantan 2010 より作成

216 第2部

　ここで州立宗教中等学校はクランタン州が設立した中等学校、補助宗教中等学校はクランタン州から補助を受けている中等学校、そしてSABKはもともと民間の宗教学校であるが、ある一定の要件を満たすことにより連邦の補助を受けられるようになった学校を意味している。このSABKは9.11以降の宗教学校に対する新しい施策により生まれた学校である。この3種類の学校はいずれもYIKのカリキュラムを採用している。また、マアハド・タフィーズ・クルアーンは主としてクルアーン朗誦を学習する教育機関、マアハド・タフィーズ・サイエンスは主として化学や数学などの諸科学を学習する教育機関、ポンドック学習センターは主としてイスラーム諸学を学習する教育機関である。これらの教育機関は州や連邦による修了資格をもたないノンフォーマル教育機関として位置づけられる。この他、YIKはイスラーム幼稚園3校とYIKカレッジも管轄している。

③ 二本柱の教育システム

　次に特にYIKが管轄する中等教育学校、つまり州立宗教中等学校、補助宗教中等学校、SABKの教育システムについてみておきたい。これらは設立主体と運営の財源は異なるものの、現時点ではいずれもYIKが定めるカリキュラムを使用している。クランタン州では1974年以降、州内の宗教学校に共通する学校教育システムを構築してきており、そのシステムとして最も特徴的なのが2種類のカリキュラムとそれに対応した試験制度の導入である。ここでいう2種類のカリキュラムとは、①宗教およびアラビア語教科と、②一般教科に対応するカリキュラムが異なっていることを意味している。

　宗教およびアラビア語教科に関しては、特に1993/94年度以降、エジプトのアズハルを範とするカリキュラム (Maahad Bu'uth al-Azhar カリキュラム) が用いられている。これを学習した生徒は、YIK試験委員会によって行われる宗教下級中等評価 (Penilaian Menengah Rendah Ugama: PMRU)、宗教中等資格 (Sijil Menengah Ugama: SMU)、宗教高等資格 (Sijil Tinggi Ugama: STU) の各試験を受けることができるようになっている。しかし、このうち宗教高等資格 (STU) については現在、連邦のマレーシア宗教高等資格 (Sijil Tinggi Agama Malaysia: STAM) に代替されている。

　一方、一般教科に関しては、マレーシア教育省によって作成された国民カリキュラム (Kurikulum Kebangsaan) が用いられている。これを学習した生徒は、マレーシア教育省試験委員会 (Lmbaga Peperiksaan Malaysia) およびマレーシア試験評議会 (Majlis Peperiksaan Malaysia) が実施する試験を受けることができる。それらは、下級

中等評価（Penilaian Menengah Rendah: PMR）、マレーシア教育資格（Sijil Pelajaran Malaysia: SPM）、マレーシア学校教育高等資格（Sijil Tinggi Persekolahan Malaysia: STPM）である（Yaacob 2011b）。

以下の**図2**はこのシステムを示したものである。

この図では初等教育を修了し、中等教育に入る学年を第1年生としている。初等教育は6年間であり、原則として第1年生は13歳である。まず、宗教およびアラビア語教科カリキュラムをみると、第1年生と第2年生はイッダディヤー段階として位置づけられ、第2学年で宗教下級中等評価（PMRU）を受ける。これによってイッダディヤー段階を修了する。次に、第3年生から第6年級下級クラスはサナウィヤー段階として位置づけられ、第4年生で宗教中等資格（SMU）、第6年級下級でマレーシア宗教高等資格（STAM）を受ける。これによってサナウィヤー段階が修了となる。一方、一般教科カリキュラムでは、第3年生で下級中等評価

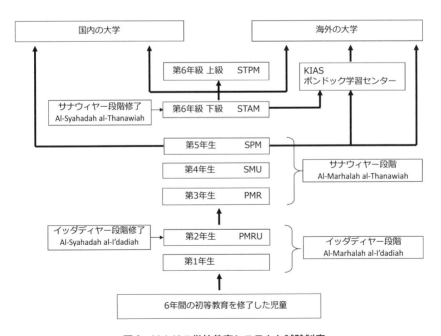

図2　YIKの学校教育システムと試験制度

出典：Yayasan Islam Kelantan 2010 より作成

218　第2部

(PMR) を受け、第5年生でマレーシア教育資格 (SPM)、そして第6年級上級クラスでマレーシア学校教育高等資格 (STPM) を受ける。進学についてみると、第5年生でマレーシア教育資格 (SPM) を取得した段階がいわゆるOレベル資格取得となるため、第6年級またはマトリキュラシを経て高等教育への進学が可能になる。前述の KIAS へは、第5年生あるいは第6年級下級クラス修了後に進学することになる。

　このように、宗教およびアラビア語教科カリキュラム関連の試験と一般教科カリキュラム関連の試験の双方に対応した構造になっていることが特徴である。

　④中等教育カリキュラムの特徴

　次に中等教育カリキュラムをみておきたい。**表4**はそれを示したものである。なお、表3.4には第1年生の前に必要に応じて行われる6か月間の準備教育も示されている。この表から指摘できることは以下の3点である。第一に、教科が多岐にわたり、全体の時間数も多い点である。具体的には、宗教教科が15教科、アラビア語教科が9教科、一般教科が11教科の計35教科となっている。そしてどの学年においても週45時間 (1時限40分) が教えられている。ただし、各学年によって教えられる教科は異なるため、準備段階を除き1学年単位でみた場合、17教科から21教科である。

　第二に、宗教教科、アラビア語教科、一般教科はそれぞれ各学年において満遍なく教えられている点である。前述したように1年生を除き各学年には修了資格が設けられているが、該当する修了資格だけにとどまらない教科が教えられていることがわかる。

　しかし第三に、それぞれの学年における各教科群の比重は異なっている。これを表にしたものが以下、**表5**である。時間数の欄の括弧内の数字は、全体の時間数45時間に占める割合 (%) を示している。学年別にみると、第1年生と第2年生では全体の時間数に一般教科群の占める割合が約4割と高く、さらに第3年生では約5割近くになっている。

　それに対して宗教教科群は3割強、アラビア語教科群は2割強である。一方、第4年生になるとアラビア語教科群の割合が増えると同時に一般教科群の割合が低くなる。また第5年生では再び一般教科群の割合が高くなる。しかし、第6年級になると宗教科段群とアラビア語科目群の割合がそれ以前の学年に比して高くなっていることがわかる。

10. マレーシア（クランタン州）におけるイスラーム教育の発展に関する一考察　219

表4　YIKが管轄する中等教育学校のカリキュラム

教科の種別		教科名	準備段階	第1年	第2年	第3年	第4年	第5年	第6年下級	第6年上級
			イッダディヤー段階		サナウィヤー段階					
			—	—	PMRU	PMR	SMU	SPM	STAM	STPM
宗教	01	タジュイド	5	3	3	2	2	1	4	—
	02	タフシール	—	2	2	2	2	1	2	2
	03	ハディース	—	2	2	1	2	1	2	2
	04	フィクフ	—	2	2	2	3	2	2	2
	05	ファライド	—	—	—	—	—	—	2	2
	06	タウヒード	—	2	2	2	2	1	2	2
	07	マンティーク	—	—	—	—	—	—	2	2
	08	イスラーム文明	—	2	2	—	2	—	1	4
	09	クルアーン学	—	—	—	—	—	—	2	2
	10	ハディース学	—	—	—	—	—	—	2	1
	11	ウスル・フィクフ	—	—	—	—	—	—	2	2
	12	イスラーム教育	4	2	2	3	—	—	—	—
	13	PQS	—	—	—	—	1	3	—	—
	14	シャリア	—	—	—	—	2	3	—	—
	15	アフラック	—	1	1	1	1	—	—	—
アラビア語	16	ソロフ	4	2	3	2	5	3	5	5
	17	タアビール	4	2	2	2	3	2	3	3
	18	ムス	4	2	2	2	3	—	2	—
	19	ヒワール	3	—	—	—	—	—	—	—
	20	イムラック・ハット	2	2	2	—	—	—	—	—
	21	バラガ	—	—	—	—	2	2	2	2
	22	ヌスス	—	—	—	—	3	2	3	4
	23	バッコム	2	2	2	4	—	3	—	—
	24	カフィア	—	—	—	—	—	—	1	—
一般	25	マレー語	2	3	3	3	2	3	—	—
	26	英語	2	3	3	3	2	4	2	1
	27	数学	2	3	3	4	2	4	—	—
	28	科学	2	3	3	4	2	4	—	—
	29	歴史	2	2	2	2	2	3	2	4
	30	地理	2	2	2	3	—	—	—	—
	31	生活	2	2	2	3	—	—	—	—
	32	商業　PERDGN	—	—	—	—	2	3	—	—
	33	教養　PAM	—	—	—	—	—	—	2	5
	34	公民	1	1	—	—	—	—	—	—
	35	ジャウィ	2	—	—	—	—	—	—	—
		合計	45	45	45	45	45	45	45	45

出典：Yayasan Islam Kelantan 2010 より作成

　これを前述の修了資格と結びづけて考えてみたい。宗教およびアラビア語関連
の修了資格は第2年生、第4年生、第6年級下級クラスに、一般教科関連の修了
資格は第3年生、第5年生、第6年級上級クラスに設けられている。第3年生と
第5年生における一般教科群の比率の増加と、第4年生におけるアラビア語教科

220　第2部

表5　各教科群の割合

	宗教教科群		アラビア語教科群		一般教科群	
	時間数	教科数	時間数	教科数	時間数	教科数
準備段階	9 (20.0%)	2	19 (42.2%)	6	17 (37.8%)	9
第1年生	16 (35.6%)	8	10 (22.2%)	5	19 (42.2%)	8
第2年生	16 (35.6%)	8	11 (24.4%)	5	18 (40.0%)	7
第3年生	13 (28.9%)	7	10 (22.2%)	4	22 (48.9%)	7
第4年生	17 (37.8%)	9	16 (35.6%)	5	12 (26.7%)	6
第5年生	12 (26.9%)	7	12 (26.7%)	5	21 (46.7%)	6
第6年生下級	23 (51.1%)	11	16 (35.6%)	6	6 (13.3%)	3
第6年生上級	21 (46.7%)	10	14 (31.1%)	4	10 (22.2%)	3

注：小数点第2位は四捨五入した。
出典：Yayasan Islam Kelantan 2010 より作成

群および第6年級における宗教教科群とアラビア語教科群の比率の増加はこの修了資格と関係していると推測できるだろう。ただし、第2年生と第6年級上級クラスについては修了資格との関係で教科群の割合の変化を説明することは困難であり、他の意味づけが必要である。

　以上の考察から、クランタン・イスラーム財団（YIK）が管轄するクランタン州の宗教中等教育学校が、独自の理念とカリキュラムにもとづいて教育を展開していることが理解できる。クランタン州における実践は、マレーシアにおける州の自律性を示すものといえる。

おわりに

　マレーシアにおける教育の歴史的展開は、これまで当然のことながら首都クアラルンプールを中心とする国家レベルの像で描かれてきた。近代国家としてのマレーシアが、植民地支配からの独立という政治的経緯を経て領土（国境）が確定されたことを振り返れば、そうした記述が必然的なことは論をまたない。より広い地域を特徴づけた文化的・宗教的な緩やかな一体性は、国境によって分断され、クアラルンプールが植民地行政の中心として、後には独立国家の中心として突出するようになり、同時に国境内に包摂された地域を徐々に周縁化し、国内的な中心-周縁構造を強化させてきた。しかし、マレー・イスラーム世界としての地

域の紐帯、国境をこえた紐帯は、近代国家の形成に抗い、地域の周縁化に抗う性格を帯びていた。歴史的な事件の積み重ね（連鎖）が今日の姿に結実してきたことは否定すべくもないが、過去のそれぞれの時点で、ローカルな視点からは今日の姿が予想（予期）されたわけではなく、それぞれの地域でさまざまの運動と抵抗が試みられてきた。結果としては、その思い描いた通りに結実しなかったとしても、こうした地域のダイナミズムの中で、マレーシア教育の歴史を捉え記述することはできないだろうか。そのために、どのような記述スタイルが比較教育学の研究として相応しいのだろうか。

　本稿ではマレーシアの東海岸北部のクランタンとその中心都市コタ・バルに焦点をあて、イスラーム教育の発展をあとづけ、現在の状況と特質を明らかにしようと試みた。マレーシアの場合、植民地支配と独立の経緯から、イスラームと慣習に関する権限を原則的に州が保持してきたことが、イスラーム教育の州独自の発展につながっている。他方で宗教慣習評議会 MAIK の設立からクランタン・イスラーム財団 YIK によるイスラーム教育行政に至る歴史を振り返れば、クランタン自体の内部に形成されてきた中心 - 周縁構造も明白となる。連邦による一般教育資格制度と州によるイスラーム教育資格制度が接合され調整されてきたが、それは二つのレベルにおける中心を強化することにつながった。イスラーム高等教育機関 YPTIK の創設、その後、いったんは連邦システムに統合されるが、1990 年代半ばからマレーシア高等教育が新しい段階に入り、クランタンにあらためて国際イスラーム・カレッジ KIAS が設立され発展しつつある点も興味深い。カリキュラム面ではイスラーム諸学と一般諸学の統合、特にイスラームと科学・技術との接合がはかられてきた。イスラーム諸学の学習だけでなくイスラーム世界との繋がりからも、この地における国際化は英語だけでなくアラビア語の重要性を喚起してきた。しかし、こうした流れの把握に関して簡潔にまとめて結語とすることは本稿の目的に則してふさわしくないかもしれない。テキストの記述は読み手にとって、時の経過をこえて前後に行き来することを保障し、解釈の試みと反復を可能にする。一元的な理解・納得を努めて回避し、読み手とともに時間と地域を自由に行き来しながら過去を想像できるように、中心と周縁を散りばめたコラージュ的な記述を一歩進めることが一つの可能な方向であるかもしれない。

　追記：本論文は、科学研究費補助金（基盤 C）「現代イスラーム高等教育機関の価値多元化社会への対応に関する国際比較研究」（平成 21 ～ 23 年度、研究代表者：服部美奈）の研究成果の一部である。

注

1 マレーシア統計局の HP(http://www.statisticas.gov.my/portal/index.php) [2011 年 12 月 10 日閲覧] 内の Population and Housing Census, Malaysia 2010 のデータにもとづく。

2 実質的には、輪番制が採られている。

3 イスラーム暦 1328 年は、西暦 1910 年 1 月 13 日から 12 月 31 日までである。また、この年から、行政上の目的から、西暦が採用されることが決められた。

4 http://epondok.wordpress.com/tokoh-ulama/ [2011 年 12 月 9 日閲覧]

5 ワン・イシャクがクダにポンドック・ブラウ・ピサンを、ワン・ハサン・ビン・イシャク・ブスットがトレンガヌにポンドック・プスットを設立するなど、マレー半島北部にポンドックが設立された。

6 ムハンマドの血をひいた子孫の場合、男性にはサイド、女性にはシャリファが名前に冠される。

参考文献・資料

Abdul Razak Mahmud (2010) MAIK Peranannya Dalam Bidang Keagamaan, Persekolahan, dan Penerbitan di Kelantan Sehingga 1990, KualaLumpur Dawama Sdn Bhd.

ARFMS (Annual Report Federated Malay States) for the Year 1898.

Awang Had Salleh (1980) Pelajaran dan Perguruan Melayu di Malaya Zaman British, Dewan Bahasa Dan Pustaka.

Ibrahem Narongraksakhet (2010) Shaykh Daud al-Fatant: Jawi Textbooks and the Malay Language, Rosnani Hashim (ed.) Reclaiming the Conversation: Islamic Intellectual Tradition in the Malay Archipelago, The Other Press.

KAR (Kelantan Administration Report) for the Year 1909, 1910, 1918.

KIAS (2007) Prospektus KIAS 2007/2008.

KIAS (2010) KIAS パンフレット .

KIAS (2010) KIAS Buku Panduan Kursus Pengajian Peringkat Diploma 2010/2011M.

Mohamed B. Nik Mohd. Salleh (1974) Kelantan in Transition: 1891-1910. Roff, Willian R. (ed.) Kelantan: Religion, Society and Politics in a Malay State. Oxford University Press pp.22-61.

Roff, Wiiliam R. (2009) Studies on Islam and Society in Southeast Asia, NUS Press Singapore.

Rosnani Hashim (2004) Educational Dualism in Malaysia: Implications for Theory and Practice [2nd edition], The Other Press.

Wan Burhadin bin Wan Omar (1983) Yayasan Pengajian Tinggi Islam Kelantan (Sehingga 1974), in Nik Abdul Aziz bin Haji Hassan (ed.), Islam di Kelantan, Kuala Lumpur; Persatuan Sejarah Malaysia, 1983, pp,91-150.

Yaacob bin Yusoff Awang (2011a) Pendidikan Asas dan Pendidikan Tinggi Islam di Kelantan-Pondok dan KIAS, Presentation Paper at Workshop "Islamic Education in the Malay World" (Graduate School of Education and Human Development, Nagoya University, 17 Maret 2011).

Yaacob bin Yusoff Awang (2011b) Pendidikan Islam Negeri Kelantan: Peranan Ulamak dan Perkembangannya Hingga Kini, Presentation Paper at Workshop "Islamc Education in the Malay World" (Graduate School of Education and Human Development, Nagoya University, 17 Maret

2011）.

YIK（2010）YIK パンフレット.

YIK（2010）Yayasan Islam Kelantan 紹介冊子.

YIK の HP ttp://yik.edu.my/v2/index.php/extensions/so-css-js-compresor

ロスナニ・ハシム (2010)「タナームラユにおけるイスラーム教育改革：セイイド・シャイフ・アフマッド・アルハディ（1867-1934）の人となり」西野節男編『東南アジア・マレー世界のイスラーム教育—マレーシアとインドネシアの比較』東洋大学アジア文化研究所・アジア地域研究センター、35-56 頁。

ワン・マズワティ・ワン・ユソフ (2010)「トッ・クナリ：タナームラユにおける伝統的教育の改革」西野節男編『東南アジア・マレー世界のイスラーム教育—マレーシアとインドネシアの比較』東洋大学アジア文化研究所・アジア地域研究センター、57-80 頁。

224 第2部

宗 教

解題：イスラーム的な人間形成──その包括性──

服部美奈

　本稿は、山川出版社からブックレットで出された「イスラームを知る」シリーズの『ムスリマを育てる』からの抜粋であるため、論文形式ではなく読み物として楽しめるように書いたものである。本稿では、よきムスリムになるための基本的な宗教学習と産育儀礼に焦点をあて、イスラーム社会にみられる子ども期の人間形成のあり方を考察している。特に、インドネシアのムスリム社会が継承してきた子ども観や発達観、そして子どもへのまなざしを描くことを試みたものである。

　インドネシアの田舎で暮らしていると、子どもが常に多くの大人とかかわりながら成長していることに気づく。私が何年か暮らしたスマトラの小さな町では、大人は、子どもを一家族の成員としてではなく、社会の共有財産として捉えているように感じられた。そのことが興味深く、フィールドでは子どもの誕生から大人になるまでの成長を追いかけた。ごく当たり前の日常をなぜ研究するのかと不思議がって聞かれたこともあった。しかし、人々が当たり前と思っている日常にこそ、その社会のなかの教育のかたちが表われていると筆者は考える。学校で行われていること・起こっていることは、その土台となる社会がもつ人間形成機能のなかに位置づけてみてはじめて理解される。よきムスリムになるための基本的な宗教学習と産育儀礼は、子どもと大人の関係性や子どもへの大人のまなざしがよくみえる場である。

　本稿で論じた産育儀礼は、イスラーム社会のなかで子どもの成長にそくして行われる儀礼を意味する。それは、基本的にはイスラームの二大法源である啓典クルアーンと預言者ムハンマドの言行を記したハディースにもとづく。そのため、産育儀礼にはイスラームの人間観が反映されており、同時に子ども観や発達観が内包されている。本稿では特に、(1) 新生児に対するアザーンとカマット、(2) 生後七日目の儀礼、(3) 割礼、(4) クルアーン修了式を取り上げ、それらの実践と解釈を解説した。

　よきムスリムになるための基本的な宗教学習と産育儀礼をみる際に留意しなければならないことは、イスラームと地域文化との混淆である。よきムス

リムになるための基本的な宗教学習と産育儀礼は、それらが根づく地域のなかで生成し継承される。それぞれの地域で継承される産育儀礼は、イスラームの教義や預言者ムハンマドの言行をそのまま実践しているわけではない。インドネシアではムスリムが9割近くを占めるものの、典型的な多民族国家であるため、所変われば儀礼の方法や解釈も異なっている。

　たとえば、イスラーム法ではバリフ（アラビア語ではバーリグ）が子どもと大人を分ける概念である。バリフとは第二次性徴つまり、男子の場合は精通、女子の場合は初潮以降の発達段階を指し、イスラーム法に従う義務が生ずる人生の新たな段階を意味する。私が調査した地域では当時、男子の割礼は10歳から12歳の間に行われるのが一般的であった。つまりバリフの前までに済ませておくことが大原則となる。男子の割礼は子どもから大人への通過儀礼としての意味をもっており、一人前のムスリムとしての自覚が芽生える時期と重なる。一方、女子の割礼は生後三ヵ月から半年の間に行われる場合が多く、男子のように盛大に祝うことはない。近年では女子の割礼を行わない家族もあるときく。また中東地域では男子の割礼も就学前の幼児期に行うらしい。このことは、割礼に対する意味づけや解釈が地域や時代によって異なることを示している。

　近年の比較教育学研究は各国の教育制度や教育改革といったテーマにやや偏っているように思われる。本稿を通して地域がもつ子ども観や発達観、子どもへのまなざしといった広い意味での人間形成研究が比較教育学の重要なテーマとなることを提案したい。そして、固定的ではなく動態的に、つまり地域の特質や固有性への洞察を深め（地域横断的に）、時間軸を視野に入れて（歴史縦断的に）、複雑な事象を単純化せずに考察することが大切である。

226　第2部

宗　教

11. イスラーム的な人間形成
——その包括性——

服部美奈

1. イスラームの人間形成——よきムスリムになるための基本学習——

　本章では、主題となるムスリマの教育を考える前提として、幼少期に行われる
イスラーム教育と産育儀礼をみておきたい。なぜならば、そこにはイスラームの
人間形成の原型がよくあらわれているためである。イスラーム社会が維持してい
る豊かな人間形成機能は、学校で行われる教育の土台を形成しており、それを語
ることなしに、イスラーム的な人間形成のあり方を理解することはできない。

　ムスリムの子どもたちは、どのようにしてイスラームの基本的な信仰行為を学
ぶのだろうか。インドネシアでは、初歩的な段階のイスラーム教育をプンガジア
ン・クルアーン、より高度な段階のイスラーム教育をプンガジアン・キタブとよぶ。

　通常、男子も女子も小学校に入学する頃、つまりおよそ7歳になると初歩的な
宗教学習を開始し、アラビア文字の学習とクルアーン読誦、礼拝などを学び始め
る。そして、小学校を卒業する12歳頃までにはムスリムとしての基本的な知識
と実践を身につける。これがプンガジアン・クルアーンの段階である。

　さらに高度なイスラーム諸学を学習する段階がプンガジアン・キタブで、こ
の主たる学習の場が、プサントレンとよばれるイスラーム寄宿塾である。伝統的
なイスラーム寄宿塾ではキヤイとよばれる主宰者の専門性に応じて、ハディース
学やクルアーン解釈学(タフシール)、イスラーム法学(フィクフ)、イスラーム神秘
主義(タリーカ)などが詳しく教えられる。それぞれのイスラーム寄宿塾の専門性
が異なるため、サントリとよばれる学徒たちは、一つのイスラーム寄宿塾での学
習を終えると、次のイスラーム寄宿塾へと遍歴しながらイスラーム諸学を深めた。
主宰者自らもイスラーム寄宿塾出身者であり、このような伝統的イスラーム教育

出典:「第1章　ムスリマを育てる」『ムスリマを育てる』、2015年、7-27頁、山川出版社。

11. イスラーム的な人間形成　227

農村部の礼拝所でクルアーン読誦を学ぶ子どもたち

機関の目的は、宗教知識の伝達とイスラーム伝統の保持、そしてイスラーム学識者養成の拠点として奉仕することにあった。

　初歩的な段階のプンガジアン・クルアーンは地域と時期によって若干の違いはあるものの、基本的な学習の内容や形態はインドネシア全体で共通している。マフムド・ユヌスは19世紀末の西スマトラにおけるプンガジアン・クルアーンの様子を記述している。それによると、子どもたちはまずアラビア文字の学習から始め、文字を覚えたらクルアーン読誦の学習に入る。クルアーン読誦は、内容の理解よりもアラビア語の音を正しく発音して読誦することに主眼が置かれた。そしてクルアーン読誦だけでなく、礼拝前の浄めや礼拝などの基本的な信仰行為、道徳・倫理についても学んだ。日々の礼拝は導師の指導のもと、実践的に教えられ、道徳・倫理については預言者についての言い伝えや信心深い人についてのお話、そして導師の模範的な行動のなかで教えられた[1]。プンガジアン・クルアーンが子どもの人間形成に与える影響は非常に大きいものであったとされる。このように、インドネシアでは遅くとも20世紀に入る前から、よきムスリムになるための基本的な学習の場が提供されていた[2]。今も基本的な形は同じである。ただし現在は、村の導師のところに集まる形態は少なくなり、村や町のモスクに附設されているクルアーン学習教室がその場所になっている。子どもたちは小学校に通う一方で午後3時過ぎ頃から夕方までほぼ毎日、このクルアーン学習教室に通う。またインドネシアでは1990年代以降、従来の方法よりも短期間でクルアーン読誦を習得できる速習法の開発も活発になっている[3]。現在、インドネシアで最もポピュラーなクルアーン読誦速習本は『イクロ』6冊本である。時代を経て、

イスラーム寄宿塾でキタブ(アラビア語で書かれた宗教書)を学ぶ女子サントリ
間仕切りによって男女が分かれている。

学習の場や学習方法に変化はみられるものの、プンガジアン・クルアーンが幼少期の頃からよきムスリムを育てる学習の基礎を提供する場となっていることに変わりはない。

　実は、よきムスリムになるための道すじは、ハディースにも示されている。信仰行為の基本となる礼拝について、親は子どもが7歳に達した時点で礼拝をするように命じ、10歳に達した時点で必ず礼拝をさせるべきとしている。次のハディースはそれを示すものである。

　　子どもたちがすでに7歳になったら礼拝をするよう命じなさい。そして彼らが10歳になって(もし礼拝をしたがらなければ)彼らを叩き、寝床を離しなさい[4]。

　非アラビア語圏のムスリムが礼拝を行うためには、アラビア文字とクルアーン読誦を習得することが必須である。このため、インドネシアではプンガジアン・クルアーンが発展したといえる。プンガジアン・クルアーンはおよそ小学校卒業まで継続され、クルアーン修了式(ホッタム・クルアーン)によって修了する。

2. 産育儀礼のなかの子ども——誕生からクルアーン修了式まで——

11. イスラーム的な人間形成　229

　次に、家族や親族、そして地域で行われるムスリムのための産育儀礼について
みておきたい。ここで産育儀礼とは、クルアーンとハディースにもとづき、イス
ラーム社会で子どもの成長に関連して行われる儀礼と定義しておく。プンガジア
ン・クルアーンと同様、産育儀礼はムスリムの子どもの人間形成に深い影響を与
えており、儀礼にはイスラームの発達観や子ども観が内包されている。ここでは、
およそ小学校卒業までの儀礼を中心に、(1) 新生児に対するアザーンとカマット、
(2) 生後 7 日目の儀礼、(3) 割礼、(4) クルアーン修了式について取り上げる。また、
産育儀礼は地域の文化と融合して発展しており、儀礼の方法や有無は地域によっ
て異なるため、ここでは主としてスマトラとジャワの事例を紹介する。

(1) 新生児に対するアザーンとカマット

　誕生直後、新生児の右側の耳元でアザーン[5]、左側の耳元でカマット[6]を、主
として父親あるいは男性の近親者がささやく儀礼である。アザーンではまず「アッ
ラーは偉大なり」という言葉が繰り返される。そして、アッラー以外に神は存在
しないこと、ムハンマドは預言者であることが証言される。

　実はこの証言の内容は、人間が誕生する前にアッラーの前で証言した内容にそ
のまま重なっている。イスラームの教えのなかでは、受胎してから 120 日目にアッ
ラーが胎児に魂を吹き込むとされる。そして、すべての魂は人間として誕生する
以前の霊界で、一つの約束をするようアッラーから勧められるという。この問答
は以下のクルアーンの章句にみられる。

　　　　アッラーは人間の魂たちに質問する。「この私はおまえの神か」。
　　　　人間の魂たちは答える。「はい。私たちは証言いたします。」(高壁章　第
　　　172 節)

　アザーンとカマットは、現世に誕生してほどこされる最初のイスラームについ
ての教えであり、「アッラーのもとから来て、再びアッラーのもとへ帰る」人間
の存在を、誕生に際して確認する行為となる。同時に、この証言はイスラームに
おける五行第一番目の信仰告白(シャハーダ)と同様の内容でもある。

　この儀礼に関するハディースとして、「私はファーティマが出産したとき、預
言者がハサン・ビン・アリの耳にアザーンをささやいたところを見た」、「新生児

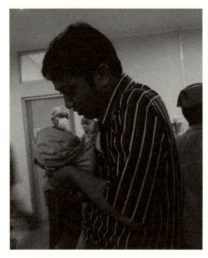
アザーンをささやく父親

を授かった者が、新生児の右耳にアザーン、左耳にカマットをささやけば、その新生児は悪魔(ジン)[7]の危険に遭わずにすむであろう」などがある。筆者が見聞した限りではあるが、インドネシアでは広く行われる儀礼であり、病院や産院で妻の出産を待つ夫が、出産後いち早く新生児を抱き、アザーンとカマットをささやくほほえましい風景がみられる。

(2) 生後7日目の儀礼

新生児誕生から生後7日頃までに奨励される儀礼として、新生児の上顎の内側をナツメヤシあるいは甘い食べ物で擦ること、新生児の髪を剃ってそれと同じ重さの銀を貧しい人々に分け与えること、命名すること、山羊を供犠すること(アキカといわれる)があげられる。

この儀礼に関するハディースとして、「私は一人の子どもを授かった。預言者のもとへ連れていくと、子どもをイブラヒムと命名し、一粒のナツメヤシで子どもの上顎の内側を擦り、祝福の祈りを捧げた。その後、預言者は私に子どもを戻した」、「ファーティマはハサン、フサイン、ザイナブ、ウンム・クルストゥンの髪を秤にかけ、髪と同じ重さの銀を喜捨した」、「預言者は言った。すべての子どもにとってアキカは義務である。誕生から7日目に(動物を)供犠し、同じ日に命名し、髪を剃りなさい」、「預言者は言った。男児には同じ年齢で同じ形の2頭の山羊を供犠し、女児には1頭の山羊を供犠しなさい」などがある。

ミナンカバウ民族が居住するインドネシア・西スマトラでは、トゥルン・マンディ(原語の意味は「(川での)沐浴に下りる」)とよばれる儀礼が、臍の緒が自然にとれる頃、つまり誕生後7日から2週目頃に行われている。母親は民族衣装をまとって新生児を抱き、大勢の女性親族に伴われて母方の家から近隣の沐浴場へ向かう。そこで新生児に沐浴をほどこす。その後、再び新生児を抱いて家に戻り、村の宗教導師によって儀礼が執り行われる。

儀礼では、宗教導師が五行の第一番目である信仰告白を新生児に代わってつぶやく。これは上述した父親によるアザーンと同じ意味をもつ。そして、名づけら

11. イスラーム的な人間形成　231

トゥルン・マンディの儀式を行う村の産婆

新生児の髪を切る村の導師

れた子どもの名前を新生児にささやく。次に、砂糖、塩、唐辛子、ゆで卵の黄身、炊いたご飯など、この地域の基本的な味を新生児の唇に順につける。この行為は、ムハンマドが新生児の上顎にナツメヤシを擦りつける儀礼のミナンカバウ版なのか、イスラーム的な意味づけは特にないのか、定かではない。その後、新生児の髪を少しだけ切り、砂糖きびの皮で髪を梳いた後、バナナの葉で頭をなぜる。最後に宗教導師が家族・親族を先導し、子どもの健康と幸福を祈願する。ここではクルアーンのなかからいくつかの章句が読まれ、祈り（ドーア）[8]が行われる。

　同地域では、この儀式の際、経済的に余裕のある家族は同時に山羊を供犠しアキカを行う。供犠についてはハディースで伝承される通り、男児の場合は山羊2頭、女児の場合は山羊1頭とされる。しかし、アキカには経済的な負担がともなうことから、筆者が1995年と2013年に行った調査では、きょうだいの結婚式や犠牲祭、男子の場合は後述する割礼など他の行事と合わせて行われるケースも多々みられた。筆者が出会ったアキカのなかで最も時期が遅かったのは、2人の子どもをもつ父親とそのきょうだいのアキカが、犠牲祭とともに行われたケースである。そのような場合には、誕生と成長に感謝するという意味は保たれつつも、誕生七日目に行う意味は強調されていない。

(3) 割　礼

　割礼は男子の場合、ペニスの包皮を切除する施術で、シャーフィイー学派[9]では義務（ワジブ）とされる。女子の場合は地域によって異なるものの、インドネシアでは陰核の包皮のみ、もしくは陰核そのものを切除する方法、または象徴的に刃を当てるのみといった方法がとられ、イスラーム法上は義務ではなく高潔な行

為（マクルマ）とみなされる。インドネシアでは女子の場合、同時に耳にピアスをつける習慣がある。

施術の時期や方法は地域によって異なるが、男子は小学校の高学年つまり10歳から12歳が一般的で、遅くともバリフ（バーリグ）の前までに行われる。バリフとは、男子は精通、女子は初潮以後の段階を指し、イスラーム法に従って生きる義務の生ずる発達段階を指す。すなわち、バリフに達したムスリムに対してはイスラーム法が適用されるようになる。このことから、バリフという概念は子ども期から成人期への発達段階の移行を意味し、男子割礼は幼児期から身体的な大人への通過儀礼としての意味合いが強い。ハディースには、「人間は、すでにバリフを経たのち、アッラーと預言者の道に反した場合にはじめて罪の報いを受ける」という預言者の伝承がある[10]。

一方、女子の場合は生後3ヵ月から半年の間に行われる場合が多く、男子の割礼は家族やコミュニティの成員を招いて盛大に祝うが、女子は祝わないのが通常である。近代的な病院が普及する以前は、男子の場合は割礼師、女子の場合は村の産婆により各地域で行われていたが、近年は病院で施術する場合も多くなっている。

(4) クルアーン修了式 （ホッタム・クルアーン）

7歳頃から始めたプンガジアン・クルアーンの修了式を意味する。この儀礼に関しては、クルアーンにもハディースにも関連する章句や言行録はないが、インドネシアでは盛大に行われる。イスラーム文化圏のなかでも、特にアラビア語を母語としない地域で行われる儀礼であろう。アラビア語を母語としない子どもたちがクルアーンを読誦できるようになるためには、幼少期からの努力と周囲による支援が必要となる。この儀礼は、ムスリムとして生きる子どもにとって成長の節目を画す重要な行事であり、クルアーンについての基礎知識と読誦する技能が身についたことをお披露目する機会となっている。

子どもたちはクルアーン修了式に際して、新調したお揃いの華やかな服を身にまとう。一生に一度のハレの日だからである。通常、小学校高学年つまり11歳から12歳の子どもが修了式に参加する。

クルアーン修了式の前半では、修了式に臨む子どもたちが本当にクルアーンを読誦できるようになったかが、実際に人々の前で試される。子どもたちは、モスクに集まった家族や親族、住民の前で一人ずつクルアーン読誦を行い、住民から

選ばれた審査員から合格のお墨付きをもらってはじめて修了となる。その後、無事合格した子どもたちは、自分のクルアーンを胸に抱えて村や町を練り歩く。インドネシアではそれぞれのモスクが自前の鼓笛隊をもっていることが多く、晴れて合格した子どもたちは、子どもたちによって編成される鼓笛隊に先導されながら賑やかな行進に参加する。

3. 産育儀礼のなかの発達観と性差

　ここまでみてきたように、よきムスリムになるための基本学習や産育儀礼には、知識に対するイスラームの考え方や子ども観が反映されている。

　第一に、イスラームの教えのなかでは、知識をもつことの重要性がクルアーンやハディースのなかで繰り返し説かれている。「知識を求めることは、男女を問わず、すべてのムスリムの義務である」、「人々のうち、知識ある者のみ真にアッラーをおそれる」（創造主章　第28節）といった章句はその典型である。さらに、知識を求める学問の旅が奨励される。よきムスリムになるための基本学習や産育儀礼は、まさによきムスリム成人になるための土台を築くものであり、幼少期からの知識の習得や信仰行為の実践が重要であることを示している。

　第二に、イスラーム法ではバリフを境に子どもと成人がわかれる。イスラームの基本学習がクルアーン修了式によって終わる時期、そして男子が割礼をすませる時期は、ちょうど小学校を終える時期であり、第二次性徴をむかえる前のバリフに入る準備段階の時期と重なっている。つまり、イスラームではバリフに入るための準備が、イスラームの基本学習と産育の儀礼によって完成できるように設計されているのである。

　このことはジェンダーという観点からも重要である。これまでみてきたように、基本的にはイスラームにおける子どもの位置づけに、基本的には性差はない。しかし一方で、アキカにおける山羊の供犠の数や、割礼の時期と方法には差異がみられる。人間としての平等と性差にもとづく対応の違いという2本の柱は、イスラームにおける基本的な姿勢である。

　ここで、女子割礼の実施と方法に関する近年のインドネシアの動向について付記しておきたい。2007年、保健省は保健医療従事者による女子割礼の施術を禁止する通達を出した。ところがそれに対し、インドネシア・ウラマー評議会は、

2008 年第 9 A 号ファトワ決定を通して強く反発した。同評議会によれば、女子割礼は高潔な行為（マクルマ）であり、よって女子割礼の禁止はイスラーム法に反するとみなした。同評議会のファトワを受け、2010 年、保健省は最終的に同評議会のファトワに対応する形で、女子割礼を禁止する省令をひるがえす、女子割礼に関する 2010 年第 1636 号保健省令を公布した。ただし、女子割礼は女性擁護の観点を鑑みて行われなければならないことを省令では同時に示している。つまり、女性の健康と安全を保障するために、割礼は医療的専門性とサービスの基準を満たした形で実施されなければならないことが示された。保健省は、「女子割礼は陰核を傷つけることなく、陰核の前面部分を覆っている皮にメスを入れる行為」であるとし、施術を行う医療従事者は、正規の医学教育を受けた正しい知識と技術を持つ者（医師、助産師、看護師）に限られるとした。同時に、施術の際には女性の医療従事者が優先されること、さらに施術は本人、両親、親族代表者からの依頼および許可があるときのみ実施されることが定められた。

4. 人間としての平等と性役割の概念——コドラットの意味——

イスラームの教えのなかで最も重要なのは、信仰する人間の平等性であり、それは性差の別なく尊重されるべきものである。信仰する人間の平等性については、クルアーンのなかの多くの章句で言及されている。たとえば、その一つが以下の章句である。

> 男性、女性にかかわらず、善行を行い、信仰する者に対して、この世でよい生活をその者に与えよう。一方、来世では現世で行った善行よりもはるかに素晴らしいものを与えよう。（蜜蜂章　第 97 節）

この章句には、信心深く善行を行った者に対しては、男女を問わず神からの報いがあることが示されており、その意味で男女は人間として平等であることが理解される。

しかし、そのことは男女の扱いが全く同じであることを意味しない。やはり男性と女性は異なるのであり、その違いへの対応も必要であるというのがイスラームの基本的な考え方である。これを端的に表すのが、序で紹介したコドラットと

いう考え方ではないかと筆者は考えている。繰り返しになるが、コドラットは、神によって決められた人間の先天的な特性を意味し、そこには男女の先天的な違いも含まれている。たとえば次の章句は、ジェンダーの問題と関わって、しばしば引用されるものである。

　　男性は女性の擁護者（家長）である。それはアッラーが、一方を他よりも強くなされ、彼らが自分の財産から（扶養するため）、経費を出すためである。（婦人章　第 34 節）

　この章句の解釈は多様であるが、少なくとも現世での男性と女性の役割が異なることを示している。そしてこの背景には、神が男性と女性に与えたコドラットの違いがある、と考えられている。

5.　学校のなかのイスラーム教育

　以上みてきたように、イスラームの人間形成の土台は、家族や親族、そしてムスリム社会がもつ人間形成機能によって維持されている。そして、その上に学校が位置づけられている。学校は、土台となる上述の人間形成機能のなかに位置づけてみてはじめて、その機能と役割が理解される。次に、ここでは独立後のインドネシアにおける学校制度とそのなかで行われているイスラーム教育を概観しておきたい。

　図 1 はインドネシアの学校教育体系を示したものである。

　インドネシアでは、教育文化省が管轄するスコラとよばれる一般学校の他に、宗教省が管轄するマドラサとよばれるイスラーム学校がある。イスラーム学校には国立もあるが、その多くは民間によって設立された私立学校である。学校教育は 6 ― 3 ― 3 ― 4 制をとり、小学校と中学校を合わせた九年間が義務教育である。宗教省が管轄するイスラーム高等教育機関もある。

　なお 1991 年の制服規定改正により、一般学校に通う女子生徒もムスリム服の着用が認められるようになり、服装の問題でどちらの学校を選択するかの問題はなくなった。イスラーム学校の場合はムスリム服の着用が義務づけられており、長袖のカッターシャツと踝まで隠れる丈長のスカート、頭にはジルバブとよばれ

236　第2部

年齢	教育段階	フォーマル教育		ノンフォーマル教育		
		教育文化省管轄 一般学校 （スコラ）系統	宗教省管轄 イスラーム学校 （マドラサ）系統	教育文化省 管轄	宗教省 管轄	イスラーム寄宿塾
0～6	就学前教育	一般幼稚園	イスラーム幼稚園	プレイグループ 託児所	クルアーン幼稚園	
7～12	初等教育	一般小学校	イスラーム小学校	パケット （各教育段階の卒業資格がえられる同等性教育）	初等宗教マドラサ クルアーン学習教室	
13～15	前期中等教育	一般中学校	イスラーム中学校		前期中等宗教マドラサ 継続クルアーン学習教室	
16～18	後期中等教育	一般高校 職業高校	イスラーム高校 職業イスラーム高校		後期中等宗教マドラサ	
19～22	高等教育	一般高等教育機関 [総合大学,専門学校, 単科大学,ポリテクニ ク,アカデミー]	イスラーム高等教育 機関 [総合大学,専門大学, 単科大学]		マアハド （高等教育）	

図1　インドネシアの教育体系

るスカーフを着用する。

　1994年から義務教育達成に向けての取り組みが進められ、小学校だけでなく中学校の就学率も着実に向上している。統計局のデータによれば、2010年度の純就学率は小学校で94.9%、中学校で71.6%となっている。男女差はほとんどない。ただし、インドネシアは広大な国土を有する島嶼国家で地域差が大きいため、就学率に大きな隔たりがみられる。

　宗教教育は学校教育の基本である。一般学校では週2時間の宗教教育が必修となっており、イスラーム学校では全時間数のうち少なくとも2割が宗教教育となっている。つまり、どちらの学校系統に在籍しても、宗教教育は必修である。また、1989年の教育法以降、イスラーム学校は「イスラーム的性格をもつ一般学校」として位置づけられるようになっており、宗教教育の割合を除いて一般学校との違いは次第に縮小している。

　ちなみに、一般学校における宗教教育は、生徒が信仰する宗教に分かれて行われる。インドネシアでは6つの宗教、すなわちイスラーム、カトリック、プロテスタント、仏教、ヒンドゥー、儒教が国家の公認宗教として認められているため、学校では児童生徒の信仰に合わせてそれぞれの宗教教育が提供される。また「地域科」は、各地域・学校が地域に合った内容を教えることができる科目で、地方語や伝統芸能、観光地では英語、イスラームが強い地域ではアラビア語やイスラーム関連科目などが教えられる。

　この他、インドネシアの教育体系で特徴的なのは、植民地期からイスラーム教

育が人々の信仰の育成と知識の形成に寄与してきたことである。前述したプンガジアン・クルアーンとプンガジアン・キタブの伝統は現在もなお、引き継がれている。

たとえば、小学生の子どもたちは一般学校に通いながら、プンガジアン・クルアーンにも通っている。前述したように、インドネシアの学校では宗教教育が必修科目となっているが、これに加えて子どもたちは、学校が終わるとモスクや町が主宰するプンガジアン・クルアーンで基本的なイスラーム学習を受ける。ダブル・スクールである。

プンガジアン・キタブに関していえば、イスラーム寄宿塾の歴史は、数世紀前にさかのぼるとされる。その多くはもともと農村に開設され、修業年限もなく、学徒はイスラーム寄宿塾を遍歴してイスラーム諸学を深めた。20世紀初頭、イスラーム改革思想に触発されたメッカ帰りのウラマーたちが、学年制や新しい宗教注釈書、地理学など非宗教科目の導入といった改革をもたらした。この改革は同時に、庶民レベルに普及し始めた植民地政府学校に対してイスラーム教育の柔軟性と近代性を示す自己変革でもあった。

独立後、イスラーム寄宿塾はイスラーム学校とともに宗教省の管轄下に置かれた。近年は都市にも設立され、幼稚園から大学までを設置する総合学園的なイスラーム寄宿塾や、大学生の寮をイスラーム寄宿塾化するなど、一言では定義づけられないほど多様化している。

注

1　Mahmud Yunus. *Sejarah Pendidikan Islam di Indonesia*, Third Edition, Mutiara Sumber Widya, 1992.

2　ムハマッド・ラジャブ（加藤剛訳）『スマトラの村の思い出』（めこん、1983年）は1913年から1928年にかけてインドネシア西スマトラで幼年期を過ごした著者（1913年生 - 1970年8月16日逝去）の生活誌であり、当時のイスラーム教育についても描かれていて興味深い。

3　中田有紀「インドネシアにおけるイスラーム学習活動の活性化―大学生の関与とそのインパクト―」『アジア経済』第46巻第1号、2005年、35-52頁.

4　Abdullah Nashih Ulwan, *Pedoman Pendidikan Anak dalam Islam*,Vol.1,CV ASY-SYIFA' Semarang,1993.（原典：Abdullah Nashih Ulwan, *Tarbiyatu'l-Aulad fi'l-Islam*, Kairo:Daru's-Salam Li'th-Thiba'ah wa'n-Nasyrwa't-Tauzi', Third Edition,1981）

5　礼拝への呼びかけを意味する。アザーンで唱えられる言葉と回数は以下の通りである。①アッラーは偉大なり（二回）、②アッラー以外に神はなしと私は証言する二回）、③ムハンマドはアッラーの使徒であると私は証言する二回）、④礼拝のために来たれ（二回）、⑤成功のために来たれ（二回）、⑥アッラーは偉大なり（二回）、⑦アッラー以

238　第2部

外に神はなし（一回）。

6　礼拝が始まる直前に小声で唱えられるもの。アザーンと意味する内容は同じだが、唱える回数がアザーンの半分。

7　アラビア語で Ummu 'sh-Shibyan.　子どもに向かって吹く風で、子どもはそれを怖れるとされる。ここでいう風は、悪魔（ジン）の追従者の婉曲的な表現である。

8　1日5回の礼拝とは異なり、神への願いごとをする。

9　スンニ派四法学派の一つ。シャーフィイー学派はインドネシアの主流学派。

10　Syahminan Zaini, *Arti Anak Bagi Seorang Muslim*, al-ikhlas-Surabaya, 1982.

宗 教

解題：マレーシアにおける伝統的イスラーム学習の変容

久志本裕子

　本論文は、筆者が博士課程在学時に、2006年3月から2007年7月まで集中的に行ったマレーシア・クダー州の村での住み込み調査をまとめたものである。本論文と博士課程の研究全体で筆者が目指していたのは、近代学校教育制度というものの不気味ともいえる一側面——特に人や文化を均質化していく力——を明確にしてみたい、ということであった。その不気味さは、近代学校教育が生まれたのとは異なる文化的コンテクストの中に、おそらく元来の思想や目的とは異なる形でシステムが移植されたときにより明確になる。筆者は博士課程以前にも留学や調査でマレーシアに滞在し、教育とイスラームの状況を目の当たりにする機会を得ており、そうした近代的制度がもつ文化的な力のようなものを実感せずにはいられなかった。博士課程の調査では、イスラームの教育に的を絞り、かつ「ムスリムの視点から」その歴史的変化を眺めることで、その正体を突き止められるのではないかと考えたのである。結果から言うと、マレーシアの大学に勤めるようになった現在、そうした不気味な力をさらに強く実感しつつもいまだにうまく説明ができず、その正体をあばくことはなお大きな課題として目の前に立ちはだかっている。

　本論文では、まずは近代学校教育の導入に伴い、実際にイスラームの教育に何が起きたのかを具体的に説明することを目指した。変化の記述を詳細に行うには、もちろん歴史的データの収集が不可欠になるわけだが、これが一筋縄ではいかない。例えば、宗教学校の歴史を扱うからには、学校数や学生数の推移、一般の学校との比率などがまず知りたいところであるが、マレーシアでは宗教学校は長い間一般の学校教育から切り離された存在であったため統計等がほぼ存在しない。各州で宗教行政と担当する部署へ行っても、10年前の資料が出てくれば相当に運が良い方である。本論文で出したいくつかの数字は、足しげく役所などに通い、顔を覚えてもらい、世間話を交えながら根気よく探し続けるうち、ふと出てきた掘り出し物である。

　それ以上に難しかったのが、「変容」を描くという一見簡単な作業であった。変容、というからには、変化以前の姿を描かなければ話が始まらない。しか

240　第2部

しながら、「伝統的」なポンドックの姿を同時代的に描いた資料は、マレー半島ではほとんどない。そこでこの部分はほぼ口承に頼ることになるが、記憶に頼って過去の教育について述べると、どうしても現在の「学校」「教育」という枠組みが、「今とは違って昔はよかった」という形であれ、「今はこんなに発展したが昔は何もなかった」という形であれ、語り手の中に入り込んでしまうのだ。さらにポンドックと一口に言っても、地域や時代によってその「伝統的」姿にもバリエーションがある。この制限を乗り越えて「変容」を描くための骨組みとして筆者がすがったのが、ウェーバーの官僚制化論であった。フィールドワークの最中に『支配の社会学』を読んだ時、自分が目の当たりにしている近代的制度の不気味さをこれほど的確に言い当てた議論はないと思った。さらに、変化の記述には、「理念型」という概念を用いて、現実の歴史的存在から抽出した「タイプ」として抽象的に記述されている。本論文の最初の段階の原稿では、実はウェーバーの議論を応用する自信がなく、念頭に置きながらも事実の記述にとどめた。すると、査読の段階で「骨組みとなる議論に欠ける」という趣旨のコメントを頂いたので、おそるおそるウェーバーの議論を出して再提出したところ、何とか掲載してもらえたのである。

　本論文を改めて見直すと、不完全さの中に、地域のコンテクストを理解し、説明するという作業と、それをより抽象的な学術的議論に結び付ける、という二つを同時進行することの難しさ（と面白さ）を再確認し、気が引き締まる思いがする。

宗　教

12. マレーシアにおける伝統的イスラーム学習の変容

久志本裕子

はじめに

　本稿の目的は、マレーシアにおけるイスラーム学習の近代化を事例として、伝統的イスラーム学習が近代学校の要素を取り入れて変容した時、学習の形式と意味付けがどのように変質したのかを明らかにすることである。イスラームを国家の公式宗教とし、人口の約60％をムスリムが占める現在のマレーシア[1]は、学校こそがイスラームを学ぶ主な場である。連邦教育省の学校において宗教教育[2]は初等1年から中等5年まで義務である一方、宗教を専門的に学びたい者には、一般科目のカリキュラムと平行して宗教科目のカリキュラムを学ぶ宗教中等学校がある。だが、近代学校的イスラーム教育の普及する以前のマレーシアにおいて、最も専門的なイスラーム知識の伝達を行う場は「ポンドック」であった。ポンドックとは、「トッグル」と呼ばれるカリスマ的教師と、そのもとで学ぶために集まった学習者たちが共同体を形成してできる、伝統的イスラーム学習の場である。タイ南部、インドネシア各地にも同様の学習の場が存在する[3]。

　ポンドックは、マレー半島北東部のクランタン州を中心として今なお存在するが、その数は非常に限られている。多くのポンドックは20世紀初頭のイスラーム改革運動と近代学校教育の普及を背景として、近代学校的要素を取り入れた「宗教学校」となったためである。ポンドックは元来、地域社会によって設立、運営され、政府から独立した組織であったが、学年制、試験、統一カリキュラムといった近代学校の要素を取り入れて「宗教学校」へと変化し、次第に国家の官僚機構の一部となっていった。近代的宗教学校が普及したことにより、より均質的なイスラーム教育が、より多くの人々に行き届くようになった。かつては進学、就職

出典：「マレーシアにおける伝統的イスラーム学習の変容」日本比較教育学会編『比較教育学研究』第40号、2010年、44-65頁。

の機会と結び付かなかったイスラームの学びが、それらと結び付くようになった。こうした変化は一般に「進歩」として描かれる。

だが、近代学校の諸要素は、ヨーロッパにおいて発生した近代社会の要請に応じて発明されたものであり、ムスリム社会の歴史の中で育まれた知識、学習の概念と認識において相違があるものとすれば、その「近代化」は単純な「進歩」とは捉えられないのではないだろうか。換言すれば、イスラーム学習の近代化は、その認識に変化をもたらしたのではないだろうか。

イスラーム学習の伝統と近代化について論じた先行研究には、中東、インド亜大陸を中心に概観的に論じた Taibawi (1972), Fazrul Rahman (1982) 等があり、近代イスラーム改革主義に代表される、イスラームを変えることなく強化する手段として近代西洋的科学と教育を積極的に取り込んだ運動に関心が集中している[4]。マレーシアを事例とした Rosnani (1996) は、さらに 1970 年代以降のイスラーム復興を重要なモメントとして考察に加え、植民地化により世俗的教育とイスラーム教育が分離した「二重の教育制度」が出現したが、イスラーム復興によってそれをイスラームに基づいて一元化する努力が進められていると指摘した。しかし、本稿ではフィールドワークに基づく人類学的視点から、イスラーム学習の近代化は、改革主義者や復興主義者が主張したようにイスラームに基づく近代的教育を生み出したのではなく、むしろイスラームの学習の概念が近代学校教育の枠組みで捉えなおされる結果をもたらしたのではないかという点を検討したい。

この点を明らかにするために、本稿では「近代化」を捉える視点としてウェーバーの官僚制化論を参照する。まず、近代化の出発点としてカリスマ支配的特徴を持つポンドックの学習と意味付けのあり方を明らかにする。次に、社会の変化の中で官僚制的要素を次第に取り入れて行った一般的経緯を記述する。続いてマレー半島北西部のクダー州に現存する一つのポンドックを例にとり、官僚制化の過程を具体的に検討する。最後に、イスラーム学習の官僚制化に伴い、学習の意味付けがどのように変質したのかについてまとめと考察を行う[5]。

1. 伝統的ポンドックの姿

ポンドックのあり方はマレー半島に限ってみても時代、地域によって様々である。だが以下では本稿の趣旨である「近代化」の出発点を把握するための「理念型」

としてのポンドックの姿を、そのカリスマ支配的、非官僚制的特徴に着目しながら、先行研究と聞き取りデータに基づいて描いてみたい。

(1) 物理的環境

　ポンドックにおいて、学習と礼拝あるいは信仰実践、そして生活の空間は一体のものである。「ポンドック (pondok)」は、高度なイスラーム知識を身につけた「トッグル (Tok Guru)」[6] のもとで学ぶことを目的に人々が集まり、彼らの滞在する多数の「ポンドック (小屋)」が一つの共同体を形成したものを指す。

　ポンドックの敷地は地域住民から寄進されるか、トッグルの家族が所有する土地が充てられる。敷地が定まると、中心部にトッグルの家と、「スラウ (礼拝所)」等と呼ばれる礼拝と学習の場が建てられる。スラウを中心として、入り口側に単身男性の、奥側に家族滞在者と単身女性の小屋が並ぶ。小屋は木の板の壁にニッパ椰子の葉を被せた簡素なもので、密集して建てられたため、近隣の住民の生活は筒抜けであり、一つの大世帯であるかのような感覚が生じたという。学習は礼拝所、もしくは個々の教師等の家で行われた。また、後述のようにポンドックの生活全般が正しいイスラーム的生き方を学び、実践する場であった。

(2) 教　師

　ポンドックを主宰するトッグルは、その宗教的知識と人格によってカリスマ的力を持つ。それはメッカを初めとする学問の中心地で有名なウラマーに学んだことによって裏付けられるが、より重要なのは学歴や資格によって客観的に判断可能な知識の多さよりも、むしろその人徳、例えばアッラーを畏れる心 (タクワ) の強さ、忍耐強さ、寛容さといった、精神的指導者としての資質である (Abdullah 1995, p.204; Muhammad ʻUthman 1984, p.61)。人々はトッグルの服装、言葉遣い、歩き方、時に超自然的力といったものによってそれを認め、その全身に示されたイスラーム的正しさゆえにトッグルを畏れ、敬うのである。正しさの具現たるトッグルへの畏れは、トッグルが実際に見ているか否かにかかわらず、自分が正しく行いへの恐れを呼び起こす。この感覚は、アッラーへの畏れが強まるほど悪行を恐れる感覚と似ている。正しさの具現としてのトッグルの存在そのものが、アッラーへの畏れとそれゆえの善行を比喩的に学ばせる役割を果たすのである。

　大きなポンドックには、トッグルにより任命された何人かの教師がいる。優れた教師はやはりトッグル等と呼ばれ、高度な授業を受け持つ。また、年長の学習

者が後輩の学びを補助する「クパラ・ムタラア（*kepala mutala 'ah*）」となることもある（Abdullah p.202）。彼らは学習内容を分業的に受け持つのではなく、使用するテキストなど学習内容に決定権を持ち、完全に独立した教授を行った。

　トッグルと教師たちは現金による定期的俸給は得ず、ポンドックに寄進された土地、田畑などから得られる収益と、学習者の父兄や周辺社会の人々からの様々な形の寄付によって生計を立てた。トッグルと教師たちは、ポンドックの外においても周辺のモスクなどでイスラーム学習、地域社会の人々からの相談、また婚礼や葬儀等の儀礼などにおいて、周辺社会に多様な貢献をした。

(3) 学習者

　ポンドックでは、就学年齢も就学年限も定められていない。就学に関しては、クルアーンおよびジャウィ（アラビア文字表記のマレー語）の読み方を最低限習得し、自活できる最少9歳程が望ましいが、修了は個人により、何歳まで滞在してもかまわない。このため、単身の若者に加え、所帯を持つ者や、高齢に達してからポンドックに移り住み余生を宗教学習と宗教実践に費やす者も多い。ポンドックで学ぶ人々は近代学校の「生徒・学生（*pelajar*）」と異なり、「（学を）求める者（*penuntut*）」と呼ばれるが、この概念には個々の需要に応じた自主的学習のあり方が反映されている。本稿ではこの訳として「学習者」を用いる。

　ポンドックの講義には様々な年齢、レベルの学習者が一斉に参加する。学習に使用するテキストにはジャウィのものとアラビア語のものがあるため、アラビア語を読めない学習者はジャウィのキターブを読む講義にのみ参加することになる。この人々はいわば「パートタイム」の学習者であり、ポンドック内に居住している高齢の者、学習者の家族、さらにポンドック外の人々も多く含まれる。一方、ジャウィに加えてアラビア語とアラビア語のキターブを学ぶ者はいわば「フルタイム」の学習者であり、若い男性がほとんどである。

　ポンドックの学習は、国境を越えた人の動きを生む。有名なポンドックには、マレー半島南部等ポンドックの少ない地域のほか、タイ南部、スマトラ、カンボジアなどからも学習者が集まった。逆にマレー半島出身者も、タイ南部やインドネシア各地に学び、最終的にはメッカでの学習を目指した。教師がこうした広い地域を転々と移動し、時に自らも学びつつ各地で教えることも常であった。

　だが学習者の大半は、こうした宗教知識を深めウラマーになるといった目的は持たず、ポンドックへの滞在と学習そのものに意義を見出していた。高齢の学

習者はその象徴的存在である。学習の意義は、将来の就業機会と結び付けられるのではなく、信仰の深化と実践の改善に結び付けて理解され、そうした学習そのものがアッラーの報奨(パハラ)を得る行為である。異なるレベルの学習者が共に学ぶことが可能になるのはこのためである。上級者が基礎を何度も繰り返すことは信仰と実践の強化につながり、逆に初級者は上級者の内容を理解できなくとも、学習によるパハラを得、少なくともテキストやそれを伝えるウラマーの権威あるいは「ありがたさ」を理解することができ、十分に意義深い学習となるのである。

(4) 学 習

　ポンドックの学習は、「キターブ(*kitab*)」[7]と呼ばれる宗教書に沿って行われる。礼拝と学習の場であるスラウで、教師を学習者が半円状に囲んで座る「ハラカ(*Halaqah*; アラビア語で環)」形式で行う。教師がキターブを読み上げ、解説を加える。学習者は教師の読み上げた箇所をペンなどで指しながら追い、必要に応じて書き込みをする。キターブを学ぶ際は、「表紙から裏表紙まで(*"Kulit ke kulit"*)」くまなく読むため、1冊のキターブを終えるために1年以上かかることもある。同じキターブを何回も読むこともある。「表紙から裏表紙まで」読むことの意味は、それを書いたウラマーが弟子に伝え、弟子がその弟子に伝え、トッグルがその師から学んだことを「そのまま伝える」こと、つまり正しい権威の伝達にある。イスラームにおける知識伝達は何よりも、アッラーが預言者に伝えたことを様々な形で正しく継承することを目的としているためである。

　古い時代のポンドックでは学習分野が限られていたが、最盛期である1930年代前後にはイスラーム学全般が教えられるようになっていた。重点を置く分野はトッグルによって異なったが、多くのポンドックでは初級者には法学とアラビア語の基礎が、上級者にはタサウウフが重視された。タサウウフは通常、「神秘主義」と訳されるが、伝統的イスラーム学習においてより重要なのはムスリムとして正しい心のあり方を学ぶ「倫理・道徳」としての側面である。この学習は特に、書かれた知識を伝えるだけでは成立せず、トッグルが生きた例として、学習者との個対個の関係を通じて、学習者の感性に影響を及ぼすことが求められる。タサウウフは、近代化したマドラサや宗教学校では教科としては教授されなくなった。

(5) 生 活

　イスラームの学びの理念においては、知識には実践が伴うべきことが強調され

246　第2部

る。ポンドックでの生活もまた、そのものが宗教実践の学習である。例えば、ポンドックの滞在者には、1日5回の礼拝をスラウにおいて集団で行うことが義務付けられる。マレーシアで一般的なシャーフィイー法学派において、男性の金曜礼拝を除き各個人が集団で礼拝を行うことは義務ではないが、ポンドックの中では毎時集団礼拝を行うことが最も大切な信仰実践の学びとみなされている。

　トッグルは、このほかにもポンドック滞在者の生活面全体を指導する。正しい服装、テレビ・ラジオや娯楽の禁止、男女の交流の禁止、タバコの禁止など内容はポンドックによって異なるが、それぞれの規則の遵守がトッグルの名において厳しく監視される。ここでトッグル本人が見ているか否かはさして重要ではなく、年長者がトッグルに代わって監視する、あるいはトッグルの視線を内面化して本人が自主規制するという形で規律が守られる。トッグルのすべての言動はイスラーム的に正しいあり方の例であり、ポンドックはトッグルをモデルとしてイスラーム的生き方を学ぶ場であった。

　このように、ポンドックとはいわば天賦の資質を持つトッグルに対して情緒的帰属意識を持つ人々により構成される共同体である。そこでの学習は礼拝や生活全体と一体化し、人格的交わりの中で偶発的に生起するもので、従って教授においても分業的要素はなく、職務に応じた俸給もない。以下では、イスラーム学習の近代化が進み、官僚制的特徴を次第に増していく様子を検討する。

2.　ポンドックの歴史的展開

　マレーシアにポンドックがいつから存在するのかは定かではないが、資料の残る限りでは1700年頃トレンガヌに開かれたものが初めとされ、クランタン、クダーなど各州では19世紀初頭から記録がある (Nik Mohamed 1985, p.95)。マレー半島のポンドックは北部農村地域に集中して発展し、特にクランタンに最も多く、次にクダー、トレンガヌそれにペナン、ペラの各州が続く。早期にポンドックを開いたトッグルにはパタニ・スマトラ・西アジア各地からの移民やその子孫が多かったが、時代が下るにつれメッカ等で学んだマレー半島出身のトッグルが多数となった。19世紀半ばから末にかけてパタニからの移民ウラマーの増加等を背景にポンドックが広まり、さらに中東と東南アジアをつなぐ交通の発達を背景にメッカで学ぶ者が増加したことによって、新しいポンドックが次々に開かれた。

第二次世界大戦までがポンドックの最盛期とされる (Nik Mohamed, p.104)。

20世紀初頭には一方で、エジプトやメッカで学んだ留学生の中にエジプトの
ムハンマド・アブドゥらの近代イスラーム改革主義の影響を受ける者が現れ、近
代学校に近い形式の「マドラサ」[8]を設立するようになっていた。マドラサは時間
割を持ち、試験による進級制度が採られ、修了証書が発行された。最初期のマド
ラサには1906年にペナンに開かれたマドラサ・アル＝マスリーヤ、1907年にシ
ンガポールに開かれたマドラサ・アル＝イクバル等がある (Roff 1994, p.66)。

この時期はまた、イギリス植民地政府による学校が普及し始めた時期でもあっ
た。学校の存在がより日常化する一方で、宗教を切り離した教育に対する不満が
高まっていた。こうした不満への応答として、ポンドックやメッカで教育を受け
た人々の中から、政府の学校に似た形式を持ちつつ宗教教育を行うマドラサを創
ろうとする者が増え[9]、また州の宗教行政もマドラサ設立に積極的に関与するよ
うになった。この結果として、マドラサは全国に急速に普及した。例えばクラン
タンでは1915年にマアハド・ムハンマディーが、クダーでも1916年にマドラサ・
ハミディーヤ (後のマクタブ・マフムード) が開校した。これらのマドラサは、全体
として計画された教育内容を、各教師が定められた職務として分業した点で、イ
スラーム学習における官僚制的特徴の萌芽であった。

マドラサの人気が高まるにつれ、ポンドックにマドラサを併設する例も増加
した。このようなポンドック付設マドラサでは、官僚制的特徴を取り入れつつも、
前項で描いたようなポンドックの特徴を強く残していた。8〜9年の学年制が採
られたが、生徒の年齢は限られず、また学習内容は宗教科目のみにほぼ限定され、
アラビア語のキターブが読まれた。マドラサの時間は通常、朝から昼過ぎまでで、
早朝や日没後、夜の礼拝後の時間には従来どおりのハラカによるキターブ学習
が、礼拝場にて行われた。マドラサの生徒は小屋 (ポンドック) に滞在した。また、
一部にはマドラサには入らず、ポンドックのみで学ぶ学習者も存在した。

このようなマドラサの多くは地域社会の支援によって成り立っていた事か
ら、次第に「民間宗教学校 (Sekolah Agama Rakyat: 以下 SAR)」と呼ばれるようになった。
SAR の運営資金は学費と寄付により、植民地政府はこれに一切関与しなかった。
一方、1915年から1962年にかけて、各州独自の宗教行政組織である宗教局[10]が
設立された。各州宗教局は宗教教育に特別の関心を寄せていたため、独自の財源
から SAR に補助金を支給したり、自ら宗教学校を運営するなど、宗教教育にお
いて重要な役割を果たすようになった。だがこの時点では、SAR はいずれの政府

248 第2部

機関とも官僚機構の一部としての機能を負うことはなかった。

SARと教育省の関係は1956年、全国のSARに関する調査が行われ、連邦政府からの補助金支給が提言されたことに始まる（Federation of Malaya 1957, pp.6-10）。1959年以降、補助金を希望しかつ条件を満たすSARに対して教育省から補助金が支給されるようになったが、教育省の定めるカリキュラムに沿った一般科目の教育を行うことが条件の一つとされたため、補助金が開始された当初は申請するSARは限られていた。しかし1957年のマラヤ連邦独立後、マレー語による中等教育の機会が拡大していくにつれ、マレー人の親が宗教学校よりも、就業機会へつながる政府の学校に子どもをやることを好むようになり、SARの生徒数は減少していた。このような状況において、一部のSARは非宗教科目を取り入れ教育省の修了試験に備える教育を行う必要を認識するようになり、補助金と共に教育省の一般科目カリキュラムを受け入れ、初めて教育省を「上級官庁」とする官僚制度に組み込まれた。これに伴い、進級の制度も教育省の学校と同様の初等6年、前期中等3年、後期中等2年となり、12歳で一斉入学する年齢制限が適用された。

こうして、従来の宗教教育に併行して教育省のカリキュラムを実施するSARが増加した。一方、宗教教育の内容はトゥグルあるいは校長によるキターブ選択によって決定されていたが、やがて宗教局の補助金を受給するにあたり、その定める内容に従うことが条件化され（例えばMajlis Agama Kedah 1962, 第9項. f.）、宗教局の名で修了証書が発行されるようになると、教育省との関係に比べ緩やかではあれ、宗教局を「上級官庁」とする官僚制へと組み込まれていった。ただし、教育省も宗教局も、教師の給料を負担するが任命権は持たなかった。

1980年代後半になると、イスラーム復興の影響でムスリムの親たちの宗教学校への関心が高まった。連邦政府のイスラーム化政策[11]の一環として、一般の学校や高等教育機関におけるイスラーム教育が増加され、教員や宗教役人が大量に雇用されるようになり、宗教を学ぶことが進学・就業の機会につながるようになったことがこれに拍車をかけた。特に、政府のカリキュラムと州の宗教カリキュラムの双方を実施している宗教学校は人気を集め、このようなシステムを持つ新しい学校が次々に新設された。この頃から、宗教学校を卒業してエジプトのアズハル大学に留学するマレーシア人も急増した。

1994年以降、各州の宗教局は、SARのカリキュラムおよび宗教試験を、アズハル大学付属の中等教育機関のカリキュラムに対応したものへと一新した。これによって、宗教局の実施する試験に合格すると直接アズハル大学の1年に入学で

きるシステムが整い、SAR の評判を高めた。これまでの古典的キターブに準拠した学習に変わって、アズハル大学付属校から輸入し各州で出版された教科書が使用されるようになった。教科書の内容は古典キターブの内容を各学年の能力に応じて編集したものであるが、ここにポンドックから続いてきたジャウィあるいはアラビア語の古典キターブ原典を読むという伝統は、宗教学校の教育内容から消えることとなった。宗教学校の中には現在に至るまで、朝や夜の礼拝の後に礼拝所にてキターブ学習を行う例も少なくないが、これは学校としてのカリキュラムの外で行われる自発的な学習活動でしかない。宗教学校で学ぶことは、一般、宗教双方の教科について、修了資格と進学機会の獲得により強く結び付いた。

2000 年以降、SAR に対する各州宗教局と連邦教育省の役割が大きく変化する出来事が続いた。まず 2000 年、アズハル大学と教育省の協約により、留学を希望する生徒に対して、初めて連邦で統一された試験であるマレーシア高等宗教試験 (*Sijil Tinggi Agama Malaysia*: STAM) が義務化された。アズハル大学への留学が、連邦政府を通じてのみ可能となったのである。重要なのは、STAM の受験の条件に教育省の後期中等教育修了試験 (SPM) の受験が義務付けられたことであった。これにより、現在まで学校の形式を取り入れずに来たポンドックや、教育省の補助金を受けず宗教教育のみに専念してきた SAR など、教育省のカリキュラムを実施しない宗教教育機関で学んできた者は、個人的に SPM を受験し合格しない限りアズハル大学に留学する可能性を失うこととなった[12]。

さらに 2002 年 10 月、SAR の学業不振を理由として、教育省から SAR への補助金を停止することをマハティール首相 (当時) が突然宣言した[13]。これを受けて SAR の生徒数が激減し、SAR の運営に過大な打撃を与え、小規模な SAR は廃校に追い込まれた。混乱の続く中、内閣は特別調査委員会を設けて SAR の調査を行い、学業成績を上げるため、政府補助宗教学校 (*Sekolah Agama Bantuan Kerajaan*: SABK) として完全に教育省の下に置かれるか、一切の補助金を受けない私立学校になるかという二つの選択肢を提示した。2005 年以降 SABK の登録が開始され、2006 年 1 月までに全国の SAR185 校のうち 68 校が、各州宗教局あるいは州議会の下で運営される州立宗教学校 (*Sekolah Agama Negeri*: SAN) 120 校のうち 66 校が SABK として登録された[14]。SABK となった SAR は、初めて教育省の規則によって人事、教育内容の全てが管理される、官僚機構の十全な一部となったのである[15]。一方、SABK とならなかった SAR は、現在まで各州宗教局の補助金と独自の予算のみで、宗教局のカリキュラムに沿って運営している。

250　第2部

　以上見てきたように、学年制のマドラサの導入は計画と分業という官僚制化の萌芽となった。初めは個々のマドラサ内で完結していた分業は、やがて補助金、カリキュラム、試験制度、人事の管理を通じて各州宗教局と連邦教育省を「上級官庁」とする官僚機構の一部としてのそれに変化し、最終的にSABKとなることで「官僚制の完全に発達した形」（ウェーバー1960, p.60）たる近代国家の制度の一部、より限定的には教育省の定める抽象的規律に従う「下級官庁」として職務を遂行する機関となったのである。

3.　事例：ポンドック・パッ・マンの近代化

　以下で紹介するのは、ポンドックとして始まり、すぐにマドラサを併設してSARとして発展し、最終的には政府補助のSABKへと「近代化」を遂げたポンドックの事例である。今もなおポンドックの地域を残しているため、行政上はSABKという「学校」であるにもかかわらず地域の人々には「ポンドック」と呼ばれている。この事例を通じて、ポンドックのカリスマ支配的要素が次第に薄れ、官僚制的要素が次第に強まっていく過程を検討したい。

　クダー州の州都アロー・スターから20キロほど南の田園地帯にあるこのポンドックは、オスマン・ユーヌスというトゥグルによって開かれた。パッ・マンはその愛称である。トゥグル・パッ・マンは、1904年にプルリス州に生まれ、クランタン州のポンドックで学んだが[16]、クダー州で結婚し、現地の人々の要請を受けて1946年にポンドックを開いた。ポンドックの土地は地元の住民が寄進した。ポンドックの運営資金はすべて地域の人々の寄付によっていた。設立当初は伝統的ポンドックとしてキターブ学習のみを行っていたが、ポンドックを始めて学習者が順調に集まるようになった頃に開かれた保護者との会合において、中等教育に相当する学年制のマドラサを設立してほしいという要望がでた。当時、この地域にはマレー語初等学校があったが、中等学校は15キロほど離れた町にしかなく、初等学校を出たほとんどの子どもは村にとどまるのみであったためである。この時アロー・スター（州都）にはすでに、マクタブ・マフムードという学年制のマドラサが存在し、名声を高めていた。保護者たちはこの学校を例としたマドラサの設立を望み、それに応じてトゥグルを初めとする教師たちがマクタブ・マフムードを参考としてカリキュラムを整え、1947年にマドラサを設立した。

正式名称は「マドラサ・アン・ナフダ(以下、マドラサ・ナフダ)」とされた。

　学年は1年から8年まであり、1年から4年までが「イブティダイー (*ibtidai*: 初等)」、5年から8年までが「サナウィー (*thanawi*: 中等)」と呼ばれた。授業の内容はアラビア語の初歩的キターブを読解するもので、各年度末に進級試験が行われた。一度で合格しない生徒も多く、また就学年齢も限られていなかったため、各学年には多様な年齢の生徒が混在していた。留年は二度まで許された。8年次には「ウンパット・サナウィー (*empat thanawi*: 高等4年)」という試験が実施され、合格すると修了証明書が学校の名において発行された。若干の学費が徴収され、教師に給与が支払われるようになった。礼拝の場から分離された学び専用の場として教室が作られ、これまで相互に無関係であった各教師の教授が初めて、全体として計画され、分業されるようになった。

　だがこのことはポンドックとしての性質の消滅を意味しなかった。1960年代後半まではマドラサの生徒とは別に、ポンドックのみで学ぶフルタイムの学習者も存在した。そのほか、単身で滞在する高齢の男女や、近くの水田などで仕事をしながら学ぶ者もあり、家族を伴って滞在する「パートタイム」のポンドックの学習者も依然多数存在していた。彼らの学習と生活は、上に描いたポンドックの「理念型」と同様であった。マドラサの生徒もポンドックの学習者と滞在者も、昔と同様に小屋(ポンドック)に滞在し、すべての礼拝をスラウで集団礼拝の形で行うことが義務付けられていた。夜明けの礼拝と日没時の礼拝の後の講義は同じ場所で、主にトッグルによって行われ、マドラサの生徒は出席が義務付けられていたほか、ポンドック外の村人なども多数参加していた。学費のほかに、地域の人々の現金および物資の寄付が、マドラサの運営と教師たちの収入を強く支えていた。

　マドラサの名で修了証書が発行されたが、カリスマ的トッグルのもとで学び、生活するという経験そのものが重視されていた。すべての滞在者は1日5回の集団礼拝に加え、大きな声で騒がない、一定の年齢に達した男女は交流を持たない、テレビ・ラジオの所有の禁止、サッカー等娯楽の禁止等の規則に従うことが要求された。これらの規則は明文化されず、トッグルのイスラーム的正しさへの畏れゆえに従われた。重大な違反をしたものには罰則があったが、日常的な違反に対してはトッグルが直接叱ることはなく、他の人を通じてトッグルが違反に気づいている旨が伝えられた。直接叱られるよりも怖く、また恥ずかしく感じたという。

　1971年、マドラサ・ナフダの教育は大きく変化した。これまでの宗教教育カ

リキュラムに加えて、前期中等試験（SPR）に対応した連邦教育省の一般教育カリキュラムを実施するようになり、同時にそれを条件としていた教育省の補助金を受給するようになった。この決定は、保護者の間で統一試験受験が必要という認識が高まったことを反映して、学校運営委員会(17)が提案し、トッグルが合意する形で行われた。トッグルの息子の一人によると、トッグルは当初政府のカリキュラムと補助金が宗教教育の独立性の損失につながることを恐れ、その受け入れに消極的であったという。しかし、運営委員会の提案に反対することはなく、補助金と政府カリキュラムの受け入れを決定した。これに伴い、学年制は前期中等教育3年・後期2年・中等後教育1年の6年制に再編され、教育省の方針に基づき、入学には初等学校を卒業し、満12歳以上であることが条件とされた。また、就学可能な年齢は25歳以下とされた。1982年には後期中等試験（SPM）も実施するようになった。マドラサにおける非宗教科目の教授の割合が増加し、一般科目対宗教科目の割合は約4対6になった。

　一方、宗教教育カリキュラムについては、1962年に設立されたクダー州宗教局によって緩やかな統一化が行われていた。州宗教局は、宗教局に登録し、そのガイドラインに従うSARに対して補助金を支給するようになった。教師は学校によって採用されるが、その3分の1ほどが宗教局から給料を受け取ることとなった。ガイドラインは教育省のカリキュラムのような形式ではなく、使用するキターブなどを定めたもので、従来のキターブ学習と大きな変化はなかった。1980年には宗教局の行う宗教統一試験も導入されたが、修了証書は依然学校の名前で発行されていた。この学校独自の修了証書は、1977年にはエジプトのアズハル大学に認められるようになり、1979年から留学生を送るようになった。当時、アズハル大学へ直接留学できたのは各州の予算で運営される州立宗教学校という種の数校のみであり、SARの中では全国で初めての試みであった。このためマドラサ・ナフダにはマレーシア内外の各地から生徒が集まるようになった。

　これらの変化は、マドラサは官僚機構の一部としての特徴を次第に強めた。教師の任命権は依然トッグルにあったが、教師の生活は教育省あるいは宗教委員会とマドラサから現金の給与に依存するようになり、教育活動は国家レベル、あるいは緩やかではあるが州レベルの規則に従って大きく規制されるようになった。

　1984年、設立以来ポンドックの長とマドラサの校長を兼任していたトッグルが他界した。トッグルのカリスマ性は、マドラサの校長となった長男には受け継がれず、ポンドック的要素は急速に薄れていった。厳しい規則は次第に緩まり、

またポンドック外の人々が講義に来ることもなくなっていった。地域住民からの寄付も少なくなっていった。集団礼拝はマドラサの寮生のみの義務となり、少しずつ参加者が減っていった。しかし、ポンドックとしての機能の衰退とは裏腹に、マドラサは官僚機構としての機能を強化することで、着実に発展を遂げた。1980年代のイスラーム復興を背景に生徒数は増え続け、1983年までは300人を超えることはなかった生徒数は、1985年には600人を超え、1988年には増える需要に対応するため二部制に変更し、生徒数は1,400人を超えた。

1994年前後に各州宗教局はエジプトのアズハル大学との協約により、そのカリキュラムと教科書を受け入れ、宗教局の統一試験を通じて州の名において修了証書を発行し、アズハル大学に直接留学する制度を整えた。これによってSARには宗教局の「下級官庁」として均質化された教育内容と進学の可能性が保証され、SAR全体の人気はさらに高まった。ナフダの生徒数は1996年には2,434人に達し、クダー州全体では38校のSARに23,305人が学んでいた[18]。1995年前後がマドラサ・ナフダにとってもSAR全体にとっても最高潮であった。

1995年、マドラサの生徒たちが住むポンドック一帯で大火事が起きた。これを機に、鉄筋3階建ての寮と校庭が作られ、教師や古い学習者の家族などの約30世帯、および単身高齢者の住むものを除いて小屋は排除された。教師の多くは外に移り住み、生徒は寮の大部屋に移り、調理は禁止された。このことは、学習と私生活の分離をさらに進め、学習経験の意味の変化をもたらした。かつて、例えば1960年代にこのポンドックで学んでいたある女性教師は、友達と3人で一つの部屋しかないポンドックに住んでいた。彼女は貧しい家に育ち、家から仕送りなどをもらうことができなかったが、他の二人と食べ物を分け合ってすごしたという。そのように寝食を共にした三人には、現在まで続く本当の姉妹以上に強い絆ができたと語る。個々の生徒に必要なものがそろえられた近代的寮では、ここまで深い関係は生じにくい。人々が「昔はたくさんのポンドック（小屋）があった」と懐かしそうに語るのは、単なる物理的環境の変化にとどまらず、共同生活全体を通じて学ぶことに内在した意味の変化を感じているためであろう。

1990年代後半は、緩やかに生徒数が減少した他は特別な出来事はなかった。しかし2002年10月の補助金停止によって、マドラサの運命は大きく変化することとなった。まず、保護者のSARに対する不安を反映して、生徒数が激減した。2002年12月に1,078人であった生徒数は、2003年1月の新学期には730人に減り、新入生は2002年の146人の約半分74人であった。2005年1月には生徒数は392

人の最低を記録した。2005年に教育省が政府補助宗教学校（*Sekolah Agama Bantuan Kerajaan*: SABK）への登録を提案したとき、マドラサの校長はトッグルの息子たちによる会議において、SABKとして登録することを直ちに決定した。教育省の下に置かれることに対して、学校運営側の最大の懸念は、カリキュラムの約60％を占める宗教科目とアラビア語科目の割合を削られることと、寄進地として登録されている学校の敷地が政府の所有になることであった。教育省の示した方針は、カリキュラムに関しては当面保留、土地は学校の所有を保障し、校長、教頭と学校運営者は、現状を維持するというものであった。この条件は完全にマドラサの要求を保障するものではなかったが、宗教教育の将来を守るためにはSABKとなる以外の選択肢はないという結論に至った。

2005年6月、マドラサは正式に「SABK・アン・ナフダ宗教中等学校」となり、すべての面において教育省の基準に沿うべく変化が求められた。全教師は教育省から完全に給料を支払われる公務員となり、資格を満たしていない者には資格試験の受験や研修への参加が義務付けられた。これまですべての教員にほぼ同等であった給料は、教育省の基準に基づき学歴によって差異化され、大卒の場合約2倍に増加した。生徒の受け入れには、初等学校終了試験（UPSR）で5教科中2教科以上Aを取ることが条件とされた。また、現在学んでいる生徒は例外として、生徒は原則マレーシア人のみとされた。従来教科としては実施していなかった体育、技術等の科目が義務とされ、教育省から新しい教師が派遣された。宗教教育とアラビア語科目については当面従来の宗教局のカリキュラムを使用し、宗教局の統一試験も実施されるが、将来的には教育省がこれらを整備する[19]。教師、生徒、教育内容のすべての側面で、連邦政府の学校としての規則の遵守が求められる、官僚機構の一部となったのである。

マドラサ・ナフダがSABKになると決定すると、保護者たちは再びマドラサに期待を抱くようになり、定員を上回る入学希望者が殺到した。マドラサの教師たちも、教育省の今後の方針に若干の不安はあれど、官僚機構への包摂のもたらす教師の生活と教育の質の安定性を歓迎している。トッグルの息子によって部分的に引き継がれた情緒的帰依と、学校の裏に残る約30軒の小屋の存在を除いて、ポンドックに見られた要素はほとんど失われた一方、国家機構の一部として官僚制的要素を着々と取り込み、ウェーバーによるその永続的性格への指摘（ウェーバー、p.115）を証明するかのように安定した組織へと発展していったのである。

まとめ

　本稿では一般論と個別事例を通じて、イスラーム学習がそのカリスマ支配的特徴を次第に失い、代わって官僚制的要素を段階的に取り入れながら、国家の学校教育制度に組み込まれていく様子を検討してきた。以下では結論として、この過程でイスラーム学習の意味がどのように変化したのか、まとめと考察を加えたい。

　ポンドックにおける学習は、信仰の深化と実践の改善と結び付くことによって意味あるものと理解された。イスラームにおいて、学習はまさに最も重要な信仰実践の一つとされる。この学習と信仰、実践の非分離性はポンドックにおいて、礼拝と学びの場が一体であったこと、正しさの具現としてのトッグルから生活全体を通じて学ぶ場であったことに現われている。しかし近代化の中で、学習の場は礼拝の場から分離された学校となり、教師が教えるのは私生活から分離された「職務」としての授業と生活指導においてのみとなった。この中で、宗教学校でイスラームを学ぶ意味は、信仰と実践との関係で語られはするものの、資格取得による進学、就業とより強く結び付けて理解されるようになっていった。

　ポンドックにおける信仰と実践と一体化した学習観は、トッグルのカリスマ性によって支えられていた。そのカリスマ性は、アッラーが預言者ムハンマドに伝えた教えが、その教友たちに、さらにその弟子たるウラマーたちに継承されてきた権威の連鎖に、トッグルが連なっていると信じられることによって証明される。一ページも飛ばさず古典的キターブを読む学習形態は、この権威の伝達を守る上で重要な意味を持つ。また、こうした権威を持つトッグルのもとで学ぶことそのものが、たとえ認知的に理解せずともアッラーの褒賞の対象となると理解されるのである。これに対して、近代的イスラーム学校においては、学校あるいは国家によって計画された学習内容を分業化された職務を担う教師が伝える。この時、学習の意味は権威の伝達や褒賞の享受といった、いわば「ありがたさ」の有無よりも、試験で計量可能な認知的理解と資格取得に結び付けて理解されるようになる。ウェーバーは官僚制化が教育免状の社会的威信を高めカリスマを押しのけるに至ることを指摘しているが (pp.135-139)、イスラーム学習においても資格がより重視され、資格を持つ「専門家」が急増する一方で、トッグルとなるにふさわしいカリスマ性、人格的卓越性を備えた人材が極めて少なくなったことは皮肉な必然といえよう。

256　第2部

　カリスマ的トックルの存在そのものによって触発される神への「畏れ」の深化、また上に述べた「ありがたさ」と結び付けて理解される学びにおいて、年齢や学習到達度、まして国籍によって学習者を限定するという発想はない。しかし、ポンドックが国家の教育制度との関係を深め官僚制的要素を強化する中で、イスラーム学習は一般学校の学習内容と並ぶ「科目」となった時、その前提となる発達観やナショナリズムをも受け入れて、ある年齢、国籍にふさわしい教育内容のとしての「イスラーム教育」があるという発想へと変化したと考えられる。この帰結として、イスラーム学習の概念自体が「子どもが学校で学び、資格試験で評価されるもの」としての「イスラーム教育」へと狭められ、学齢期を過ぎた者が、学校以外の場で、資格や就職と関係なく、イスラームをきちんと学ぶ機会が著しく制限されるという事態が起きている。

　植民地化と独立、その後の経済成長というめまぐるしい社会の変化の中で、官僚制的要素はイスラームを守るために不可欠な、望ましい変化として、一部のトックルの警戒心を残しつつも、無批判的に受け入れられてきた。イスラームに基づく近代的教育の可能性を想定したイスラーム改革主義や、イスラーム復興運動が、この流れを支えてきた。しかしその結果起こったのは形式的な変化にとどまらず、イスラームの学習の概念、あるいは意味付けのされ方が、近代的学校における「教育」の概念に当てはめて捉え直されることでもあったのである。

注

1　本稿では表現の簡易化のため、現在マレーシアを構成する地域について、1963年のマレーシア成立以前に関する記述に関しても「マレーシア」の名称を用いる。

2　「宗教 (agama)」の語はイスラームに限らず宗教一般に使われるが、イスラームのみを公式宗教とするマレーシアにおいては「宗教学校」「宗教教育」等の語は暗黙のうちにイスラームを意味する。

3　例えば dayah（アチェ）surau（西スマトラ）pondok pesantren（ジャワ）pondok（タイ南部）など（Azyumardi 1997, pp.156-167）

4　マレー世界の改革主義と近代的イスラーム教育の展開は、Roff (1994)、Nabir (1976)、西野 (1990)、服部 (2001) 等に詳しく述べられている。

5　本稿は、2006年3月から2008年11月にクダー州とクアラルンプールを中心に行ったフィールドワーク及び文献調査をもとにしている。2006年3月から2008年2月まで㈶平和中島財団「海外留学奨学金」により調査を行った。

6　グルは教師の意、トッ（Tok）は年長者に対する敬称である。

7　キターブはアラビア語で「本」の意だが、マレー語では本一般には "buku" を使用し、"kitab" はイスラームの宗教書にのみ用いる。

8　マレー語において「マドラサ」は第一に、近代学校的形式の宗教学校を指し、学校一

般や伝統的学習の場に対しては使われない。本稿ではこの意味に限定して用いる。しかし第二に、ポンドックや村のスラウなど、学習に使われる礼拝所をマドラサと呼ぶことも多く、ポンドックの正式名称が「マドラサ何々」であることなどがあるので注意が必要である。

9　マドラサの設立は必ずしも改革主義者の影響とは限らない（Roff p.77）。

10　名称、設立年、組織のあり方は州によって異なるが、本稿では混乱を避けるため「宗教局」に統一する。

11　教育政策に関するイスラーム化に関しては西野（1997）を参照のこと。

12　従来は、ポンドックなどからもエジプトにまず渡り、そこでアラビア語等を何年か学んでからアズハル大学に入学するというパターンがありえた。

13　表向きの主な理由は学業不振であるが、この背景には、汎マレーシア・イスラーム党（PAS）の脅威という内政事情、マレーシアを含む各地の宗教学校とテロの関係が疑われていた世界情勢があった。

14　マレーシア教育省イスラーム道徳教育局プレゼンテーションファイル *"Program pendaftaran SAR dan SAN & program J-QAF"*、スライド40。

15　これ以前の1977年以降、「国立宗教中等学校（*Sekolah Menengah Kebangsaan Agama*）」として教育省の下に運営されるようになった元 SAR が2006年現在で55校存在するが、例外的存在のため本稿では説明を省略する。

16　クランタンで最も有名なウラマーであるトッ・クナリ（1933年没）等に学び、トッ・クナリの没後はその弟子の開いた *Pondok Bunut Payong* に学んだ。

17　保護者代表と地域代表で構成され、学校の資金や運営面について議論する。

18　クダー州宗教局、宗教学校統計（手書）。

19　2008年5月教育省イスラーム道徳教育局インタビュー。

引用文献

Abdullah Ishak, 1995. *Pendidikan Islam dan Pengaruhnya di Malaysia*, Kuala Lumpur: Dewan Bahasa dan Pustaka.

Azyumardi Azra, 1997. "Education, Law, Mysticism: Constructing Social Realities," in Mohd. Taib Othman (eds.) *Islamic Civilization in the Malay World*, Kuala Lumpur: Dewan Bahasa dan Pustaka.

Fazrul Rahman, 1982. *Islam & Modernity: Transformation of an Intellectual Tradition*, Chicago & London: The University of Chicago Press.

Federation of Malaya, 1957. *Report of the Committee to Consider Financial Aids to Non-Government Islamic Religious Schools*, Kuala Lumpur, Government Press.

Majlis Agama Islam Kedah, 1962. *Enakmen Pentadbiran Ugama Islam, Tahun 1962*, Majlis Agama Islam Kedah.

Muhammad 'Uthman El-Muhammady, 1984. "Pondok Education as indigenous education", *Jurnal Pendidikan Islam*, Tahun1 Bil.1, pp.52-65.

Nabir Abdullah, 1976. *Maahad Il Ihya Assyariff Gunung Semanggol 1934-1959*, Kuala Lumpur: University Kebangsaan Malaysia.

Nik Mohamd Nik Mohd Salleh, 1985. "Perkembangan Pendidikan atau Pengajian Islam di Negeri Kelantan", in *Warisan Kelantan*, Vol.4, Kota Baru: Perbadanan Muzium Negeri Kelantan, pp.95-

258　第2部

120.

Roff, W., 1994. *The Origin of Malay Nationalism* (2nd Ed.), Kuala Lumpur: Oxford University Press.

Rosnani Hashim, 1996. *Educational Dualism in Malaysia: Implications for Theory and Practice*, Oxford University Press: Kuala Lumpur.

Tibawi, A.L., 1972. *Islamic Education: Its transition and modernization into the Arab National Systems*, London; Luzac & Co.

マックス・ウェーバー（世良晃志訳）、1960.『支配の社会学1』創文社。

西野節男、1990.『インドネシアのイスラーム教育』勁草書房。

――、1997.「マレーシアにおける教育改革とイスラーム化政策―価値多元社会への対応をめぐって」『教育学研究』64(3)、日本教育学会、36-45頁。

服部美奈、2001.『インドネシアの近代女子教育：イスラーム改革運動のなかの女性』勁草書房。

伝統・地域

解題：グアテマラにおけるコミュニティ運営学校の展開と
　　終焉の制度的要因

田村德子

　本研究では、中米のグアテマラで 1996 年から 2008 年まで実施された「教育開発のための教育自主管理国家プログラム」(Programa Nacional de Autogestión Educativa para el Desarrollo Educativo：PRONADE) で取り組まれたコミュニティ運営学校を研究対象としている。PRONADE は、農村地域を対象に公教育の中で実施されたものであり、コミュニティの学校参加によって多くの先住民が居住する農村地域の就学率向上をもたらし、グアテマラ全体の就学率向上に貢献したとされている。本研究は、こうした PRONADE に対する疑問、すなわち、教育的、経済的水準の低いグアテマラの農村地域、またそれと重複することの多い先住民コミュニティにおいて、果たしてコミュニティメンバーが学校運営に関わることができたのか、そしてなぜ、就学率向上という成果を上げながらも廃止を迎えてしまったのかという疑問について、PRONADE 教員の声から解き明かそうと試みたものである。

　本研究には、次のような意義があると考えている。それは、ラテンアメリカ地域の教育観ともいえる学校と地域社会との関係性を提示することができたことである。たとえば、同じ途上国でも、アジア諸国では、子どもの教育に関する学校と地域社会の役割に比較的明確な区分が存在する。つまり、学校のことは教員が行い、家庭・地域社会のことは親や地域住民が行うという教育観である。それに対し、本研究は、PRONADE 学校の実態から、グアテマラの先住民コミュニティが積極的に学校を求め、運営に関わってきたこと、そしてそれが PRONADE の展開の原動力であったことを明らかにしている。このことが示唆しているのは、グアテマラでは、子どもの教育に関する学校と地域社会の役割区分が、アジア諸国のそれと比べて明確ではないということである。日本におけるラテンアメリカ地域の教育研究が少ない中、本研究は、こうしたラテンアメリカ諸国における教育観の一端を提示する一助となったのではないだろうか。

　しかしながら、本研究を振り返ると、次の視点が欠けていたと感じている。それは、PRONADE の展開を支えたグアテマラの教育制度や地域社会の

教育力の視点である。具体的に述べると、一つにはグアテマラの教員養成制度がふまえられていない点がある。本論でも触れているが、PRONADE はコミュニティ自らが教員を探し、雇用するシステムとなっている。つまり、地域社会における教員免許の所有者の存在が、その発展の前提にあったのである。よって、その前提を支えるグアテマラの教員養成制度に言及できていれば、PRONADE の展開についての考察をさらに深めることができたと思う。さらに、もう一つにはグアテマラの地域社会に存在している委員会制度にほとんど触れられていない点がある。PRONADE 学校の運営には、「開発のためのコミュニティ委員会」や「水に関する委員会」、「イベントのための委員会」といった、その地域社会にもともと存在する委員会との協働が図られていた。それにもかかわらず、こうした PRONADE を支えてきた地域力（委員会）について、それがどのような制度で、いつごろからその地域にあったのか、だれがメンバーなのかなど、その実態を捉えきれていない。コミュニティの積極的な参加に支えられているところに PRONADE の展開と廃止のカギがあったことをふまえると、こうした地域社会が持つ教育力の部分に、もう少し迫るべきであったという反省がある。このように、一つのプログラムをみるにしても、それを取り巻く国や地域社会の制度（フォーマルな制度もインフォーマルな制度も）に目を向けることで、より一層、その実態を理解できたのではないかと感じている。

伝統・地域

13. グアテマラにおけるコミュニティ運営学校の展開と終焉の制度的要因

田村徳子

はじめに

　本稿は、近年多くの国で導入されているコミュニティ運営学校の政策の一助となるべく、一定の成果をあげながらも廃止となったグアテマラ共和国（以下、グアテマラ）におけるコミュニティ運営学校の政策プログラムの再評価を、実態調査をふまえながらおこなうものである。

　コミュニティ運営学校は、保護者や地域住民に一定の権限を与え学校運営に関与させるものであり、教育の地方分権化が推進されるなかで多くの国々で広まっている[1]。中米地域においても 1990 年代にコミュニティ運営学校の政策プログラムが次々と導入され、具体的には、1991 年にエルサルバドルで EDUCO (el Programa Educación con Participación de la Comunidad) が、同年にニカラグアで ASP (Autonomous Schools Program) が、1996 年にグアテマラで PRONADE (el Programa Nacional de Autogestión para el Desarrollo Educativa) が、そして 1999 年にホンジュラスで PROHECO (Proyecto Hondureño de Educación Comunitaria) が開始された。それぞれのプログラムはいずれも農村地域の初等教育および就学前教育を対象とし[2]、保護者を構成員とする学校委員会が学校運営をおこなうという点に共通の特徴を持つ。

　このなかでグアテマラの PRONADE は、農村地域の初等教育の就学率を高めたことや[3]、貧困層が主要な対象となったこと[4]、中途退学率が改善されたことなど[5]、コミュニティの参加による一定の有効性が示されたプログラムとして、世界銀行や USAID (United States Agency for International Development、アメリカ合衆国国際開発庁) などの国際援助機関が肯定的に評価してきた。しかし興味深いことに、公立学校全体の約 30%[6] を占めるほどグアテマラで展開してきた PRONADE は

出典：「グアテマラにおけるコミュニティ運営学校の展開と終焉の制度的要因」日本比較教育学会編『比較教育学研究』第 44 号、2012 年、24-44 頁。

262　第2部

2008年で廃止となった。いったいなぜ16年に亘り発展してきたプログラムが終焉を迎えたのであろうか。

　PRONADEの制度に関しては第2節で詳述するが、簡潔に説明すると、PRONADEとは、COEDUCA（Comités de Educación、学校委員会）と呼ばれる保護者で構成された組織が、NGOの支援を受けながら、教育省から与えられた予算で学校を運営していくプログラムである。PRONADEにおいて設立された学校（以下、PRONADE学校）は公立学校として位置づけられるが、一般の公立学校と比較した際の最も大きな違いとして、COEDUCAが教師を雇用・解雇する権限を持っている点が指摘できる。

　PRONADEは決して先住民に限定したプログラムではないが、対象である農村地域には多くの先住民が居住していることから、結果的に先住民が主な対象となった。このようなPRONADEの廃止とは、COEDUCAの教師に関する権限をなくし、一般の公立学校と同様に教育省が教師を雇用するということを意味している。これは、2008年のコロンの大統領就任に伴って、大統領選挙の際に掲げた公約が実現されたものであり、PRONADE廃止は政治的産物であるといえる。しかし、公約にPRONADE廃止が取り入れられた背景には、PRONADE学校に勤務する教師（以下、PRONADE教師）による待遇改善の要求があった。このことから、PRONADEの廃止の理由を分析するには、PRONADEに否定的な傾向を持つと思われる教師の視点に着目する必要があるといえよう。

　PRONADEに関する研究はほとんどないが、わずかに存在するものには、PRONADEの概要を紹介している世界銀行[7]や、グアテマラの教育改善におけるPRONADEの効果を分析した世界銀行[8]およびSchuh Moore[9]、中米のコミュニティ運営学校プログラムの比較をおこなっているdi Gropello[10]などがある。しかし、廃止までをふまえてPRONADEを分析したものはなく、PRONADE教師の制度問題についても一部指摘されているものの、詳細には扱われていない。唯一、PRONADE学校と一般の公立学校におけるコミュニティの学校運営の質的調査をおこなったGershbergら[11]が、PRONADEの制度設計上の欠陥として、一般の公立学校と異なる教員制度であることを指摘している。しかしそれは、雇用主であるCOEDUCAとの学校運営や教育活動における関連が考慮されていない。PRONADE廃止の制度的要因を検証するためには、ある制度が教師の不満を生じさせたという説明（図1矢印①）だけでは十分ではなく、COEDUCAがどのように制度を運用し（図1矢印②）、それが教師に対してどのように機能した結果、不

満となったのか（図1矢印③）を
ふまえて検討する必要があると
考える。

　以上のことから本稿では、有
効性を持って展開を遂げてきた
とされるPRONADEが廃止を
迎えた理由を探るべく、教師に
着目しながらPRONADEの制
度と実態を分析し、廃止の制度

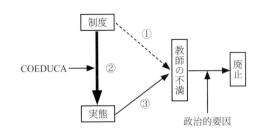

図1　PRONADEの廃止を分析する視点

的要因を明らかにするとともに、コミュニティ参加が重視される昨今の教育政
策のあり方についての知見を得ることを目的とする。この目的を遂行するため
に、本稿は以下のように論を進めていく。まず、基礎的情報としてグアテマラ
でPRONADEが導入された背景を確認する（第1節）。そのうえで、PRONADEの
制度を分析し、PRONADE教師の制度的位置づけを明らかにする（第2節）。次に
制度がCOEDUCAによってどのように運用され、教師に対してどのように機能
していたのかを、筆者が2010年8月18日から2010年9月21日の間におこなっ
た2校の元PRONADE教師に対するインタビューから分析していく（第3節）。そ
して以上の結果をふまえ、PRONADEが有効性を持って展開しながらも、廃止に
至った制度的要因を考察し、他国を含めたコミュニティ運営学校の政策のあり方
を検討したい（第4節）。

　本論に入る前に、本稿で用いる用語、概念を説明する。本稿で用いる「コミュ
ニティ」概念は、保護者を含めた地域住民を指す。ただし、COEDUCAを含む保
護者全般を指す場合は「保護者」と限定的に呼ぶこととする。また、PRONADE
によって設立された学校は制度上公立学校に位置づけられるが、PRONADEでな
い教育省直轄の公立学校と区別するために、前者を「PRONADE学校」、後者を「一
般の公立学校」と呼ぶこととする。また対象の教育段階は初等教育に限定する。

1. PRONADEの導入背景

　グアテマラでPRONADEが導入された背景には、国内事情と国際援助機関の
影響の2つが存在する。

264　第2部

　まず国内事情から概説すると、PRONADE導入頃のグアテマラは、総就学率は89%、純就学率は73%と、中南米諸国の平均である総就学率93%、純就学率92%と比べても遥かに教育が普及していない状況にあり[12]、なかでも国民の約40%[13]を占める先住民の教育状況はさらに深刻であった。これはスペインによる植民地時代からの中央集権的な教育行政体制が持続されたことによって、農村地域に教育サービスが行き届きにくい状況のままであったことや、先住民に関しては、先住民の文化や言語が配慮されない非先住民中心の授業方法やカリキュラムのままであったことに加え、先住民言語が話せる教師が欠如していたことなどが影響している[14]。このように山積する教育課題に対する教育省の取り組みを促進する大きな契機となったのが、36年間続いていた内戦の終結であった。

　グアテマラでは1960年からグアテマラ政府と反政府組織と間で内戦が続いてきたが、その終結に向けて、両者の間で11の和平協定が取り交わされた[15]。その内、「先住民のアイデンティティと権利協定」(1995年合意)と「社会経済的側面と農業問題に関する協定」(1996年合意)が教育普及や教育の質の改善に向けた教育改革に言及している。その内容のなかで両者ともコミュニティの教育への参加を提言しており、先住民を対象とした前者では「コミュニティや家族にカリキュラム編成、教材選択、教員任免の主体的役割を与える」ことが、国民全体を対象とした後者でも「子どもの就学を促進すべく、コミュニティや家族をその教育プロセスに参加させる」ことが述べられている。これら和平協定は国家による履行が公約とされていたため、1996年の内戦終結後、早急にグアテマラ政府は和平協定に示される教育政策を実施することが義務づけられることとなった。そこで政府が注目したのが、当時試行段階にあったPRONADEであった。

　PRONADEはUNDP (United Nations Development Programme、国連開発計画)の協力のもと、1992年にすでに一部の地域で試験的に導入されていた[16]。1991年にエルサルバドルで世界銀行がEDUCOを始めていたことからも、PRONADE導入はコミュニティ参加の政策を取り入れる国際援助機関の潮流によるものであったと考えられる。1996年に教育省による全国導入となったのは、それまでにある程度の成果を挙げていたこと、そしてPRONADEの事業内容と和平協定の内容とが一致したためである。

　このように導入されたPRONADEは、1996年導入時には477校だったものが、2008年には4,962校まで展開し、1万2,528名のPRONADE教師を擁し、農村地域の公立学校に通う子どもの約30%に相当する42万人が就学するプログラムと

して規模を拡大していった[17]。

2. PRONADE における教師の制度的位置づけ

(1) PRONADE 学校の設立条件と設立の手続き

　本節では、PRONADE によって権限を付与されたコミュニティとの関係のなかで、PRONADE 教師がいかなる制度的位置づけにあったのかを確認していく。

　まず、PRONADE 学校の設立条件のなかに言及されている PRONADE 教師とコミュニティとの関係を見ていく。

　PRONADE 学校設立条件としては、コミュニティに次の 4 つの条件が課せられている[18]。すなわち、①学校の敷地の確保並びに学校運営能力および関心を証明すること、②近隣の公立学校から最低 3km 離れていること、③ 7 歳から 14 歳の子どもを最低 20 名擁していること、④政府がすでに契約している教師を雇用してはならないこと、である[19]。注目すべきは 4 つ目の条件である。ここで言及されている「政府がすでに契約している教師」とは、教育省に雇用されている一般の公立学校に在籍する教師を意味する。よって PRONADE 学校設立のためには、教員資格を持ち、一般の公立学校に在籍していない人材をコミュニティが探し出し、契約するという作業を経る必要がある。ここに 1 つ、PRONADE が公立学校でありながらも、PRONADE 教師が一般の公立学校の教師 (以下、一般の教師) とは一線を画すコミュニティとの関係が存在する。

　このような条件を満たすことができるコミュニティは、学校設立に向けて次のような作業を進める。まず、①学校委員会である COEDUCA を組織し、② COEDUCA によって様々な申請書類が作成・提出された後、③教育省にPRONADE 学校の設置が認められ、学校設立・運営の準備を具体的に進める。なお、この手続きは、原則としてコミュニティ自身によっておこなわれるが、後述するISE (Instituciones de Servicios Educativos、教育サービス機関) と称する、教育省と契約を結んだ NGO が支援することになっている。

(2) PRONADE の運営組織の役割および権限

　PRONADE には、①教育省、② ISE、③ COEDUCA の 3 つの組織が関わっている[20]。まず 1 つ目の教育省の役割を見ると、主として PRONADE の資金

266　第2部

管理やプログラム管理、ISE との契約や COEDUCA との協定などを担っており、PRONADE 学校の運営に対する指導、助言等の直接的関与はおこなわない。

　教育省に代わって PRONADE 学校の運営を支援する役割を担うのが2つ目の ISE である。1つの ISE が一定地域の複数の PRONADE 学校を担当する形態をとる。ISE による支援の中身には、たとえば、PRONADE 教師に対しては研修の提供、COEDUCA に対しては銀行口座開設のサポートや学校運営についての助言などがある。

　3つ目の COEDUCA は7名の保護者からなる学校委員会で、PRONADE 学校の運営において最も重要な役割と権限を付与される組織である。委員は2年の任期を持つ。COEDUCA に与えられた主たる役割と権限には、①教師の雇用・解雇の決定、②教師への給与支払い、③教師と児童の出欠管理、④教材や備品の購入、⑤食材の購入、食事の準備、⑥年間行事や時間割の決定などがある。これらの内、①②③が教師に関わる権限である。権限③について付言すると、COEDUCA は教師が PRONADE の規則に従い、1日に5時間、週に5日間、年間最低180日間、遅刻欠席なく授業をおこなっているかを監督し、教師の勤務状況に応じて、権限①によって教師と再契約するか否かを決定することができる。

　以上のように、PRONADE に関わる3つの組織の役割と権限を概観してきたが、これらを通して PRONADE 教師が、雇用・解雇、給与、監督という点において保護者と強い関係にあることがわかる。

(3) PRONADE 教師と一般の教師の待遇の比較

　次に、PRONADE 教師と一般の教師を比較し、その違いをさらに詳しく見ていく。まず基本的な違いとして、雇用者が一般の教師は教育省であるのに対して、PRONADE 教師は COEDUCA であることが挙げられる。その他の違いについて**表1**を見ると、PRONADE 教師の方が一般の教師よりも給料が低く、最大で約3倍の差異になり得ることがわかる。これは一般の教師が、経験に応じて収入が増える昇給制であるのに対して、PRONADE 教師は定額であるために生じる。また、一般の教師には社会保障制度が完備され、終身雇用も保障されている一方で、PRONADE 教師には社会保障制度が十分ではなく、しかも1年ごとの期限付き契約であることから極めて不安定な身分にあるといえる。これらの違いによって PRONADE 教師は教育省などからは低い地位の職として認識され、費用のかからない理想的な存在と捉えられていた[21]。

表1 PRONADE 教師と一般の公立学校の教師の待遇（2006年度）

	PRONADE 教師	一般の教師
雇用者	COEDUCA	教育省
給料	$2941/ 年（ボーナス込） 昇給なし	$3437/ 年 –$8044/ 年（ボーナス込） 就業年数による昇給
給料以外の手当	年金（一部の社会保障制度）	健康保険制度・社会保障制度
契約期間	1年間	終身雇用

出所) Gershberg, A., Meade, B. and Andersson, S. "Providing Better Education Services to the Poor: Accountability and Context in the Case of Guatemalan Decentralization." *International Journal of Educational Development.* Vol.29, No.3, 2009, p.192, 表1より筆者一部加筆

　なお、保護者組織に教師の雇用に関する権限が付与されているのは、中米諸国のコミュニティ運営学校プログラムに共通する特徴である。しかし途上国全体で見たときには稀なケースであり、保護者組織が持つ非常に強力な権限の形態として位置づけられている[22]。

　以上より、PRONADE 教師の身分および待遇の特徴として、COEDUCA と教師が、雇用者—被雇用者、監督者—被監督者という、一般の公立学校にはない特異な関係にあり、また、期限付き契約という教師の身分が制度上不安定であることが指摘できよう[23]。それらを合わせると、教師に対して保護者の権限がより強力に作用し得ると考えられる。加えて、PRONADE の特徴としては、保護者からなる学校委員会である COEDUCA が、PRONADE 学校設立から学校運営まで、一貫して中心的役割を担っている、換言すれば、保護者の自主性に委ねるプログラムであるということも、第4節で展開と廃止の制度的要因を考察するうえでの重要な点として指摘しておく。

3. コミュニティとの関係における教師の実態的位置づけ

　本節では前節で示した PRONADE の制度が、実際にどのように教師に対して機能していたのかを明らかにするために、ソロラ県の2校の元 PRONADE 学校を事例として、PRONADE を経験した校長および教師へのインタビューを分析していく。着目する視点は、① COEDUCA が持つ教師に対する人事権や監督権が PRONADE 教師に対して実際どのように作用していたのか、②その他、コミュニティからの関与はどのようなものがあり、それを PRONADE 教師はどのように捉えていたのか、以上の2点をふまえ、③総合的に PRONADE 教師はコミュ

268　第2部

ニティの関与をどのように評価していたのか、という3点である。以下、対象地域と対象校の選定理由を説明し、対象校の概要と設立経緯を示す。

(1) 対象地域と対象校の選定理由

　ソロラ県を対象地域とした理由には、次の2点が挙げられる。1点目は、県のPRONADE普及率が比較的高いことである。PRONADE廃止時の2008年において、ソロラ県の全公立学校423校の内、PRONADE学校は106校(約25%)を占めるほどPRONADEが拡大していた[24]。2点目は、PRONADEの主たる対象であった先住民の割合が高いことである。ソロラ県の人口約30万人の内96%が先住民であり、日常生活の会話でも先住民言語が用いられるほど先住民文化が色濃く残る県である[25]。以上の2点の特徴から、ソロラ県はPRONADEの事例を代表し得る地域であるといえよう。また、ソロラ県の2008年の総就学率は115.3%、純就学率は93.5%であり、全国平均の総就学率113.6%、純就学率95.1%と大きく乖離していない[26]。

　このような特徴を持つソロラ県において、元PRONADE学校であるA小学校とB小学校を調査対象とした。この2校は、PRONADEの特徴がより顕著に見られる代表的な学校として、ソロラ県の県教育事務所職員が選定した学校である。調査対象者の概要は**表2**に示す通りである。

表2　調査対象者の概要

	A小学校				B小学校		
	A氏(校長)	B氏	C氏	D氏	E氏(校長)	F氏	G氏
性　　別	男	男	男	男	女	女	男
年　　齢	27歳	23歳	24歳	21歳	34歳	29歳	30歳
PRONADE 勤務年数	6年	2年	2年	1年	1年	9年	2年

(2) 対象校の概要と設立経緯

① A小学校

　A小学校がある地域でも先住民言語で日常会話が交わされる。しかし、都市部に比較的近く、交流もあるために、簡単なスペイン語でのコミュニケーションをとることができる人も多い。

　このような地域にあるA小学校は、2000年にPRONADE学校として設立された。その背景には、1999年にコミュニティ内に存在する開発委員会(Comité de

Pro-Mejoramiento)[27] という組織が、道路の修繕に携わるなかで、既存の小学校に子どもが通学するのに大きな道路を横断しなければならない状況を危惧したことがある。開発委員会が市に相談した結果、一般の公立学校ではなく PRONADE 学校の設立許可が下りた[28]。COEDUCA は開発委員会の委員によって組織され、教師との契約については、コミュニティ内の家庭を一軒一軒訪問し、結果、3 名の教員免許を有する人材と契約が結ばれた。また、申請に際しても、その後の運営に関しても、制度に規定されたような ISE による支援はほとんどなかった。

設立当初は学校の建物がなく、近隣の家を借りて授業をおこなっていたため、第一学年と第二学年の児童 75 名しか収容できず、教師も 3 名（校長含む）であった。その後、2002 年に学校の建物が建設され、就学前から第六学年までの子どもが就学できるようになり、教師も 5 名（校長含む）に増え、規模を拡大させた[29]。2008 年に PRONADE が廃止となった後は一般の公立小学校として存続し、2010年時点で、児童 162 名、教師 6 名（校長含む）となっている。

② B小学校

B小学校は市の中心からバスで 1 時間半ほど離れた集落にあり、外部との接触が少なく、先住民の文化を強く保持しているコミュニティにある。

このような B 小学校は、1999 年に PRONADE 学校として設立された。B 小学校設立も、既存の小学校に子どもが通学するために交通量の多い大きな道路を横断しなければならない状況を心配し、保護者がコミュニティ内での学校設立を望んだことを契機とする。保護者たちが学校設立を市に要求した結果、PRONADE 学校の設立許可が下り、その後、コミュニティ内で COEDUCA が組織され、申請手続きが進められた。B 小学校設立申請においても ISE による支援はなく、その後の運営においても全く関わりを持っていない。

調査時の校長は 2008 年に就任しており、また設立当時の記録が保存されていないため、児童や教師に関する具体的な統計は得られなかったが、設立当初は少人数の児童が通う小規模な学校であったという。学校の建物は当初は平屋であったが、児童数増加に応じて、2002 年に 2 階が増築された。2010 年時点では、児童 119 名、教師 5 名（校長含む）に規模を拡大している。

(3) PRONADE 教師とコミュニティの関係

次に、上述の 2 校での聞き取り調査にもとづき、両校において PRONADE 教

270　第2部

師がどのように保護者の関与を捉えていたかを分析していく。

① A小学校

(i) COEDUCA の人事権と監督権

　PRONADE 時代、A小学校において教師は解雇されたことはなく、つまり COEDUCA に付与された解雇に関する権限は実際に行使されることはなかった。ただしその権限は COEDUCA の監督権とも相俟って、教師にとってプレッシャーとして機能していたことが明らかになった。たとえば、研修や学校行事等で休講になる時には、補習授業の実施を COEDUCA から要求され、180 日間の授業日数が厳密に守られていた。校長曰く、一般の教師であれば、研修等で授業ができない場合でも補習をおこなう必要はなく、一般の公立学校より勤務日数は多くなっていた。このような点において、A小学校の教師全員が PRONADE の廃止を嬉しく思っていると校長は語る。このことは、PRONADE 教師たちが COEDUCA の要求を拒絶できない状況に不満を感じていたことを示しているといえよう。しかしまた他方で、教師 3 名の内 2 名が PRONADE 時代の方を好むと回答している。その理由には、PRONADE 時代の方が保護者同士で影響を与え合い、学校運営に協力する体制が積極的に構築されていたことが挙げられた。つまり、COEDUCA が雇用者であるという制度を除けば、PRONADE 制度に肯定であったと捉えられる。

(ii) その他の関与

　上述で PRONADE 教師が評価していた PRONADE 時代に見られた保護者同士、また教師との協力体制は次のような場面で現れていた。まず集会には、ほとんどすべての家庭が出席し、もし出席しない保護者がいれば COEDUCA が出席を促すためにその家庭へ訪問していた。また、その集会のなかで保護者は、子どもの就学状況や成績に関する問題を取り上げ、教師と一緒に話し合うこともあったという。そしてその話し合いの結果、たとえば学校に来なくなった子どもには、COEDUCA を中心として、保護者と教師が共にその家庭を訪問し、学校に来るよう説得したこともあった。こうした協力的な取り組みの結果、A小学校では設立以来、中途退学者は 7 名しかおらず、保護者たちの活動が中途退学の課題解決につながっていた。

　またある年におこなわれた研修では、教師に加え、すべての母親が研修に参加したことを校長が得々と語ってくれた。このことからも、A小学校においては子

どもの学習支援のために教師と協力体制を構築することの必要性が保護者の間で強く共有されていたと推察される。

さらに、保護者以外のコミュニティとの関係においても協力体制が見られた。上述の通り、そもそもA小学校設立には開発委員会というコミュニティ組織が関与していたように、いくつかの既存のコミュニティ組織がA小学校と関係を持っていた。たとえば「水に関する委員会」(Comité de Agua) は、COEDUCAと教師と共に下水プロジェクトを立ち上げ、また「開発のためのコミュニティ委員会」(Consejo Comunitario de Desarrollo; COCODE) は COEDUCA や教師と協働して学校における地域のイベントを実施していた。

(ⅲ) コミュニティの関わりに対する教師の評価

以上のようにA小学校においては、制度で規定されるような ISE からの支援がなかったにもかかわらず、保護者以外のコミュニティを巻き込み、主体的に学校運営が遂行されていた状況が明らかとなった。そして、そのような状況下で、インタビュー対象者であるA小学校の校長と教師の4名全員が、COEDUCA の関与について、教師としての自らの仕事に対しても、子どもの学習に対しても良い影響を与えていたと肯定的に評価している。このことから、A小学校においては、一般の教師との待遇の違いや、COEDUCA よるプレッシャーを除けば、比較的良好な関係がコミュニティとの間で築きあげられていたと判断できる。

② B小学校
(ⅰ) COEDUCA の人事権と監督権

PRONADE 時代、B小学校においても教師が解雇されることはなかったという。しかし教師の口からは、次のような PRONADE 廃止を歓迎する声が聞かれた。「一般の公立学校になってくれて良かった。今は、教師に対して尊敬の念を持たれる地位となり、徐々に教師と保護者との調和がつくられている」(G氏)、「一般の公立学校となって、教育省が保護者の参加を統制し、非常に満足している」(F氏)。ここから読み取れることは、教師が COEDUCA との関係のうえで憂慮した点は、事実として解雇されるか否かではなく、自らの教師としての専門的地位の確保であり、そのための保護者の介入に対する抑制であった。

(ⅱ) その他の関与

上述の教師らの意見を具体化する出来事として次のようなことが校長から語られた。たとえば、集会では、出席する保護者から非常に多くの意見や教師への

要求が出されていたという。なかでも子どもの成績に関する話し合いの際には、成績が悪い子どもがいるとその責任がすべて教師の怠慢に帰され、いかなる過誤も許されないような心理状況に置かれていた。また、行事に関しては保護者による教師への制限がかけられていた。保護者が企画したサッカーのイベントでは、教師の参加が許されないどころか、教室から出ることすら許されなかったという。

　また、子どもたちのために遠足のイベントを企画・予定し、教師で費用を出し合いバスなどの手配をすべて整えていたにもかかわらず、前日になり保護者の間で中止の意見が持ち上がり、結局遠足の実施が許されなかったという出来事があった[30]。E氏は「PRONADE が廃止になり、子どもたちのために課外活動が自由にできるようになった」と、保護者が教師に対する権限がなくなった現在の制度を歓迎する意見を述べている。

　一方、ISE との関わりはB小学校においてもなかったという。しかし他方で、上述したサッカーなどのスポーツのイベントやその他、祝賀祭のイベントは、コミュニティ内に組織されている「イベントのための委員会」(Comité de Profiesta) が COEDUCA と協働で企画していたという。ただし、繰り返しになるが、それらのイベントには教師の参加が歓迎されることはなかった。

　(iii) コミュニティの関わりに対する教師の評価

　以上のようなコミュニティとの関係において、2名の教師は保護者の関与が教師としての自身の仕事に悪影響をおよぼしていたという否定的な評価を下している。さらに3名の教師全員が、子どもの学習に対して良い影響を与えていたとは思わないと回答している。このことからも、B小学校においては、コミュニティと教師とが、好ましくない関係にあったと判断できる。

4. 考　察

(1) PRONADE 教師とコミュニティの関係の特徴

　本節では、前節までに明らかにした PRONADE 教師の制度的および実態的位置づけから PRONADE 教師とコミュニティの関係の特徴を分析したうえで、PRONADE の展開と廃止の制度的要因を考察していく。

　まず、第2節と第3節における制度と実態の比較から、コミュニティと教師の関係を分析すると次の2点の特徴が指摘できる。第1に、コミュニティの関与

の自由度の高さである。A小学校もB小学校も共に教師の解雇はおこなっていなかったが、保護者は、教師と共に不登校児童の家庭を訪問したり（A小学校）、イベントへの教師の参加を制限したり（B小学校）するなど、付与された権限を越えた学校への介入を展開させていた。つまり、コミュニティが教師の人事権や監督権を持つことで、自分たちの望むような活動を教師におこなわせることが可能となっていた。それは、教師の活動を促進するものでもある一方で、逆に抑圧するものとしても機能していた。

第2に、保護者と教師の対極的な2つの関係である。A小学校もB小学校も共に同じPRONADE制度のもと、保護者が学校に主体的に関与し、学校運営がおこなわれていたにもかかわらず、両者の間には、保護者の学校への関与に対する教師の評価に肯定的／否定的という差異が、そして保護者と教師の関係のあり様に友好的／敵対的という差異が生じた。つまり、保護者と教師の関係において2つの小学校間で対極的な関係が築かれていた。

以上のPRONADE教師とコミュニティの関係についての知見をもとに、グアテマラで展開してきたPRONADEがなぜ廃止となったのか、その制度的要因を考察していく。

(2) PRONADE の展開と廃止の制度的要因

まず、廃止の要因を考察する前に、その前提となるPRONADEの展開を可能にした制度的要因を2点指摘しておく。1つは、PRONADEが、主体的に学校運営をおこなうことができるコミュニティを選別する仕組みを備えた制度であった点である。

PRONADEへの参加条件を振り返ると、申請書類の作成や教師探しといった煩雑で面倒な申請手続きをすべてコミュニティ自身でおこなうことが求められていた。つまり、それらの作業を実行できたPRONADEのコミュニティは、当然のことながら学校運営に主体的に関与する能力を携えていたと考えられる。

もう1つは、一般の公立学校より教師の人件費を低く設定していたことや、コミュニティの資源の活用によって、より低コストで学校を設立できる制度であった点である。これら2つの制度的要因によって多くの機能的なPRONADE学校を設立することができたのだと考えられる。

次に、これらをふまえてPRONADEが廃止となった制度的要因を考察すると、以下の2つが挙げられる。1つ目は、教師の専門性よりもコミュニティの意思が

優先されやすい制度であったことである。教師の人事権、監督権が COEDUCA に与えられていたことに加え、教師が期限付き契約であったことは、PRONADE 教師に対して解雇されるか否かという場面だけでなく、学校での日常的場面においても教師の実践の自由を制約するという状況を生じさせた。このことは、先に指摘したコミュニティが有する主体性の高さを考え合わせると、一方ではA小学校の授業改善のように、より望ましい結果を生む装置となり得るが、他方でB小学校での教師の活動の制限のように、教師にとって教育活動に自らの意思を自由に反映させにくい状況をもたらす装置となった。つまり、教師の意思を教育活動に反映させられるか否かは COEDUCA に委ねられる仕組みとなっていたのである。

　2つ目は、上述の展開要因の一部と重なるが、一般の公立学校とは異なる教員制度であったことである。PRONADE 学校が公立学校であるにもかかわらず、上述したように保護者によって教育活動が制限される状況に加え、一般の教師と比べたときの待遇に差異があったことが、PRONADE 教師に大きな不満を生じさせることにつながったことは容易に推測できる[31]。つまり、一国の公立学校制度のなかに全く異なる2つの教員制度が並存していたことが問題として指摘できる。

　以上が PRONADE 廃止の制度的要因として考察された。多くの PRONADE 教師が廃止を訴えていたことを考えると、実際にはB小学校のような事例が多かったと推測されるが、たとえA小学校のように友好的な関係がコミュニティと教師との間で構築されていた場合においても、現地調査で明らかになったように COEDUCA に教師に関する権限が付与されている制度自体には賛成していない PRONADE 教師が多かったと考えられる。

おわりに

　本稿では、グアテマラにおいて導入以降、有効性を示しながら展開されてきたコミュニティ運営学校のプログラムである PRONADE が、2008 年に廃止された制度的要因を教師の視点から明らかにすることを目的に論を進めてきた。制度的要因の考察を通して明らかになったことは次の3点である。1つ目は、PRONADE が教師よりも保護者の意思が優先されやすい仕組みを持った制度であった点である。COEDUCA に与えられた諸々の権限が相俟って、保護者が教

師よりも優位な立場を得ていた。2つ目は、公立学校の位置づけにありながらも一般の公立学校とは異なる制度であった点である。給料や待遇の差異に、上述の1つ目の制度的特徴が合わさり、PRONADE 教師の不満が募ったのである。また、これらの基盤として3つ目に、学校運営に主体的に関わることができるコミュニティが選別される仕組みを備えた制度であった点が挙げられる。その結果、当然のことながら PRONADE に参加するコミュニティは、学校運営に積極的に関わっていったのである。以上から、この制度においてコミュニティが積極的に関与することによって、教師の専門性や活動の自由、生活の安定などが保障されない仕組みとなっていたことが、PRONADE 廃止の制度的要因として明らかとなった。

このような PRONADE 廃止の制度的要因をふまえると、教育におけるコミュニティ参加を推進する国際的潮流に対して、コミュニティに意思決定を委ねることと教師の専門性を保障することのジレンマという問題を提示することができる。そして、とりわけ国民の教育水準が十分に高まっていない途上国の場合には、教育の専門性を携えている教師の教育活動を、コミュニティの介入から保護する仕掛けが必要であることが示唆されるのである。

PRONADE 廃止に伴い、すべての PRONADE 学校は一般の公立学校となったが、PRONADE 教師も廃止以前と同じ学校で勤務し続け、また COEDUCA は学校運営に関する権限を全く持たない Junta Escolar（学校委員会）と名前を変え、学校運営に関わり続けている。こうした PRONADE 廃止によって生じた状況が、保護者の学校参加によって実現されてきた従来の学校運営のあり方にどのような影響を与えるのかは現時点では明らかではなく、今後注視していく必要がある。しかし、現時点でグアテマラの教育発展における PRONADE の経験を位置づけるならば、内戦直後の限られた資源のもとで農村地域の就学率向上をもたらしたという成果においては、一時的な方策であったとしても一定の意義あるものだったと解釈することが可能であろう。

最後に本研究の限界として、取り上げた対象が2校に留まっており、必ずしも各コミュニティの多様な PRONADE の状況を捉えきれていないことが指摘できる。グアテマラのコミュニティの学校参加を全体的に把握するためには、対象校を増やすとともに、分析の精緻化をおこなう必要があると考える。この学校参加の研究を展開することを通して、教師の専門性の保障をも考慮した途上国におけるコミュニティの参加のあり方をさらに深く検討することを今後の課題としたい。

276　第 2 部

注

1　World Bank, *What Is School-Based Management?* Washington, D.C.: World Bank 2008, p.10.

2　ニカラグアの ASP に関しては、都市部も対象とし、中等教育をも含めている（di Gropello, E. "A Comparative Analysis of Schoolbased Management in Central America." *World Bank Working Paper*, No.72, Washington, D.C.: World Bank, 2006, pp.11-12）。

3　Schuh Moore, A. *Case Study: Meeting EFA: Guatemala PRONADE.* Washington, D.C.: Education Quality Improvement Program 2 (EQUIP2), Academy for Educational Development (AED), 2007, pp.2-3; World Bank. "Guatemala.Poverty in Guatemala." *Poverty Assessment*, No. 24221, Washington, D.C.: World Bank, 2003, p.64; World Bank. "Decentralizing Education in Guatemala: School Management by Local Communities." *Education Notes.* Washington, D. C.: World Bank, 2005, p.4.

4　World Bank. 2003, *op. cit.*, pp.74-76.

5　Schuh Moore, A. 2007, *op. cit.*, p.4-5.

6　Ministerio de Educación (MINEDUC). http://www.mineduc.gob.gt/portal/index.asp（2011 年 10 月 3 日取得）.

7　World Bank. 2005, *op.cit.*

8　World Bank. 2003, *op. cit.*, pp.62-80.

9　Schuh Moore, 2007, *op. cit.*

10　di Gropello, E. 2006, *op. cit.*

11　Gershberg, A., Meade, B. and Andersson, S. "Providing Better Education Services to the Poor: Accountability and Context in the Case of Guatemalan Decentralization." *International Journal of Educational Development.* Vol.29, No.3, 2009, pp.194-197.

12　UNESCO Institute for Statistics. http://www.uis.unesco.org/Pages/default.aspx（2011 年 10 月 3 日取得）. グアテマラは 1997 年、中南米諸国の平均は 1998 年のデータ。

13　X Censo Nacional de Población y V de Habitación (Censo1994). http://ccp.ucr.ac.cr/bvp/censos/zip/guate/index.htm（2011 年 10 月 3 日取得）.

14　Marques, J. and Bannon, I. "Central America: Education Reform in a Post-Conflict Setting, Opportunities and Challenges." *CPR Working Paper*, No.4, Washington, D.C.: World Bank, 2003, p.7, p.17.

15　グアテマラの内戦については、歴史的記憶の回復プロジェクト編（飯島みどり・狐崎知己・新川志保子訳）『グアテマラ虐殺の記憶—真実と和解を求めて』岩波書店、2000 年に詳しい。

16　国際協力機構『グアテマラ共和国基礎教育基礎調査報告』国際協力機構、2003 年、66 頁。

17　注 6 に同じ。

18　di Gropello, E. 2006, *op. cit.*, p.10.

19　Ministerio de Educación. *Manual del Maestro y Maestra.* Guatemala City: Ministerio de Educación, 2000, p.10.

20　World Bank. 2005, *op.cit.*, p.2, 国際協力機構、前掲書、2003 年、68 頁、Ministerio de Educación. 2000, *op.cit.*, pp.14-15, pp.43-44. を参考にしている。

21　Gershberg, A., Meade, B. and Andersson, S. 2009, *op. cit.*, p.192.

13. グアテマラにおけるコミュニティ運営学校の展開と終焉の制度的要因　277

22　World Bank. 2008, *op.cit.*, p.7.

23　このように教師に不利な PRONADE に対しても教員組合はほとんど関与していない。これは、他の中南米諸国と異なりグアテマラの教員組合が政府に対して大きな影響力を持っていないためである（Gershberg, A., Meade, B. and Andersson, S. 2009, *op. cit.*, pp.191-192）。

24.　注 6 に同じ。

25　XI Censo Nacional de Población y VI de Habitación (Censo 2002). http://www.ine.gob.gt/index.php/pxwebcenso2002（2011 年 7 月 3 日取得）．ちなみに、人口の約 75％が貧困層に属し、グアテマラで 3 番目に高い貧困率である。

26　注 6 に同じ。

27　コミュニティメンバーで組織されている委員会。コミュニティの開発についての話し合いやその結果を行政に申請するのが役割である。

28　PRONADE 学校の方が一般の公立学校よりも教師への人件費が安く、低コストで学校運営が可能なため、PRONADE 学校の設立が推進されたと推測される。

29　グアテマラでは学区制度がないため、保護者は自由に学校を選択できる。そのためそれまで遠くの学校に通っていた子どもが、家により近い A 小学校に通い始めたことや、コミュニティの働きかけによって不就学の子どもが就学するようになったことによって、就学児童数が増加したと考えられる。

30　保護者らが遠足の中止を求めた理由は、コミュニティに伝わる迷信によるものである。このコミュニティでは、夢で鳥が鳴くと不吉なことがおこるという迷信があり、遠足の前々夜に一人の保護者が夢のなかで鳥が鳴くのを聞いたために、不安を抱いた保護者らが遠足を中止させた。しかし、これは教師たちにとっては理不尽な理由として捉えられていた。

31　PRONADE 教師が一般の公立学校への転職を望む傾向にある（di Gropello, E. 2006, *op. cit.*, p.49）。

伝統・地域

解題：インドネシアにおける地域科カリキュラムの機能に関する批判的研究

中矢礼美

　本論文は、20年以上も前のものである。その当時、教育社会学分野でエスノグラフィーが流行り始め、比較教育学研究においても東南アジアを中心に若手の先輩達が地域研究に取り組んでおり、勉強させていただいた。

　本論文の特徴と意義は、国内の幾つかの地域における「地域科」の授業を描き、本来の教育意図とは反する結果を招く要因分析に挑戦したことにある。

　授業の分析は、昔も今も筆者の研究の中核にある。なぜなら、国家の教育目的を反映させたカリキュラムの何を伝える（が伝わる）かは、教育を行う教師、学ぶ側、それを取り巻く保護者、民族や宗教コミュニティの考え方や生き方に影響を受けており、それが表出する場が授業（教育活動）だからである。

　本論文で扱う地域は、3つのレベル（国家、州、学校）と4つのサイト（学級）である。インドネシアは世界最大の諸島国家で多様な民族が存在することから、国家統合、国民形成および国家開発における教育の役割と実際を明らかにするためには、国家対地域あるいは民族、民族間の関係性に注目する必要がある。特に本論文のテーマである「地域科」はそれらの関係性が顕著に見られるものであり、地域の論理を超えた国民国家の「統一」の中での「多様性のあり方」を問う論理を提示する可能性の高いものである。

　地域科誕生の情報を得た時は、インドネシアの民主化の始まりだと胸が躍った。しかし、各地の学校で地域科の授業を観察していると、「面白い」ではすまされない問題が見えた。授業を録音したテープを書き起こし、できるだけ臨場感のある授業風景を書くことにあまり苦労はないが、論文用にハイライトしていく作業では常に不安がある。紙幅制限のある論文においては、どうしても論の展開に必要な部分だけを切り取らなければならい。事実の歪曲化を防げているかどうかを何度も確認しながら恐怖さえ覚える道のりであった。

　一番まとめるのが難しかった事例は、ムンタウェイでの地域科の意味を問う部分であった。授業中に、一人の生徒が、なぜ自分たちの文化は教えられないのか、と訴えていた。その状況に筆者自身が感情的になってしまい、距

離を置いて、多面的にそこでの教育事象を描き、分析することは到底できないように思えた。自分の「判官びいき」の性格をわきまえ、観察だけでは見えてこない生徒の気持ちをアンケートで聞いてみた。生徒にも多様な意見があることが分かったが釈然とせず、「怒り」を握り締めて教育長に「面接調査」という直談判に行った。それらを含めて、できるだけ多面的にこの事象を書こうとしていたが、改めて読み返してみると、やはり文章も論の展開も感情的である。他国の多文化教育の先行研究を活用して、学術的な分析を展開するべきであったと反省している。

　故西村重夫先生に言われていた「10年度に同じ学校を訪問するといいよ」を、一昨年前に実現した。ムンタウェイの島の港周辺にはモスク、役所、学校、家屋、小店などが建ち並び、大きく様変わりしていた。地域科は、2006年のカリキュラム改訂により学校の裁量となり、「ミナンカバウの世界」はその学校では教えられないことになっていた。当時、ムタウェイ人教師は一人であったが、現在はミナンカバウ人が一人と逆転したことも反映しただろう。ムンタウェイでは独自の地域カリキュラムの開発が進められ、小学校用の教科書ができたばかりで、中学校は作成中であった。

　しかし残念なことに、2013年カリキュラム（実際には2017年度から全国的に実施）によって地域科は独立教科としての地位を失い、文化的な内容のみが、学校の裁量で芸術の時間や課外活動において教えられることとなった。各地域・学校で20年間模索され続けてきた地域科の縮小は、インドネシア国内でも賛否両論である。本論文ではネガティブな側面から問題提起を行ったものであるが、地域科は教師の地域理解とカリキュラム開発を通した専門性の向上、学校と地域の連携、地域の環境・開発・コンフリクト問題の解決能力の育成、よりよいコミュニティデザインや持続可能な開発に向けて大きな可能性を有する教科であった。

　インドネシアでの地域科の現状は芳しくないが、世界のどこかで、学校教育を通した平和な社会の創造のために、本論文の成果が何かのヒントになることを祈っている。

280 第2部

伝統・地域

14. インドネシアにおける地域科カリキュラムの機能に関する批判的研究

中矢礼美

研究の目的

インドネシアは従来の強力な国民統合政策に加えて、「多様性の中の統一」というスローガンを達成すべく、1994 年に地域科 (Muatan Lokal) という特色ある教科を小・中学校教育課程に特設した。この地域科はこれまで分析してきたように[1]、初めて各州の自由裁量権によって地域の多様な文化やニーズにあわせた教育が行われる点に特徴がある。そして、そこで期待されていた本来の機能は、地域文化を保持・発展する意識や態度の形成、地域愛の形成、地域開発を志向する人材の育成であった。その後、筆者が、西カリマンタン州、西ジャワ州および西スマトラ州の小・中学校において地域科授業の参与観察を行ったところ、地域科は多くの場面で期待されていたように機能していた[2]。

ところが、地域科の教授学習過程をつぶさに分析した結果、本来の機能とは逆に機能する場合があることが分かった。その逆の機能とは、①他民族・他文化に対してネガティブなイメージを生徒に与えることにより、他民族・他文化に対する差別的意識や態度を助長する機能（以下、他民族文化差別機能とよぶ）、②少数民族文化を無視して州のマジョリティ文化を教えることにより、より一層少数民族文化を周辺化させ、消滅を早める機能（以下、他民族文化否定機能とよぶ）である。これらは政策立案者たちが当初予期しなかった負の作用である。

そこで本論文では、こうした逆機能がみられる教授学習過程の典型例を取り上げ、教師と生徒の会話分析を行い、このような逆機能が生じたのは、人口動態、民族構成、文化的・社会的情況、教育学的要因にあると推測し、考察する。

具体的には、①他民族文化差別機能の典型例として、西カリマンタン州ポン

出典：「インドネシアにおける地域科カリキュラムの機能に関する批判的研究」日本比較教育学会編『比較教育学研究』第 23 号、1997 年、113-127 頁。

ティアナック市の小・中学校において週2時間行われている地域科「アダット（慣習法）と伝統の学習」の授業例を三つ挙げる。授業例1（国立第1小学校5年A組）では、ジャワ人教師が、ジャワ人が大半を占めるクラスにおいて、ダヤク文化に対するネガティブなイメージを生徒に与え、生徒もまた教師に従ってそのイメージを共有していく過程がみられる。授業例2と授業例3（国立第3中学校1年A組とB組）では、教育規定要因のいくつか（学習指導要領、教材、生徒の文化的・社会的背景）が同じでありながら実際の授業では大きな違いがみられる。授業例2ではダヤク人教師が、ムラユ人が大半を占めるクラスにおいてダヤク文化をユーモラスに伝え、生徒は他民族文化であるダヤタ文化を差別することなく学習している。しかし、授業例3ではムラユ人教師が、ムラユ人が大半を占めるクラスにおいてダヤク文化に対する差別的発言をして生徒にダヤク文化に対するネガティブなイメージを与え、差別的意識や態度を助長している。そこでこの両者の比較を通して、授業例3での地域科の逆機能を浮き彫りにし、その影響要因を考察する。これら三つの授業例で明らかにされた他民族文化差別機能は、西カリマンタン州特有の人口動態、民族構成、文化的・社会的情況、教育学的要因が複雑に絡み合って起こったと推測し、考察する。

　一方、②他民族文化否定機能の典型例としては、西スマトラ州ムンタウェイ諸島シポラ島の中学校で週2時間行われている地域科「ミナンカバウ世界の文化」の授業例を一つ挙げる。この授業例4（国立ミオバン中学校2年B組）では、ミナンカバウ人教師が、ムンタウェイ人が大半を占めるクラスにおいて、ミナンカバウ文化の学習を正当化していく中で、ムンタウェイ文化の劣等性とミナンカバウ文化の優越性を強調する過程がみられる。生徒はそれに対して反発しながらも、徐々に自己蔑視的意識を抱く様子がうかがえる。この点は、質問紙調査票における自由記述からも明らかになる。この逆機能は、西スマトラ州における本島とムンタウェイ諸島の関係の中での人口動態、民族構成、文化的・社会的情況、教育学的問題が重なって起こったと推測し、考察する。

　なお、インドネシアの教育カリキュラムに関する研究はこれまで多くなされてきたが、地域科に関する研究は我が国では全くなされておらず、インドネシアにおいても教員向けの概括的な実施状況報告が二、三なされているだけであり[3]、本論文で取り扱った地域科の逆機能に関する批判的研究は、未開拓分野である。

1. 他民族文化差別機能

以下、他民族文化に対してネガティブなイメージを与え、差別的意識や態度を助長する他民族文化差別機能の典型例として、西カリマンタン州ポンティアナック市の小・中学校において週2時間行われている地域科「アダット（慣習法）と伝統の学習」の授業例を三つ挙げる。

授業例1：国立第1小学校5年A組　ダヤク族の民話の授業　1995年12月14日

（授業例1）
教師：（黒板にダヤク族の伝統的な家屋の絵を書き）さあ、今日はダヤク族の昔話をしましょうねえ（と表情豊かにダヤク族の昔話を始める。）
生徒（真剣に教師を見つめる。）
教師：ある村に貧しい4人の家族がいて、お父さんは子供に何かおいしいものを食べさせたいと思って猟にでかけたの。（中略）でも何日たってもウサギ一ぴきとれなくて、お腹がすいてすいて森をさまよって（中略）もうどうやって村に帰ったらいいのか分からなくなって、数年が過ぎたのね。そしてそのお父さんはどうなったと思う？
生徒：……。（どうなったのかなあ、と考える。）
教師：（数秒待って）あのね、<u>間違って自分の子どもを射止めてしまって、食べてしまったの。</u>……①
生徒：ヒャー。（と言いながら笑う。）
教師：<u>彼が肉を食べる時は血も一緒にまぜて食べるのよ！</u>……②
生徒：（一斉に）うっえー。（と大きな反応。）
教師：（大きな反響をよんで大満足という風である。）さあ。今度はあなたたちの番よ。先生がしたお話を誰かもう一度お話してみてくれないかしら？
生徒：（4、5人の女の子が手を上げ、当てられた生徒はクラスの前に立って話すが、結局恥ずかしくなってさっさと切り上げたり、もじもじしたりする。）
教師：間違えを怖がらないで、お話は膨らませていいのよ。<u>ほーら、ちゃんとしなさい。先生は食べたりしないわ。もう朝ごはんは食べたんだから。</u>……③
生徒：はは……。（とクラスが笑い、緊張がほどける。）
（中略）
教師：じゃあ次は皆が知っているダヤク族のお話を聞かせて。クラスの皆にね。
生徒：（何人かが元気よく手をあげて）イブー、イブー（甘えた声で女教師を呼ぶ。あてられた子がうれしはずかしでお話を始める。）むかしー、あるところにー、えっとOpo Opo？（忘れてうろたえるとジャワ語がでる。）
教師：（すかさず）こら。Opoはジャワ語でしょ。（とちょっとしかめっつらをしてみせる。）
生徒：（クラスの皆が）もぉしょうがないなー（といった感じで笑う。）
　　　（話の内容は3人とも状況設定が違っているだけで、<u>間違えて自分の子供や親を食べちゃったというものであった。</u>）……④
教師：（腕組みをしてじっと聞き入り、生徒が言葉につまると助け舟を出したり、注意を出したりする。話が終わると）はい、上手に話せたわね。誰に聞いたの。隣のおばあさん？あらそう。発表してくれるのは女の子ばっかりねえ。ほら男の子も。（といった感じで内容については全くふれない。）はい今日は楽しかったわね、この次はこのお話を書いてみましょうね。（で授業をしめくくる。）

この授業では、ジャワ人のサリー先生がジャワ人が大半を占めるクラス（ムラユ人4人を含む）において、ダヤク族の民話の学習を行う際、教師がダヤク族・ダヤク文化に対するネガティブなイメージを生徒に与え、生徒もまた教師に従ってそのイメージを共有していく過程がみられる。

教育文化省西カリマンタン州事務所が発行した学習指導要領によれば、小・中学校共通の「アダットと伝統の学習」の目標は、「若い世代が高貴な文化の豊かさを知り、それらを評価し保持したいという意識と態度を持つようになること」である[4]。また、5年生の授業目標は、「ダヤク族やムラユ族の物語の中にある格言、諺の意味がそれぞれの言葉や方法を用いて説明できるようにする。それらの格言、諺がインドネシア語で言い表せるようにする」である。そして調査時の授業目標は、「話し言葉による民話の伝え方を知る」であった[5]。

これらの視点からサリー先生の授業内容をみると、格言、諺を見出すという重要課題を行っていないことが分かる。サリー先生が話した民話は、ダヤク族・ダヤク文化の野蛮さと愚かさを強調している（下線①②）。それに続く生徒の話も、生徒がダヤク族に対して教師と同じイメージを抱いていることを顕著に示している（下線④）。サリー先生は、この授業を楽しく、良い授業だと思っており、この授業が地域科本来の目標である「地域の伝統文化を尊重する態度を育てること」とは逆の方向に生徒を向かわせていることに気づいていない。サリー先生は、インドネシア特有の「冗談」、つまり他の民族をステレオタイプ化して笑う「冗談」を授業に持ち込むこと（下線③）に対する思慮深さを持ち得ない。なぜこのような授業が展開されたのだろうか。

この小学校は、教師のほとんどがジャワ人であるため、多くのジャワ人（半数程度が公務員）の子弟が校区を越えて集まっており、生徒の大半を占めている。しかし、彼らが学習しているのは、ダヤク文化である。つまり、教師や生徒の民族と地域科で取り上げられている民族が一致していない。そのことが地域科において逆機能を生じさせる一つの要因になったのではないだろうか。その点を明らかにするために、州の人口動態、民族構成と州の教育文化局の方針をみよう。

西カリマンタン州の人口は323万人（1985年）[6]、主要構成民族の推定人口数は、ダヤク人（100万人強）、ムラユ人（100万人）、華人（30～35万人）であり（1983年）、その他移民のジャワ人などとなっている[7]。ダヤタ族、ムラユ族はカリマンタン島の原住民であり、華人は18世紀半ば以降の移民を主起源とした人々であり、ジャワ人は古くからの他島への進出と政府の移民政策により20世紀に入っ

284 第2部

てから移り住んできた人々である。つまり西カリマンタン州は人口の4分の1が
比較的新しい移民である華人、ジャワ人などから構成されている。そのため教育
文化省西カリマンタン州事務所は、学習指導要領の序文において西カリマンタン
州が複合社会であることを強調し、「様々な民族、エスニック集団のアダットや
伝統は賞賛に値する高い価値を内包する」と諸民族文化を承認している[8]。とこ
ろがカリキュラム内容を見てみると、小学校5年生の目標のように民族名が明記
されているのはムラユ文化とダヤク文化のみで、比較的新しい少数派である華人
やジャワ人の文化は明記されていない。教育文化省州事務所は、地域科で学習す
べき地域文化を州の伝統的な文化とし、それはムラユ文化とダヤタ文化であると
定義したのである。つまり西カリマンタン州に住む限り、ジャワ人はジャワ文化
が高い文化価値を持とうとも、州の伝統文化でないため、ムラユ文化とダヤク文
化を学習しなければならないというのである。その理由を、教育文化省州事務所
の職員は「ジャワ人生徒も州の伝統文化を学習することで地域への愛着が生まれ、
地域への適応がスムーズに行われるから」であるという[9]。一見この理由はもっ
ともらしいが、インドネシアにおいて文化的・社会的にマジョリティであるジャ
ワ人がムラユ人が大半を占める地域で暮し、日頃交流することもなく、一般に野
蛮で劣った文化と見なされているダヤク文化を容易に尊重するとは考え難い。

　こうした問題を未然に防ぐことのできなかった要因は、学習指導要領における
地域科目標、学習指導法の不明確さ、教科書の未発行、さらには教師の理解不足
であると考えられる。ジャワ人教師サリー先生は、新学期の直前に学習指導要領
を渡されただけで地域科に関するセミナー等に参加する機会もなく、理解が不十
分なままに地域科の教材を探し、ダヤク族に対する偏った知識によって授業を行
い、上記した地域科の逆機能を招いてしまったと考えられる。

授業例2：国立第3中学校1年A組　ダヤク文化の授業　1995年12月7日

　この授業では、ダヤク人であるダオ先生が、ムラユ人が大半を占めるクラス（ダ
ヤク人1人、華人2人を含む）において、ダヤク文化をユーモラスに伝えることに
より、生徒は他民族文化であるダヤタ文化を差別することなく学習している。

14. インドネシアにおける地域科カリキュラムの機能に関する批判的研究　285

（授業例2）

教師：（ダヤク族の結婚申し込み、婚約解消、結婚式に関するアダットについて話し出す。時々インドネシア語に翻訳できる言葉があれば、ダヤク語ではこうで、もしインドネシア語だったらこうだと言う。）ダヤクの社会では、結婚の申し込みは3回までだ。例えば、よしエディ、まず仲介者に相談しに行って……①

生徒：（エディ君、指名されて恥ずかしくて体をもじもじさせる。他の生徒は）イェーイ！おっもしれー！（と喜ぶ。）

教師：（机間を回り、生徒の机に手で触れながら話し続ける。）エディは女の人側の家に行き、彼女のお父さんに話すんだ。……②
　　　　その間その女の人は部屋でこっそり聞いているんだ。好きだったら部屋から出てOKするんだが、嫌なら部屋から出ないんだ。

生徒：へー。（全員嬉しそうに肘をついたりして聞いている。）

教師：ま、例えばエディがウィアのお父さんである、えっとお父さんの名前は？……③

生徒：キャー、キャー（と女の子たちは嬉しそうに騒ぐ。そしてウィアが恥ずかしそうに）サリム……。

教師：うん、サリムさんの家に行って申し込むわけだ。……④　これをダヤク語でNOTOS MALAGA というんだ。書いた？

生徒：（さっとノートに書く。）

教師：それから、もしだめだったらエディは2回目の申し込みにでかけるんだ。……⑤まあ女の子は恥ずかしいふりをするからなかなかこれが出てこないんだな。

生徒：（興味津々で聞いていた生徒たちはすかさず）違うよ、先生好きだから恥ずかしくて出たくても出れないんだよ。……⑥

教師：ほお、そうかー。そういう時は妹とかがこっそりお母さんを呼ぶんだ。ウディアがうつむいておかあさん、私彼が好きなの、と言って、それをお母さんがお父さんに言うんだ。（恥ずかしがっている女の子の真似をする。）……⑦

生徒：わっははは。（おかしくてたまらないという感じで笑う。）先生！女の子が先に言いに行ったらいけないの？（と1人の女の子が元気よく聞く。）……⑧

教師：ふむ、それはね、ダヤク族の中では駄目なんだよ。（とおどけた表情をして見せる。）……⑨

生徒：（ちょっと不満そうな顔をする子もいるし、だろうなという表情をする子もいる。）……⑩

（中略）

教師：結婚式ではな、豚をつぶしてお客にふるまうんだ。……⑪

生徒：えーっ、豚を食べるの？本当に？ぎゃーっ。（騒ぐ。）……⑫

教師：（落ち着いて）先生が結婚した時なんて3頭の豚をふるまって、すごく喜ばれたんだぞ。（目をくりっとさせてにっこりする。）……⑬

生徒：先生、先生！もし私がダヤク人の人と結婚したらそうしないといけないの？……⑭

教師：そうだよ。

生徒：（顔を歪めて）ひょー（というが、ダヤク人を露骨に蔑視するような雰囲気ではない。）……⑮

教師：（にこにこしながら自分の結婚式の楽しい経験を語る。）……⑯

286　第2部

　　ここでは、地域科は期待されていたように機能していると言える。この授業例は、教育規定要因のいくつか（学習指導要領、教材、生徒の文化的・社会的背景）が同じでありながら、実際の授業では大きな違いが生まれた授業例3での逆機能を浮き彫りにし、その影響要因を考察するために取り上げた例である。

　　調査時の授業目標は、「アダットによる儀式、違反の種類、違反者に適用される罰の種類、法の適用方法を知る」であった[10]。

　　ダオ先生は、生徒を例え話に登場させることで臨場感を与え（下線①②③④⑤⑦）、発問しやすい雰囲気をつくり、生徒との活発な相互作用を生み出している（下線⑥⑧⑭）。ダヤク族のアダットを押しつけることなく自分の経験もふまえて伝え、「違い」を「違い」として認めるという姿勢で授業を行う（下線⑨⑪⑬⑯）。そのため、生徒も違う習慣に驚きはするが、差別的態度を示さず（下線⑩⑫⑮）、ダヤク族を同じ州に住む民族として興味を示す態度が育成されつつある。授業中生徒が、「ダオ先生はダヤク語がペラペラなんだぜ！」「知ってるわよ！伝統保護委員会のメンバーもしてるんだから！」と誇らしげに話していることからも、ダヤク文化を尊重する態度が育っていることがうかがえる。

　　この授業例については、次の授業例3とあわせてさらに考察する。

授業例3：国立第3中学校1年B組　ダヤク文化の授業　1995年12月26日

（授業例3）

教師：さあ。私たちはこの授業でアダットという民族の法律を勉強する。特にスク（民族）ダ？
　　　（ダのつく民族名を挙げさせるために言う。）

生徒：ダヤーク（と答えるのは少数。聞いているのは半数で、あとは無気力。）

教師：そう。スクダヤク（ダヤク族）だ。彼らはどこに住んでいるか？

生徒：……。（えーっ、どこだっけという表情。関心なしが半数。）

教師：（反応はないのに力を込めて）そう、<u>奥地だ。奥地に住んでいる。……①</u>　我々もまだアダットに従ってもいるのだが、もうひとつの法律がある。それは何かというと？（またもや反応はないのに）そう、<u>インドネシア民族のインドネシアの法律である。……②</u>
　　　アダットというには色々なものがある。しかし、<u>ダヤク族のような法律は市や町には見られない。奥地だけで行なわれているんだ。（大声できっぱりと言う。）……③</u>

生徒：（教師は10秒の1回くらいは言葉を反復する機会を与えるが、全く反応しない。へー、といった感じで教師がしゃべりまくっているのをじっと聞いている。）

教師：<u>彼ら（ダヤク族）の家はとてもとても、我々のように町に住んでいるようなものではない。</u>
　　　<u>枕も毛布もない。何もかもないのだ。メディアも新聞もない。なぜだ？……④</u>

生徒：……。（教師の熱の入れようにあっけにとられて聞いている生徒、真剣にじっ

と聞いている生徒、しゃべる暇も、質問する暇もない。)

教師：なぜかというと、その地域のアダットに従っているからだ。(中略)民族には色々ある。それぞれアイデンティティも持っている。しかし町に住んでいる我々は違う。それぞれのアダットに従って生きているわけではない。我々は一つの国に住む一つの国民であるため、同じ法律に従っているのだ。私たちは様々な言葉、宗教等を持っていて、異なっているが、一つの国家を形成しているのだ。……⑤　例えば、ミナンカバウ人。彼らは以前熱狂的にアダットに従っていたが、今ではほとんど従っていない。なぜだ？なぜならどんどん進む開発、進歩に合わなくなったからだ。そのうち奥地の老人にまで教育が十分に行き届くようになったら、もはやアダットに従うものはいなくなるだろう。まさか、(ダヤク族のアダットのように)人を殺しておいて、刑務所に入ることもなく、罰金だけで許されるなんて……。例えば50ぴきの豚と人の命が引き換えなんて！」(苦々しげに語る)……⑥

生徒：……。(シーンとして、静かに聞いている。)

　この授業でムラユ人のアリ先生は、ムラユ人が大半を占めるクラス(混血のダヤク人1人、華人1人を含む)において、ダオ先生の授業と同じ教材を用いているにもかかわらず、ダヤク族に対するかなり強い差別的発言を繰り返し、生徒にダヤク族・ダヤク文化に対するネガティブなイメージを与えている。

　生徒の目をみることなく、手はいつも後に組むという権威主義的な雰囲気で授業を行うアリ先生は、教材に書かれてあることを説明する際、常にダヤク族批判をする。都会に住み国家の法律を守る国民である〈我々〉に対して(下線②⑤)、〈彼ら〉ダヤク族は奥地に住み近代化も受け入れず、国家の法律にも従わない、豚を食べる卑しい民族である(下線①③④⑥)と定義づける。その影響からか、このクラスの生徒はダヤク文化のシンボルを表す言葉を用いて、友達をばかにしたりいじめたりしており、ダヤク族を蔑視する傾向がみられる。例えばこの授業後の休み時間、ある男子生徒2人が、色の少し黒い少女を廊下で「ルマッパンジャン、ルマッパンジャン(Rumah panjang：ダヤク族の伝統的なロングハウスを示す)」とはやしたてていじめるとことがあった。アリ先生のダヤク族に対するかなり強い差別的発言は、生徒にダヤク族・ダヤク文化に対するネガティブなイメージを与え、生徒のダヤク族に対する差別的意識を助長していると思われる。なぜこのようにダヤク族を蔑視するような授業になったのだろうか。

　前述したように小・中学校の「アダットと伝統の学習」の目標は、「若い世代が高貴な文化の豊かさを知り、それらを評価し保持したいという意識と態度を持つようになること」、中学校1年生の「アダットと伝統の学習」の目標は、「生徒が住む地域社会で行われているアダットとその種類、アダットや地域社会の長の機

能について知ること」である。調査時の授業目標は授業例2と同じである。この「生徒が住む地域社会で行われているアダット」として、民族名が明記されているのはダヤク族とムラユ族だけであるが、そこには両文化の優劣が感じられるような表記は全くない。教科書については、まだ発行されていないため、ダオ先生もアリ先生もダオ先生のオジ（ダヤク人）によって書かれたダヤク族のアダットに関する未発行の冊子を教材として用いていた。生徒の文化的・社会的背景についても、クラスが違うというだけで、民族構成もほぼ同じである。

　なぜこのように学習指導要領、教材、生徒の文化的・社会的背景が同じでありながら、2人の行う授業とそれぞれが生徒に与える影響には大きな差が生まれたのであろうか。それは2人の文化的・社会的背景の違いに起因すると思われる。

　ダオ先生は、カトリック教徒であり、アダットが強く残っている田舎で生まれ育ったダヤク人で、ダヤク族の伝統文化保護委員会のメンバーとして活躍している。自文化に対する誇りと愛情を強く持ち、地域科の目的には心より共感し、喜び、使命さえ感じているのである。それゆえ、教授過程においても、民族の違う生徒にいかに興味をわかせようかと工夫に懸命である。一方、アリ先生は、ムラユ人であり、敬虔なイスラム教徒である。そのため、豚を食べるカトリック教もしくはアニミズム信仰のダヤク族を同等の民族と認めていない。またアリ先生は都会育ちでもあり、奥地で原始的な生活を送っているダヤク族（彼の誤った知識でもあるのだが）、という理由のみで蔑視してしまう。さらに彼はこれまで経済学を専門に教えてきたため、ダヤク文化についての予備知識は全くなく、いつも授業前にダオ先生に質問しなければならない。そのため、プライドの高いアリ先生にとって地域科は苦痛以外の何ものでもない。差別的意識、モチベーションの低さが授業においても顕著に表われしまうのであろう。またこの学校は大きな貿易港を持つ州都の市街地まで歩いて10分のところにある大規模校であり、生徒の大半は都会育ちのムラユ人であるため、奥地に住むダヤク族との接触は極めて少ないため、教師の持つ情報と情報の伝えかた次第で、ダヤク族へのイメージはかなり偏向したものになってしまうのである。

2. 他民族文化否定機能

　これまで地域科の逆機能として他民族文化差別機能が典型的にみられる授業

14. インドネシアにおける地域科カリキュラムの機能に関する批判的研究　289

例を取り上げ、分析・考察してきたが、ここでは少数民族文化を無視して州のマ
ジョリティ文化を教えることにより、より一層少数民族文化を周辺化させ、消滅
を早めるという他民族文化の典型例として、西スマトラ州ムンタウェイ諸島シポ
ラ島国立ミオバン中学校で週2時間行われている地域科「ミナンカバウ世界の文
化」の授業例を取り上げ分析・考察する。

授業例4：国立ミオバン中学校2年ミナンカバウ文化の授業　1996年7月23日

（授業例4）
教師：(授業始め、気乗りしていない生徒の様子に気づいて) <u>先生だってな、好きで(こ
　　の教科を教えることを) 選んだわけじゃないんだ。でもまあ、いやでも長い間して
　　みろ。</u>……①
生徒：はっはっは。(俺たちだっていやだ、という感じの生徒。)
教師：まあ、おいしくても、おいしくなくても、お前たちも苦いパキンを食ってみろ。
　　……②
生徒：苦いでーす、先生。(皮肉っぽく、ふざけて言う)
教師：<u>だがいっつも食ってみろ、1週間に1回、なれるだろ？</u>……③
生徒：(えー、という顔をしてみせる。)
教師：<u>まあなれたら苦くなくなるもんさ。まあ、この BAM (BUDYA ALAM
　　MINANGKABAU の略：ミナンカバウ世界の文化) だって同じようなもんさ。お前
　　たちの文化がミナンカバウ文化と違っててもな。でもまあ聞くな。この BAM は必
　　修のカリキュラムとされたんだから。まあそのうちミナンカバウ世界に対しても
　　興味が沸くようになるさ。</u>……④
　　<u>ミナンカバウ人に興味のある奴はいないのか？</u>……⑤
生徒：(気を悪くして) いません、先生。
教師：いないか……。(しまった、雰囲気が悪くなったかなと心配そう。)
生徒：はっはっは……。(と笑いとばす。)
教師：さっきも聞いたが、お前たちは行政的にはミナンカバウの世界に属するが、慣
　　習的にはどうだ？
生徒：入りません！(きっぱり。)
教師：入らない。ふん、どっちがより強いと思う？法律とアダットと？
生徒：アダット！
教師：そう、アダットはなにせ数百年の受け継がれてきたものだ。法律なんてものは
　　昨日できたもんだよな。<u>我々（ミナンカバウ人とムンタウェイ人）は違うんだ。も
　　う数百年も前から。考えてみろ、火山が噴火し始めた頃からあるんだ。それがミ
　　ナンカバウの文化の始まりだ。山が今のような大きさになるまでだ。</u>……⑥
　　<u>よし歴史はこうだ。気が進もうが、進むまいが、お前たちは BAM を愛さなければ
　　ならないんだ。</u>……⑦
生徒：(嫌な雰囲気になりかける。)
教師：(すかさず冗談をとばして生徒の笑いをとる。) よーし。前に勉強したことの復
　　習だ。ミナンカバウの遊びを言ってみろ。
生徒：シレ (護身術)！
（中略）
教師：<u>シレはミナンカバウ語だけど、ミナンカバウのシレが特に有名だからインドネ
　　シア語化されてシラットになったんだ。</u>……⑧
　　　今ではどこの人だってシラットを知ってるんだ。(筆者に) 日本にシラットはあ

りますか。（筆者うなずく。）ほーら、日本にだってあるんだ。ムンタウェイだけさ、シラットがないのは。……⑨　（たくみに冗談をはさんで生徒が笑を絶やさないようにしている。）

生徒：「シレ、ゴール！」わっはっは。（ムンタウェイ語で冗談を言って生徒皮肉っぽく大笑いする。）……⑩

教師：（何を言ったのか、どういう意味なのか、なぜ笑うのか分からず、ムッとした面持ちで）好きであろうとなかろうと、ムンタウェイはパリアマン県に入るんだ。彼ら（ミナンカバウ人）はムンタウェイ人を昔の人とか辺境地の人とか言うな。パダン（州都）に行けば高校がある。羨ましいだろう。……⑪

生徒：（悲しそうな顔をする。）行きたい！（と叫ぶ生徒数人。）ううん。（とつぶやく生徒数人。）

教師：お前たち、今はおもしろくなくてもパダンに行けた時にミナンカバウの文化を勉強しておけば役に立つぞ！褒められるぞ！……⑫

生徒：……。（複雑な表情。）

　この授業では、ミナンカバウ人のアフリザル先生がムンタウェイ人が大半を占めるクラス（ミナンカバウ人１人を含む）において、ミナンカバウ文化の学習を正当化する中で、ムンタウェイ文化の劣等性とミナンカバウ文化の優越性を強調していく過程がみられる。生徒はそれに対して反発しながらも、徐々に自己蔑視的意識を抱く様子がうかがえる。

　教育文化省西スマトラ州事務所が発行した学習指導要領によると「ミナンカバウ世界の文化」の目標は、「児童・生徒が日常生活の中でのミナンカバウ世界の文化の価値を知り、理解し、評価し、文化に親み、活かすこと」である[11]。調査時の授業内容は、「ミナンカバウ民族の伝統的な遊びについて知ること」であった。ミナンカバウ人であるアフリザル先生は、ムンタウェイ人である生徒がミナンカバウ文化を学習することを正当化しようと試みている。まず慣れればおもしろくなると説得するが（下線①②③④）、生徒には受け入れられない。次に冗談半分にミナンカバウ人に「興味」はないかと聞くが（下線⑤）、思春期の子どもたちは余計気を悪くする。そしてミナンカバウ文化が法律より長い歴史を持つことを強調し（下線⑥）、ムンタウェイ文化は自然淘汰されるもので、より発展したミナンカバウ文化を受け入れなければ進歩はないと述べる（下線⑦、授業外でもこの様な発言をしばしば行う）。またしてもその正当化は生徒によって受け入れられないため、アフリザル先生は、ミナンカバウ文化が素晴らしいこと、全国的にも有名であること、ムンタウェイ文化は劣っていることを、具体例を持ち出してきて強調する（下線⑧⑨）。そこで生徒は、アフリザル先生が分からないムンタウェイ語で冗談を言い、笑うことで密かに反抗する（下線⑩）。少し気分を害したアフリザル先生は、

14. インドネシアにおける地域科カリキュラムの機能に関する批判的研究　291

どんなにあがいても現実的にムンタウェイ人・ムンタウェイ島が進歩・発展する
ためにミナンカバウ人がマジョリティである本島に依存しなければならないこと
を述べて（下線⑪⑫）、生徒に自分たちが遅れているという自己蔑視的意識を抱か
せている（下線⑬）。

　生徒の気持ちをより理解するため、2クラス60人の生徒に自由記述式で地域
科「ミナンカバウ世界の文化」に対しての感想・意見を書いてもらった。その結
果、ポジティブな意見がネガティブな意見より若干多い程度で、多様な意見がみ
られた。ネガティブな意見には、「おもしろくない・言葉が理解できない（教師は
ミナンカバウ語を用いることが多いため）」「ムンタウェイ人には合わない」などがあ
り、「先生たちはミナンカバウ文化だけではなくてムンタウェイ文化も知ってお
くべきだ」というように教師が自分たちの文化を否定していることに厳しい批判
をしている。また、「農作業のよりよい方法を勉強した方が役に立つ」といった
建設的な意見もあった。ポジティブな意見には、「必要である」「おもしろくて好
き」「島が進歩するために有効」「パダンで勉強を続けるのに有効」「ミナンカバウ
文化は特徴的で強い」などがあり、「この授業で両親や幼い子にどうやって接す
るべきか知ることができる」「ミナンカバウ文化を勉強するのはとっても楽しく
て、私にとってはまるでアダットの真珠を手に入れているようだわ」などもあっ
た。最後の二つの意見からは、ムンタウェイのアダットにある人々との接し方の
存在を考慮せず、ミナンカバウ文化を崇拝する様子がうかがえる。

　では、生徒は学校においてミナンカバウ人とどのような関係にあるのだろう
か。このミオバン中学校の教師は、12人中10人がミナンカバウ人であり、生徒
は294人中25人がミナンカバウ人（主に公務員や商業関係）の子弟である。彼らが
ムンタウェイ人をどのようにみなしているかは、「ムンタイウェイ人もイリアン
人と同じ。服も葉っぱ、帽子も葉っぱ。礼儀作法も知らないし、私たち笑っちゃ
うわ」という生徒の言葉に集約されているように、低く評価されていることがう
かがえる。それに対して、ムンタウェイ人生徒はそれをくやしく思いつつもどこ
か納得している部分がある[12]。なぜ地域科でムンタウェイ民族の文化が承認され
ないのだろうか。またなぜムンタウェイの人々は自文化が否定されることに強く
反発しないのだろうか。その理由は、ムンタウェイ諸島と西スマトラ州本島との
従属的関係、ムンタウェイ民族の文化的・社会的劣勢によるのではないだろうか。

　ムンタウェイ諸島は、インド洋沖に浮かぶ小群島であり、西スマトラ州パダン・
パリアマン県に属する。西スマトラ州は面積4万9,778㎢、州の総人口は約400

292　第2部

万人 (1990 年) で[13]、うち 90％がミナンカバウ人である。それに対し、ムンタウェイ諸島は総面積 8,000 km²、総人口は約 4 万 545 人 (1980 年) で、うち 90％がムンタウェイ人である。ミナンカバウ族は、1950 年代末にインドネシア共和国革命政府の本拠地として激しい分離・独立運動を経験するというインドネシア諸民族の中でも強い民族意識を持つこと、イスラム信仰の厚いことでも全国的に有名である。またスハルト体制確立後は政府の援助により、西スマトラ州本島は目覚ましい発展を遂げてきた[14]。一方、ムンタウェイ民族は、カトリック、プロテンスタントに改宗しているものの、アニミズム信仰が根強く、今もなお伝統的な生活様式を守り、海岸部での商業活動以外、外来との交流を拒んできた、インドネシアにおいて特異とされる少数民族の一つである。さらに彼らの生活レベルは極めて低く、シポラ島でも、すべての面で開発は遅れている。ミオバン中学校の女子生徒は寮で共同生活を送っているが、バナナとタロイモ以外を口にすることはほとんどない程である。彼らが生活レベルを向上させようと願えば、スマトラ本島からの開発援助を待つか、奨学金を得て本島に渡って高校に進学するしか道はない。したがって、教育文化省西スマトラ州事務所長も「あなた (筆者) は、ムンタウェイ文化を教えるべきではないのかと聞くが、彼らにも進歩する必要があるでしょう。彼らが進歩するためにはミナンカバウ文化を学ぶことは好ましいことであるし、パダンの高校に進学した際には大変有効なのではないかね」と述べる[15]。そのような考えが教育文化省の州事務所にあるため、学習指導要領の序文にも「自然環境、社会環境およびミナンカバウ文化について教えることにより、児童・生徒が当該地域から孤立せず、地域社会に親密になる大きな可能性を与えることができる」[16]と書かれるなど、西スマトラ州の文化はミナンカバウ文化であるとする、自文化中心的な意識がうかがえる。ただ、この学習指導要領には、確かに「ミナンカバウ世界の文化」が必修となっているが、他民族文化を否定せよとは書かれていない。つまり教師の力量次第では、生徒にモビリティ保障のためのマジョリティ文化への適応をさせつつ、彼ら自身の文化を尊重する態度を育成させることもできるはずなのである。しかし、このアフリザル先生は新任教師であるため、ムンタウェイ文化にも精通しておらず、生徒がもつ文化的アイデンティティを尊重しようとする意識も低かったため、それが果たされなかったと考えられる。

結　論

　地域科は本来、地域文化を保持・発展する意識や態度の形成、地域愛の醸成、地域開発を志向する人材の育成を行うという機能が期待されていた。インドネシアは国家レベルで見れば民族は多様であるが、一つの村においては単一民族である場合が多く、地域文化と民族文化、教師と生徒の民族が一致し、他民族・他文化が混じることなく地域科が期待された通りに機能する場合が多い[17]。

　しかし、本論文で明らかにしてきたように、①他民族文化差別機能、②他民族文化否定機能というように、逆に機能する場合があった。そしてそこには、人口動態、民族構成、文化的・社会的情況、教育的要因が影響したと推測し、考察してきた。それらをまとめると以下のようになる。

①他民族文化差別機能

　西カリマンタン州においては華人やジャワ人の移民が増えており（人口動態）、移民による小数派によって州の民族構成は多様となっている。また州の２つのマジョリティのうち一つの民族文化（ダヤク文化）は一般に劣った文化とみなされ、もう一つの民族文化（ムラユ文化）や州内における小数派である民族文化（ジャワ文化）は一般に高く評価されているという文化的・社会的情況がある。さらにそれらに起因して起こった問題（教師や生徒の民族と学習対象民族の不一致）に対処できる教育条件の不整備という教育学的問題が絡み合って生じたと言える。

②他民族文化否定機能

　ムンタウェイ人は、商業活動を除いて外来との交流を拒んできたため（人口動態）、西スマトラ州におけるマイノリティ（民族構成）と位置付けられるだけでなく、辺境の特異な少数民族とみなされている。また、西スマトラ州におけるマジョリティ（ミナンカバウ族）とは文化的・社会的に従属的関係にあるという文化的・社会的情況がある。さらにそれらに起因して起こった問題（地域科におけるムンタウェイ文化の否定）に対処できる教員の資質の問題という教育学的問題が絡み合って生じたと言える。この二つの逆機能は特異な例であるが、以上述べたような要因が重なり合えば、どの学校においても地域科は逆に機能する可能性を持つことを示している。

294 第2部

他民族に対する差別的意識を学校で助長させること、民族文化の否定を学校が
伝達することの問題は大きく、地域科が抑圧装置となり得る危険性は高い。多様
な文化的アイデンティティをもつ個人が、お互いを平等な存在として承認するた
めに教育カリキュラムはどうあるべきか、今後も検討していくべきであろう。

注および引用文献

1 拙稿『インドネシアにおける Muatan Lokal に関する研究』(修士論文)広島大学, 1994 年,
拙稿「インドネシアにおける〈地域科〉に関する研究—国民文化と民族文化の調整を中
心に—」『比較教育学研究』第 21 号、1995 年。

2 筆者は 1995 年 8 月から 1996 年 8 月まで西ジャワ州バンドン教育大学に留学中、西
カリマンタン州ポンティアナック市及びシンタン郡で 1995 年 11 月から 1996 年の 1
月までの 2 ヵ月、西ジャワ州バンドン市で 1995 年 4 月と 8 月、西スマトラ州ブキッティ
ンギ市で 1996 年 6 月、西スマトラ州シポラ島で 1996 年 7 月に教師や生徒と生活を共
にしながら地域科を中心に授業観察を行なった。学校名、教師名、生徒名はすべて仮
名である。

3 Bambang Sapto Hutom, *Menjaki Implikasi Muatan Lokal Dalam Isi Ungkapan Semi Lukis Anak-
Anak Tingkat SD Di Kelupahan Sukapura, Kecamatan Kiaracondong, Kotamadya Bandung*, FPBS IKIP
Bandung, 1994, など。

4 DEPDIKBUD, Kantor Wilayah Propinsi Karimantan Barat, *Kurikulum Muatan Lokal Pendidikan
Dasar, Garis-Garis Besar Program Pengajaran Mata Pelajaran Mengutahuan Adat Dan Tradisi*, Pontianak,
1993, p.1.

5 Ibid., p.14.

6 Statistik Indonesia, 1990.

7 石井米雄監修『インドネシアの事典』同朋社、1991 年、309 頁。

8 DEPDIKBUD, Kantor Wilayah Propinsi Kalimantan Barat, *op.cit.*, p.20.

9 1995 年 12 月に教育文化局西カリマンタン州事務所小・中学校担当課シャリフ氏とス
リー氏に対して行ったインタビューによる。

10 DEPDIKBUD, Kantor Wilayah Propinsi Kalimantan Barat, *op.cit.*, p.24.

11 DEPDIKBUD, Kantor Wilayah Propinsi Sumatra Barat, *Kurilkulum Muatan Lokal Propinsi
Sumatra Barat Sekolah Dasar, Sekolah Lanjutan Tingkat Pertama*, Padang, 1994, p.15.

12 1996 年 7 月 25 日、ミナンカバウ人生徒 1 人とムンタウェイ人生徒 2 人との会話。

13 *Badan Pusat Statistics*, 1990.

14 石井米雄監修、前掲書、310 頁。

15 1996 年 7 月 26 日、西スマトラ州教育文化局長に対して行ったインタビューによる。

16 DEPDIKBUD, Kantor Wilayah Propinsi Sumatra Barat, *op.cit.*, p.5.

17 もちろん、そうした場合にも全く問題がないわけではなく、世代間のギャップ、近
代化志向と伝統回帰主義の衝突などの問題がみられる。

伝統・地域

解題：「伝統」と文化創造——植民地ガーナのアチモタ学校における人格教育——

山田肖子

　この論文は、私が2003年に米国インディアナ大学に提出した博士論文に基づいて書いたものである。博士論文の研究からは、英語では論文2本を既に発表し、2018年には著書1冊が出版される予定だ。しかし、日本語ではこの論文1本しか発表していない。日本では、私は現代の教育開発の研究者として認知されていて、歴史をやっていたことを知る人は少ないだろう。

　私は、博士課程に進学する前から、国際開発協力の実務に携わっていた。従って、博士論文も実務に関係するテーマで書く方が、キャリア形成としては順当だったかもしれない。しかし、私は、国際開発協力の仕事でアフリカに度々出張するうち、プロジェクトを行う対象となっているアフリカ社会での教育の意味をもっと深く考えたくなってしまった。そのため、研究の道を志すにあたって、開発協力の専門性を直接的に深めるというより、「アフリカに学校教育を持ち込んだ人たちは何を意図していたのか」という疑問を突き詰めたいと思っていた。ヨーロッパ列強に植民地化されたアフリカ社会では、16世紀以降、ミッショナリーによる学校が散発的に作られてはいたものの、植民地政府による公的な学校教育制度が成立したのは、20世紀に入ってからである。100年程度の歴史しかない学校教育制度を自明の存在として無批判に受け入れるよりも、それを導入した際に何が議論され、何が目指されたのかを知りたかった。

　私は、戦間期（二度の世界大戦の間）にゴールドコースト植民地（現在のガーナ）の総督だったグギスバーグの時代に焦点を当てることにした。彼の治世は、イギリス本国の植民地省が、英領アフリカ全体の教育制度について、方針や仕組みづくりに取り組んでいる時期に重なっていた。1925年に、植民地省内に『熱帯アフリカ原住民教育諮問委員会 (Advisory Committee on Native Education in British Tropical Africa) が設立され、アフリカ人のための教育はどうあるべきか、侃々諤々の議論をしていた。イギリスのキリスト教団体、植民地行政官はもとより、アメリカの黒人教育を推進する財団や、アフリカ人エリートまで加わり、当時の公文書や関係者の手紙、メモ、それに新聞記事などには、

議論の痕跡を追跡する材料が豊富に残っていた。

　グギスバーグは教育の重要性を認識し、ロンドンでの議論にも積極的に参加したが、その背景には、彼が統治していたゴールドコーストが、好調な資源輸出によって豊富な資金を持っていたことがあった。この資金をもとに、西欧の発想に基づく理想的なアフリカ人リーダーを養成するモデル学校の建設計画がゴールドコーストに誘致されたのである。

　こうして建設されたアチモタ学校に関する議論を紐解き、そこで教育を受けた老人たちの話を聞くことは、私にとって自分が実務者として関わってきたアフリカの教育開発を、より深い歴史的コンテクストの中で考える機会となった。1990年以降のEFA（万人のための教育）、2000-2015年のMDGs（ミレニアム開発目標）、SDGs（持続可能な開発目標）と、グローバル社会の開発に向けた政府・国際機関・市民社会団体を巻き込んだ合意は、途上国の政策を方向付けてきた。アフリカで90年代以降に急速に基礎教育が拡大したことも、こうした国際合意の影響なしに考えることはできない。しかし、そうした目標は、空から降ってくるわけではなく、議論を主導する人々の意図やその当時の社会経済的、政治的コンテクストを色濃く反映している。植民地時代の研究をしたおかげで、私は、現代の国際的議論を歴史的な連続性と変化の中でとらえることができるようになったと思う。

　比較教育学が何たるかは、それを語る人によって違うだろうが、私は常に二つの並行する関心を持ってきた。一つは、グローバルな教育政策の潮流がどのように作られるかということ、もう一つは、実際に教育が行われる社会のコンテクストの中で、そうした潮流と実践がまじりあう様をとらえることであった。正直、博士論文を書いたときには、自分の問題意識の正体をつかみきれていたとは言えないが、その後の15年間の研究生活の中で、バラバラの点だった研究がつながって線になっていった。現在、15年ぶりに博士論文を英文書として刊行する準備をしているが、その作業の中で、自分が言いたかったことの本質に気づき、それを貫いてこられたことに幸せを感じている。

伝統・地域

15. 「伝統」と文化創造
──植民地ガーナのアチモタ学校における人格教育──

山田肖子

はじめに

　「あるべきアフリカのリーダー像とはどのようなものか？　そしてそうした人物を育てるにはどうしたらいいのか?」植民地ゴールドコースト (現在のガーナ) の教育、特にアチモタ学校 (高等学校、教員養成校を中心とする幼児教育からの一貫教育校) の設立にかかわった人々の間で、この問題はしばしば議論された。アチモタ学校は、1927 年に、アフリカ人指導者を養成するために、植民地政府が設立したモデル学校である。ゴードン・グギスバーグ総督 (1919-27) の強い指導力のもと、政府は、学校が開校されるまでの数年間、その野心的な施設建設のために教育予算の大部分を導入した[1]。植民地政府がアチモタ学校設立にこれほどまでのこだわりを示したことは、当時、キリスト教宣教師、ヨーロッパの教育学者、アフリカの知識人や伝統的首長、そしてアフリカの大衆までに広く共有された教育への高い関心を反映していた。これらのグループは、教育への期待や考え方は異なっていたが、ひとつの点で共通していた。すなわち、アチモタ学校は、「知的な考え方はヨーロッパ風だが、感情的な帰属意識は、アフリカのまま[2]」であるアフリカ人指導者を養成しなければいけない、という発想である。言い換えれば、アチモタ学校の教育についての議論にかかわった人々は、アチモタに、ヨーロッパの最高水準の学校と同等の知的、人格的教育をしつつ、アフリカの伝統に対する尊厳と誇りを醸成することを期待したのである。

　このようなアフリカ人指導者を育てるため、アチモタ学校は2つの異なる方向性を同時に追求することとなった。第一の方向は、イギリスの名門パブリック・スクールのリーダーシップ教育の範にのっとり、学校生活の様々な側面を通

出典：「「伝統」と文化創造─植民地ガーナのアチモタ学校における人格教育」日本アフリカ学会『アフリカ研究』第 67 号、2005 年、21-40 頁。

じて、支配階級の価値観や規範を身につけさせることであった。パブリック・スクールでは、ヨーロッパの中世から受け継がれたとされる騎士道精神と19世紀以降の支配階級の思想を結びつけ、自己犠牲や勇気、忠誠心を重んじた。こうしたイギリス特有の人格教育は、学校行事や教師と生徒の日常的交流のなかで、ゴールドコーストのアチモタ学校で忠実に再現された。他方、アチモタの教育の底流には、大衆から感情的に乖離しないアフリカ人指導者を育てるという発想もあった。そのため、ヨーロッパの文学や音楽について"最高級"の教育をほどこす一方で、アチモタの教師は、アフリカの歴史や言語、伝統的舞踊などを教えることにかなりの時間とエネルギーを投じた。アチモタの教育はアフリカとヨーロッパの二つの異なる伝統を取り入れ、しかし、どちらに偏ることもあってはならないという、困難な使命を与えられていた。また、当時の英領アフリカにおいて、学校でアフリカの伝統を教えるというのは、それまで、本格的に取り組まれたことのない挑戦だった。したがって、アチモタのカリキュラムを開発する過程は、そのまま、教えるべき「伝統」とは何かを規定し、固定化する過程でもあった。そうして定義された「伝統」は、現実と全くかけ離れているわけではないが、流動的に変化する実態とは別のものであった。

　本論では、まず、アチモタの教育内容を検討する過程で出された多様な意見を概観する。その後、アチモタ学校だけでなく、アフリカにおける教育議論に広く影響を及ぼしたと思われる20世紀初頭の教育思想を紹介する。アチモタのリーダーシップ教育に当てはめられた規範やしつけは、イギリスのパブリック・スクールのモデルの輸入である。しかし、筆者は、アチモタの教育への外部からの理念的影響を、ひとつのモデルに集約するのは単純すぎると考える。アチモタの教育は、道徳的、精神的な指導という側面では、アフリカとヨーロッパの二つの伝統の上に成り立っていたが、同時に、当時あった他の教育理念からもいろいろな要素を部分的に取り出し、混ぜ合わせていた。それらがどのように混ぜ合わされたのか、そして実際にアチモタで実践されたときに、生徒はどのようにそれを体験したのか。本論の最後の節では、こうした点を考察していくこととする。

　筆者の分析の多くは、イギリス、アメリカ及びガーナの図書館や公文書館で集めた史料によっている。また、筆者は、初期のアチモタ学校の卒業生にインタビュー[3]も行った。アチモタでの経験を他の学校での経験と比較するため、当時のゴールドコーストでアチモタと双璧を成したメソジスト系名門男子校のムファンツィピム卒業生にもインタビューしている。最後の節は主にこれらのインタ

ビューに基づく分析である。

1. ゴールドコーストにおける多様な教育観

　20世紀の初頭を迎える頃には、ゴールドコーストにはかなり影響力のある、高い教育を受けた医者や弁護士といったインテリ層が育っていた。彼らは、支配されているアフリカの人々の政治的権利獲得のために、植民地政府に圧力をかけるようになった。植民地政府のイギリス人行政官は、こうした高い教育を受けたアフリカ人を植民地支配に対する脅威と感じ、「彼らはアフリカの大衆の利益を代表しているかのように主張しているが、本当は大衆から乖離していて、自分たちの利益を追求しているに過ぎない[4]」と非難した。そして、これらのインテリを憎むあまり、植民地行政官は、彼らが中途半端にヨーロッパかぶれし、土着性を失った (denationalized) のは、キリスト教伝道団体（ミッショナリー）によるヨーロッパ至上主義的な教育のせいだと結論づけた[5]。こうした事情から、教育のカリキュラムをアフリカの学生の社会経済的、文化的バックグラウンドに"適応させる"という考え方は、植民地に関わるヨーロッパ人の間で広く支持されていた。そして、教育内容の適応を提唱した人たちのなかには、内陸深く入ってエキゾチックな"土着文化"を研究した人類学者たちもいた[6]。

　一方、教育を受けたアフリカ人たちも、彼らなりの理由で、教育をアフリカ社会や文化に"適応させる"ことを積極的に支持した。植民地支配に対する政治的な抵抗は、外来の文化を受け入れることへの懐疑やゴールドコーストに固有の文化の見直しと称揚を伴った。実際、この頃の知的エリートの何人かは、エスニック・グループの慣習法や伝統的社会構造などについて本を書いている (Casely Hayford 1903; Sarbah 1897,1906)。したがって、アフリカの文化ナショナリストたちも、指導者を育てる教育には、学生が将来、自らのバックグラウンドに誇りを持ったリーダーとなるよう、慣習や歴史を教えることも含まれるべきだと考えていた。

　教育の「適応」は、教育論議に関わった様々なグループにとって違う意味を持っていた。アフリカのナショナリストにとって、教育の適応は、古来の文化へのプライドを持ちつつ、イギリス人に代わって国家を運営する人材を育てることを目的としたが、イギリス人行政官にとっては、イギリスの支配の枠の中で、大衆との間に立つ媒介的存在が必要だった。宣教師は、キリスト教の道徳観を体得し、

表1　アチモタ学校生の民族構成（1932 年）

	幼稚園・小学校	中学以上	合計
チュイ	48	109	157
ファンティ	27	72	99
ガ	42	85	127
エウェ	23	83	106
北部（ハウサ）	2	5	7
ナイジェリア	3	1	4
（ヨルバ、エフィク）			
	145	355	500

出典：Newlands, Hussey, and Vaughan 1932, 46.

それを仲間のアフリカ人に伝えられるような人材を育てるべきだと思ったし、伝統的首長は、彼らの権威の基盤である伝統的支配体制への帰依を高める教育が必要だと考えた。こうした異なる関心は、しかし、全て同じ「適応」という言葉で語られた。この適応(adaptation)という言葉の氾濫とその意味するところの多様性は、後の研究者がアフリカの植民地教育論議の実態を読み違える原因の一つになっている。他方、適応という言葉の曖昧さゆえに、少なくとも一時的には、異なる興味を持つ様々なグループが、教育を進めるために協力し合うことができたのも事実である。こうした経緯で、リーダー教育のモデル学校であるアチモタの教育は、「アフリカの」伝統や慣習を教えることを通じて、生徒のバックグラウンドに「適応」させることとなった(アチモタの生徒の民族構成は**表1**を参照)。しかし、実際に人々がアチモタの「適応」教育の中身について議論しようとしたとき、大きな未解決の問題が立ちふさがった。「学校で教えるべき『アフリカの伝統』とは何なのか？」「アチモタの教育は何に、どうやって『適応』すればいいのか？」

2. 「伝統の」定義

オフォリ・アッタ：少年たちはどのように教育されるべきだと思うか—
　　　　　　　　　ヨーロッパ式か、それとも古来の習俗に従うべきか。

フィア・スリ：ヨーロッパ式がいい。

オフォリ・アッタ：それはつまりどういうことか。

フィア・スリ：英語で読み書きをするということだ。

オフォリ・アッタ：少年たちが古来の習俗を忘れてしまってもいいか。

フィア・スリ：だめだ、だめだ！！[7]

　上の引用は、後にアチモタ学校の運営委員になった二人の伝統的首長、オフォリ・アッタとフィア・スリの会話である[8]。ここで言いたいのは、フィア・スリの方がオフォリ・アッタより伝統習俗の保護に関心が低かったということではなく、むしろ、二人の首長が「伝統習俗」をどう捉えるか、西欧化とはどういうことか、について明確な認識がなかったということである。首長の権威は伝統的な価値観や社会構造に依拠していたわけだが、その一方で、オフォリ・アッタらはアフリカ人の自立のために西欧化が必要だと強く信じていた。だからこそ、オフォリ・アッタは植民地議会や多くの教育関連の審議会や委員会のメンバーとして教育の質と機会の向上のために尽力したのである。教育に関して彼は様々な発言をしているが、彼が最も強力に主張したのが、地元の歴史、伝統習俗、慣習法を学校で教えることであった。ガーナの政治史研究者であるラスボーンは、オフォリ・アッタは、慣習法に関する情報提供者として植民地政府に重用され、「慣習を植民地政府のために分かりやすく解説するだけでなく、『伝統』と呼ばれるものを新たに作り出し、成文化してみせた」(Rathbone 1993, p. 33)[9]と述べている。学校で「伝統」を教えるには、多様な価値観や考え方を再定義し、一つの型にはめ込まなければならなかった。オフォリ・アッタは、政府に対して伝統に関する情報提供をすると共に、伝統の工芸品や歴史の保存を政府や首長たちに呼びかけた。ある時、彼は植民議会で「16 世紀以降にヨーロッパ人が作った城砦は土着の文化や歴史を十分に伝えるものではなく、教育によって若者に伝統の工芸品や音楽の知識を伝えることが民族の誇りを守っていくための鍵だ」と訴えた[10]。また、同様の発想で、オフォリ・アッタは全ての大首長[11]が参加して自分の部族の習俗、慣習法などを文字に残し、学校で生徒が伝統についてより理解するための教材にすべきだ」と主張した[12]。

　ケイスリー・ヘイフォード、メンサー・サバ, E. J. P. ブラウンなどのナショナリストもアフリカの事物について教えることには多大な関心があった[13]。ナショナリストの牙城として知られたムファンツィピム高等学校では伝統への回帰を謳った Gone Fantee 運動[14]を行い、海岸部に住むファンティ族の言葉や文化を教えた。学校行事の際には全員が「伝統服」であるケンテを着ることが義務付けられた (Boahen 1996, pp. 205-206)[15]。しかし、その半面、普段はカーキ色のシャツと半ズボンが校則で厳しく定められていた。また、ナショナリストたちは伝統を声

高に支持する一方で、学校で教えるために習俗を書き残す努力はあまりしなかった。ナショナリストの一人、ケイスリー・ヘイフォードは、アフリカ人はアフリカ人によるアフリカ人のニーズに合った教育が必要なのであって、それはすなわち、ヨーロッパ人が受けているのと全く同じ教育をアフリカ人主導で行うことであり、教育内容（教科書や指導法）自体を土着化することではないと考えていた。言い換えれば、土着の文化へのプライドを保つため、儀式などを重視しつつも、授業で教えることはヨーロッパの学校と寸分たがわぬものでなければならないという発想である。

　こうしたナショナリストのムファンツィピム学校での立場とは対照的に、アチモタ学校の設立に関わったイギリス人は、授業で教えるために、伝統文化と歴史の調査、記録、そして教材開発に多大な時間と精力を投じた。アチモタ学校の設立者たちは、アチモタは単なる教育機関ではなく、ゴールドコースト植民地、ひいては英領西アフリカ全体の調査及び教育基準設定に主導的役割を果たすべきだと考えていた。ゆえに彼らは伝統舞踊、音楽、民間伝承などを精査し、ヨーロッパの道徳観に照らして正しく、若いアフリカ人に伝えていいものだけを保全する役割を自認した。

　アチモタ学校で教えるための「伝統」の基準化は学校が1927年に開校されるかなり前に始まった。1922年の教育者委員会中間報告書は、計画中の公立高等学校（後のアチモタ学校）に関する詳細な提案をしている。報告書には設立予定の高等学校の教育について、アフリカの知的エリート、キリスト教布教団体の代表、植民地政府職員、首長といった様々な立場の人々を対象に行ったインタビューの記録が添付されている。インタビューの半分は首長であるオフォリ・アッタが行っており、新しい公立高等学校における「伝統」教育に関する様々な事柄について質疑が及んでいる。「学校で供する食べ物は『ゴールドコーストの食べ物』と『洋風な食べ物』のどちらがいいか？　もし両方供するなら、どうやって食べさせれば良いか、手かナイフとフォークか？　生徒は伝統の習俗を教えられる必要があるか？　太鼓や舞踊、歌を教えることに異論があるか？[16]」インタビューされた全員が伝統習俗を教えることに賛成したが、細部では意見がばらばらだった。首長のフィア・スリは食事には手を使うべきだと言い、ムファンツィピム学校の運営にも関わり、教育に関心の深かった弁護士のケイスリー・ヘイフォードはナイフとフォークを使うべきだと言った。同じく教育に関する発言が多かった別の弁護士のE. J. P. ブラウンが「土着の歌」は教えてもいいが、舞踊は問題だと発言す7

れば、ケイスリー・ヘイフォードは歌も舞踊も太鼓も賛成だった[17]。このように、1922 年の事前調査の段階では、アチモタ学校で教えるべき「伝統」の具体的内容について合意は全くなかった。

　こうして、「伝統」を定義する役目はアチモタのイギリス人教員に委ねられることとなった。初代校長 A. G. フレーザーが選んだ教員の最初の一団[18]は、開校の 3 年前の 1924 年にゴールドコーストに着いた。これは、教員たちは地元の文化、言語、歴史などを学ぶ時間が必要だというフレーザーの考えによるものであった。例えば、歴史教員の W.E.F. ワードは、内陸の首長を訪ねて様々なエスニック・グループの口承史を記録することに多くの時間を割いた。彼は、アフリカ人の目から見たアフリカの歴史を教えたいという善意あふれる熱心さで、多くの口承史、伝統、習俗を書き留め、まとめ直した[19]。音楽に関しては、アチモタ教員は、伝統の歌[20]をなるべく忠実に譜面に書き留めることに格別の努力を払った（Agbodeka 1977, p. 115）。また、議論の末、「アメリカの黒人教育の特長をアチモタでも再現するため[21]」、アメリカの黒人霊歌をアチモタの音楽教育に導入することとなった。さらに、土曜日の夜は「部族太鼓・舞踊」の時間で、生徒たちは 4 つの代表的エスニック・グループ（チュイ、ガ、ファンティ、エウェ）に分かれて集まり、男女一緒に歌ったり踊ったりした。しかし、実際の舞踊や歌は生活の中で変容していくものであり、規格化しようとすることによって、「伝統」であったはずのものは変化から取り残されていった。アフリカ人宣教師であるアッカーは、1928 年のアチモタ会議で「残念なことに、アチモタで伝統的舞踊を習った学生は村に帰って恥ずかしい思いをする。なぜなら今日の舞踊は何年か前とは違うからだ[22]」と報告している。

　アチモタは学校で教える「伝統」を規格化する役割を負い、ヨーロッパの既存の教案や教科書を使わず、ゴールドコーストのアフリカ人の「伝統」に「適応」した教材を開発することを期待された。教員はそれぞれの分野の最高の能力を持つ者たちで、最新の教育理論と潤沢な資金の裏付けがあった。そうした、イギリス人が想像しうる最高の条件を整えて始められたアチモタ学校であるが、そこで実際に行われた「教育適応」に言及する前に、20 世紀初頭に流行った人格教育のための教育手法について次項で論じることとする。

304　第2部

3. 20世紀初頭の教育思想

　単純に言うと、20世紀初頭の教育思想に共通する特徴は、教育の役割として人格形成を重視したことと、体験主義に基づく教育を標榜したことである。アメリカの進歩主義教育のリーダーであったジョン・デューイは、学校の役割は、社会を真に民主的に変革するリーダーを育てることであると考えた。そのためには、授業で民主主義の概念を教えるだけでは不十分で、学校の環境そのものを民主的にすることで、生徒は体験を通じて民主主義を身につけるのだ、というのが進歩主義者たちの考え方であった。言い換えれば、進歩主義教育は、学校生活の体験を通して、社会変革者の人格形成をしようとしたのである。(Baker 1955; Curti 1978 (first published in 1935), pp. 499-541; McClure 1985, pp. 25-30)

　また、アメリカの南部のハンプトン学院、タスキーギ学院で開発され、当時もてはやされた黒人職業教育のモデルは、職業技術を学ぶ手作業(体験)を通じて、既存の社会構造に反抗しない、従順な黒人の人格形成を目指したものであった。このハンプトン‐タスキーギ方式の教育は、「アメリカの黒人に有効な方法論は、人種的根源を同じとするアフリカ人にも適している (Curti 1978 (first published in 1935), p. 290; Gardner 1975; McClure 1985: p. 29)」という20世紀初頭の価値観に基づき、アフリカの教育に関わる人々に大きな影響を与えた。

　最後に、イギリスにおいて、あらゆる形の教育——エリート教育(パブリック・スクール)から労働者階級の大衆教育まで——に当てはめられたビクトリア時代の道徳観についても述べておく必要があろう。ビクトリア時代といえば、父権制とストイシズムに基づく道徳観で知られ、性別や階級によって、望ましいとされる人格や社会的役割が明確に区別されていた。そうしたなかで、当時のイギリスの道徳主義的な教育学者は、学校においてこそ、社会の規範や価値観は伝達されるべきで、人格教育の要素なしには、どんな教育も不完全なのだと考えた。そして、規範や価値観は、学校教育のさまざまな側面を通して、体験的に内面化されなければならなかった。教師と生徒の交流やカリキュラム外の活動(スポーツや文化活動、奉仕活動など)は、20世紀初頭の教育思想において共通して提唱されたものであるが、特にイギリスの道徳主義的な教育者はこれを強く主張した。(Rubinstein 1969)

　当時の教育思想の共通の基本合意は、学校は人格を育てる場であるということ

と、そのためには、学校生活の知識伝達以外の側面が重要であり、注意深くデザインされなければいけないということだった。カリキュラム外の活動を通して人格形成をするというのは共通していたが、しかし、「人格形成」が、具体的に何を意味するかについては、意見が分かれていた。アメリカの進歩主義者は社会変革者を育てようとしたが、他方、アメリカの黒人職業教育やイギリスの道徳主義教育では、社会の支配的な価値観を内面化し、現状を維持するような人格を育てようとした。

　アチモタ学校の史料には、パブリック・スクールへの言及が多いが、厳密な意味では、アチモタ学校に影響を与えた教育思想をイギリスのパブリック・スクールのリーダーシップ教育だけに求めるのは間違いである。後述するとおり、アチモタでは、多様な手作業(Handwork)や農業の授業を提供したが、これらは、パブリック・スクールには決してなかったものである。この部分は、むしろ、「働くことの尊厳(Blumer 1933)」を身につけさせ、教育を受けた黒人を一般の黒人社会から乖離させないためには、学校で手作業をさせるべきだ、と主張したアメリカの黒人職業教育の体験的道徳主義の延長である。そうは言っても、アチモタにおいて、学校の道徳規範を形成し、生徒の行動が正しいかどうか判断を下し、教育の内容を決めたのは、イギリス人の教員たちであった。かれらは、例外なく、イギリスのパブリック・スクールで教育を受けた人々で、判断を下す際にはイギリスの価値体系を当てはめた[23]。その意味において、アチモタの教育、特に道徳規範や生徒のしつけは、イギリスのパブリック・スクールのそれを強く反映していた。そこで、アチモタへの他の教育思想の影響は別稿(Yamada 2018)に譲り、本稿では、パブリック・スクール及びその背景にあるイギリスのビクトリア朝的道徳観がアチモタに及ぼした影響を中心に議論を進めることとする。

(1) パブリック・スクールの伝統

　パブリック・スクールが育てようとしたのは、支配階級の一員としての能力と自覚を持った人格である。紳士としての適切なマナーを身につけているということのほかに、パブリック・スクールが伝達しようとした支配階級の美徳は、誠実さ、正直さ、自己犠牲の精神、自律、学校・階級・国への忠誠心、チームワーク、忍耐力、勇気、尊敬、従順さ、などであった (Hubbard 2000, p. 31; Mangan 1987, pp. 139-141; Rosenthal 1986, pp. 90-91)。パブリック・スクールは、効果的かつ効率的に、生徒を学校の価値観や規範に社会化するために独特の教育手法を開発した。例え

ば、寄宿舎や生徒の自治委員の制度は、実社会で担うことになるリーダーの役割を体験的に学習する手段として考案された。学校生活の中で、生徒は、学校や教師の権威に従いつつ、自分達を規律することを学んだ。制服や学校の伝統・習慣も、パブリック・スクールの価値観を内面化した従順な人格を育てるのに役立った。また、パブリック・スクールの教育の特徴として看過できないのは、チームスポーツへの執着である。これは、人格育成には体を動かす活動が重要だというビクトリア―エドワード朝期の教育哲学の特徴である。

20世紀初頭のある教育者は、パブリック・スクールの少年たちに向かってチームスポーツの価値を次のように説いている。

> チームスポーツの重要さを認識したまえ。イギリス紳士はフットボールやクリケット、ボートこぎを通して素晴らしい道徳的訓練を受けるのだ。これは、他のどんな国にもないものだ。[ドイツやフランスの少年の]誰も、我々の大帝国の真の基盤である偉大なスポーツ精神は持ち合わせていない。つまり、私が君たち少年に言いたいことは、「スポーツをしろ」ということだ。スポーツが上手いという評判を得ることを誇りにしたまえ。それこそが…帝国の高い効率性の源なのだ[24]。

学校対抗や寮舎対抗試合に出る選手は、スポーツマンシップ、忍耐、そして、自らが代表する寮のグループや学校への無条件の忠誠心によって高く評価された。架空の少年のパブリック・スクールでの生活を描写した少年向け小説、『トム・ブラウンの学校生活 (Hughes 1857)』は、パブリック・スクールで学ぶ少年のあるべきイメージを提示した[25]。パブリック・スクールでは、それぞれの学校のトム・ブラウン少年(理想の人格)のエピソードを発表することに熱意を傾けた。例えば、名門パブリック・スクールの一つ、ハロウ (Harrow) の校長は次のように書いた。

> しばしば、私は、少年たちが夏の日の長い練習で、薄暗がりの中で文句も言わずにバットを振っている様子や、もう負けが決っているのに、最後までほとんど英雄的な決意を持って試合をしているのを目にする。自分を顧みず、チームメイトや学校のために尽くす少年は、パブリック・スクールでの生活を決して無駄には過ごしていない。以前、フットボールの試合中に、ハロウの生徒が鼻血を出したことがあった。すると、彼の母親は…息子の苦境

を見て、息子を介抱しようとコートの中に入ってこようとした。しかし、チームのキャプテンは、彼女を押し止めて厳粛に述べた。「マダム、ハロウの少年は学校のために血の最後の一滴まで絞りつくす覚悟でいなければなりません。」[26]

(2) ボーイスカウト─労働者階級の人格育成

　パブリック・スクールの卒業者たちは、イギリス支配階級の強い階級意識と自民族中心の父権主義に基づいて、彼らの教育制度のいくつかの要素を、恵まれない労働者や他民族の子供にも広めたらよかろうと考えた。1908年にバーデン・パウエルによって始められたボーイスカウト運動は、こうした支配階級の慈善の表れだった。19世紀末から20世紀初頭には、様々な青年運動が生まれ、労働者階級の青少年のレジャー活動を通して、中・上流の価値観が労働者階級へ伝播された(Springhall 1977, pp. 14-18)。この頃の青年運動の中でも、ボーイスカウトは、バーデン・パウエルが、明示的にパブリック・スクールのモデルに基づいた活動を行おうとした点で、当時の支配階級の考え方を典型的に示した例である。バーデン・パウエルは、ボーイスカウト運動を始めた理由の第一は、「金持ちの一部の子供にしか門戸が開かれていないパブリック・スクールの生活に代わるものを提供し、若い世代の大衆に自己犠牲の精神、自律、誉れ高き心、責任感、他者への奉仕、忠誠心や愛国心といった人間性を身につけさせることだ[27]」としている。すなわち、ボーイスカウト運動は、パブリック・スクールの伝統にのっとり、体を動かし、制服を着、スカウトの様々な儀式に参加し、仲間と影響しあうことによって、労働者階級の子供達が当時の支配的な社会の価値観や規範を身につけることを期待したのである。

　パブリック・スクール型の教育を低い社会階級や植民地の人民に広めようという情熱は、バーデン・パウエルだけのものではなく、パブリック・スクールを卒業した多くの人々に共有されていた。従って、ボーイスカウト運動が、大英帝国の隅々まで、あっという間に拡がったのは必然と言えよう。特に、ゴールドコーストは、植民地の中で最も早く、運動が始まって12年しか経っていない1920年には、既にスカウト運動を公認し、学校でのスカウト活動を強力に支援した。1929年9月にロンドンにあるボーイスカウト帝国本部に送られた調査結果によれば、現在のガーナにあたるゴールドコースト植民地、アシャンティ及び北部領

308　第2部

をあわせて 971 名のボーイスカウトと 381 名のカブスカウト (ボーイスカウトより幼い子供が対象) がいたという[28]。

(3) アフリカに移転されたイギリスの道徳教育

　アフリカにイギリス型の道徳教育を移転しようとした人々の中で、最も影響力があった人の一人は、フレデリック・ルガート卿であろう。彼は、ナイジェリア総督時代に、有名な「間接統治」原則の基礎を作ったことで知られているが、そのほかに、1915 年に交付された北部ナイジェリアの革新的教育政策でも知られる。パブリック・スクールの伝統にのっとり、彼は「ナイジェリアの教育政策の基本原則は、知的訓練よりも人格育成に重点を置いていることだ」と述べている。彼にとって、学校の雰囲気というのは、カリキュラムと同じぐらい重要だった。ルガードは、指導者養成のための「中心校」を開設することを考えていたが、そこでの教育は以下のようなものになるべきだと考えていた。

　　　全寮制のこの学校では、イギリス人の教師の影響が生活のあらゆる場面に継続的に及ぶようにする。特に、運動場でのスポーツや、レクリエーションを通じて、パブリック・スクールの精神が生徒の心に醸成される。最も効果的な人格育成の方法は……寮制度である。寮においては、生徒の寮監が責任と自治を託され、個々の生徒は、寮の社会生活や伝統の中で、教師や上級生の薫陶を受け、無意識のうちに正しい態度や物事の判断基準を身に付けていく。この人格育成のプロセスで、生徒は学校の雰囲気や精神を自分のものとして取り入れていく。……ボーイスカウトやガールガイドは、人格育成の目的を達するのによい補助手段となろう。(Lugard 1925, p. 10) (下線強調は筆者)

　整理すると、20 世紀初頭、アフリカにおいて、学校教育を通じた人格育成の目的を達するためには、以下の手段が用いられるべきだという広い合意があった。(1) 寮制度、(2) 適切なイギリス人教員 (パブリック・スクールやオックスフォード、ケンブリッジなどの伝統的大学で正しく教育された人々)、(3) 寮監や学生委員などを任命し、規律の責任を生徒に持たせること、(4) スポーツや課外活動の奨励。

　スポーツに関して言えば、アフリカでいまだに人気のあるスポーツのいくつかは、学校で行われたことに起源している。これら、アフリカの学校に導入されたスポーツには、サッカー、陸上、ホッケー、クリケット、バレーボールなどがある。

イギリス人教育者は、スポーツは、心身と頭脳のバランスの取れた発展に非常に重要な役割を果たすと信じていた。彼らは、協調性と自己犠牲の精神を育てるために、特にチームスポーツを好んで推進した。イギリス人は、一方ではアフリカの「伝統」を重んじると言いつつ、イギリス人の目から見て不道徳な踊りなどは認めるべきではないと考えた。従って、アフリカの子供達が不道徳な「土着の慰み」に興じることを禁じたが、禁じるだけではこれらの行為は止まないので、何か代替する娯楽が必要だと考えていた。そして、スポーツは、アフリカの子供達が「あふれるエネルギーを傾けられる」理想的な代替物だとみなされた (Jones 1922, p. 25; Oldham & Gibson 1931, p. 66)。アフリカの学校において、ボーイスカウト運動や演劇、その他のカリキュラム外活動は、二つの全く異なる役割を与えられることになった。一つは、人格育成 (特に指導者養成のための) であり、もう一つは、イギリス人の目から見て受け入れがたい土着の習俗の代替という役割であった。

4. 実験としてのアチモタ学校

(1) アフリカのパブリック・スクール

　前述の通り、アチモタは西アフリカの生徒の環境やニーズに教育を適応させるために教案や教科書を開発する役目を担っていた。他方、アチモタはイギリスのパブリック・スクールのリーダーシップ教育を忠実に再現しようともしていた。校長のフレーザーはアチモタ学校における教育の目的を次のように説明している。

　　　人格教育は何と言っても最も重要である。人格教育は<u>身体を動かすこと、チームプレイの精神、宗教教育、そして国を愛する心と人々に奉仕する訓練</u>を通じてなされなければならない。それは、<u>生徒と共に生活する教師</u>によってなされなければならない。アフリカ人の教師はヨーロッパ人教師と同等の能力がある場合のみ採用されるべきである。(下線強調は筆者)[29]

　下線を引いた部分は、アチモタがパブリック・スクールの教育方針を忠実に再現しようとしていたこと、またナイジェリアのルガード卿がイメージしたアフリカのリーダーシップ教育をほぼそのまま踏襲していることを示す[30]。アチモタ学校は、リーダーシップ、協調性、奉仕の精神を教えるためにチームスポーツや

310 第2部

社会奉仕活動を含む課外活動を奨励した。更にキリスト教の教えを体現した人格を養成するために、宗教教育を行い、寮の中で教師と生徒が生活することにより、道徳的指導を行った。フレーザー校長の教育観は、よい人格は教室の授業だけでは育てられず、実際の体験と、よい人格を体現している教師との交流によって得られるものだ、という当時の教育学者に広く共通していた考え方に沿っていた。全てにおいて最高の教育を行おうとしたモデル校として、アチモタは当然、イギリスのパブリック・スクールから教員を呼ぼうとした。結局、パブリック・スクールの現職教員は得られなかったが、アチモタの教員の殆どはパブリック・スクールを経てオックスフォードかケンブリッジ大学を卒業した者たちで、イギリスの中・上流の道徳観の体現者であった（アチモタの教員構成は**表2**を参照）。寮制の学校がゴールドコーストに持ち込まれると、教師と生徒の交流、生徒の自治といった道徳的意義の他に、新たな意義が付け加えられた。それは、植民地の様々な地域の異なる言語のエスニック・グループから集まってきた生徒たちが共に生活することによって、ゴールドコーストの市民意識が生まれるというものである。この市民意識醸成という理由付けは、ガーナが植民地支配から独立する前に寮制の高等学校を卒業した人々に広く支持されている考え方である。実際、イギリスのモデルに従って作られた高等学校やゴールドコースト大学（後のガーナ大学）の学生寮が、ナショナリズムの温床となり、植民地支配を覆す結果を導いたのは皮肉である。

さて、アチモタ学校の日程は、朝5時半に起床ベルがなってから消灯まで、イギリスのやり方に従って細かく決められていた。あらゆる学校生活の側面は人格教育のために考えられており、学校や仲間、国家への忠誠心、正直さ、協調性、人民への奉仕、自律、従順さを身に付けさせることを目的とした。アチモタの校

表2　アチモタの教員養成（1932年）

		ヨーロッパ人	アフリカ人	カリブ人	インド人	合計
上級	男子	22	2	1	1	26
	女子	10	2	0	0	12
下級	男子	0	11	0	1	12
	女子	0	3	0	0	3
合計		32	18	1	2	53

出典：Newlands, Hussey, and Vaughan 1932, p. 47.

> クマシからアクラまで，ボルタからフラーまで[31]
> 我らは兄弟，学校は我らの母
> 　　母校は我らを導く
> 　　我らが教えを広められるように
> 我らが統治する者となるように
> 　　スポーツに打ち込め
> 　　母校の名を叫べ
> 母校の名を遠く広めよ
> 　　アチモタは全てのものを導き
> 　　我らはそれを誇る
> 母校はゴールドコーストの栄光
> 　　アクラ――[32]
>
> 　　　　　　　　　　　　　　（Williams 1962, p. 25）

歌は、イギリス人が、いかにアフリカ人をイギリス人のイメージに合うように育てようとしたかを如実に示している。

　イギリスのパブリック・スクールはよく、学校の道徳観や精神を身につけた理想的な学生の逸話を公表したものだが、アチモタも同様のことをした。たとえば、1934 年のアチモタ学校年次報告は、学校対抗クロスカントリー競走にアチモタ代表で出たドグバツェ（Dogbatse）という学生の話を紹介している。ドグバツェは競走の途中からとても疲れてきたが、途中で諦めるのは恥ずべき行為であると思い、倒れるまで頑張り続けた。「教師の一人が倒れたドグバツェの脇に屈んで訊いた。『あと 20 ヤードだ、終わらせられるか？』ドグバツェは答えた。『駄目です……。悲しいことじゃありませんか？　不名誉なことじゃありませんか？　私のアチモタはどうなってしまうんでしょう？』そういうと彼は頭をたれ、苦悶して死んだ。[33]」もしこれが今日の高等学校で起こったことなら、教師はたちまち体罰か監督責任不履行で問題にされるところであろう。しかし、アチモタに持ち込まれたパブリック・スクール的道徳観では、ドグバツェの行動は、高貴な、自己を顧みない学校への忠誠として称えられたのである。

　アチモタ学校では、生徒の社会福祉活動も奨励した。このような生徒による社会貢献活動は、コミュニティ開発をしながら生徒のリーダーシップ教育ができるという、一石二鳥の教育手法と考えられていた。例えば、ゴールドコーストでは、政府は全国の中・高等学校に「青年赤十字隊（junior Red Cross Link）」を設立することを奨励していた。青年赤十字隊は、それぞれ一つの村を選び、隊員が村人を手伝っ

312 第2部

て、ごみを捨てたり、家、市場、トイレ、道などを作った。隊員はまた、簡単な傷の応急処置も行った[34]。アチモタ学校は、指導者養成のモデル校として、当然ながらこの青年赤十字隊の活動に熱心であった。この活動を通して、アチモタの生徒は、ヨーロッパ人の教師から、アフリカの大衆への指導者としての義務感を教えられた。アチモタ学校の卒業生の一人は、社会奉仕プログラムの監督教師であったベンジーに宛てた手紙に次のように記した。

> ベンジー先生
> 　もう私はあなたが指導する社会福祉プログラムのメンバーではありませんが、生徒であった2年前に、プログラムの熱心なメンバーとしてあなたに接したことで、私は、恵まれない人たちへの社会的同情心というものを身につけたと思います。あなたはまた、私の中に、こうした恵まれない階級の人々についての理解も広げてくださったと思います。…私は、学校を卒業し、教師として子供やその親に接するまでは気付きませんでしたが、アチモタで参加した社会奉仕活動は、今私が教師として活動する上で非常に重要なものでした。アチモタが、その卒業生を通じてこの国にしている最大の貢献の一つは、「社会奉仕の精神」だと思います。[35]

　上記の引用からは、アチモタ学校の社会福祉活動が、全員かどうかはともかく、少なくとも一部の生徒には、有効な人格育成の手段として機能し、リーダーとして、人民に奉仕する心を身につけさせることに成功していたことが分かる。

(2)「伝統」教育

　イギリスのパブリック・スクールの教育を出来るだけ再現しつつ、それをアフリカの「伝統」に「適応」させるというのがアチモタ教育の主眼であった。その実践として、ゴールドコーストにある様々なエスニック・グループの歴史や伝承、習俗や芸能を調査し、教育に取り入れたことは先述のとおりである。その中でも、アフリカの音楽については細かい調査に基づく教育が試行された。その際、アチモタで教えるのに道徳性、洗練度においてふさわしい「伝統的」音楽は何かということが熱心に討議されたのは言うまでもない。ヨーロッパ人のアチモタ教員は地域の音楽を聞き取り、譜面に書きとめようとした。そうする中で、彼らは音楽の構成をヨーロッパの音楽理論と音楽の伝統に照らして「理解」しよう

とした。その結果、一人の教員はゴールドコーストの民謡は「イギリスやヨーロッパの古い民謡に強い類似性があることを発見」した。そこで彼は、アチモタの音楽の授業は、生徒がアフリカの音楽の低い発展段階から「ヨーロッパ音楽までの漸進的な発展が理解できるよう」構成されるべきだと考えた (Wallbank 1935, pp. 230-245)。他方、アチモタでは、質の高いヨーロッパ音楽の教育をすることにも情熱が傾けられ、教師は、毎週金曜と土曜にはオーケストラの指導をし、音楽に才能を示した一部の学生は、バイオリンの個人レッスンすらした[36]。一人一人の才能を見抜き、それに合った教育をするというきめ細かさは、初期のアチモタならではである。しかしながら、そこにはアフリカの音楽は原始的で、ヨーロッパの音楽より低い発展段階にあるという前提があった。古来の音楽を演奏する能力を磨くという発想はなく、音楽に才能がある生徒に対しては、より洗練されたヨーロッパ音楽を学ぶことこそふさわしかったのである。そして、「伝統の」音楽はヨーロッパの音楽の解釈方法に従って発展段階別に区分され、標準化されたのである。

　演劇もアチモタが力を入れた課外活動であった。最初は、「大した練習もなしに、単純な筋書きで、村の場面や農業、首長の屋敷、呪術儀式をユーモアたっぷりに描いたローカル色豊かな、部族語で書かれた」劇が演じられた (Williams 1962, p. 62)。後に、演劇は教師の助けを得てもっと「洗練」された。1933 年には「Caesaris Incursio in Oram Auream (オラム・アウレム (ゴールドコーストの地名) におけるシーザーの進撃)」というヨーロッパの脚本をアフリカの状況に合わせて書き換えたものをチュイ、ファンティ、ガの 3 つの現地語とラテン、フランス語で演じた。この劇の中ではジュリアス・シーザーがアチモタ学校を設立したことになっていた。この劇以来、アチモタの生徒は、シェークスピア、ギルバート＆サリバンなどのヨーロッパの劇やオペラ「ミカド」などを演じた。ヨーロッパの劇をアフリカ風に脚色し、現地語で演じることの意義を一概に否定することはできない。しかし、こうした活動の根底には、村の生活やアフリカの儀式をドラマ化するより、ヨーロッパの劇を書き換えてアフリカの環境に「適応」させるほうが洗練されていると信じる傾向があったのは明らかである。

(3)「労働の尊厳」─手作業

　アチモタ学校は手作業や肉体労働を重視することにも特色があった。アチモタのエリート主義的性格からするとこれは少し奇妙にも見える。しかし、アフリカの教育へのアメリカの黒人職業教育の影響という視点からアチモタ学校を見る研

314　第2部

究者にとっては、これはごく自然と映る。なぜなら、手作業の科目を教えることは、アフリカでも広く模倣された黒人職業教育の明らかな特徴だからである (Sivonen 1995, 108-112)。また、トーマス・ジェシー・ジョーンズなど、20世紀初頭に、アメリカ黒人職業教育のアフリカへの移転を進めた人々は、「アチモタ学校はアメリカのモデル（ハンプトン‐タスキーギ方式、前述）に従って作られたのだ[37]」と述べている。したがって、アメリカにある史料などから、アメリカの視点で分析すると、アチモタ学校の手作業や肉体労働を通じた人格教育は、ハンプトン‐タスキーギ方式の模倣だと解釈されがちである。確かに、ハンプトン‐タスキーギ方式でも、アチモタ学校でも、教育は、生徒の社会経済的、文化的バックグラウンドに「適応」されるべきだと考えていた。しかし、アチモタの「教育適応」は、ハンプトン‐タスキーギ方式で目指したような、既存の経済構造で必要な最低限の技術を身につけ、無反抗に社会に馴染む人材を養成するというより、もっと文化的な性質のものであった。アチモタ学校を設立したゴールドコースト植民地のグギスバーグ総督は、「（ナショナリズムの台頭する）現在のゴールドコーストの政治状況に鑑みると、ジェシー・ジョーンズ氏の本に書いてあるような、初歩的な教育を全てのアフリカ人民に与えるというような提案は、必ずアフリカ人の抵抗を受けるだろう[38]」と予見した。アチモタ学校の支援者たちは、アチモタは第一義的にリーダーを育てる教育機関であり、アチモタにおける手作業は、服従を受け入れさせるためのものではなく、手を使って体験から学ぶ全人教育を目指したものだと述べた。アチモタの教育者たちでさえ、アチモタの卒業生がイギリスの支配階級と同等の社会的地位にあるとは思っていなかったのであるから、これは非常に危うい議論である。イギリス人にとっては、たとえ高い教育を受けていたとしても、アフリカ人はせいぜい、被支配民族の指導者であった。また、前述のとおり、20世紀初頭の教育思想は、いずれも体験を通じた人格育成を目指していたのであり、その意味では、手作業や肉体労働を学校で教えることを、どの思想を採用してどう正当づけるかは、アチモタの教育者の思いのままだったとも言える。いずれにしろ、手作業はイギリスのパブリック・スクールにはなく、アチモタにおいて追加され、非常に熱心に推進された活動であることは事実である。

　1927年の開校時、アチモタは「手作業」と呼ばれる選択科目を多く導入した（**表3**参照）。それらは、(1)木工、製本、印刷、織物、芸術、音楽（以上は2年間の科目）、(2)縫製、靴直し、籐細工（以上1年間）、(3)整髪、ラケット修理（以上1学期）、である。さらに、1929年以降は、鉄工、木材彫刻、染色、製陶、家の内装、車の修理、

15.「伝統」と文化創造　315

表3　アチモタ学校の基本カリキュラム*

	中学1年	中学2年	中学3年	中学4年	高校1年	高校2年	高校3年	高校4年
聖書	2	2	2	2	2	2	2	2
母語 (チュイ,ファンティ,ガ,エウェ)	2	2	2	2	2	2	2	2
英語	6	7	7	6	5	5	5	6
数学	6	7	6	5	5	5	5	6
歴史 (基礎)	2	3	2	2	2	3	2	3
地理	3	3	2	2	2	2	3	3
基礎化学				2	2	4		
芸術	2		2	2	2			
手作業 **	2	2		2	2			
金属加工 (男子)			2	2	2	2		
音楽	3	3	3	3	2			
体育 (男子)	2	2	2	2				
家庭科 (女子)	4	6	6	6	4	4	4	
ラテン語					3	3	5	6
自然研究					2			
衛生						1		
農業						3	7	7
植物学							7	7
物理								7
物理 / 化学							7	
歴史 (応用)								6

* アチモタ教育の特色は特に課外活動にあるが、それはここには含まれていない。

** 手作業の科目は多くの選択科目に細分化される。

出典：Newlands, Hussey, and Vaughan 1932, p. 50.

写真、植物画が「手作業」科目に追加された[39]。また、農業や金属加工の科目もあり、これらの科目では、生徒は理論と実践を学ぶこととなった。

(4) 共　学

　共学は、アチモタの創立者たち、特に初代校長の A. G. フレーザーと副校長補佐のジェームズ・アグレー (注19参照) が強く主張して実現された、もう一つのアチモタ教育の特徴である。アチモタ教育の他の側面は、多かれ少なかれ国際的に認知された教育手法から拾い集めたものであったが、男子学生と同じ敷地に女子の寮生を住ませ、同じ教室で学ばせるという考えは、少なくとも当時のアフリカにおいては革命的であった。ゴールドコーストでは、初等教育のレベルでは、キリスト教ミッション団体による共学校があった。また、女子だけの寮制の高等学校もあった。しかし、高等学校レベルでは、共学の寮制の学校はゴールドコーストには一つしかなかった。それは、ブレーメン (後のスコットランド) 伝道団が

ペキ・ブレンゴで運営していた学校である。植民地政府の学校としては、アチモタはアフリカ大陸中で最初の共学の寮制の学校であった。アチモタ創立メンバーの中で唯一のゴールドコースト生まれのアフリカ人であったジェームズ・アグレーは、「男子を教育するということは個人を教育することだ。しかし、女子を教育することは家族を教育することだ[40]」と述べた。また、アグレーは、教育を受けたアフリカの男性は、「パートナー」として教育を受けた妻が必要だとも主張した[41]。リベラルと言われたフレーザーやアグレーのような教育者たちは、妻の役割は単なる家政婦ではなく、文明化された家族生活を営むうえで、男性と対等のパートナーであると考えるようになっていた。この、パートナーを育てるという女子教育の目的は、アチモタではある程度達成されたと思われる。なぜなら、初期のアチモタ卒業生の間での成婚率は極めて高かったからである。アチモタを

表4 ゴールドコーストの教育統計（1880年〜1940年）*

年	政府の教育支出 合計		小学校				中・高等学校（技術学校含む）				教員養成校			
	伝導団体への補助金	合計	学校数	就学数 男子	女子	合計	学校数	就学数 男子	女子	合計	学校数	就学数 男子	女子	合計
1880	425	1,325	**139			5,000								
1901	3,706	6,543	135	9,859	2,159	12,018								
1919	6,157	54,442	213	22,718	4,600	27,318								
1926	30,887	179,000	234	26,039	6,899	32,839								
1930		117,135	340	32,224	9,693	41,917	4	528	10	538	7	509	46	555
1940			467	46,631	15,201	61,832	5	1,114	85	1,199	6	384	198	582

*学校数は、公立または政府の補助金を受けているものに限る。

**1880年の数値は推計。また、1887年の教育令の前は、政府の補助金制度がなかったため、全ての学校が含まれている。

出典：McWilliam and Kwamena-Poh 1975, pp. 141-142.

表5 アチモタ学校の生徒数の変遷

	1926 男子	女子	1927 男子	女子	1928 男子	女子	1929 男子	女子	1930 男子	女子	1931 男子	女子	1932 男子	女子
幼稚園	6	0	36	23	86	26	109	0	81	74	31	16	26	20
小学校											64	24	57	26
中学	0	0	0	0	0	0	41	0	86	0	71	34	79	32
高校	0	0	0	0	0	0	42	8	76	0	72	6	80	18
教員養成	117	0	106	0	133	0	141	0	148	0	142	0	126	0
大学（前期教養課程）	0	0	0	0	0	0	4	0	5	0	17	0		
その他 *	0	0	0	8	0	5	0	10	7	12	1	15	3	16
合計	123	0	142	31	219	31	333	18	402	86	386	95	388	112
	123		173		250		351		488		481		500	

*「その他」は、小学校卒業後、補助教員として学校に残ったもの（全て女子）と、高校卒業後の特別コースに進んだもの。

出典：Newlands, Hussey, and Vaughan 1932, pp. 44.

卒業した女性の何名かは、インタビューの中で、筆者に、アチモタで見たヨーロッパ人教師の結婚生活のスタイルが、彼らの後の結婚生活の模範になったと述べた。ヨーロッパ式の住宅、それを掃除する方法、ヨーロッパ式の食事とそれを料理すること、夫婦が互いにどういう態度を取るかといったことは、アチモタで少女たちが、学問以外に学んだ重要な事柄であった。言い換えれば、アチモタは、ヨーロッパ風の結婚生活を送る、教育を受けた男性のパートナーとしての教育を受けた女性を養成する役割を果たしたのである。

　アチモタは、女子を男子と同じ寮制の学校に入れるということで、多くのアフリカ人の批判や躊躇を招いた。そのため、女子生徒を得ることが難しく、当初は、女子の授業料を男子より低く設定したり、既に就学している男子生徒の姉妹や親類の女子の入学を奨励した[42]。しかし、この当初の苦労にもかかわらず、アチモタ創立者たちは、女子教育の理想を貫き通した。設立後約10年経った1938年のアチモタ視察報告によれば、女子部は、アチモタの一部として完全に確立し、男女の授業料に差を設ける必要は既になくなっていた。また、1930年代末において、ゴールドコーストの女性教員の43％は、アチモタの教員訓練校の卒業生で(Williams 1962, p. 44)、アチモタが域内の女子教育へ直接的、間接的になした貢献は大きなものがあった。

5. アチモタ教育を経験して

　本節では、インタビューを通じて見えてきた初期のアチモタ学校の生徒の体験について論じることとする(インタビューの時期、対象等の詳細は、注3及び別添1を参照)。学校の創設者や政策立案者、教育学者などが、アチモタでどのような教育を行うべきかについて、開校前から熱心に議論してきたことが実践されたとき、生徒はそれをどのように体験したのだろうか。特に人格育成を主眼としたアチモタ学校において、様々な教育手法によって伝えられた学校からの道徳的メッセージが、生徒にどのように内面化されたかを知ることは、教育がアフリカの文化、アイデンティティの形成に果たした役割を考える上でも重要であると思われる。

(1) 教育を通じた階層移動

　　アチモタには田舎から降って湧いたような生徒が何人かいた。彼らは試験
　　に合格して、あらゆる種類の奨学金を受けて来ていた。……私はケタの近く
　　の小さな村から来た少年を知っている。我々が寮に入った最初の日、彼は電
　　気スイッチの脇に立って電気を点けたり消したりしていた。彼はそれまで電
　　気を見たことがなかったのだ。しかし、高等学校を卒業する頃には、彼は数
　　学、化学などであらゆる賞を取り、ロンドン大学医学部で金メダリストにな
　　り、整形外科医になり、バルバドスで主席外科医になった。つまり……アチ
　　モタに来るまでは、彼が持っていたものといえば鋭い頭脳だけだった。学校
　　に来た最初の日にあんなことをしていた人を想像して、そしてその人が偉大
　　な科学者になったことを考えれば、教育がどれだけのことを人間にもたらす
　　かが分かるだろう。[43]

　アチモタ卒業生とのインタビューで驚かされたことの一つは、既存の知識階級
以外の社会階層から、多くの子供がアチモタで学ぶ機会を与えられ、それをきっ
かけに大きな階層移動を遂げていることである。生徒の社会経済的背景は、就学
の機会や成績に深く影響しており、上流の子供の方が下層階級の子供より優位に
あるというのは、多くの研究者が報告しているところである (Bowles & Gintis 1975)。
ブルデュー（Bourdieu）は、こうした教育機会や成果の差によって、親の階級が子
供にそのまま受け継がれる（再生産理論）と述べている (1974)。初期のアチモタに
特徴的なのは、新しいタイプのリーダーを養成しようと、広く社会全体から生徒
を集めた結果、教育が本来持っている再生産的性質を超えて、むしろ新しい階層
を作り出す機能を果たしたことである（アチモタ学校生の親の職業については、**図1**
参照）。
　アチモタ学校では、初期には6割 (Newlands, Hussey & Vaughan 1932: pp. 28-29)、植
民地時代全体を通しても（1957年にガーナとして独立）、4割近くの生徒が何らかの
奨学金を受けていたという[44]。成績優秀者のための奨学金の他に、将来、地域の
リーダーになることが期待される者のための奨学金もあった。後者は、伝統的首
長、牧師、教師などの子供を対象としており、学校教育の機会がほとんど海岸部
に限定されていた当時において、各地から生徒を集めていた (Williams 1962: p.120)
（生徒の民族構成は表1を参照）[45]。独立期のガーナのリーダーのうち、奨学金でア

15. 「伝統」と文化創造　319

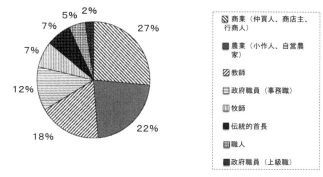

図1　アチモタ学校生の親の職業（1932年）

出典：Newlands, Hussey, and Vaughan 1932, pp.45-46.

チモタに行き、更に奨学金を受けてヨーロッパで高等教育を受けたものが少なくない。ガーナ大学医学部の初代学部長であったエマニュエル・アンフォン、一度大統領を務め、その後亡命した活動家K. A. ブシア、ガーナ大学の学長を務めたA. A. クワポンなどはこうした階層移動者の例である。これは、当時、アチモタと双璧を成していたウェズレー派メソジストの名門男子校・ムファンツィピムとの決定的な相違である。ムファンツィピムは、弁護士や医者などで構成されるナショナリストの牙城であり、彼らが学校運営委員会の主要メンバーとして教育方針を決定していた。アチモタほどの潤沢な資金もなく、アチモタで300名近くが全額または一部奨学金を受けていた時期に（Newlands et al 1932, pp. 28-29）、奨学生は1～2名であった（Boahen 1996, pp.255-270）。授業料が支払えずに退学させられそうになる生徒も少なくなかった[46]。従って、生徒の出身地は基本的に学校の所在したケープコーストとその周辺の海岸部で、親もある程度教育のある中流以上の家庭の子供たちであった（インタビューイーの社会経済的背景については別添1を参照）。

(2) 寮生としての生活

　アチモタ学校の創設者たちが強調したように、寮制度は、アチモタの生活の基本的枠組みであった。ごく一部の例外を除いて、男女ともに、ほとんどの生徒は、寮生であった。ほとんどのインタビューイーは、異口同音に寮制度の一つの利点を述べた。それは、自分の出身とは違う地域から来た、他の言語を話す、あるいは異性の、家庭状況が違う生徒たちと一緒に暮らし、友達になることの利点である。国民の統合は、アチモタの創設者たちの重要な目的の一つであった。インタ

ビューから引用すると、「アチモタは国を一つにした」、「全員が対等に扱われたので、違いを忘れてしまった。そして、自分か最も意識したのは、我々はアチモタ生だということだった」、「卒業しても，学校に対して特別の感情を持ち続けた。アチモタは母校であり、そこを卒業した者は全員、何語を話そうと兄弟だった」といった言葉が、男女ともから発せられた。いずれにせよ、初期の学生は、後の世代よりも直接的に創立者の教育哲学に触れている。したがって、初期の学生が寮制度に寄せる信頼のどの程度までが彼ら白身の信念で、どこからが創立者の考えの受け売りかは判断しにくい。一つ、確実にいえることは、寮制度が国民を統合する利点を強調したのは、アチモタ卒業生だけでなく、ムファンツィピムの卒業生も同じであることだ。つまり、ガーナにおいて、理由はどうあれ、この、寮が持つ統合の利点は広く認められていると言っていいだろう。

　初期のアチモタ卒業生は、手作業やスポーツ、芸術や社会福祉活動などを含む全人教育の利点も述べている。あるインタビューイーは、勉強だけよくできて、スポーツがそうでもないと、「自分は不完全な人間だと思うだろう。一日中本に顔を埋めておくためにスポーツから逃げるようなことを私はしなかった」と述べている。これは、創立者の理念に影響された初期の学生の強迫観念かもしれない。対照的に、同じ頃ムファンツィピムを卒業した人々の多くは、スポーツは好きだったが（インタビューイーの何人かはかなり真剣にやっていた）、学生として彼らが最も重視したものは学業成績だったと述べている。しかし、アチモタにおいてすら、生徒の全人教育への関心は長く続かなかった。 1950 年代に卒業した George は、彼が様々な学問の賞を取ったトップクラスの生徒だったと主張しつつ、スポーツは苦手だったと平然と述べていた。

　最後に、複数のインタビューイーが指摘したのは、文化的影響である。前項で引用したエピソードからも分かるとおり、生徒の一部は、小さな村の出身で、学校に来たときは都会の生活やヨーロッパの文化について何も知らなかった。また、たとえ比較的裕福な家の子供でも、アチモタの文化的影響は多かれ少なかれ感じていた。初期のアチモタ学校は、外の世界にはありえないもので満ち溢れていた。水道、電気、ヨーロッパ人の教師、そして数々のヨーロッパ製品……。従って、生徒たちは、他のアフリカ人から乖離しないように教えられ、伝統的舞踊などのアフリカの文化的活動が行われていたにもかかわらず、アチモタの生活が生徒に与えたヨーロッパ文化の影響は非常に大きかったと言わなければならない。

(3) 共　学

　男性インタビューイーが文化的影響について一般的な言い方をしたのに対し、女性の回答のほとんどは、ヨーロッパ人の家庭生活に関するものだった。一人は、彼女がヨーロッパ人教師の生活スタイル、「家の維持のしかたや白人が妻を扱うやり方をコピーした」と述べた。少なくとも彼女の目には、ヨーロッパの男性は妻をよく扱っているように見え、彼女は、ヨーロッパ風の結婚生活に対する良好な印象が、アチモタの男女学生をして、白人カップルのような結婚生活を望ましめたと考えていた（このインタビューイー自身がアチモタ卒業生と結婚している）。女性たちは、毎週、寮を掃除するときに厳しく指導されたことをよく覚えていた。これは男子も同じようにやっていたはずだが、男性はほとんど思い出さなかった。掃除を見回った後必ず、寮母の先生は、どのグループが一番きれいに掃除したかを発表した。ある女性インタビューイーによると、「自分のグループが一番だったときは、それは大きな歓びを感じたものだ」そうである。別のインタビューイーは、彼女のグループがごみをきちんと片付けなかったときに、「無礼な行為」だと叱られたのを覚えていた。

　もうひとつ、女性インタビューイーしか言わなかったのは、アチモタで教育を受けたおかげで、謙虚さと倹約の態度が身についたというものである。これは、おそらく寮において寮母と生徒の交流の中で伝えられた、女性に限った人格教育の側面であろう[47]。女学生のなかには、卒業後に職業を持って働いた者もいたが、アチモタの女子教育の基本は、彼らをよき妻に育てるということであった。このメッセージを、女学生は非常によく吸収したと言えるだろう。

　卒業生は、男性も女性も共学を高く評価していた。既に述べたように、彼らがアチモタで人生の伴侶を見つけた割合は非常に高い。例えば、ある男性インタビューイーは、アチモタで男女の対等な友情を共に経験した二人の人間が結婚することは望ましいと述べている（彼の妻もアチモタ卒業生であった）。アチモタの共学は、ヨーロッパ風の結婚のあり方やその中で女性が謙虚で倹約家のパートナー（家政婦でなく）の役割を演じることを教え、その結果、それまであった夫婦の関係や家族の概念を変質させる効果があった。アチモタの「適応」教育の矛盾が最も顕著に表れているのは、この女子教育の側面かもしれない。一方で、アフリカの「伝統」へのプライドを持ち続けるようにと教えながら、アチモタは女子生徒たちに、様々な活動を通じて、ヨーロッパ風の結婚生活の価値を伝達した。そうして伝達された結婚観、家庭観は、彼女達と同じようにアチモタや他の高等学校

を卒業した男性との結婚という形で定着され、次世代に伝達されていったのである。

6. むすび

アチモタ学校は、一方では、イギリスのパブリック・スクールの伝統に従い、その儀式や方法論を出来るだけ忠実に再現した。他方、アチモタはアフリカの「伝統」を記録、標準化し、西アフリカの学生の興味とニーズに「適応」した教案や教科書を開発する役目を担っていた。さらにそれと並行する形で、アチモタは、パブリック・スクールにも、アフリカのどの民族にもなかった教育手法も取り入れた。それは、職業訓練のような手作業の科目を多く提供したことと、男女共学にこだわったことである。アチモタをアフリカのリーダーシップ教育の模範校としようという野心と政治的支援があったことが、この学校において、当時、"先進的"教育者が有効と信じたあらゆる要素の混成を可能にした。当時の教育論議のご多聞に漏れず、アチモタに関する議論には「適応」の言葉が数知れずちりばめられている。しかし、実際には、アチモタにおいて、何が何に適応されたかを明確に述べることは難しい。

パブリック・スクールの考え方や儀式も、言われているような中世騎士道に端を発しているわけでも何でもなく、19世紀後半にイギリスの支配階級によって造り上げられたものだった。同様に、ゴールドコーストの部族文化にも純粋に「伝統的」だったり「土着」のものはなく、アフリカの「伝統」文化も造られたのだった。それは、現にあるものから全くかけ離れてもいなかったが、流動的な実態を完全に捉えたものでもなかった。「伝統」を成文化し、定着化させる過程には、イギリス植民地官僚だけでなく、教育者や宣教師、アフリカの首長、知的エリートも関わった。レンジャーが主張するように、これらは、植民地時代の「発明された伝統」の産物であった (Ranger 1983, pp. 261-262)。結局、アチモタ学校の二つの「伝統」——パブリック・スクールの伝統とアフリカの伝統——は、どちらもそこでの教育に直接、間接に関わった人々の想像力によって形成され、それが記録されたり、実践されるなかで独自の実体を持っていったのである。そして、実践の過程では、「適応」という名の変容、要素の追加や削除が常に起こっていた。

初期のアチモタ学校は、文化創造の場であった。アチモタの生徒の六割は何

15. 「伝統」と文化創造　323

らかの奨学金を受けて、広範囲から来ていた。彼らは民族的にも海岸部のチュ
イ、ファンティ、ガ、エウェから、強い伝統的権力基盤を持つアシャンティ、そ
して北部のイスラム教徒など、多様であった。そして、アチモタは、当時アフリ
カにはほとんどなかった共学校でもあった。同じ頃設立された名門校のムファン
ツィピムが、既存の中・上流階級の子弟の教育を行い、階級の再生産機能を果た
していたのに対し、アチモタは、既存のインテリ階層への懐疑心からこそ生まれ
た新しいリーダー養成の学校であり、それゆえに独自の基準で生徒を集めたので
あった。そして、多様なバックグラウンドを持つ生徒は、アチモタ教育者が考え
るリーダー像を内面化しつつ、アチモタで学んだという共通の文化的特性を持つ
新しい階層を形成した。彼らは、逃れようもなく、アチモタで触れたヨーロッパ
の生活スタイルや結婚生活、音楽、文学などの影響を受けていた。また、「アフ
リカの慣習」が日常的に実践されているところから来た生徒にとっては、アチモ
タで教えられる標準化された「アフリカの伝統」は、それ自体、未知のものであっ
た。アチモタにあるヨーロッパ的なものも、そこで教えられる「アフリカの伝統」
も、どちらも生徒のバックグラウンドに本当の意味では適応されておらず、生徒
は、いろいろなところから持ってきた要素を混ぜて発明された「アチモタ文化」
こそを伝達されていたのである。この文化創造の過程においては、パブリック・
スクールとアフリカという二つの「伝統」だけではなく、アメリカの黒人職業教
育の理念や男女共学といった、いろいろな要素が働いていた。

　アチモタは、そうでなければ村を離れることなど一生考えなかったかもしれ
ない多くの若者に社会進出の道を開いた。1957 年の独立後、若い独立国ガーナ
の政界、経済界、学界のリーダーの多くはアチモタ出身者であった。その意味で、
アチモタ創立者が目指したアフリカのリーダー養成という目的は果たされている。
しかし、そこでの教育は、本来継承されるはずだった二つの「伝統」のどちらに
も属さない、全く独自のエリート文化の形成に寄与したと言えるだろう。

注

1　学校の開校にかかる費用は、当初、建設コストが £258,000, その他が年間 £48,806 と
見積もられた。これだけでも既にゴールドコースト政府の教育予算の半分を占めた
が、結果的には、予定した施設の一部は建設をあきらめたにもかかわらず、建設費は
£600,000 以上になった。（Newlands, H.S., Hussey, E. R. J. and W. W. Vaughan 1932. また、
August 24, 1929. Gold Coast Times.）

2　Report on Achimota College 1932, 14. 引用元 , Theo K. Setse, "Foundations of Nation-Building:
The Case of Achimota School," （Legon 1974, p. 42）

324　第2部

3　インタビューは2002年5月から7月にかけて行った（インタビューイーの詳細は別添1を参照）。アチモタ学校設立当初に学校にいた人々で健在な人は非常に限られており、また、健在であっても、同窓会や卒業生同士のつながりが途絶えてしまっている人は発見できない。結局、首都のアクラやセントラル州のケープコースト周辺に在住で、本人または子供が社会的に活発に活動している人に限られることとなった。インタビューできたのは、アチモタ学校卒業者が13名（うち女子5名）、同時期にケープコーストに設立されたメソジスト教会系の名門男子校ムファンツィピムの卒業生10名である。インタビューイーの中には1950年代に学校に通った者も含まれ、必ずしも初期のアチモタ教育を体験したとは言えないケースもあるが、本論では、時代を超えて共通していると思われる学校体験に焦点を絞って分析を行っている。ムファンツィピム卒業者の体験との対比により、アチモタでの体験の特殊性は十分に照らし出せたと思っている。インタビューイーの多くは、独立期のガーナを政治、経済、学問の分野で支えた建国の士であり、学校での経験だけでなく、ガーナ近現代史の証人として様々な視点を提供してくれた。時には2時間に及んだインタビューに、疲れを見せず、親しみを込めて協力してくれたインタビューイー諸氏に深く感謝する。

4　アフリカの知的エリートが大衆と乖離しているという指摘は当時のヨーロッパ人の文献には多くみられる（例えば Governor Guggisberg's address to the Board of education, Minutes of a meeting of the Board of Education, Accra. 26 March 1925. PRO, C096/655.）。イギリスが、アフリカより先に植民地支配を確立したアジアでは、間接統治を有効に機能させるために現地人の高等教育が積極的に進められた。しかし、19世紀末以降、これらの高等教育を受けたエリートを中心にナショナリズムが台頭し、植民地支配を土台から揺るがし始めていた。「アフリカで同じ失敗をしてはいけない」というイギリス植民地行政官に広く共有された認識が、アフリカの知的エリートへの強い懐疑心となって表れていた（J.H.Oldham. Minutes of Meetings of Advisory Committee on Native Education in Tropical Africa. Thursday, March 13, 1924. CBMS-IMC Box 222.; Note by J.E.W.Hood, February 1, 1934. PRO, CO/847/3/15.）。西アフリカの自然環境は白人の居住に適さなかったこともあり、白人の人植が進んだ東・南部アフリカに比べると、西アフリカには白人が少なく、ゴールドコーストでも、19世紀中頃までは、植民地政府のかなりの要職についたアフリカ人もいた。例えば、弁護士のジェームズ・バナーマンは1850年から51年にかけて、イギリス人の植民地総督が休暇で本国に帰っている間、総督代理まで務めた。しかし、バナーマン一族を始め、アフリカ人名士は19世紀末にことごとく追放され（Agbodeka 2002, p. 15）, 20世紀に入って植民地政府内にいたアフリカ人は、事務職かその少し上ぐらいの地位までである。1920年には、上級職採用に関する規定の見直しが行われ、アフリカ人に更に厳しい採用基準となった（Gold Coast Government 1921, p. 40）。この間、ゴールドコーストのアフリカ人官僚の数は減っていないが、アフリカ人の政府内での影響力は劇的に減少していたと見るべきであろう。

5　現在のガーナの国家としての教育制度の基礎が作られたのは、1880年代にイギリスが植民地支配を確立した頃である。しかし、それ以前に、古くは16世紀から、キリスト教伝道団体による教育は行われていた。イギリスは、本国においても教会や慈善家が運営する私立学校を補助金によって支援し、公教育制度に取り込むという「政教

不分離」の手法を取り入れたが (1870年教育法) (Richards 1970)、植民地でも伝道団体を教育政策形成や学校運営に積極的に関与させた (Stanley 1990, p. 155)。したがって、行政官が19世紀までのミッション教育の弊害を指摘したことは、伝道団体に対する攻撃というよりは、宣教師にも共有された問題意識だったと考えるべきであろう。実際、多くの宣教師が植民地教育の見直しの必要性を述べている (Dougall 1937, pp. 208-209; Hetherington 1978, p. 112; Oldham 1934, pp. 50-60)。むしろ、重要な布教の場である学校の運営という既得権益を守るために、伝道団体は積極的に植民地政府の政策決定に関与し、政府の教育需要と自らの布教の目的を整合させようとした。イギリス本国及び植民地の教育政策形成にかかる伝道団体と政府の関係については、筆者の別稿を参照 (Yamada 2008)。

6　王立人類学研究所は、1925年に、設立されたばかりの『熱帯アフリカ原住民教育諮問委員会 (Advisory Committee on Native Education in British Tropical Africa)」に手紙を送り、人類学研究所から諮問委員会に、正式な代表者を出すべきだと提案している。その理由として、手紙には、「人類学者は、フィールドワークを通じてアフリカの原住民について深い知識を持っており、原住民の間でも見た目や内面の発展段階が様々で、教育はそれに合わせたものでなければいけないことを良く分かっている」からだと書いてある。C. G. Seligman, President of the Royal Anthropological Institute, to Ormsby-Gore, Chairman of the Advisory Committee, May 13, 1925. CBMS-IMC Box 223. また、the Institute to the Committee, December 2, 1926. CBMS-IMC Box 222.

7　Interview of Fia Sri II by Nana Ofori Atta, paramount chief of Akim Abuakwa. Evidence given before the Educationists' Committee, July 5, 1922.. Appendix to Sessional Paper I 1924-5: Interim Report of the Educationists' Committee 1922 appointed by His Excellency the Governor, May 23, 1922 (Accra, Gold Coast: Government Press 1922). PRO, CO 98/41.

8　オフォリ・アッタ (1881-1943) はアキム・アブアクワ (Akim Abuakwa：現在のイースタン州) の大首長で、チュイ族。開明派の首長として知られ、多数いた子供の教育のため、家財を売ってまで資金を作ったといわれる。長男のウィリアム・オフォリ・アッタは最初期のアチモタ卒業生の一人。フィア・スリの詳細は不明。

9　ラスボーンは同様の議論を別の著書でも行っている (Rathbone 1994, p. 6)。

10　Minutes of Legislative Council, February 15, 1929. PRO, CO 98/54.

11　複数の首長の上に立つ、部族の最高位を大首長 (Paramount Chief) という。

12　Appendix VBI, Letter from the Hon. The Omanhene of Akim Abuakwa, Educationists' Committee Report 1920 (Accra, Gold Coast: Government Printing Office 1920). PRO, CO 98/27.

13　彼らはムファンツィピム学校運営委員会のメンバーであった。また、ケイスリー・ヘイフォードは、オフォリ・アッタとともに、ゴールドコースト教育委員会 (1920年設立) のアフリカ人メンバーとして委員会設立当初から30年代初期まで活躍した。オフォリ・アッタ、ケイスリー・ヘイフォード、E. J. P. ブラウンらは、ゴールドコースト植民地議会にも非常任メンバーとしてしばしば参加し、教育を含む様々な事柄について発言している (PRO, CO98 Minutes of the Legislative Council)。

14　「ファンティ族の事物に回帰する」ことを意味する。S. Tenkorang, "The Founding of Mfantsipim 1905-1908," Transactions of the Historical Society of Ghana, Vol xv (ii), 1974, 165.

326 第2部

引用元，Quist,1999, pp. 64-65.

15 また、2002 年夏に筆者がムファンツィピム卒業生に行ったインタビューでも、複数の卒業生が、学校行事の日はケンテを着たと述べている。

16 Sessional Paper I 1924-5: Interim Report of the Educationists' Committee 1922 appointed by His Excellency the Governor, May 23, 1922 (Accra, Gold Coast: Government Press 1922). PRO, CO 98/41.

17 同上。

18 フレーザー自身、唯一のゴールドコースト出身者であるジェームズ・アグレー、歴史教師のワードを含む新卒教員 4 名の計 6 名 (Ward 1991, pp. 11-13)。ジェームズ・アグレーは、ゴールドコーストでウェズレー派(メソジスト)教会の学校に通ったのち、A. M. E. ザイオン教会によってアメリカのリビングストン・カレッジに送られた。その後、コロンビア大学ティーチャーズ・カレッジの博士課程に在籍しているときに、ニューヨークのフェルプス・ストークス財団が 1920 年に派遣したアフリカ教育調査団に参加した。このことで「高等教育を受け、洗練されたアフリカ人教育者」としての名声を獲得したアグレーは、ゴールドコースト植民地総督のグギスバーグやフレーザーに請われ、唯一のアフリカ人上級スタッフ(副校長補佐)としてアチモタ学校の設立に加わった。また、フレーザーは、アチモタの教員を採用するにあたり、オックスフォード、ケンブリッジ大学を訪問し、直接人選を行っている。アチモタに関する多くの著作を残した W. E. F. ワードはこのとき採用された教員の一人である。

19 アフリカの生活と伝統にワードがどのように接し、理解したかについては、Ward 1991 を参照。

20 出典には "Traditional folk-songs" とあり、どのエスニック・グループかは不明だが、アチモタ教員が主に調査したのは、アカン語族(ファンティ、チュイ)圏だったと思われる。

21 Sessional Paper I 1924-5: Interip Report of the Educationists' Committee 1922 appointed by His Excellency the Governor, May 23, 1922 (Accra, Gold Coast: Government Press 1922). PRO, CO 98/41. ま た、Report of the Achimota Third Educational Conference held on 20th and 21st December, 1928 (Accra, Gold Coast: Government Printing Office 1929), 30. Achimota School Library.

22 同上。

23 マンガンの調査では、1899 年から 1952 年の間にスーダンの政治担当部(Political service) に雇われた行政官の 84%はパブリック・スクール出身であった (Mangan 1986, pp. 79-84)。また、フバードの報告では、1900 年から 1940 年の間にナイジェリアの北部州に雇われた教育行政官 60 名のうち、51% はパブリック・スクールとみなしうる教育機関を出ている (Hubbard 2000, p. 29)。レンジャーは、圧倒的な数のパブリック・スクール卒業者が拡散したことは、イギリスの道徳観や伝統を、植民地生活の様々な側面に浸透させる役割を果たしたと述べている (Ranger 1983, p. 215)。

24 Francis Duckworth, From a Pedagogue's Sketch Book (London: Chatto and Windus 1912), 68, 引用元，Mangan 1987, p. 138.

25 トム・ブラウンの学校は、名門パブリック・スクール、ラグビー (Rugby) 校をモデルにしているといわれる (Hughes 1971, first published in 1857)。

15.「伝統」と文化創造　327

26　J. E. C. Welldon, Recollections and Reflections（Cassell 1915），180，引用元，Mangan 1986, p. 38.

27　British Scout Archives, Box D., Cadets 1910-16. Article on Cadets and Cadet training, 1916, 引用元，Rosenthal 1986, p. 90. また、Springhalt 1977, p. 53.

28　Report of the Education Department 1920-30, 70. PRO, CO 98/55.

29　A. G. Fraser, "With regard to the character-training at Achimota," 146.cited in Sir Gordon Guggisberg, The Gold Coast: A Review of the Events of 1924-5 and the Prospect of 1925-6. PRO, CO 98/45.

30　アチモタと同様にパブリック・スクールをモデルとするリーダー養成の学校は、英領アフリカ各地に作られた。後に大学になったウガンダのマケレレ・カレッジ、北ローデシア（南部アフリカ）の聖マーク・カレッジ、ナイジェリアのカティナ・カレッジなどはその例である。（Hubbard 2000; Mangan 1987）

31　全て地名。クマシは内陸のアシャンティ族の首都で、当時のゴールドコースト植民地では北部に属する。アクラは現在の首都（アチモタからも近い）で、海岸部に位置する。ボルタはトーゴとの国境方面（東）、プラーは西部。

32　今日、アチモタ学校の校歌は、ゴールドコーストから独立国ガーナになって拡大した領土を反映して、最初と最後の部分の地名が変わっている。現在は以下のようになっている。

　　ガンバガからアクラまで
　　ウィアセからケタまで
　　…
　　アチモタ──

33　アボデカの引用による（Agbodeka 1977, p. 66）。

34　Report of Education Department 1935-6, 47-8. PRO, CO 98/67.

35　A. G. Eraser, Letter to Prayer-Helpers No.56, September 29, 1930.　Rhodes House Library, Mss BritEmp.s. 283 Frascr.

36　2002 年夏のアチモタ学校卒業生（Ekim）とのインタビューによる。Ekim は、1927 年に最初の幼稚園児として入学した者の一人で、最初期のアチモタ教育理念を体験した数少ない生存者である（詳細は別添 1 を参照）。

37　Minutes of the Board Meeting, the Phelps-Stokes Fund, November 19, 1924, the Phelps-Stokes Fund Collection, New York.

38　Sir H. Read, Comments on Guggisberg's letter to the Undersecretary of State, Colonial Office. April 30, 1923. Re: Achimota Secondary School. PRO, CO 96/641.

39　Agbodeka 1977, pp. 82-83.

40　Minutes of Conference on the Education of African Women. July 21, 1925. CBMS-IMC Box 207.

41　Notes of a meeting on the Education of Women and Girls in Africa. January 5, 1927 at Edinburgh House Gold Coast. CBMS-IMC Box 207.

42　例えば、1932 年のアチモタ学校年次報告では、高等学校の男子の授業料が 50 ポンドであるのに対し、女子は 40 ポンドとなっている（Newlands, Hussey & Vaughan 1932, p. 28）。筆者が面談した女子卒業生は、兄弟が既にアチモタに就学していたり、学校創

328 第2部

立者と親が個人的に接点があった、などの理由で就学しており、沿海都市部エリート家庭の子か伝統的首長の近親者である。アチモタの生徒数の変遷を見ると（表5）、年度ごとに女子生徒の割合が乱高下しているが、1932年の時点では、中学生の約4割、高校生の4分の1が女子生徒である。1836年に設立されたウェズレー派（メソジスト）の女子校があったが、そこでも中・高等学校レベルの生徒は数人で、アチモタと合わせても、当時のゴールドコーストにおける女子中・高校生の数は男子の50分の1以下（表4）であった。

43 アチモタ卒業生（George）との2002年のインタビューによる。

44 アチモタで1945～48年と1953～57年に教員をしていたK.B.との2002年のインタビューによる。

45 但し、女子に関しては、先述のとおり、就学機会が男子よりさらに限定されており、また、社会一般の通念として、女子を就学させることはあまり支持されていなかった。また、アチモタ学校側も、将来のリーダーとして、男子を優先したと思われる。従って、女子がアチモタで教育を受けたことで階層移動したと思われる事例は殆どない。

46 インタビューイーの一人、Kofiは、授業料支払いが滞っていたために、成績の如何にかかわらず進級させないと校長に言われていた。しかし、中距離走が早かったために、体育教師が校長にとりなしてくれて、危うく退学を逃れた。このときスポーツを頑張っていたことが自分の人生を救ってくれたと彼はインタビューの中で述べている。

47 ゲイツケルは、植民地時代の南アフリカの女子の職業教育クラスで、ビクトリア朝的キリスト教的な正しい家族生活の概念が暗黙のうちに伝えられたと報告している（Gaitskell 1984）。フランス領アフリカでの女子教育の同様の分析についてはバーテルを参照のこと（Barthel 1985）。

15. 「伝統」と文化創造　329

別添1　インタビュイー　一覧

名前(仮名含む)	学校名	性別	入学年	卒業年	出身地	卒業後の職業、親の職業
Ekim	アチモタ	男	1927年(幼稚園)	1940年(高等学校)	セントラル州	高校教師（インタビュー当時在職）。父がアチモタ創設者と知り合い。
Francis	アチモタ	男	1930年代		ボルタ州	アチモタ教師を経て大学教官（歴史学）。
Dave	アチモタ	男	1927年(幼稚園)	1938年(高等学校)	ソルトポンド（セントラル州）	実業家、ガーナ商工会議会長。父がアチモタ創設者と知り合い。
Emmanuel	アチモタ	男	1935年(高等学校)	1939年(高等学校)	アクアピム（イースタン州）	奨学金でアチモタに入学。英国で医学博士取得。医師、ガーナ大学医学部長
George	アチモタ	男	1950年代　後半		アクラ	弁護士
K.B.	アチモタ	男	1938年(中学校)	1945？（高等学校）	アクラ	アチモタ教師、外交官
Robert	アチモタ	男	1946年(中学校)	50年代前半（？）（大学前期課程）	ケタ（ボルタ州）	アチモタ教師（校長を務めた後、退職）
John	アチモタ	男	1947年(中学校)	50年代前半（？）（大学前期課程）	ケタ（ボルタ州）	実業家
Mareline	アチモタ	女	1933年(中学校)	1945？（教員養成校）	マンポン（イースタン州）	アチモタ補助教員、女子校教師を経て、Dave の妻
Rebecca	アチモタ	女	1937年(小学校)	1949年(高等学校)	クマシ（アシャンティ州）	アシャンティ首長の近親者。夫はガーナ大学の会計士。
Cathleen	アチモタ	女	1931年(幼稚園)	小学校から高校まで他校。1937～40年、アチモタ教員養成校	アクラ	父は植民地政府大蔵省の会計士。短期間教師を務めた後、アチモタ教師であった夫と結婚。夫は経済学者。
Mary	アチモタ	女	1933年(中学校)		アクラ	アチモタ卒業後に薬学を学び、イギリスで看護の勉強をした。父は裕福な土地所有農家。夫はアチモタ卒業生でCathleen の兄弟。
Jane	アチモタ	女	1934年(中学校)	1941年(教員養成校)	アキムオダ（イースタン州）	父は伝統的首長の補佐官。アチモタ卒業後、結婚まで教師。
Sydney	ムフアンツィピム	男	1947年	1951年	ンサワム（イースタン州）	父はカカオ農家。ムフアンツィピム卒業後、アチモタ教員養成校。教員を経てアメリカ留学。専門は牧畜。
John	ムフアンツィピム	男	1928年		ケープコースト（セントラル州）	父は仕立て屋。保健省の主席薬剤師を務めた後、引退。
Kofi	ムフアンツィピム	男	1930年代		セコンディ（セントラル州）	アチモタ幼稚園に入ったが、9歳で父を亡くした。ムフアンツィピムでは学費未納で度々休学。郵便局に勤務の後、メソジスト教会でカウンセラー。
Earnest	ムフアンツィピム	男	1941年	1946年	シヤマ（セントラル州）	英国国教会の奨学金でムフアンツィピムに行った後、ゴールドコースト大学の最初の入学者の一人となる。父は牧師。英国で物理学博士を取得、政府機関で勤務の後、神父。
Kwame	ムフアンツィピム	男	1939年		クマシ（アシャンティ州）	政府・会計検査院で勤務の後、ゴールドコースト大学の最初の生徒の一人となる。内閣官房長を務め、引退。
Albert	ムフアンツィピム	男	1944年	1948年	タルクワ（セントラル州）	父は、裕福な金属加工師。アチモタ、ガーナ大学で教鞭を取る。政治家、教育大臣を歴任。ロンドン大学博士。
Brew	ムフアンツィピム	男	1944年	1949年	ケープコースト（セントラル州）	父は教師。ガーナ大学から教育学修士号を取得。米国で神学博士号取得。ガーナ教育サービス（GES）次官を経て、メソジスト教会事務局長。
James	ムフアンツィピム	男	1935年	1939年	ケープコースト（セントラル州）	オランダ人、イギリス人との混血。英国留学の後、上級公務員。土地資源省、財務省、産業省、労働省などを経て、ボルタ川開発公社の代表の後、引退。
Kwesi	ムフアンツィピム	男	1943年	1948年	ケープコースト（セントラル州）	父は牧師。ガーナ大学を経て、英国で神学を学ぶ。その後ガーナ大学教授。
Joe	ムフアンツィピム	男	1950年代　後半		アクラ	経済研究所長。

330 第2部

参考文献

史料：

英国公文書館 (PRO)

- CO 96 Gold Coast Correspondence.
- CO 98 Gold Coast Sessional Papers and Reports.
- CO 847 General Africa Correspondence.

ロンドン大学東洋アフリカ研究所 (School of Oriental and African Studies (SOAS), University of London)

- The Conference of British Missionary Society and the International Missionary Council Archives (CBMS-IMC).

オックスフォード大学ローズハウス図書館 (Rhodes House Library, Oxford University)

- Mss Brit. Emp.s. 283 Fraser.

アチモタ高校図書館

- Report of the Achimota Third Educational Conference held on 20th and 21st December, 1928. Accra, Gold Coast: Government Printing Office, 1929.

フェルプス・ストークス財団 (Phelps-Stokes Fund, New York)

- Minutes of Board Meetings.

新聞

-Gold Coast Times

二次的文献：

Agbodeka, Francis, (1977) *Achimota in the National Setting: A unique educational experiment in Westt Africa*. Accra: Afram publication Ltd.

Agbodeka, Francis, (2002) "Education in Ghana: Yesterday and Today", *Ghana Studies* 5: 1-25.

Baker, Melvin, C., (1955) *Foundations of John Dewy's Educational Theory* (first Atheling ed.) . New York, Atherton Press.

Barthel, Diane, (1985) "Women's Educational Experience under Colonialism: Toward a Diachronic Model", Journal of Women in Culture and Society 11 (1) : 137-154.

Blumer, R.C., vice principal of Achimota, (1933) *The Case for Achimota*, Achimota: The College Press.

Boahen, A. Adu, (1996) *Mfantsipim and the Making of Ghana: A Centenary History, 1876-1976*, Accra, Ghana: Sankofa Educational Publishers.

Bourdieu, Pierre, (1974) "The School as a Conservative Force", In J. Eggleston (Ed.) , *Contemporay Research in the Sociology of Education*, London, Methuen.

Bowles, Samuel & Gintis, Herbert, (1975) "The Problem with Human Capital Theory - A Marxian Critique", *The American Economic Review* 65 (2) :74-82.

Casely Hayford, J.E., (1903) *Gold Coast Native Institutions*, London.

Curti, Merle, (1978 (first published in 1935)) *Social Ideas of American Educators*, New Jersey, Littlefield, Adams & co.

Dougall, J.W.C., (1937) "The Relationship of Church and School in Africa," *International Review of Missions* 26: 204-214.

Gaitskell, Deborah, (1984) "Upward All and Play the Game: The Girl Wayfarers' Association in the

Transvaal 1925-1975", In P. Kallaway (Ed.) , *Apartheid and Education: The Education of Black South Africans*, Johannesburg, Ravan Press.

Gardner, Booker, T., (1975) "The Educational Contribution of Booker T. Washington", *Journal of Negro Education* 44 (4) : 502-518.

Gold Coast Government, (1921) Report of Committee of Enquiry on the Native Civil Service (Sessional Paper VII 1920-21) , Accra.

Hethcrington, Penelope, (1978) *British Paternalism and Africa 1920-1940*, London, Frank Cass and Company Ltd.

Hubbard, James, P., (2000) *Education under Colonial Rule: A History of Katsina College: 1921-1942*, Lanham, University Press of America, Inc.

Hughes, Thomas, (1971, first published in 1857) *Tom Brown's Schooldays*, Harmondsworth, Penguin.

Jones, Thomas, Jesse, (1922) *Education in Africa: A Study of West, South, and Equatorial Africa by the African Education Commission, under the Auspices of the Phelps-Stokes Fund and Foreign Mission Societies of North America and Europe*, New York, Phelps Stokes Fund.

Lugard, Lord, F.D., (1925) "Education in Tropical Africa", *The Edinburgh Review*, July.

Mangan, James, A., (1986) *The Games Ethic and Imperialism: Aspects of the Diffusion of an Ideal*, Middlesex, Viking.

Mangan, James, A., (1987) "Ethics and Ethnocentricity: Imperial Education in British Tropical Africa", In W.J. Baker & J.A. Mangan (Eds.) , *Sport in Africa: Essays in Social History*, New York, Africana Publishing Company, pp.138-171.

McClure, Arthur, F. James Riley Chrisman, and Mock Perry, (1985) *Education for Work: The Historical Evolution of Vocational and Distributive Education in America*, New Jeursy, Associated University Presses.

McWilliam, H.O.A. & M.A. Kwamena-Poh, (1975, first published in 1959) *The Development of Education in Ghana*, London: Longman.

Newlands, H.S., E.R.J. Hussey, & W.W. Vaughan, (1932) *Report of the Committee appointed in 1932 by the Governor of the Gold Coast Colony to inspect the Prince of Wale's College and School, Achimota*, London, The Crown Agents for the Colonies.

Oldham, J, H ., (1934) "The Educational Work of Missionary Societies", Africa 7: 47-59.

Oldham, J.H. & B.D. Gibson, (1931) *The Remaking of Man in Africa, London*, Oxford University Press.

Quist, Hubert, O., (1999) Secondary Education and Nation-Building: A Study of Ghana, 1951-1991, Unpublished Ph.D. Dissertation, Columbia University, New York.

Ranger, Terence, (1983) "The Invention of Tradition in Colonial Africa", In E. Hobsbawm & T. Ranger (Eds.) , *The Invention of Tradition*, Cambridge, Cambridge University Press.

Rathbone, Richard, (1993) *Murder and Politics in Colonial Ghana*, New Haven, Yale University Press.

Rathbone, Richard, (1994) *The Conservative Nationalist Tradition in Ghana*, Boston, African Studies Center, Boston University.

Richards, N.J., (1970) "Religious Controversy and the School Boards 1870-1902", *British Journal of Educational Studies* 18: 180-196.

Rosenthal, Michael, (1986) *The Character Factory: Baden-Powell and the Origins of the Boy Scout Movement*, New York, Pantheon Books.

332　第2部

Rubinstein, David, (1969) *School Attendance in Lonon, 1870-1904: A Social History*, Hull, England, Hull Publishers Ltd.

Sarbah, J. Mensah., (1897) *Fanti Customary Laws*, London.

Sarbah, J. Mensah., (1906) *Fanti National Constitutions*, London.

Sivonen, Seppo, (1995) *White-Collar or Hoe Handle: African education under British colonial policy 1920-45*, Helsinki, Suomen Historiallinen Seura.

Springhall, John, (1977) *Youth, Empire and Society: British Youth Movements, 1883-1940*, London, Croom Helm

Stanley, Brian, (1990) The Bible and the Flag: Protestant missions & British imperialism in the nineteenth & twentieth centuries, Leichester, UK, Apollos.

Wallbank, T. Walter, (1935) "Achimota College and Educational Objectives in Africa", *Journal of Negro Education*, July.

Ward, W.E.F., (1991) *My Africa*, Accra, Ghana University Press.

Williams, C. Kingsley, (1962) *Achimota: the Early Years 1924-1948*, Accra, Longmans.

Yamada, Shoko, (2008) "Politics of Educational Transfer: Reexamining the influence of American black industrial education model on British colonial education in Africa", *Comparative Education*, vol.44, No.1, pp.21-37.

Yamada, Shoko, (2018) *'Dignity of Labour' for African Leaders: The Formation of Education Policy in British Colonial Office and Achimota School on the Gold Coast*, Langaa Publishing.

研究方法

解題：国際教育開発と比較教育学研究の可能性──映画「ラス
カル・プランギ」によせて──

西野節男

　本稿は紀要編集委員会からの依頼で、学会誌(42号)の「公開シンポジウム
(特集)」に書いたものである。大会準備段階で公開シンポジウムのお話があっ
た時に登壇を辞退させていただいており、その罪滅ぼしの意味もあって仕方
なく引き受けた。題目からも一目瞭然だが、本稿は地域研究の論文ではない。
シンポジウムのテーマにかまけ、インドネシア映画の鑑賞に事寄せて「地域
研究」讃歌が出来ないかと考えて書いてみた。シンポジストを辞退し、シン
ポも真面目に聴いていなかった私が、シンポのテーマに直球で応えるのは無
謀と判断し、苦肉の策で投げ返したカーブ球が本稿である。

　副題のインドネシア映画「ラスカル・プランギ(虹の仲間たち)」は、アンド
レア・ヒラタの同名の小説を、リリ・リザ監督が映画化したものである。ジャ
ワ海に浮かぶブリトン島という小さな島の廃校寸前の小さな学校が舞台で、
個性豊かな生徒たちと心優しき女性教師の挑戦と交歓が織りなす心温まる物
語である。実際のブリトン島ロケによる映像も美しく「東南アジア」映画の
魅力を堪能できる。2008年後半に大ヒットした映画で、原作の小説はイン
ドネシアだけでなくマレーシアでも多くの読者に好んで読まれた。

　それはなぜなのか？　インドネシア語とマレーシア語が翻訳を介さずに相
互に理解可能ということに加えて、ブリトン島の地域性が、ジャワ中心にイ
メージされる「インドネシア国」よりも寧ろ「マレーシア」に近しい感覚を喚
起させることも一因ではなかったかと思う。民族構成と文化の面で、また錫
採掘にまつわる歴史の点からも、そして地理的にもブリトン島はジャワでは
なくマレーシアに近く、マレー世界の一部としてのイメージが強く表出され
る。文学と映像芸術(映画)が国境を越えて、近代国家で分断されない「地域」
や「共同体」を想起させる一つの例としても、あらためてその魅力を感じて「ラ
スカル・プランギ」を取り上げてみた。

　両国の間ではなお国境問題が潜在し、歴史と文化・芸術をめぐっても時に、
お互いが自国のものを主張する所有権争いが起きたりもする。振り返ってみ
れば、マラッカ海峡を境に地域(マレー世界)を二つに分断する契機になった

のは、1824年の英蘭条約 Anglo-Dutch Treaty であった。イギリスとオランダの間で、マレー半島側とスマトラ側に支配区域をわけ、その後、それぞれが宗主国の近代的な諸制度を持ち込むことにより、マレーシア（英領馬来）とインドネシア（蘭領東印度）としての実質的な差異化が進行した。

『想像の共同体』で知られるベネディクト・アンダーソンは、スマトラの住民が何千マイルも遠く東に離れ、民族、言語、宗教を異にするアンボン人を同胞とみなし、他方、狭いマラッカ海峡を隔てるだけで言語、宗教、慣習などを共有するマレー人を外国人と見なすようになったことに注目する。「インドネシア」と「マレーシア」という空間が人々の意識に存在するようになるのは、植民地支配によって中央集権的で階層構造を持つ近代的な学校制度が形成され、版図を限定する地図上で植民地の中心に向かう旅——「教育の巡礼」——を続ける仲間が同じ学校経験を共有するようになって以降のことであり、それが「ナショナリズム」の生成に繋がったとアンダーソンは指摘する。

国家と国境をどう捉えるかは地域研究において避けられない問題であるが、本稿ではそれを基調とはせずに、地域研究者としての専門性と専門的な知見について振り返ってみた。映画の舞台となったガントンの私立ムハマディア小学校はイスラーム改革派の組織ムハマディア系列の学校である。そして映画は1974年、1979年、1999年の三つの時期で描かれる。ハルファン校長の言葉にはイスラームの歴史上の説話が取り上げられ、イスラームの考えと理念が込められる。時代背景も興味深いことに、世界を震撼させた1979年のイラン・イスラーム革命を境とした前と後であり、インドネシアでは開発政策がやみくもに推進された時期と、その後のイスラームの主流化が進行した時期にあたる。それがどのように描かれているのか？　地域研究の専門家を目指し雑多な情報まで頭に入れて映画をみてみると、地域にかかわり始めた頃とは少しは違った（ある意味で豊かな？）見方ができるようになったかもしれない。地域研究は現地調査に限らず、（文学や映画も含めて）文献と対話し映像を見つめることを通して深めることができ、地域性と歴史に無自覚な現地調査・事例研究に陥らないように心したいとも考え，妄想にふけって纏めたのが本稿である。

研究方法

16. 国際教育開発と比較教育学研究の可能性
——映画「ラスカル・プランギ」によせて——

西野節男

はじめに

インドネシア映画のタイトル「ラスカル・プランギ」Laskar Pelangi (Rainbow troops) は「虹の一団」あるいは「虹の仲間たち」とでも訳せばよいであろうか[1]。インドネシアの一つの島にある消滅寸前の小さな小学校を舞台とした映画である。昨年 (2009 年) の夏、私は徹夜あけで乗り込んだシンガポール行き SQ の機内オンデマンドでこの映画を見つけ、眠気を忘れて見入ってしまった。2008 年後半に大ヒットした映画で、アンドレア・ヒラタ Andrea Hirata の同名の小説を、リリ・リザ Riri Riza 監督が映画化したものである[2]。原作の小説はインドネシアだけでなくマレーシアでも多くの読者に好んで読まれた。著者アンドレア・ヒラタのデビュー作だが、その後、続編 3 編が出版され 4 部作「テトラロギー」[3] として書店の棚にならぶ。

　シンポジウムやセミナーなどで、私は壇上で繰り広げられる議論を耳にしながら、実は他事に思いをめぐらすことも少なくない。今大会シンポジウムに限っては真面目に傾聴するつもりでいたのだが、この映画「ラスカル・プランギ」のことを思い出しながら、あれこれ妄想に耽ってしまった。比較教育学における地域研究の面白さとはなんだろうか。地域研究にどのような意味があるのか。教育開発研究は比較教育学に何をもたらしてくれたのだろうか。また教育開発研究と比較教育学は地域研究を通して共振し、あるいは接合していけるのだろうか。

出典：「国際教育開発と比較教育学研究の可能性―映画「ラスカル・プランギ」によせて」日本比較教育学会編『比較教育学研究』第 42 号、2011 年、124-139 頁。

336 第2部

1. 途上国(非先進国)の教育情報

比較教育学会大会において国際教育開発に関する発表件数が増加し、途上国の教育に関する情報が手軽に得られるようになったのはありがたい。アフリカ諸国をはじめとして、以前は取り上げられることの少なかった国や地域が調査研究の対象となり、それも潤沢な財源と組織力があって初めて可能になる定量的で総合的なデータに基づいた研究成果として提供される。地域的な広がりだけでなく、教育開発研究における援助の事業内容や評価の話も、そして用いられる独自の手法も含めて、比較教育学の領野が拡大されてきたことを実感する。

しかし、他方で、開発研究の隆盛・蓄積が途上国(非先進諸国)に対する画一的なイメージを拡大・強化してきたようにも思える。受け手の側の問題かもしれないが、途上国(非先進国)に関する潜在的に多様な研究の可能性が浸食される面もあるのではないか。比較教育学において地域研究を深化させていくのは、研究者個々にとって言語の習得、先行研究の渉猟、長期のフィールドワークなど時間的・費用的な負担の面からも容易なことではない。グローバル化の圧力の前に、地域研究にいかに取り組んでいくか腐心せざるをえない昨今であるが、インドネシアの一つの島の廃校寸前の学校を舞台とした映画「ラスカル・プランギ」を観て、あらためて比較教育学における地域研究の可能性に思いを馳せたくなった。

2. 映画「ラスカル・プランギ」

(1) あらまし

1974年、ブリトン島 Belitong の小さな私立小学校 SD Muhammadiyah Gantung で新しい学年が始まろうとしている。宗教と道徳の教育を重視し、貧しい子どもも安い費用で学べる学校であるが、生徒数の減少から存続の危機に直面している。新1年生を受け入れてクラスを設けるには10名の生徒が集まらなければならないと、あらためて教育庁からの達しがあった。9名の新入生が集まるが、あと一人が来ない。ハルファン校長と新任の女性教師ムスリマはやきもきしながら待つ。11時になって校長がなかば諦めかけた時、障害をかかえ年嵩で大柄のハルンがよろよろと走ってくる。この例外的な新入生1名のおかげで、何とか新しいクラ

ス（学年）がスタートできたのであった。最初に学校にやってきた漁師の息子リンタン、国営錫鉱業 PN Timah の従業員を父にもつイカル、いつもラジオを首にぶら下げ音楽に浸るマハル、ただ一人の女子生徒サハラ、華人系のア・キオン、他にシャハダン、ブレグ、トラパニ、クチャイ、そしてハルンらの個性的な子どもたちを主人公に描かれる。

　5年後の 1979 年、新しいクラスは開設されず、10 人の生徒たちが最後の 6 年生になろうとしていた。ある日、巨岩が立ちならぶ海岸に行って虹を見つめる子どもたち。教師ムスリマはかれらに「ラスカル・プランギ」と大声で呼びかける。廃校寸前の小さな学校の対極に置かれるのが、国営錫鉱業付設小学校 SD PN Timah である。錫の採掘に沸くブリトン島で、工場の塀の中にある小学校であり、施設・設備も整い生徒も多い。生徒たちは学年末試験「ウランガン」を国営錫鉱業付設小学校に行って受験することになる。貧しさゆえのサンダル履きを恥ずかしがる生徒、試験で答案用紙に猫の絵をかくハルン。そして試験がおわったあと、生徒たちはそれぞれに学年末の休みを楽しみ、親の仕事を手伝う。6 年生になって、教師の一人バクリが去り、ハルファン校長とムスリマだけになる。プレスタシー（誇れるような成績）がないから人々も学校に関心をもってくれないとのバクリの言葉が、独立記念日を祝うカーニバルへの初めての参加を決断させる。マハルのアイデアと優勝、その後の錫鉱業付設小学校からの裕福な女子生徒フロの転入、フロの転入でもたらされる子どもたちの神秘主義（クバティナン）[4]への興味と冒険、そしてハルファン校長の突然の死、それを乗り越えて学校対抗クイズ・コンテストへの参加とドラマチックな優勝、その直後、仲間のリーダー的存在であったリンタンが父を亡くし、学校に来られなくなる。そして、ある哀しさと虚しさの中に学校生活の幕が閉じられる。

　それから 20 年が経過した 1999 年には錫鉱山のブームは過ぎ去り、ブリトン島は落ち着きを取り戻している。島に戻ってきたイカルは町でリンタンにあう。リンタンは自分の娘が学校で学んでいる姿をイカルに見せる。学びたくても学べなかった自らの夢を娘に託して。その後、ソルボンヌに留学したイカルからリンタンに「諦めるな、友よ」とだけかかれた絵はがきが届く。それを見ながらリンタンは娘に「イカルおじさんのように地の果てまで虹を追い続けなさい。決して諦めずに」と語る。映画は 20 年前の教室で六信を唱和する場面にフラッシュバックし、エンディングを迎える。

(2) ハルファン校長の語り―ムハマディア小学校と教育の理想―

　ハルファン校長が学校の教育理念について語るくだりがある。その一つが教育部の役人であるズルに語る科白である。6年生の1学年だけになってしまった学校について、ズルは「生徒10名、教師3名だけの学校をなぜこうも頑張って守っていこうとするのか。これから学校の費用、教師の給与はどうやっていくのか」と校長に問いかける。それに対して校長は答える。「この学校は宗教教育、道徳教育を行う学校であって、カリキュラム通りにやるだけの学校ではない。優れているかどうかは点数や成績だけでは測れない。心でも測られなければならない」と。そして、日頃から学校のことを気づかってくれるズルに対して、「どうして気づかってくれるのか。地位を得て権力を握り裕福になった人間は己を忘れてしまう。すべての方法を良しとして、富と権力をさらに増大させようとする。必要とあれば、国のすべての富を自分の家族のものにする。しかし、あんたは違う。それはあんたがジョグジャの同じ学校(すなわちムハマディヤ学校)を出たからだ。だから、この学校を閉鎖するわけにはいかないんだよ」と言う。ズルは頷き、学校に対する補助として米を届けることを約束する。低い教員給与を米の現物補助で補うのは、当時は一般的なものであった。また、「すべての方法を良しとする」という時に、「ハラール」(イスラームで許容されること)を語根とする「ムンハラールカン」(menghalalkan)という言葉を使っている。

　もう一カ所は、ハルファン校長が戸外で子どもたちを教えるシーンである。313名のイスラーム軍が、完全な武器をもつ何千というクライシュ族の軍を打ち破った話[5]にふれ、「強さはイマーン(信仰)によってつくられる。軍隊の数ではないのだ。信念を強くもちなさい。君たちは真摯に生きなければならない。崇高な目標を達成するために強い意志をもたなければならない。どんな苦境と困難に出会おうとも勇気をもち続けなさい」。そして「できるだけ多くのものを与えるために生きなさい。できるだけ多くのものを受けとるためではなく」と締め括る。校長はイマーン(信仰)の強さについて子どもたちに説く。

(3) プレスタシー(誇れる成績)をめざして

　生徒たちには5年間の学校生活でプレスタシー(誇れる成績)と言えるものが何もなかった。そこで前記の通り、最後の学年で二つのイベント、すなわち独立記念日のカーニバルと、学校対抗のクイズ・コンテストに挑戦することになる。

　カーニバルへの参加では、ラジオをいつも首に下げ音楽(芸術)の才に富むマハ

ルにリーダーの役目が与えられる。お金は用意できないという校長の言葉を受けて、マハルはまわりの自然に目を向ける。そして裸の体を黒く色付けし、大きな木の葉で頭と腰を飾り、独創的なダンスを披露する。その斬新さが人々にインパクトを与え、錫鉱業附属小学校のお金をかけたドラムバンドの連覇を阻んで、優勝トロフィーをえる。

カーニバルの後、フロが転入してきたが、教師の一人バクリが去り、ハルファン校長とムスリマだけになる。さらに校長の突然の死で、失意のムスリマは学校を維持する気力を失う。しかし、リンタンが自ら学ぶことを仲間に説き、子どもたちだけで学習が再開される。学校に戻った教師ムスリマは生徒たちが自主的に学んでいる姿を見て感動を覚える。学校対抗クイズ・コンテストでは、頼りとするリンタンが得意の数学で次々に点数をかせぐ。ついに優勝を決する最後の問題は、主催者側が用意した答えが間違っていた。リンタンに正しい解の導き方を説明する機会が与えられ、劇的な優勝をとげる。こうして二つ目のトロフィーを手にいれたのだった。プレスタシー（トロフィーの獲得）が一つの軸になった描写に、インドネシアの学校生活の特色をうかがうことができる。今もインドネシアの学校には、校長室や玄関にトロフィーがならべられているが、これは学校の卓越さを示すものであり、また生徒たちの頑張った証でもある。

映画には感動の場面が随所に盛り込まれている。南スマトラの沖、ジャワ海に浮かぶ島の小さな学校に学ぶ生徒の物語（映画）が観る者をなぜ、かくも感動させるのか？ 私自身、これまでインドネシアを一つのフィールドにし、学校教育についても何度か文章にしてきたが、この映画を観ると自らの記述の無力さを痛感せざるをえない。もちろん、学術研究（らしきもの）と映画とでは、記述・表現の目的が違い、同列に扱うことはできないはずなのだが……

3. テクストとしての「ラスカル・プランギ」

映画もさまざまのメッセージが書き込まれた一つのテクストして読むことがきる。次に、映画の舞台背景に目を向け、映像に込められた意味について考えてみたい。

340　第2部

(1) バンカ・ブリトン州とムハマディア学校

　ブリトン島はジャワ海に浮かぶ島で、スマトラ島南部と東に遠く離れたカリマンタン島との中間にある。シンガポール (マレー半島) とジャワ島からもかなり遠く離れる。以前は南スマトラ州に含まれたが、今はバンカ島とともに、バンカ・ブリトン州を構成する。州の総人口は 898,889 人 (2000 年) で、民族別にはマレー系 71.89%、華人系 11.54%、ジャワ 5.82%、その他 5.52%、ブギス 2.69%、マドゥラ 1.11%、以下 1% 未満である[6]。マレー系が圧倒的多数 (71.89%) を占め、また華人系の割合も 10% をこえ、いずれも州としては最も割合が高い。インドネシア全国ではジャワ 41.71%、スンダ 15.41%、マレー 3.45%、マドゥラ 3.37%、バタック 3.02%、ミナンカバウ 2.72% と続く。国全体としてはやはりジャワ人が圧倒的に多く、マレー系の割合は 3.45% と少ない。華人の割合についても、バンカ・ブリトン州に次ぐのが西カリマンタン州の 9.46% で、ジャカルタ 5.53% と続く。こうした民族別人口構成で見ると、バンカ・ブリトン州はインドネシアの中で最もマレーシアに近い。マレーシアとインドネシア西部は、もともとはマレー・イスラーム文化圏に包摂されたが、オランダとイギリスの植民地支配によって分断され、それぞれが独立国家になった経緯がある。両国の間で国境問題が燻り続けてきたし、時に文化芸術の盗用を非難しあったりもしてきた。しかし「ラスカル・プランギ」がマレーシアでもよく読まれた背景には、翻訳を必要としない[7]ことに加えて、ブリトン島が民族構成と文化の面で、また錫採掘の歴史の点でもマレーシアに近しい感覚がもてるということもあったのではないか。

　ガントンの私立ムハマディア小学校は、ハルファン校長が語るように島で最初に設立された近代的なイスラーム学校である。ムハマディアはイスラーム改革派の組織で、1912 年にジョグジャカルタに創設された。教育活動と社会活動に力をいれ、同系列の学校が各地に設けられてきた。ムハマディアの学校の多くはマドラサ (宗教省管轄のイスラーム学校) ではなく、教育省管下の一般学校スコラである。公立の学校と異なるのは、宗教教育がイスラームに限られ、宗教教育の科目と時間が若干多いこと、「ムハマディア学」を追加の科目として教える点などである。

(2) 多民族性とイスラームの視点から、そして時代のイメージは?

　こうした背景から自ずと民族的な要素 (多民族性) と宗教 (イスラーム) に関心が向く。民族性の観点からは、10 名の生徒の中に華人生徒ア・キオン (原作では福建系)

が含まれる。イスラーム教徒ではない華人の子どもがイスラーム系学校に就学しており、この学校が貧しい非イスラーム教徒にも広く門戸を開いていることが示される。また、イカルは先生の使いで「トコ・シナール・ハラパン」という華人商店にチョークを買いにいく。チョーク代もなかなか払えない学校に対して、店主はしぶしぶチョークを渡してやる。教育に対する一定の理解と寛容を示す人物として描かれている。店の名の「シナール・ハラパン」がマレー語で希望の光を意味するのもよい。その店を手伝う華人系の娘アリンがチョークを差し出す指先にイカルは心をときめかせる。華人生徒ア・キオンは、アリンのいとこにあたり、親戚の集まりでイカルの恋の橋渡しをする。民族的な違いをこえた繋がりと協働を想起させる描写である。

　宗教(イスラーム)に注目すると、紅一点の女子生徒サハラは、礼拝実践の時は礼拝服を着るのだが、授業中はスカーフ(クルドゥン/ジルバブ)を被ってはいない。教師ムスリマも同様で、被っていても緩やかな被り方である。小学校ということもあるが、ジルバブ着用に厳格でないのは当時の一般的な姿であった。イスラーム教徒女子生徒のためのジルバブが一般学校で特別制服として認められるのは1991年以降のことである[8]。その後、髪をきちんと隠したジルバブ姿の女子生徒が年々増えてきた。礼拝実践の授業風景では、ムソラー(礼拝所)で男性が前で、女性は教師ムスリマも含めて、男子生徒の後ろで礼拝を行う。これもイスラーム近代派・改革派の実践を示すものである。他方、神秘主義(クバティナン)に関心をもつフロとそれに同調する生徒マハルらを教師ムスリマは見守り、時を見はからって正しい道(シャリアー)に導く。

　どのように過去(時代)を捉え描くかという点について、対照的な二つの授業場面の映像が挿入されている。1979年の授業場面はパンチャシラ(国家五原則)を一緒に唱える光景であり、1999年のイカルとリンタンの再会のあと、20年前を思い出すかのようにフラッシュバックして映される場面は、六信の唱和の光景である。なぜ、パンチャシラと六信で対照的に描いたのだろうか。1979年頃は、スハルト体制のもとで国家開発計画が順調に推進されていた。先立って1975年にはパンチャシラ道徳教育が正規の科目として導入されている。しかし、1997年のアジア通貨危機と経済的な混乱が引き金になって、1998年にスハルト大統領は辞任する。教科としてのパンチャシラ道徳教育は廃止され、それに代わって現在は公民科(kewarganegaraan)を学ぶようになっている。こうした時代の変化の中で、同じ時期の過去を振り返って授業風景をイメージする時に、パンチャシラではな

342　第2部

く六信の唱和となったのであろうか。これは過去(歴史)に関して思い浮かべるイメージが、時代性(時代思潮)とともに、あるいは想起する人の認識と意図によって変わることを示しているのではないか[9]。

　他方、ハルファン校長が信仰(イマーン)の力を強調していたことも思い起こされる。イスラームの六信五行、すなわちイマーンとイバダーはともに重要ではあるが、共同体性を帯び人々の目に見える実践としてイバダーがより重視されるように思える。しかし、ここで五行ではなく六信で授業風景がフラッシュバックされるのは、ハルファン校長の教え――イマーンの強さ――が実を結んだことを示そうとしたのかもしれない。

　ついでだが、学校の壁の穴をオマイラマ(ロマ・イラマ Rhoma Irama)[10]のポスターで校長がふさぐシーンも、何度か登場する丹頂のポマードの映像も面白い。オマイラマは伝統的な民族音楽と西洋音楽を結合させて,1970年代初めに固有の大衆音楽ダンドットをつくり、一世を風靡した人物である。丹頂はもちろん日本の化粧品会社であるが、その後、マンダムと名をかえ、インドネシアの男性化粧品市場を席巻してきた。オマイラマも丹頂も時代性を示すイメージとして、さらに当時の男性性を象徴するものとして挿入されているのであろうか。

4.　テクスト制作と読まれ方――「過去のイメージ」とコンテクスト――

　国際教育開発にかかわって、援助機関に向けた報告書は英語か、あるいは援助側の言語(日本の場合は日本語)で書くというのが一般的であろう。また調査研究の成果としても現地語で書くということはほとんどありえず、またメッセージを届ける対象(テクストが想定する読者)も研究者を中心として援助に関心をもつ先進国側の人間であり、援助を直接受ける人々ではない。援助を直接受ける人々は、そうしたテクストに一般にアクセスできないし、その内容に異議を唱えることもできない。これは、テクストの制作と読みをめぐる権力関係・構造の問題として指摘され批判される面でもあろう。

　他方、ここで試みてきたような現地向けの現地語による小説や映画を外国人が読んで考えるという行為は、少なくとも国際教育開発をめぐる言論の権力構造などとは無縁であり、それゆえ無力でもある。インドネシア国内では小説も映画も大きな反響を呼んだが、日本でそれについて語ることは一定の政治性をもたせよ

うとは意図するもののやはり無力であることに変わりない。しかし、そのことは他方で、暴力性の点では最小限にとどめながら、テクストを自由に制作し、自由に読み考えることを可能にする場であると考えることもできる。

テクストを読むということについて[11]、同じテクストであっても、読者・聞き手次第で、作者が想定し意図した通りに読まれるとは限らない。読者のあり方によって、そのテクストは多様に読まれ解釈される可能性をもつ。映画を観る場合も同様に、観る者によって観方は様々である。ラスカル・プランギを観ても、私自身がインドネシアとかかわり始めた初期と、いくらか勉強し現地経験を積んだ現在とでは、観え方が（あるいは可能な観方）が異なってきていると少々驕りたくもなる。もちろん依然として貧しい観方や偏った観方しかできていないということも感じざるをえない。より豊かさや精妙さをもった読みや観方を可能にするには、どのように学んでいけばよいのだろうか。

ラスカル・プランギは、著作の時期（あるいは制作時期）を起点に、過去の三つの時期、すなわち 1974 年、1979 年、1999 年の三つの時期で描かれている。そして、各時期の中でも、また過去に遡って言及する場面がある。過去に関する歴史イメージをどう描くかは、それぞれの「現在」の解釈とかかわり、それを未来に向けて投影する意図を示すものである。ストーリーを追うだけなら問題ないが、豊かで深い読みを心するなら、コンテクストの認識と歴史イメージを共有することが必要であろう。

前記の通り、ムハマディアは 1912 年にジャワのジョグジャカルタに創設されたイスラーム改革組織であるが、ムハマディアのめざす方向自体がイスラーム改革派の歴史認識とかかわっている。19 世紀後半からエジプトで進められたイスラーム改革運動が、20 世紀初めには遠く離れた蘭領東インド（現在のインドネシア）に及んだ。改革派の主張はクルアーンとハディース（預言者ムハンマドの言行に関する伝承）に戻って、新たな法解釈（イジュティハード）の門を開くことであった。ムハマディアはさらに社会意識を高めること、そしてプサントレン教育制度を西洋の方式に基づく学年制学校制度に置き換える方向をめざした。コンテクストに基づく法解釈を進め、それによって現状を変革していこうとする。そのコンテクストとは、ムハンマドの時代のメッカ、メディナではなく、蘭領東インドが置かれた歴史的現在（19 世紀末から 20 世紀にかけての当時の歴史的現実）でなければならなかった。イスラームにおける「歴史」の学習は、ムハンマドの初期伝道を学ぶ「イスラーム史」（タレーフ・イスラーム）を中心とした。しかし、改革派には新たな歴史イメージが必要であった。それは、東南アジアにあった王国の正統性を示すた

344　第2部

めの歴史を呼び戻すことでもなかった。近い過去から現在にいたる実証的な歴史、それもイスラームの側からみたローカルな歴史イメージ、すなわちオランダの植民地支配のもとにある(蘭領)東インドのイスラーム教徒という現実のイメージが求められた。

5.　国際教育開発と「歴史」の視座──植民地支配・開発とは……──

　シンポジウムでは、学部時代に教育学以外を専攻した会員が多くなってきたという指摘があった。学部で教育学を学ばない研究者が教育開発研究や比較教育学に取り組むことは、当該学問の発展になんら問題ではないと思う。これまでの比較教育学の学説史をたどっても、異なる分野の専門から比較教育学に参入し、比較教育学を先導した人たちの名が思い浮かぶ[12]。他方、シンポジウムでパネラーの方々が、自説提示の依拠するところとして用いておられたのが「歴史」であった。シンポジウムの配布資料のワーディングを見ても、インド教育研究の軌跡、国際教育開発のパラダイム転換、教育開発のこれまでと現在、フローダイヤグラム、90年代以降の研究動向、新規入会者に見る新しい傾向、比較教育学会は変化しているのかなどなど、歴史(あるいは時間的経過と変化)を示唆する用語が用いられている。それぞれの論点にともなって、用いられる「歴史」のスパンは伸縮する。そのスパンをどのようにとるかは、論者が論を立てる意図によって変化する。スパンを短くとればとるほど歴史的なイメージを意識あるいは考慮しないですむ。

　ここで思うのは、国際教育開発の実務家ならまだしも、研究者たらんとするなら(素養として)時のスパンに少なくとも植民地支配期もしくは独立国家以前の時代を包含しなければならないのではないか。途上国(非先進諸国)のほとんどすべてがかつて植民地支配を経験し、その支配からの独立をへて、同時に支配をうけた地域(版図)をもとに国家形成を進めてきたからである。これは国際教育開発に限らず、途上国(非先進諸国)を対象とする比較教育学の研究者についても同様にいえることである。植民地支配まで時のスパンを広げることによって、多様な解釈の可能性が開けるものと思う。

　植民地支配の形態は大きくコロニー(植民地)とディペンデンシー(属領)の二つに区分されるが、イギリスが植民地支配した英領マラヤは、海峡植民地(ペナン、シンガポール、マラッカ)と保護国(それ以外の土侯国)がそれぞれコロニーとディ

ペンデンシーに相当する。海峡植民地はイギリスに割譲され、主権はイギリス側にあるのに対して、保護国はスルタンを頂点とする伝統的支配体制が維持された。海峡植民地をまず支配下におさめたイギリスが、マラヤ半島内陸部の土侯国に支配を拡大するのは1874年のパンコール協約以降である。ペラのスルタンとかわされた同協約では、「宗教と慣習を除く」一般行政に関してレジデント（駐在官）と呼ばれるイギリス人官僚の指導・助言に従うことが約束された。宗教（イスラーム）と慣習を聖域として伝統的支配階層を温存する一方、近代国家制度の導入・整備が進められた。これによってスルタンの権力基盤が強化され、現在のようなユニークな連邦王制に繋がっている[13]。

　植民地期の文献の多くは、植民地官僚の手によるものであった。英領マラヤでも、スウェツナム、ウィルキンソン、ウィンステッド[14]他、教育行政にかかわった植民地官僚の名が思い出される。駐在官の助言や政策は緊張をはらんだものであったろう。統治（助言）の必要から、その地域の言語、文化、歴史にいたる広範囲の知見を自ら求めなければならなかった。植民地支配を帝国間で競わなければならず、また植民地官僚の中には殺害されたものもおり、彼らは自らの命を懸けて統治の任務と調査研究に取り組まざるをえなかった。こうした任務にかかわる緊張感は現在の国際教育開発にも決して無縁ではない。しかし、現在の教育開発がドミナントな体制イデオロギーのもとで進められ、その正当性を問われない点ではやや異なっているのではないか。特にチームとしてそれに取り組む場合、その安定した位置が個々の研究の可能性と真剣さをいくらか損なわしめているように思えてならない。

6.　差異へのこだわり──文化の翻訳と歴史的な固着性、そして「相互参照性」（ギアーツ）──

　一般に社会科学の分野では、事例研究は理論研究に比して低く見られがちである。比較教育学研究においても同様で、地域研究は単なる記述にとどまり、理論的枠組みがなく比較を行っていないといった批判がしばしばなされてきた。しかし、一般化・理論化へのこうした圧力が逆に比較教育学研究を脆弱なものにしてきたのではないかとも思う。比較教育学研究を豊かで深められたものにしていくには、性急な一般化あるいは形式的で表層的な比較に走らず、記述の質を高め、差異の丁寧な分析を蓄積していくことが肝要なのではないか。紀要27号にも書

346 第2部

いたが、今一度、法の比較研究に関するクリフォード・ギアーツの記述を引用しておきたい。それは「その一つは、法の比較研究とは、具体的な差異を抽象的な相同性に還元することではありえないということである。二番目は、異なった名前の仮面を被っている似かよった現象を捜し出すことは比較研究ではありえないということである。第三は、どのような結末になろうと、それは差異にどう対処するかの問題と結びつくべきであって、差異をおおい隠すことではない」[15]という記述である。

さらに、ギアーツはその前提について「ものごとが収斂するよりも拡散する方向に進んでいるというこうした見解は、当然ながら今日の社会科学における主導的な教義に反する」[16]と述べた上で、自らの考えについて「法の比較研究を文化間の翻訳とみるとらえ方であり、法感覚の歴史的な固着性を強調する観方」[17]であるとしている。我々は法の部分を教育に置き換えて考えることができる。それぞれの文化における法は広い意味の教育を通して人々に共有される。さらにギアーツは「われわれはローカル・ノレッジの多様性を相互参照性に変える、つまり一方が暗くするのを他方が照らす方法を必要としているのだ」と述べる[18]。

自然科学の実験とは異なり、法則性を求めるのではなく、すなわち一般的な傾向から外れるものを誤差・偏差として除外して処理するのではく、そのズレ、逸脱にこそ焦点を当てるべきなのではないか。違っていることこそが相互参照の可能性をもたらす。支配的なイデオロギーで物事を見て、一般化して差異を見えなくしてしまうべきではない。特にグローバル化が進む中で、教育事象も画一的に捉えられがちであるが、比較の核たる部分をなす相互参照性の点からも差異を見いだす感性を育み保持していきたいものだ。

7. 比較教育学における地域研究──時間と空間の「旅」──

比較教育学において記述（叙述）スタイルをとる研究が多いことがシンポジウムでも指摘されていた。他方、記述スタイルをとる研究は、理論的な枠組みが見えないということで批判されることも少なくない。しかし、特定の理論的枠組みに基づく記述は確かに、書き手にも読み手にも一定の明晰さを保証するが、それは他方で特定の理論では語りえない事実を捨象するという代価を負ってきているのではないか。パターン化された記述、特定の理論や一つのイデオロギーに基づく

16. 国際教育開発と比較教育学研究の可能性　347

記述は、豊かな解釈の可能性を損なうものである。もちろん、記述スタイルをとる研究の中には、一般理論にもレトリックにも無自覚のまま安易に書きなぐったかに思えるものも散見される。しかし、現時点で比較教育学の研究において記述スタイルのものが多いことは歓迎すべきであると思う。さらに、それが地域研究に基づく記述であり、差異にセンシティブな内容を包含するなら、ギアーツが唱えるような「差異による相互参照性」へと可能性を開くものである。逆に「差異による相互参照性」という点から考えると、地域研究において求められるのは、対象地域とテーマ設定の妙なのではないか。

　近年は若手研究者も、海外において調査研究を行う機会が以前とくらべてはるかに得やすくなってきた。学会大会の発表を見ても、日本から遠いアフリカや南米諸国にも開発に関連した調査で訪問する機会が多くなっていることがわかる。想像力をかきたてられる研究も少なくないが、他方で地域の相貌も見えず比較の意味が感じられないものもある。国際教育開発の研究も、時には一般化をためらい差異に敏感に、そして歴史的な時のスパンを広げて考えていければ、今後の比較教育学研究に一層貢献してもらえるのではないかと思う。

　このことは何も開発研究者に限ったことではない。比較教育学プロパーを自認する場合でも、学問として意味のある比較（相互参照性）の可能性を持続・発展させていくために、記述的な研究を一層深化させ蓄積していく必要がある。一般化も時の経過も、本来的には認識されるべき差異を覆い隠してしまう。差異は差異として定着させ記述されなければならない。また、差異にこだわるという点からは、文化人類学に代表される地域研究、すなわち一カ所のフィールドで長期滞在調査を行うという地域研究のイメージを変えていってもよいのではないかと思う。それは、（長期ではなくとも）いくつかのフィールドを行き来するという形態に可能性を見いだすということである。差異に敏感に自らの研究を定位するには、まず時間軸・空間軸を移動することを通して差異に目を開く必要がある。そして、可能性として考えられる時間の旅と空間の旅[19]は、実際に動くことに限定されず、文献と対話し、あるいは映像を見つめることを通しても可能である。

おわりに

　私たちは比較教育学会大会で２年続けて、ラウンドテーブル「マレー世界を旅

する」(中田有紀企画)[20]を開催した。インドネシア教育研究者で 10 年前に逝去された西村重夫さんの学問的な足跡をたどるとともに、あらためて地域研究のあり方を議論しようと企画されたものである。マレーシアのサバ(キナバル山)に最初はワンゲル部の合宿で入った西村さんは、その後、バンドン教育大学留学を経て、インドネシア教育研究者として自らを確立した。しかし、西村さんはインドネシアの中心のジャカルタでもジャワでもなく、カリマンタン(サバと同じボルネオ島のインドネシア領側)にこだわり続け、またインドネシアとマレーシアの国境線が島を二分するセバティック島にも関心をよせた。求められる記述としては一元的に「インドネシアは……」と記さなければならないとしても、周縁にこだわり続けた西村さんの学問的な営みを忘れたくない。先進国と途上国があるように、途上国の中にも先進的な地域とそうでない地域がある。周縁には、中心からの主流の圧力が及びつつも、歴史的・文化的・政治的な独自性と隔たりを感じることができる。我々は時間と空間の旅の途上、時に周縁に定位することによって、主流を相対化し、相互参照の可能性に道を開くことができる。学会シンポに事よせた映画ラスカル・プランギをめぐる想念も、また西村さんに因んだ「マレー世界を旅する」ことも、私にとって周縁から過去と現在を想像する一つの機会であり、また地域研究の大きな可能性をあらためて夢想する機会でもある。

注

1 2009 年の日本上映のおりには、「虹の兵士たち」と訳されていた。

2 映画監督のリリ・リザについては、http://id.wikipedia.org/wiki/Riri_Riza (2010 年 10 月 13 日最終参照)。本名は Mohammad Rivai Riza、1970 年にマカッサルに生まれる。

3 ラスカル・プランギ以後の 3 作はそれぞれ、"Sang Pemimpi"、"Edensor"、"Maryamah Karpov"というタイトルがつけられている。"Sang Pemimpi"もリリ・リザによって 2009 年に映画化されている。

4 クバティナン(kebatinan)はジャワ神秘主義で、オーソドックスなイスラーム神秘主義タサウフ(tassauf)とは異なるものである。特にイスラーム改革派はクバティナンを厳しく批判してきた。

5 ムハンマドは 622 年に迫害から逃れるために、メッカからマディナにヒジュラ(聖遷)する。校長が語るのは、バドルの闘いについてで、それは 624 年 3 月に、(当時マディナにあった)ムハンマドの軍がメッカのクライシュ族の大軍をバドルでやぶったものである。

6 Leo Suryadinata, Evi Nurvidya Arifin and Aris Anenta, *Indonesia's Population: Ethnicity and Religion in a Changing Political Landscape*, ISEAS (Institute of Southeast Asian Studies, 2003, p.19 (table 1.2.12).

7 インドネシア語とマレー語はもともと同じ言語で文法的には違わないが、植民地支配の違いと国家語としての整備の過程で、現在は語彙がかなり異なっている。教育

16. 国際教育開発と比較教育学研究の可能性　349

に関しても小学校は sekolah dasar（イ）、sekolah rendah（マ）、校長は kepala sekolah（イ），guru besar sekolah（マ）、学年も kelas（イ）、darjat（マ）など大きく異なる。そのため、マレー語版（Lasykar Pelangi, *PTS Litera Utama Sdn.* Bhd, 2009、提供：服部美奈氏）も出版されている。ここではタイトルも Laskar が Lasykar に変わっている。

8　1991 年の制服規程改正でジルバブが学校制服（特別制服）として正式に認められた。ただし、特別制服として示されているのは中等教育段階のものである。また、この規程は国立学校に適用されるもので私立学校は制服を別に定めることができた。

9　ヘイドン・ホワイトは「歴史学的な過去」と「実用的な過去」の区分について記し、「実用的な過去は『今この現在に』使えるように練り上げられており、この現在と実践的な仕方で関係しており、それゆえ、私たちがそこから教訓を引き出して現在へと応用し、さらには未来（少なくとも近い未来）を予測できるような過去であり、……」（以下略）と記している。（『思想』1036 号、2010 年 8 月、25 頁）

10　メッカ巡礼を機に Raden Haji Oma Irama を短縮して Rhoma Irama と名乗った。ラデンは貴族の称号、ハジはメッカ巡礼者（http://id.wikipedia.org/wiki/Rhoma_Irama、2010 年 10 月 12 日最終参照）。野党のイスラーム政党（PPP）を支持し人気を集めた。校長は壁の写真に「オマ」と呼びかけている。

11　岡真理「『二級読者』あるいは『読むこと』の正統性をめぐって」『棗椰子の木陰で 第三世界フェミニズムと文学の力』青土社、2006 年、20-75 頁が示唆に富む。

12　学問的な出自として、エドムンド・キングは古典学者、ブライアン・ホームズは物理学者、ジョージ・ベレディは歴史学者であった（Phillips, David and Michele Schweisfurth, *Comparative and International Education: An Introduction to theory, method, and practice*, Continuum International, 2007, p.12）。

13　マレーシアは 13 州と連邦直轄地で構成され、9 州には州国王がおり、州国王が順に 5 年任期で連邦国王をつとめる。

14　Swettenham,F.A, Wilkinson, R.J, Winstedt, R.O. らは英領マラヤにおける近代教育制度形成に大きな役割を果たした。彼らの研究業績については、Roff, William R., *The Origins of Malay Nationalism*, Yale University Press, 1967 (second edition: Oxford University Press, 1994) の Selected List of Books and Articles を参照のこと。

15　Geertz, Clifford, *Local Knowledge: Further Esseys in Interpretative Anthropology*, Basic Books,Inc., New York, 1983. 翻訳はクリフォード・ギアーツ（著）梶原景昭・小泉潤二・山下晋司・山下淑美訳『ローカル・ノレッジ 解釈人類学論集』岩波書店、1999 年。引用は翻訳の 361 頁。参考までに当該箇所の原文（p.215）は下記の通り。One is that the comparative study of law cannot be a matter of reducing concrete difference to abstract commonalities. Another is that it cannot be a matter of locating identical phenomena masquerading under different names. And a third is that whatever conclusions it comes to must relate to the management of difference not to the abolition of it.

16　同上訳書、362 頁。

17　同上訳書、386 頁。

18　同上訳書、388 頁。

19　この用語は加藤剛『時間の旅・空間の旅 インドネシア未完成紀行』めこん、1996 年から借りた。

350　第2部

20　本年度 (2010 年) のラウンドテーブルでは中田有紀、中矢礼美、服部美奈、西野節男が提案を行った。コメンテーターは森下稔。

おわりに

本書は 2014 年に私が日本比較教育学会の会長を拝任した際に学会創立 50 周年記念の事業として提案した事業のひとつである。学会運営にあたって私は、学会員のこれまでの業績のコンパイルと国際発信の促進を二つの柱として推進してきた。後者としては、学会機関誌『比較教育学研究』既掲載日本語論文のホームページ英訳リンクに関する企画、そしてもうひとつはこの『リーディングス比較教育学』の編纂であった。

日本比較教育学会はこれまでに幾度も特集などを組んで、日本の比較教育学の到達点とその特色について整理する作業に取り組んできた。しかしそれらのうち一部は時間の経過とともに入手しにくくなったものもあり、また『比較教育学研究』の掲載論文以外には目が届きにくいなどの問題があった。今回、新たに比較教育学に興味を抱いた若い研究者を含めて、広い学界・教育界読者に対して、日本の比較教育学がこれまでに辿ってきた道筋を、俯瞰できるコンパクトな書籍を世に出すことができないかという、願いのもとに本書は生まれた。

本書は比較教育学における地域研究の領域に焦点を絞っているが、それは日本の比較教育学が、世界に誇れる業績を最も豊かに残してきた研究領域のひとつとして、比較教育学を代表するのにふさわしい選書である。ひとつの国や地域、そして場合によってはさらにミクロな教育対象に対して、比較教育学研究者がその一生をかけて、多くの知られざる事実を明らかにし、これまでにない新たな視点を提供し、また教育の本質に迫るような理論的構築の作業にまで取り組んできた努力の歴史でもある。フィールドにおける作業は根気のいる地道な作業であるが、その探求の矛先は錐のように鋭く、また国内外や世界的な比較と位置づけにおいて、最近のはやりでいえばドローンからのような高い俯瞰の視野が必要である。

編者である近藤孝弘、中矢礼美、西野節男の 3 氏には、それぞれの地域研究の視座から論文の選考をお願いし、またご自身の論文を必ず加えて頂くようにお願いした。同じ地域研究という領域でも、その観点がこれだけ違うということを実感していただくことも本書の目的のひとつである。中矢氏のいうように、地域研究では、まず地域の教育の固有性を見出す作業が求められるが、それに気づく感性があることが前提である。そして、さらにそれを既存のディシプリンへの一矢となるべく理論構築するという困難な作業が控えている。これには「謙虚に真摯

にその地域の理解に取り組みながらも、大きな志をもってその地域、テーマに挑戦する意気込み」によって可能になるものである。

近藤氏は、グローバリゼーションの進行に伴う世界の文化的均一化への抵抗者（擁護者）としての比較教育学の可能性について論究している。すなわち比較教育学の責任は、効率を求める科学界での地域への関心の希薄化にあらがうことであり、無駄も含めて大量の時間と労力を注いで書かれる厚みのある研究への志向を喚起している。

西野氏は地域研究と比較についての矛盾を止揚する試みに触れている。我々は教育を比較するとき、それを計量化し、数直線上に並べる作業に陥りがちで、これは地域研究のスタンスとおよそ真逆な作業であるといえる。地域研究こそが最も比較を拒絶する領域でありながら、比較教育というディシプリンに属する矛盾をギアツやアンダーソンの「負の比較」や「できそうもない比較」という言説を「取っ掛かり点」として、一般化を前提としない個別の集積という「高次の比較」の可能性を探求している。

本書に収録した個々の再掲論文は、論文が執筆された時点での最善の知識において価値を認めるものであり、それから時間の経過した今日では、必ずしも比較教育学の最新の情報に基づいているとは限らない点に留意していただきたい。したがって再掲論文そのものについては一切の修正や改稿は認めないかわりに、筆者が必要と感じる場合には十分な分量とは言いがたいが追記を認めた。

本書がこのようにアーカイブとしての性格を持ちながら、近年、比較教育学の世界に足を踏み込んだ若い学生にとって、ある意味で初修教科書としての役割も果たしてほしいという難しい要請にも応えて頂いた。第2部は、貧困・格差、国家・国民・市民、宗教、伝統・地域、研究方法という、比較教育学の分野で最も熱いトピックを各節の題材に設定していただいただけでなく、そのなかで各論文の扱う地域も欧米からアジア、中南米へと世界的視野の移動を見せる絶妙なバランスと配置にも編者のこだわりを感じることができる。本書をここまで磨き上げて頂いた編者の方々に敬意を表したい。また困難な出版界事情のなかで、本書の価値を認め、出版に導いて頂いた東信堂の下田勝司社長、複雑なファイル変換をはじめとする面倒な編集作業をお手伝いいただいた広島大学の院生諸氏にも改めて謝意を表したい。

2018 年 3 月 15 日

杉本　均

執筆者一覧（執筆順、○印編者）

○**中矢礼美**（なかや　あやみ）　広島大学大学院国際協力研究科准教授。主にインドネシアの教育と平和教育の研究をしている。主著に、Overcoming Ethnic Conflict through Multicultural Education: The case of West Kalimantan, Indonesia, *International Journal of Multicultural Education,* 2018 など。

○**近藤孝弘**（こんどう　たかひろ）　早稲田大学教育・総合科学学術院教授。主にオーストリアとドイツの政治／歴史教育を研究している。主著に『自国史の行方―オーストリアの歴史政策』名古屋大学出版会、2001 年、『ドイツの政治教育』岩波書店、2005 年など。

○**西野節男**（にしの　せつお）　名古屋大学大学院教育発達科学研究科教授（2018 年 3 月末まで。以後は無職）。インドネシアをはじめとする東南アジア・マレー世界のイスラーム教育を主に研究している。主著に『インドネシアのイスラム教育』勁草書房、1990 年。

　乾　美紀（いぬい　みき）　兵庫県立大学環境人間学部准教授。エスニシティと教育格差に関心があり、ラオスの少数民族や日本のニューカマーを研究対象としている。主著に『ラオス少数民族の教育問題』明石書店、2004 年、"Hmong Women and Education :Challenge for Empowerment in the Lao PDR", *Hmong Studies Journal,* vol.16, pp.1-24, 2015 などがある。

　小原優貴（おはら　ゆうき）　東京大学大学院総合文化研究科特任准教授。比較教育学、南アジア地域研究を専門に、おもにインドの教育政策・制度を研究している。主著に『インドの無認可学校研究―公教育を支える「影の制度」』東信堂、2014 年など。

　林　寛平（はやし　かんぺい）　信州大学教育学部准教授。スウェーデンの教育および国際的な教育政策の流通を研究している。主論文に「グローバル教育政策市場を通じた『教育のヘゲモニー』の形成―教育研究所の対外戦略をめぐる構造的問題の分析」『日本教育行政学会年報 42』2016 年など。

　北山夕華（きたやま　ゆうか）　大阪大学国際教育交流センター准教授。多文化社会におけるシティズンシップをめぐる教育的課題について、教育社会学・比較教育学の視点から研究をおこなっている。主著に『英国のシティズンシップ教育―社会的包摂の試み』早稲田大学出版部、2014 年など。

　木下江美（きのした　えみ）　ライプツィヒ大学教育科学部研究員。日独の質的方法論比較に依りながらバイオグラフィ研究や授業研究に取り組んでいる。主著に「ドイツの生活誌研究にみる人間形成への関心―教育研究における質的方法論の展開に着目して」『一橋社会科学』第 6 号、2014 年など。

　児玉奈々（こだま　なな）　滋賀大学教育学系教授。主にカナダの多文化教育、マイノリティ言語・文化教育、多文化教師教育について研究している。主著に『多様性と向きあうカナダの学校―移民社会が目指す教育』東信堂、2017 年など。

野津隆志（のつ　たかし）　兵庫県立大学政策科学研究所教授。主にタイの教育とNGO/NPOを研究している。主著に『国民の形成―タイ東北小学校における国民文化形成のエスノグラフィー』明石書店、2005年。『タイにおける外国人児童の教育と人権―グローバル教育支援ネットワークの課題』ブックウェイ、2014年。

工藤　瞳（くどう　ひとみ）　専修大学・早稲田大学非常勤講師。ペルーの教育政策やNGOの教育活動を研究している。主著に『ペルーの民衆教育―「社会を変える」教育の変容と学校での受容』東信堂、2018年など。

小林忠資（こばやし　ただし）　岡山理科大学獣医学部講師。主に東南アジアの移民の教育、大学教職員の能力開発について研究している。主著に看護教育実践シリーズ3『授業方法の基礎』医学書院、2017年（中井俊樹と共編著）など。

服部美奈（はっとり　みな）　名古屋大学大学院教育発達科学研究科教授。主にインドネシアの教育とイスラームを研究している。主著に『インドネシアの近代女子教育』勁草書房、2001年、『アジアの教員』ジアース教育新社、2012年（小川佳万と共編著）など。

久志本裕子（くしもと　ひろこ）　マレーシア国際イスラーム大学　言語マネージメント学部講師。東南アジアムスリム圏の社会と教育について研究を行っている。主著に『変容するイスラームの学びの文化―マレーシア・ムスリム社会と近代学校教育』ナカニシヤ、2014年など。

田村徳子（たむら　のりこ）　びわこ成蹊スポーツ大学講師。主に、ブラジルを中心としたラテンアメリカ地域の教育を研究している。主著に「ブラジルにおける校長直接選挙」『比較教育学研究』第54号、24-43頁、2017年など。

山田肖子（やまだ　しょうこ）　名古屋大学大学院国際開発研究科教授。主著に *Dignity of Labour' for African Leaders: The Formation of Education Policy in British Colonial Office and Achimota School on the Gold Coast*, Langaa publishing, 2018、『比較教育学の地平を拓く：多様な学問観と知の共働』東信堂（共編著）、2013年など。

編著者

近藤孝弘

中矢礼美

西野節男

リーディングス　比較教育学
地域研究─多様性の教育学へ─

2018年6月30日　　初　版第1刷発行

〔検印省略〕
定価はカバーに表示してあります。

編著者Ⓒ近藤孝弘・中矢礼美・西野節男／発行者　下田勝司　　　印刷・製本／中央精版印刷

東京都文京区向丘1-20-6　　郵便振替 00110-6-37828
〒113-0023　TEL (03) 3818-5521　FAX (03) 3818-5514
Published by TOSHINDO PUBLISHING CO., LTD.
1-20-6, Mukougaoka, Bunkyo-ku, Tokyo, 113-0023, Japan
E-mail : tk203444@fsinet.or.jp　http://www.toshindo-pub.com

発 行 所
株式
会社 東信堂

ISBN978-4-7989-1506-7 C3037　Ⓒ T. Kondo, A. Nakaya, S. Nishino

東信堂

書名	著者	価格
リーディングス 比較教育学 地域研究—多様性の教育学へ	西野節男・中矢礼美・近藤孝弘 編著	三七〇〇円
比較教育学事典	日本比較教育学会編	一二〇〇〇円
比較教育学の地平を拓く	森下稔・山田肖子 編著	四六〇〇円
比較教育学—越境のレッスン	馬越徹 編著	三六〇〇円
比較教育学—伝統・挑戦・新しいパラダイムを求めて	M・ブレイ編著 馬越徹・大塚豊監訳	三八〇〇円
国際教育開発の研究射程—「持続可能な社会のための教育」の最前線	北村友人 著	二八〇〇円
国際教育開発の再検討—途上国の基礎教育普及に向けて	小川啓一・西村幹子・北村友人 編著	二四〇〇円
ペルーの民衆教育—「社会を変える」教育の変容と学校での受容	工藤瞳	三二〇〇円
アセアン共同体の市民性教育	平田利文 編著	三七〇〇円
市民性教育の研究—日本とタイの比較	平田利文 編著	四二〇〇円
社会を創る市民の教育—協働によるシティズンシップ教育の実践	大友秀明・桐谷正信 編著	二五〇〇円
現代ドイツ政治・社会学習論—「事実教授」の展開過程の分析	大友秀明	五二〇〇円
アメリカにおける多文化的歴史カリキュラム	桐谷正信	三六〇〇円
アメリカ公民教育におけるサービス・ラーニング	唐木清志	四六〇〇円
発展途上国の保育と国際協力	浜野隆・三輪千明 著	三八〇〇円
中国教育の文化的基盤	顧明遠著 大塚豊監訳	二九〇〇円
中国大学入試研究—変貌する国家の人材選抜	大塚豊	三六〇〇円
東アジアの大学・大学院入学者選抜制度の比較—中国・台湾・韓国・日本	南部広孝	三二〇〇円
中国高等教育独学試験制度の展開	南部広孝	三二〇〇円
中国の職業教育拡大政策—背景・実現過程・帰結	劉文君	五〇四八円
中国における大学奨学金制度と評価	王帥	五四〇〇円
中国高等教育の拡大と教育機会の変容	王傑	三九〇〇円
現代中国初中等教育の多様化と教育改革	楠山研	三六〇〇円
グローバル人材育成と国際バカロレア—アジア諸国のIB導入実態	李霞 編著	二九〇〇円
文革後中国基礎教育における「主体性」の育成	李敏	二八〇〇円
韓国大学改革のダイナミズム—ワールドクラス〈WCU〉への挑戦	馬越徹	二七〇〇円

〒113-0023　東京都文京区向丘1-20-6　　TEL 03-3818-5521　FAX03-3818-5514　振替 00110-6-37828
Email tk203444@fsinet.or.jp　URL:http://www.toshindo-pub.com/

※定価：表示価格（本体）＋税

東信堂

多様性と向きあうカナダの学校
—移民社会が目指す教育　児玉奈々　二八〇〇円

カナダの女性政策と大学　犬塚典子　三九〇〇円

多様社会カナダの「国語教育」（カナダの教育3）
　関口礼子・浪田克之介編著　三八〇〇円

21世紀にはばたく〈カナダの教育〉（カナダの教育2）
　小林順子他編著　二八〇〇円

ケベック州の教育（カナダの教育1）　小林順子　二〇〇〇円

トランスナショナル高等教育の国際比較—留学概念の転換
　杉本均編著　三六〇〇円

チュートリアルの伝播と変容—イギリスからオーストラリアの大学へ
　竹腰千絵　二八〇〇円

[新版]オーストラリア・ニュージーランドの教育
　青木麻衣子・佐藤博志編著　二〇〇〇円

グローバル社会を生き抜く力の育成に向けて
戦後オーストラリアの高等教育改革研究　杉本和弘　五八〇〇円

オーストラリアのグローバル教育の理論と実践
開発教育研究の継承と新たな展開　木村裕　三六〇〇円

オーストラリアの教員養成とグローバリズム　本柳とみ子　三六〇〇円

多様性と公平性の保証に向けて
オーストラリア学校経営改革の研究　佐藤博志　三八〇〇円

自律的学校経営とアカウンタビリティ
オーストラリアの言語教育政策　青木麻衣子　三八〇〇円

多文化主義における「多様性と」「統一性」の揺らぎと共存
　日英教育学会編　三四〇〇円

英国の教育　秦由美子　五八〇〇円

対位線の転移による質的転換
イギリスの大学　菊地かおり　三三〇〇円

イングランドのシティズンシップ教育政策の展開
カリキュラム改革にみる国民意識の形成に着目して

統一ドイツ教育の多様性と質保証—日本への示唆　坂野慎二　二八〇〇円

ドイツ統一・EU統合とグローバリズム
教育の視点からみたその軌跡と課題　木戸裕　六〇〇〇円

教育における国家原理と市場原理　斉藤泰雄　三八〇〇円

チリ現代教育史に関する研究
中央アジアの教育とグローバリズム
　嶺井明彦・川野辺敏編著　三二〇〇円

インドの無認可学校研究—公教育を支える「影の制度」
　小原優貴　三二〇〇円

タイの人権教育政策の理論と実践　馬場智子　二八〇〇円

—人権と伝統的多様な文化との関係
バングラデシュ農村の初等教育制度受容　日下部達哉　三六〇〇円

マレーシア青年期女性の進路形成　鴨川明子　四七〇〇円

東アジアにおける留学生移動のパラダイム転換　嶋内佐絵　三六〇〇円
—大学国際化と「英語プログラム」の日韓比較

〒113-0023　東京都文京区向丘1-20-6　　TEL 03-3818-5521　FAX03-3818-5514　振替 00110-6-37828
Email tk203444@fsinet.or.jp　URL:http://www.toshindo-pub.com/

※定価：表示価格（本体）＋税

東信堂

書名	著者	価格
ネオリベラル期教育の思想と構造 —書き換えられた教育の原理	福田誠治	六二〇〇円
アメリカ公立学校の社会史 —コモンスクールからNCLB法まで	W・J・リース著 小川佳万・浅沼茂監訳	四六〇〇円
アメリカ 間違いがまかり通っている時代 —公立学校の企業型改革への批判と解決法	D・ラヴィッチ著 末藤美津子訳	三八〇〇円
教育による社会的正義の実現 —アメリカの挑戦(1945-1980)	D・ラヴィッチ諸 末藤美津子訳	五六〇〇円
学校改革抗争の100年 —20世紀アメリカ教育史	D・ラヴィッチ著 末藤・宮本・佐藤訳	六四〇〇円
現代学力テスト批判 —実態調査・思想・認識論からのアプローチ	北野秋男 下司晶 小笠原喜康編	二七〇〇円
ポストドクター —若手研究者養成の現状と課題	北野秋男編著	二八〇〇円
日本のティーチング・アシスタント制度 —大学教育の改善と人的資源の活用	北野秋男	三六〇〇円
現代アメリカの教育アセスメント行政の展開 —マサチューセッツ州（MCASテスト）を中心に	北野秋男	三六〇〇円
アメリカ公民教育におけるサービス・ラーニング	唐木清志	四六〇〇円
【増補版】現代アメリカにおける学力形成論の展開 —スタンダードに基づくカリキュラムの設計	石井英真	四六〇〇円
ハーバード・プロジェクト・ゼロの芸術認知理論とその実践 —内なる知性とクリエイティビティを育むハワード・ガードナーの教育戦略	池内慈朗	四八〇〇円
アメリカにおける学校認証評価の現代的展開	池内慈朗	六五〇〇円
アメリカにおける多文化的の歴史カリキュラム	浜田博文編著	二八〇〇円
現代教育制度改革への提言 上・下	桐谷正信	三六〇〇円
日本の教育をどうデザインするか	日本教育制度学会編	各二八〇〇円
現代日本の教育課題 —二十一世紀の方向性を探る	村田翼夫 上田学 岩槻知也編著	二八〇〇円
日本の教育制度と教育行政（英語版）	村田翼夫 上田学編著	二八〇〇円
バイリンガルテキスト現代日本の教育	関西教育行政学会編	二五〇〇円
人格形成概念の誕生 —近代アメリカの教育概念史	山口満編著	三八〇〇円
社会性概念の構築 —アメリカ進歩主義教育の概念史	田中智志	三六〇〇円
グローバルな学びへ —協同と刷新の教育	田中智志	三八〇〇円
学びを支える活動へ —存在論の深みから	田中智志編著	二〇〇〇円
社会形成力育成カリキュラムの研究	田中智志編著	二〇〇〇円
	西村公孝	六五〇〇円

〒113-0023　東京都文京区向丘1-20-6　TEL 03-3818-5521　FAX03-3818-5514　振替 00110-6-37828
Email tk203444@fsinet.or.jp　URL:http://www.toshindo-pub.com/

※定価：表示価格（本体）＋税